SNJ

南京大洋股份
Nanjing ocean co

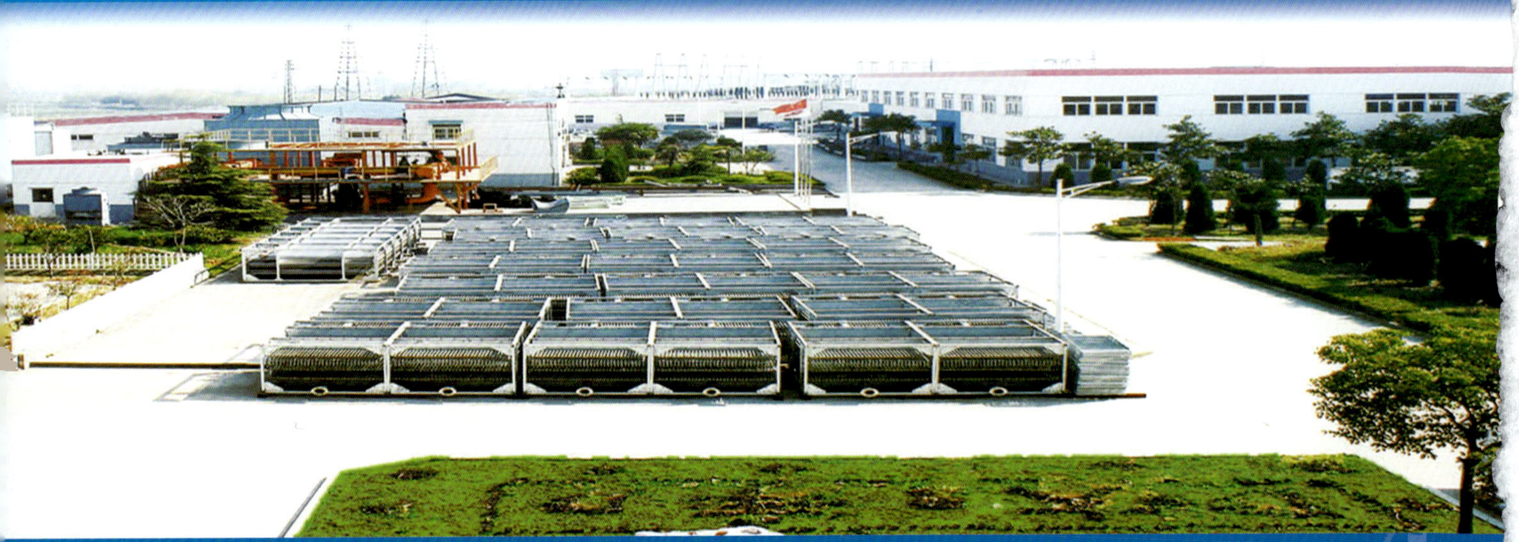

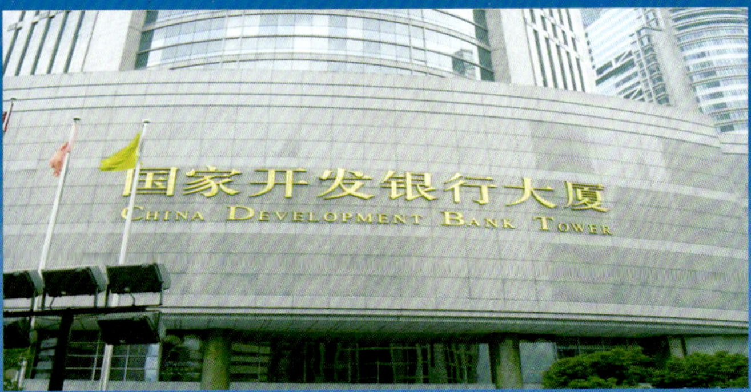

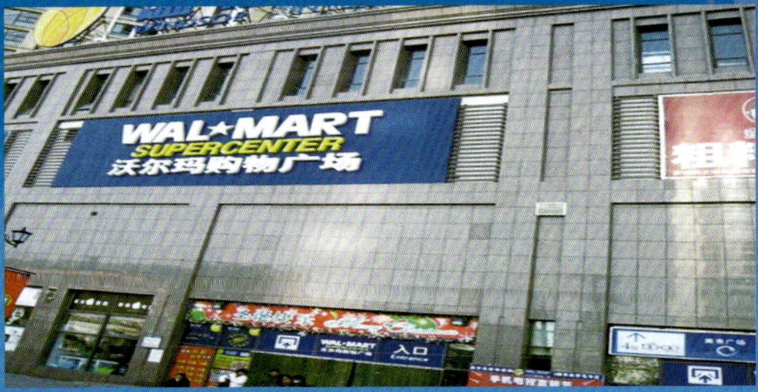

南京大洋股份是以南京大洋冷却塔股份有限公司为主体，在转型升级、创新发展的进程中，在国家“节能减排、绿色环保”的政策引领下，通过产学研合作和科技创新，实现了由单一冷却设备生产的中小型企业向集研发、方案设计、生产、安装特种冷却设备、冷却系统以及水处理设备、小型节能型中央空调和热能技术开发应用的集团化公司的华丽转身，经济效益和社会效益日渐显现。

南京大洋股份拥有的核心企业有：南京大洋冷却塔股份有限公司、南京大洋冷却系统技术有限公司、南京大洋水处理技术有限公司和南京凯大大洋空调有限公司。

南京大洋股份拥有江苏省认定企业技术中心、江苏省新型水动力冷却塔工程技术研究中心、中科院南京节能环保与冷却技术研究中心、南京市院士工作站和南京市工程研究中心等多个研发平台。

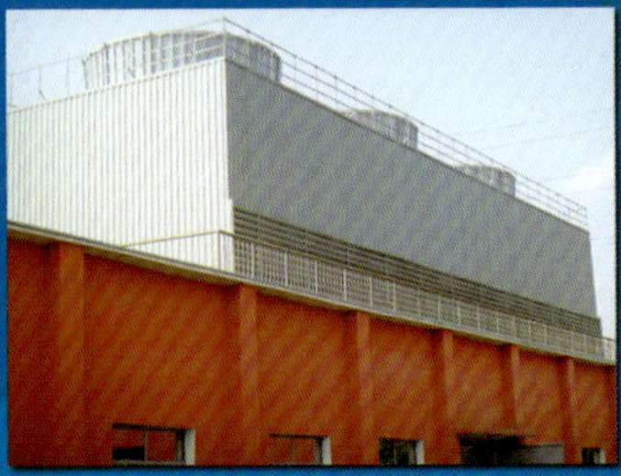

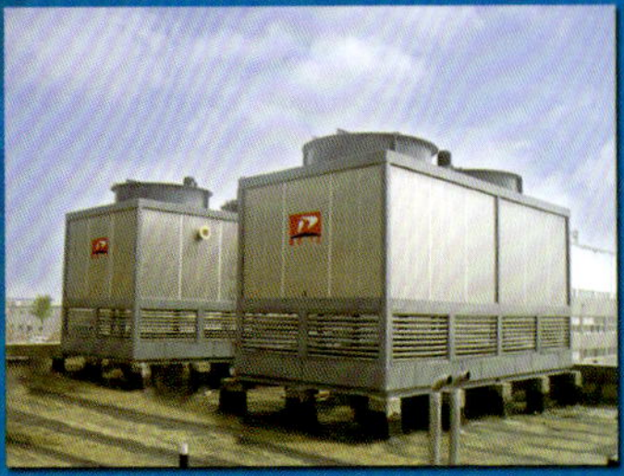

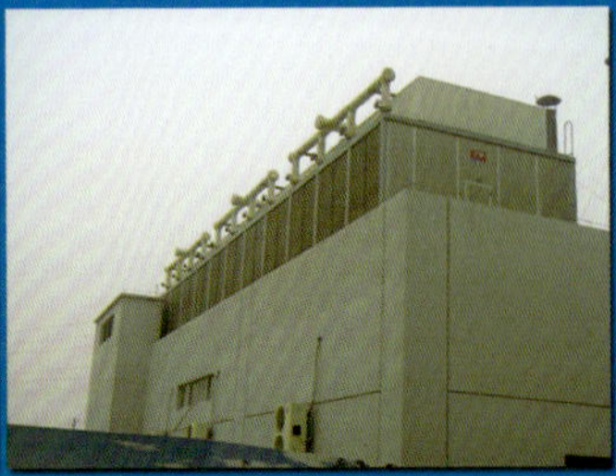

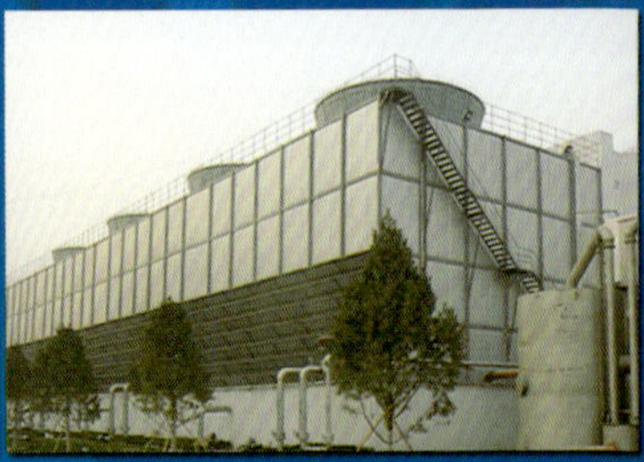

北阀品质 铸就永恒
北京市阀门总厂(集团)有限公司
BVMC BEIJING VALVE GENERAL FACTORY GROUP CO LTD
CERTIFICATE
超（超）临界主蒸汽闸阀
CE
CNAS
500
TS
CNPC
DNV
气液联动全焊接埋地球阀
厂址：北京市大兴区庞各庄工业区绿海路3号

一切为了用户
一切为了发展

产品

30 000m³LNG贮槽正在安装中

120m³液氢运输车

56m³LNG运输车

260万m³/d天然气液化冷箱

100万m³/d天然气液化装置

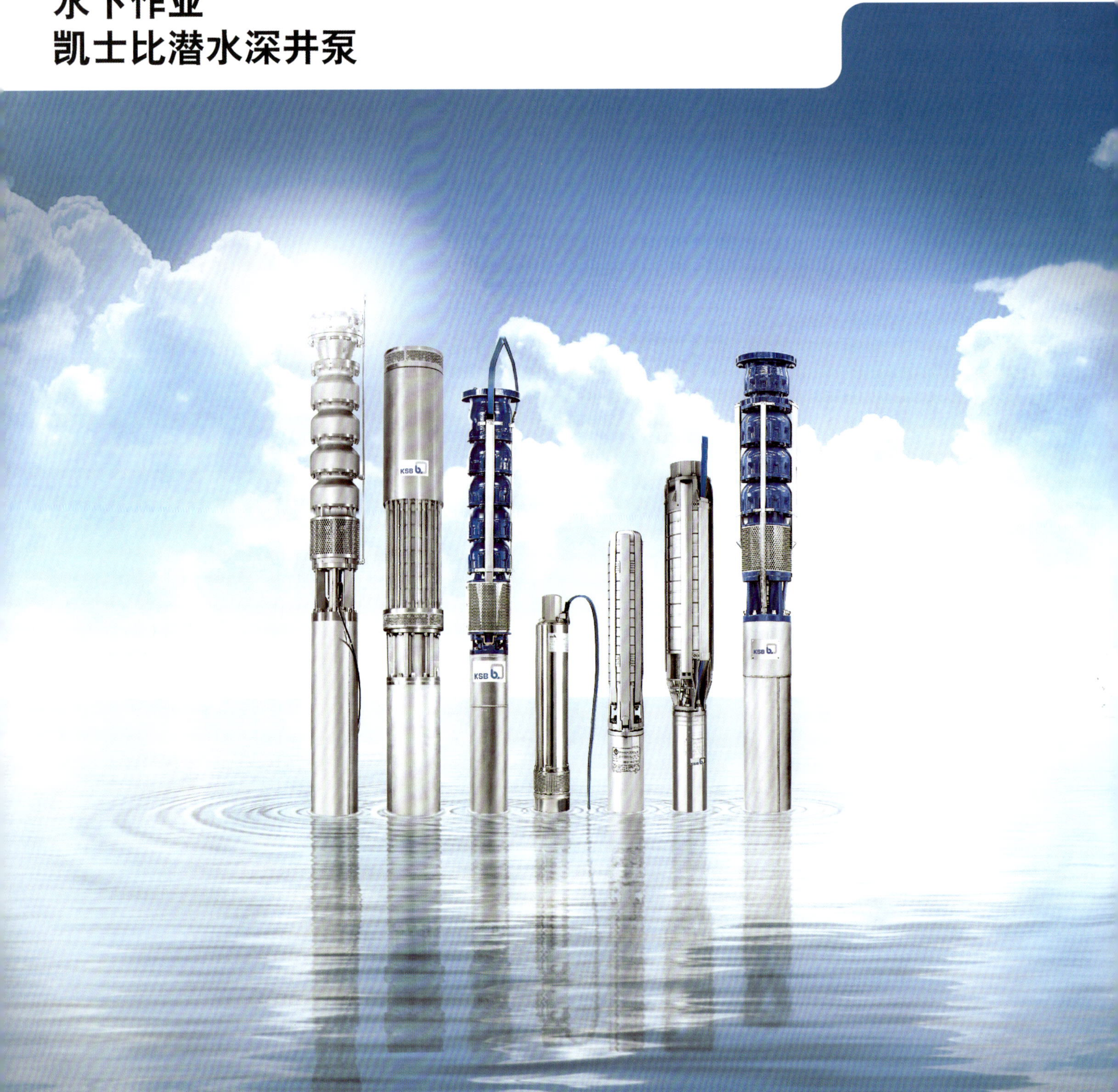

中国机械工业年鉴系列

中国通用机械工业年鉴

2014

中国机械工业年鉴编辑委员会
中国通用机械工业协会 编

《中国通用机械工业年鉴》2014年刊设置综述、专文、行业概况、人物、企业概况、统计资料、产品与项目、大事记和附录等栏目，集中反映2013年通用机械行业的发展情况，详细记载了泵、风机、阀门、压缩机、真空设备、干燥设备、减变速机、气体分离设备、能量回收装备及冷却设备等分行业的发展情况，提供了通用机械行业的经济指标。

《中国通用机械工业年鉴》主要发行对象为政府决策机构、机械工业相关企业决策者和从事市场分析、企业规划的中高层管理人员以及国内外投资机构、贸易公司、银行、证券、咨询服务部门和科研单位的机电项目管理人员等。

图书在版编目（CIP）数据

中国通用机械工业年鉴.2014/中国机械工业年鉴编辑委员会，中国通用机械工业协会编.—北京：机械工业出版社，2014.9

（中国机械工业年鉴系列）

ISBN 978-7-111-48025-9

Ⅰ.①中… Ⅱ.①中… ②中… Ⅲ.①机械工业—中国—2014—年鉴 Ⅳ.①F426.4-54

中国版本图书馆CIP数据核字（2014）第212343号

机械工业出版社（北京市西城区百万庄大街22号　邮政编码 100037）

责任编辑：魏素芳

北京宝昌彩色印刷有限公司印制

2014年9月第1版第1次印刷

210mm×285mm·15.5印张·36插页·406千字

定价：280.00元

凡购买此书，如有缺页、倒页、脱页，由本社发行部调换

购书热线电话（010）68326643、68997962

中国机械工业年鉴系列

作为『工业发展报告』
记录企业成长的每一阶段

中国机械工业年鉴

编辑委员会

中国通用机械工业年鉴

优化产品结构
发展自主品牌

中国通用机械工业年鉴
执行编辑委员会

中国通用机械工业年鉴

优化产品结构
发展自主品牌

中国通用机械工业年鉴
编辑出版工作人员

总　编　辑　郭　锐

主　　　编　李卫玲

副　主　编　刘世博　曹　军

执行主编　任智惠

编　　　辑　魏素芳　陈美萍　韩　硕

发行服务　工海臣　秦日升　路泽贤

图文设计　张慕原

地　　　址　北京市西城区百万庄大街22号（邮编100037）

编　辑　部　电话（010）68997962　传真（010）68997966

发　行　部　电话（010）68326643　传真（010）88379825

E-mail:cmiy@vip.163.com

http://www.cmiy.com　www.mepfair.com

中国通用机械工业年鉴

优化产品结构
发展自主品牌

中国通用机械工业年鉴
特约顾问单位特约顾问

特约顾问单位	特约顾问
沈阳鼓风机集团股份有限公司	苏永强
陕西鼓风机（集团）有限公司	印建安
重庆江北机械有限责任公司	张剑鸣
江苏海鸥冷却塔股份有限公司	吴祝平
南京大洋冷却塔股份有限公司	李晔昉
美国巴尔的摩空气盘管公司（BAC）	许鼎盛
斯必克（广州）冷却技术有限公司	林立邦
大连大高阀门股份有限公司	于传奇
中核苏阀科技实业股份有限公司	张宗列
上海电气阀门有限公司	李仲光
哈电集团哈尔滨电站阀门有限公司	邹世浩
北京市阀门总厂（集团）有限公司	陈金普
上海开维喜阀门集团有限公司	卓育成
上海高中压阀门股份有限公司	胡照国
上海科科阀门集团有限公司	杨忠义
上海阀门厂有限公司	王建克
沈阳盛世高中压阀门有限公司	李　勇
兰州高压阀门有限公司	陈清流
柳工（柳州）压缩机有限公司	郑　津
中国通用机械工程有限公司	马长春
上海鼓风机厂有限公司	蔡精毅
上海凯士比泵有限公司	钱　俊
上海电力修造总厂有限公司	程道俊
日立泵制造（无锡）有限公司	刘　鑫
大耐泵业有限公司	乔廷安
杭州制氧机集团有限公司	蒋　明
四川空分设备（集团）有限责任公司	单金铭
莱芜天元气体有限公司	齐登业
江西制氧机有限公司	黄申俊
杭州福斯达实业集团有限公司	葛水福
上海环球分子筛有限公司	方广清

中国通用机械工业年鉴

优化产品结构
发展自主品牌

中国通用机械工业年鉴
特约顾问单位特约编辑

特约顾问单位	特约编辑
沈阳鼓风机集团股份有限公司	郭　宏
重庆江北机械有限责任公司	田应秋
江苏海鸥冷却塔股份有限公司	包冰国
南京大洋冷却塔股份有限公司	马　俊
美国巴尔的摩空气盘管公司（BAC）	康观华
斯必克（广州）冷却技术有限公司	沈　思
益美高（上海）制冷设备有限公司	唐　棣
大连大高阀门股份有限公司	何　婧
上海电气阀门有限公司	周玉虹
哈电集团哈尔滨电站阀门有限公司	罗　镜
北京市阀门总厂（集团）有限公司	王晓璇
上海开维喜阀门集团有限公司	向艳梅
上海高中压阀门股份有限公司	徐　珍
上海科科阀门集团有限公司	翟亚新
上海阀门厂有限公司	金雪婷
沈阳盛世高中压阀门有限公司	张　宽
兰州高压阀门有限公司	唐宝龙
柳工（柳州）压缩机有限公司	唐爱锋
中国通用机械工程有限公司	陈　静
上海鼓风机厂有限公司	吕群力
上海凯士比泵有限公司	潘再兵
上海电力修造总厂有限公司	陆卫国
日立泵制造（无锡）有限公司	杜敏伟
大耐泵业有限公司	王德静
杭州制氧机集团有限公司	莫兆洋
四川空分设备（集团）有限责任公司	李钟钦
莱芜天元气体有限公司	姜　杰
江西制氧机有限公司	杨伦忠
杭州福斯达实业集团有限公司	唐建芬
上海环球分子筛有限公司	张　清

前　言

2013年，通用机械行业坚持创新、调整、转型升级为特征的发展模式，行业经济运行呈中低速平衡发展态势，生产销售保持稳步增长。

2013年，通用机械行业规模以上企业5 173家，资产总计7155.94亿元，同比增长12.74%。全行业累计完成固定资产投资额1744.92亿元，同比增长31.08%；实现主营业务收入9 073.55亿元，同比增长12.84%；实现利润总额635.27亿元，同比增长10.65%；完成出口交货值947.70亿元，同比增长3.28%。

2013年，通用机械行业依托核电、大型煤炭深加工、超（超）临界火电、天然气长输管道等重大工程，开展关键设备的研制，重大装备国产化取得一系列重大突破。

中国通用机械工业协会与中国机械工业年鉴编辑委员会希望通过《中国通用机械工业年鉴》，系统、广泛地宣传通用机械行业在转型升级、高端制造、“两化融合”以及推进重大技术装备国产化等方面取得的成就，展望行业由大到强的发展前景，进一步促进行业的技术进步和经济可持续发展。

在《中国通用机械工业年鉴》2014年版的编撰过程中，得到了通用机械行业各有关企事业单位和相关用户的大力支持，中国通用机械工业协会与中国机械工业年鉴编辑委员会在此表示衷心的感谢，并将一如既往地为各界朋友提供真诚的服务。

中国通用机械工业协会名誉会长：隋永滨

2014年9月

索
引

优化产品结构
发展自主品牌

广告索引

专题索引

人物访谈

目录

优化产品结构
发展自主品牌

综述

专文

行业概况

人物

企业概况

目录

优化产品结构 发展自主品牌

中国工业年鉴出版基地

统计资料

目录

优化产品结构
发展自主品牌

中国工业年鉴出版基地

产品与项目

大事记

附录

目录

优化产品结构
发展自主品牌

Overview

Feature

A Survey of Industry

Personage

A Survey of Enterprises

目录

优化产品结构
发展自主品牌

Statistical Data

目 录

优化产品结构

发展自主品牌

Products & Items

Chronicle of Events

Appendix

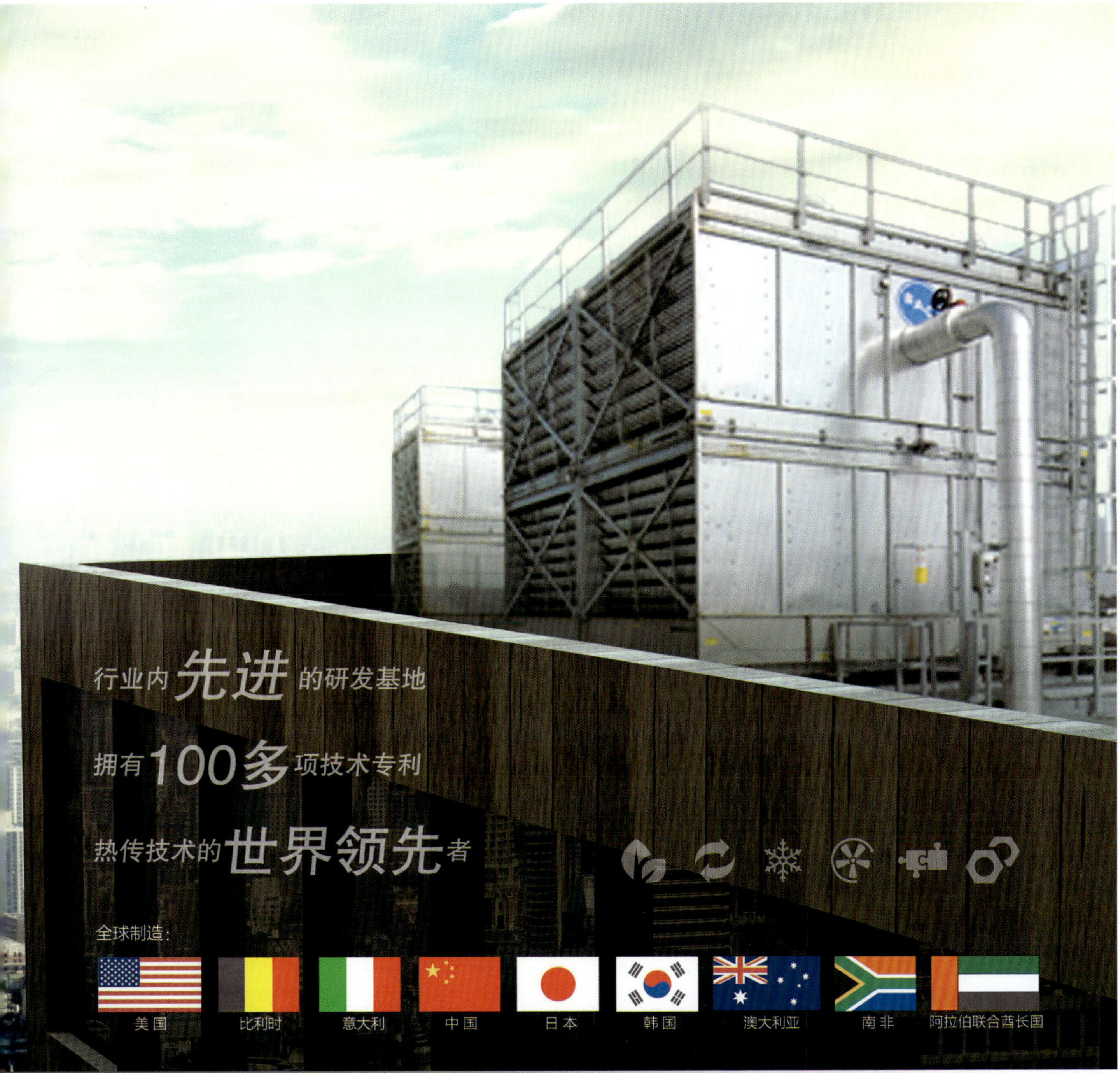
行业内先进的研发基地
拥有100多项技术专利
热传技术的世界领先者
全球制造:
美国
比利时
意大利
中国
日本
韩国
澳大利亚
南非
阿拉伯联合酋长国

intel

THE RITZ-CARLTON
BEIJING, FINANCIAL STREET
北京金融街丽思卡尔顿酒店

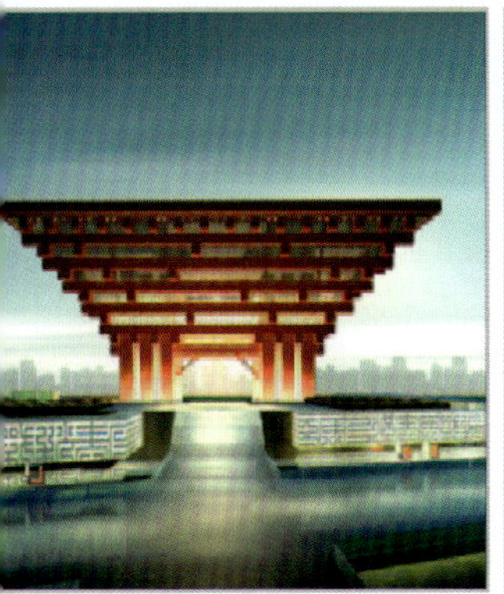

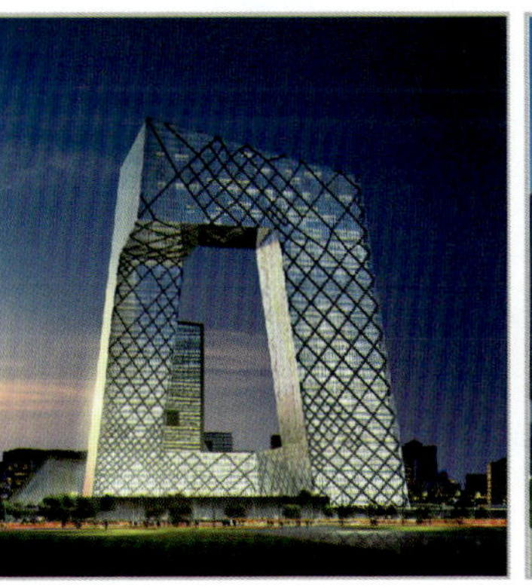

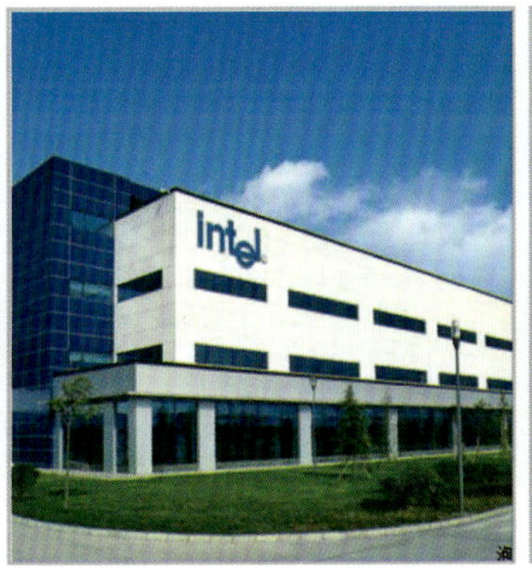

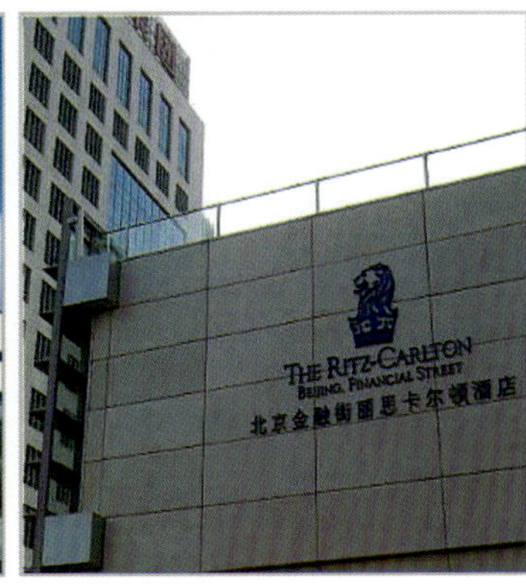

DANAI PUMPS
大耐泵业有限公司

大耐

HB系列卧式多级筒袋泵

ASD R 系列重工位石油化工流程泵

大耐泵业有限公司始建于 1953 年，是我国石油化工流程泵和各类耐腐蚀泵产品的开创者，是我国颇具规模的耐腐蚀泵专业生产和出口基地。公司拥有辽宁省省级企业技术中心和大连市工程实验室，连续数年蝉联中国机械工业 500 强。

公司于 1996 年率先获得相关部门颁发的核二级、核三级泵设计、制造资格证书。随着国家引进 AP1000 第三代技术标准，大耐泵业有限公司被确定为“第三代核电关键设备引进技术和承担国产化任务企业”之一。

2002 年，大耐泵业有限公司在大连市双 D 港建设总占地面积 15 万 m^2 的泵业园区。2005 年乔迁新址，并更新了大批的生产设备，实现了生产加工全线数字化。

目前，公司可以生产 90 多个系列、2 000 多个品种的泵类产品。产品广泛用于石油、石油化工、天然气、冶金、化学工业、电厂、核电站、食品、环保、制药、造纸、城市供水和污水处理等行业的高低温、强腐蚀、易燃易爆、剧毒、含悬浮物等特殊介质的输送。

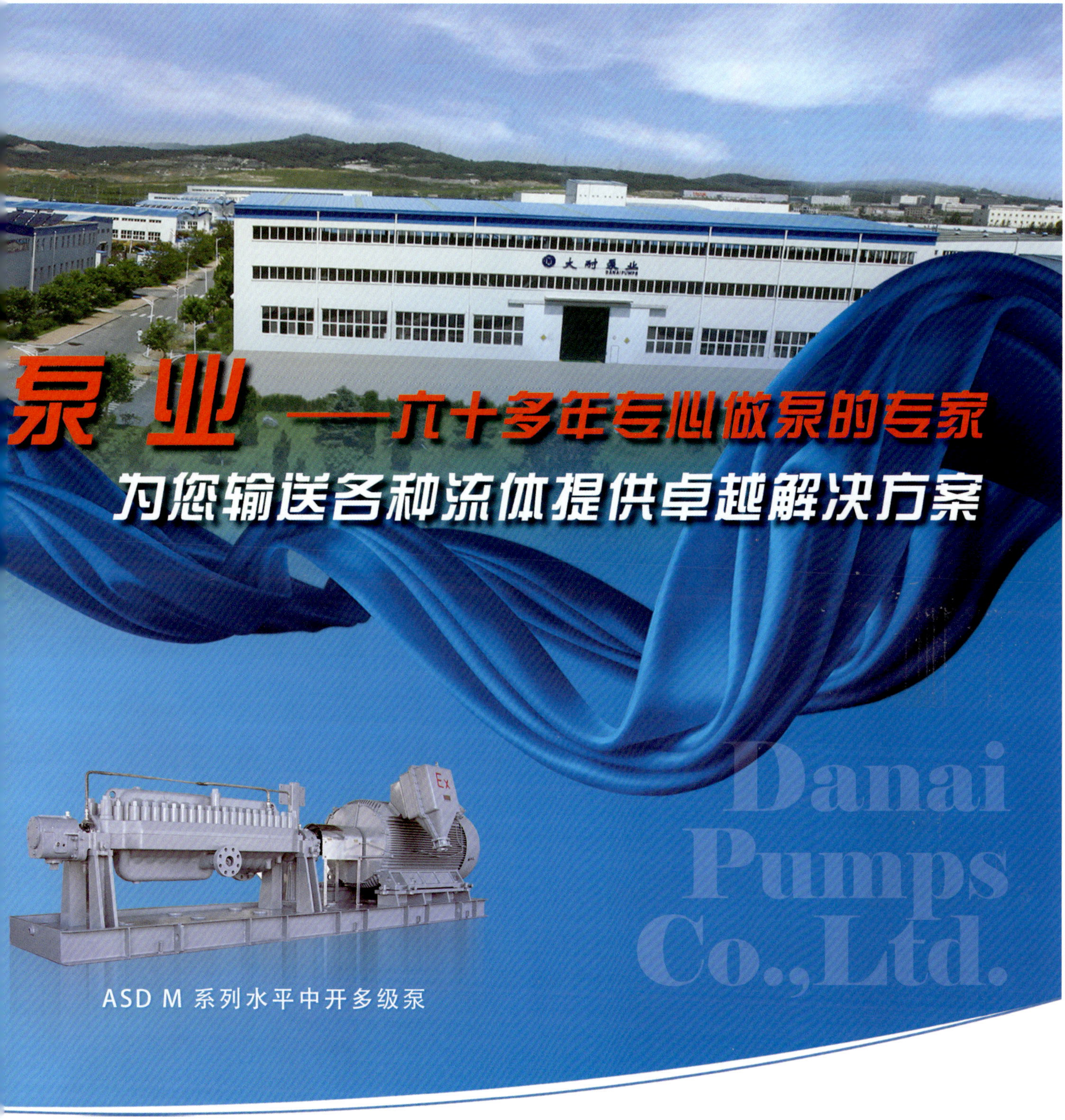

Yearbook
China General Machinery Industry
A7

HITACHI
Inspire the Next

大事业的追求

①七、八氧空分塔

⑤低温液体充装现场

②六万制氧机全景

⑥六万制氧机配电室

大舞台的胸怀

③六万制氧机液体储罐

⑦化验人员对气体进行化验分析

④制氧机生产现场

⑧充装区域气瓶定置摆放

莱芜天元气体有限公司

地址：山东省莱芜市钢城区棋山大街57号

邮编：271126

电话：0634-6823498

传真：0634-6823263

江西制氧机有限公司

JIANGXI OXYGEN PLANT CO., LTD.

江西制氧机有限公司是由杭州杭氧股份有限公司控股、宁波华瑞投资有限公司参股投资的大型企业，其前身是国家二级企业、国家机械工业重点企业江西制氧机厂。公司占地面积超过20万m²，现有员工440余人。

公司主导产品有液化天然气（LNG）、液氧、液氮、液氩、液态二氧化碳及液态乙烯等低温贮罐、槽车，液化石油气、液氨、丙烯等化工介质贮罐、槽车，氢氟酸、各类制冷剂、液氯等化工类罐式集装箱及低温罐箱，非标容器，大型常压低温贮罐，天然气加气站，中、小型空分设备和各种规格透平膨胀机。

LNG运输车

大气行天下

杭氧股份江西制氧机有限公司

立式储罐

LPG运输车

罐式集装箱

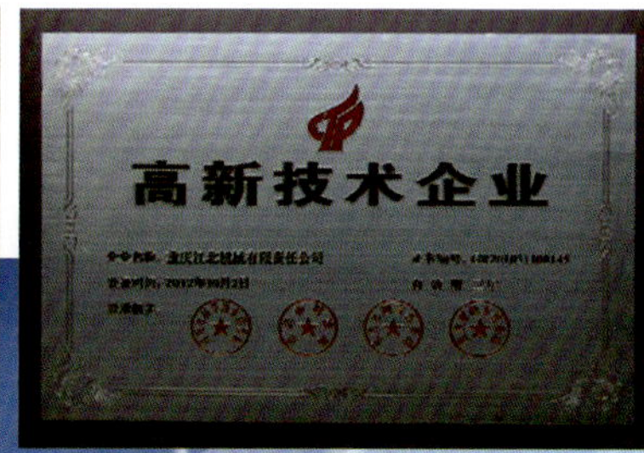

WT（WNT）污泥离心（浓缩）脱水成套装置

“卧式螺旋卸料式离心机与污泥浓缩机一体化装置”作为国家技术创新项目，填补了国内空白。以此为基础研制的WT（WNT）污泥脱水装置，具有占地少、处理量大、能耗低、全密闭、全自动控制及高性价比等特点。

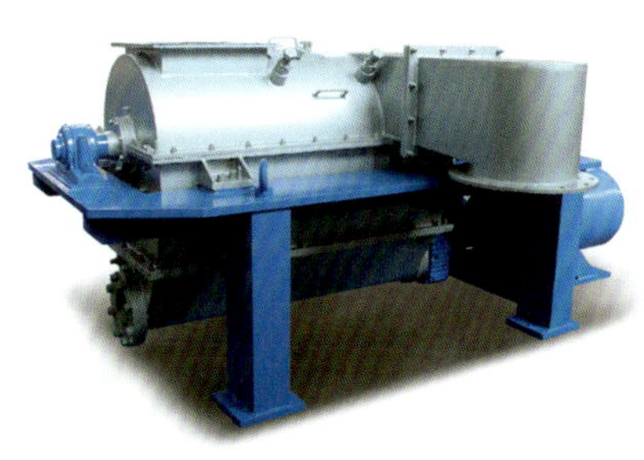

CCJ-1200餐厨垃圾除杂制浆一体机

餐厨垃圾除杂制浆一体机是专门为餐厨垃圾无害化处理研发的设备，能有效地将餐厨垃圾中的杂质（如竹木、塑料、骨类、金属等）分选分离，将可利用的物质粉碎制浆。该一体机具有提取效率高、性能可靠、密闭性好及无二次污染等特点。该机填补了国内空白，是餐厨垃圾无害化处理的关键设备。

制药设备（GMP对应机）

重庆江北机械有限责任公司与日本田边株式会社合作生产的GMP对应机，是一种符合高标准卫生要求的高洁净卫生型过滤式离心机，完全符合我国GMP认证企业生产要求，是目前国内先进的GMP生产设备。该机广泛应用于制药、轻工、食品、化工等领域含中细粒度的固相悬浮液的分离与脱水。

地址：重庆市北碚区水土镇　邮编：400714　电话：023-63176500
传真：023-68230242　销售电话：023-68230493 63176668
http: //www.jiangbeimach.com　E-mail: jiangji @ jiangbeimach. com

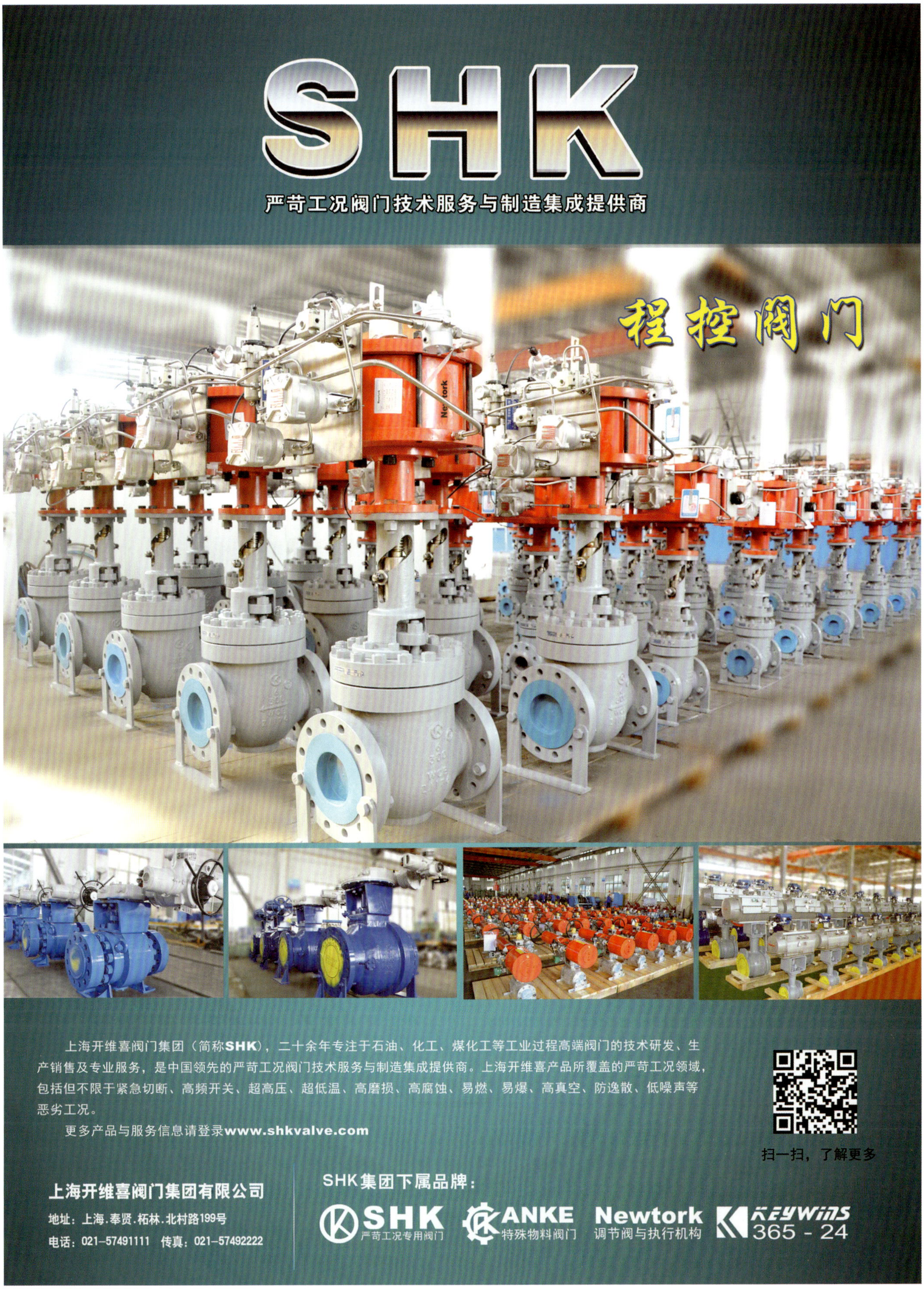
SHK
严苛工况阀门技术服务与制造集成提供商
程控阀门
上海开维喜阀门集团（简称SHK），二十余年专注于石油、化工、煤化工等工业过程高端阀门的技术研发、生产销售及专业服务，是中国领先的严苛工况阀门技术服务与制造集成提供商。上海开维喜产品所覆盖的严苛工况领域，包括但不限于紧急切断、高频开关、超高压、超低温、高磨损、高腐蚀、易燃、易爆、高真空、防逸散、低噪声等恶劣工况。
更多产品与服务信息请登录www.shkvalve.com
扫一扫，了解更多
上海开维喜阀门集团有限公司
地址：上海.奉贤.柘林.北村路199号
电话：021-57491111 传真：021-57492222
SHK集团下属品牌：
SHK 严苛工况专用阀门
ANKE 特殊物料阀门
Newtork 调节阀与执行机构
KEYWINS 365 - 24

诚信为本 服务至上 精益求精 务实领先

Credit based, service above all,
continual improvement, pragmatism and leading

http://www.shanggaovalve.com

上海高中压阀门股份有限公司是专业设计、生产、制造各种高中压阀门的企业，以其诚信、人才、创新、管理、技术诸方面综合优势，成为颇具发展潜力的阀门骨干企业。

公司将以良好的信誉、健全的质量体系、现代化的管理、自动化的加工设备以及高性能的优质产品有序参与市场竞争。欢迎各界用户和同仁来公司参观、指导。

上海高中压阀门股份有限公司

地址：上海市奉贤区奉金路 365 号　　邮编：201401
总机：021-57292666　57292997(直线)
传真：021-57292999　　E-mail:sales@shanggaovalve.com

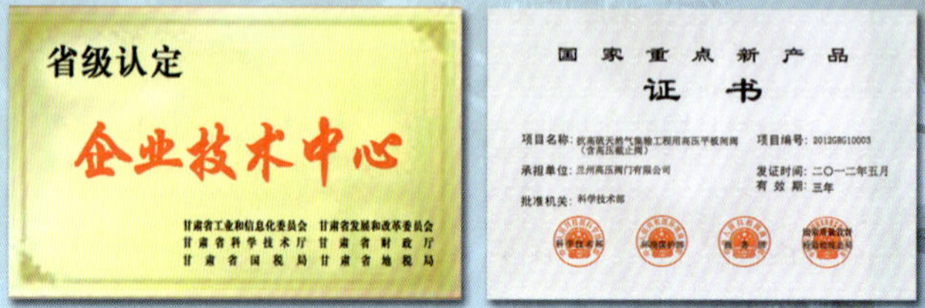

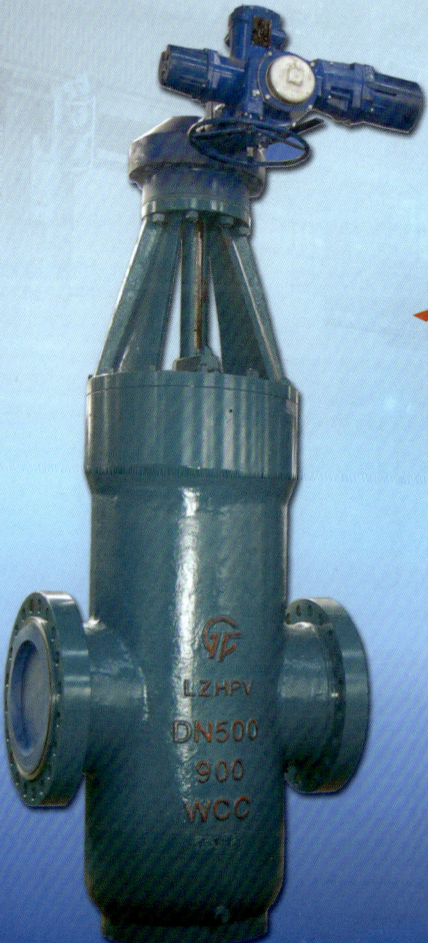

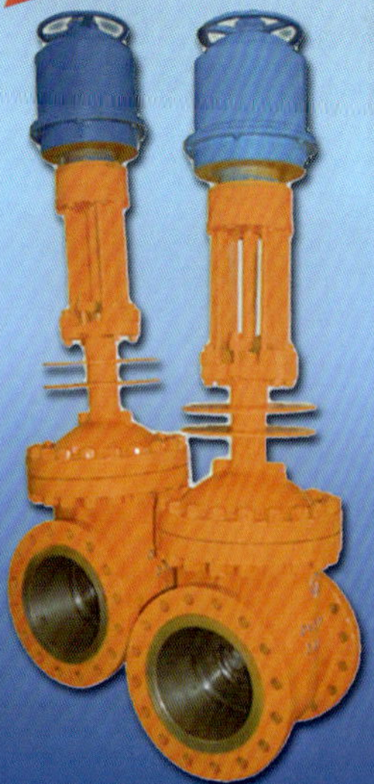

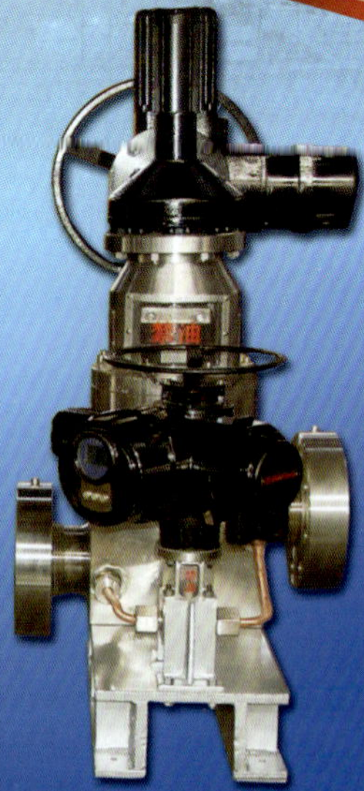

中通公司

中国通用機械工程有限公司

China National General Machinery Engineering Corporation

中国通用机械工程有限公司（简称中通公司），成立于1979年，隶属中国机械工业集团有限公司管理。中国机械工业集团有限公司为世界500强企业。

中通公司是集工程承包、设备集成、技术服务、进出口贸易为一体的专业工程公司。

中通公司拥有对外工程承包经营、进出口贸易、甲级设备监理和压力容器资质，是中国机电产品进出口商会、中国对外工程承包商会会员单位。

中通公司业务涉及城市污水治理、工业废水废气及粉尘治理、城市湖泊水体治理、固体垃圾处理、城市供水供热、轨道交通、电厂电站及石油化工、煤化工等领域。国内业务范围已遍及除西藏、台湾之外的各个省份；国际市场业务已涉及亚、非、欧、美等地区的20多个国家。

中通公司坚持诚信为本、创新为魂、客户至上、追求卓越，拥有一支经验丰富的工程设计和项目管理人才队伍，形成了完整的业务链条和工程项目组织管理模式。30多年来，累计完成各类项目3 000多个，获得国家科学技术进步奖和省部级科技进步奖等各类奖项72项，已成为管理科学、资产优良、勇于承担社会责任的国有企业。

地下立体式综合水质净化厂（广州东濠涌水质净化厂）

上海青草沙水源地水泵站工程

重庆地铁一、二、三、六号线机电设备系统工程（外景）

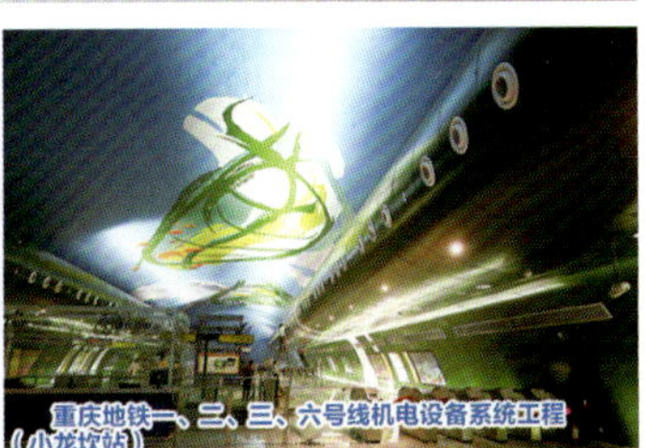
重庆地铁一、二、三、六号线机电设备系统工程（小龙坎站）

昆明主城区污水处理厂污泥处理处置中心项目

绍兴水处理发展有限公司污泥预处理工程

西安市第五污水处理厂项目

工业粉尘处理系统（煤码头洒水除尘）

地址：北京市西城区太平街甲2号　　邮编：100050
电话：010-63133888　传真：010-83132001　E-mail：cgme@cgme.com.cn

Yilida®

The Smart Air

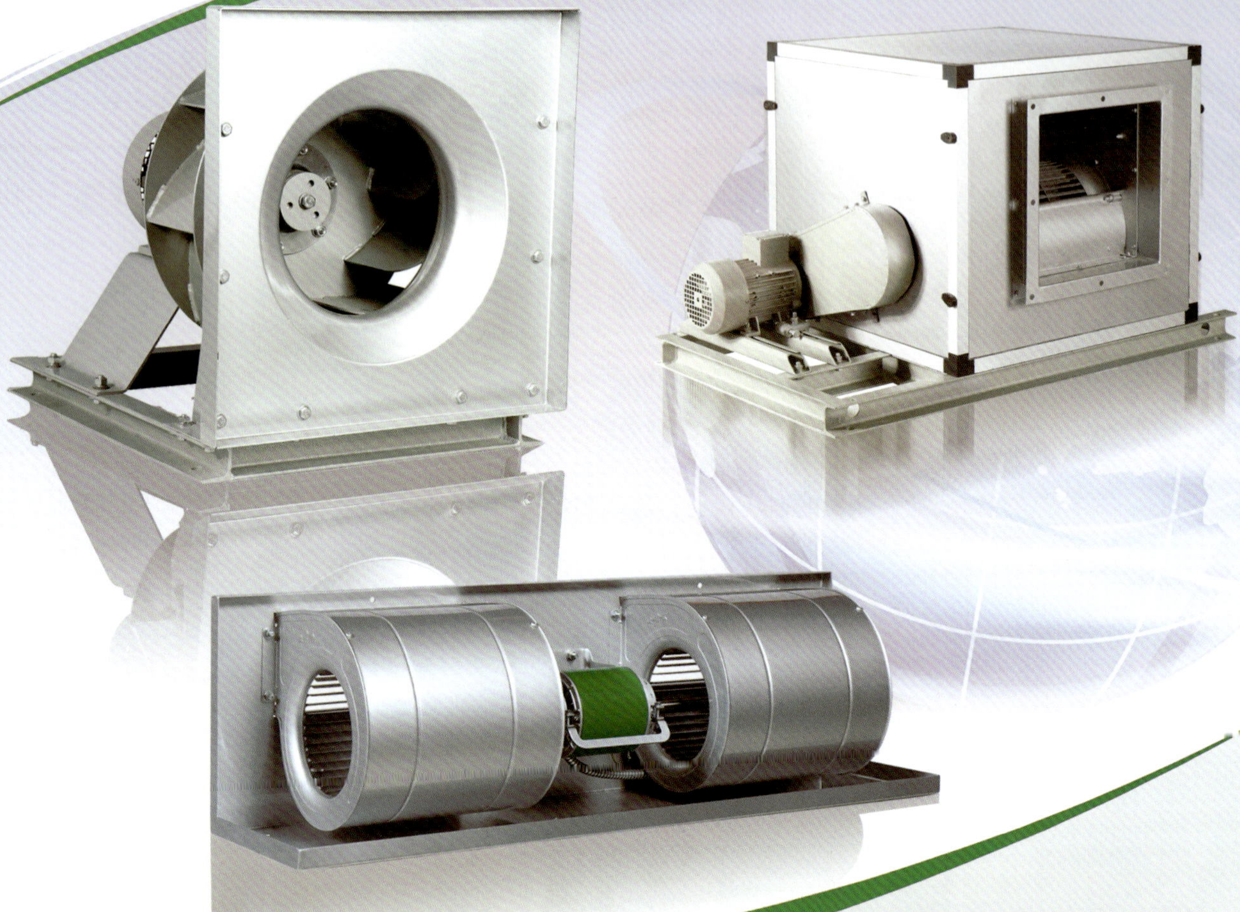

http://www.yilida.com

浙江亿利达风机股份有限公司（股票代码 002686）创建于 1994 年，是国内规模领先的中央空调风机开发生产企业和知名的建筑通风机（工程风机）制造商。

亿利达在台州、天津、广东佛冈、张家港等地建立了风机生产基地，总占地面积 25 万 m^2，日风机产能 3 万台；公司旗下品牌包括“Yilida”“Wolter”和“富丽华”。其中“Yilida”是国内中央空调风机品牌的领导者；“Wolter”致力于打造国内建筑通风领域高端品牌，提供世界尖端的通风产品及服务；而“富丽华”则为国内高品质轴流风机品牌。

自 2012 年 7 月成功上市后，亿利达不仅依托现有的研发实力与市场资源，继续完善产品线，加强产品升级，更将加大产品研发、技术创新的投入，同时加速开拓海外市场。

2013 年，亿利达凭借自主研发的 New EC 技术，率先推出具有应用价值的单相单绕组无刷直流电机，延续了传统单绕组 EC 电机的优势，解决传统单绕组 EC 电机三大弊端，使单绕组 EC 电机的广泛应用成为现实。

作为实施全球化经营战略的企业，亿利达将致力于为更广阔的发展领域提供更高效率、更高价值的系统解决方案，服务绿色健康的人居环境，实现社会效益与企业效益的可持续发展。

浙江亿利达风机股份有限公司

Zhejiang Yilida Ventilator Co., Ltd.

地址：浙江省台州市路桥区横街镇亿利达路　　邮编：318056
电话：0086-576-82656000 82658900
传真：0086-576-82655758　　E-mail：info@yilida.com
全球服务热线：400 1135 666　0086-576-82622666（国际贸易）

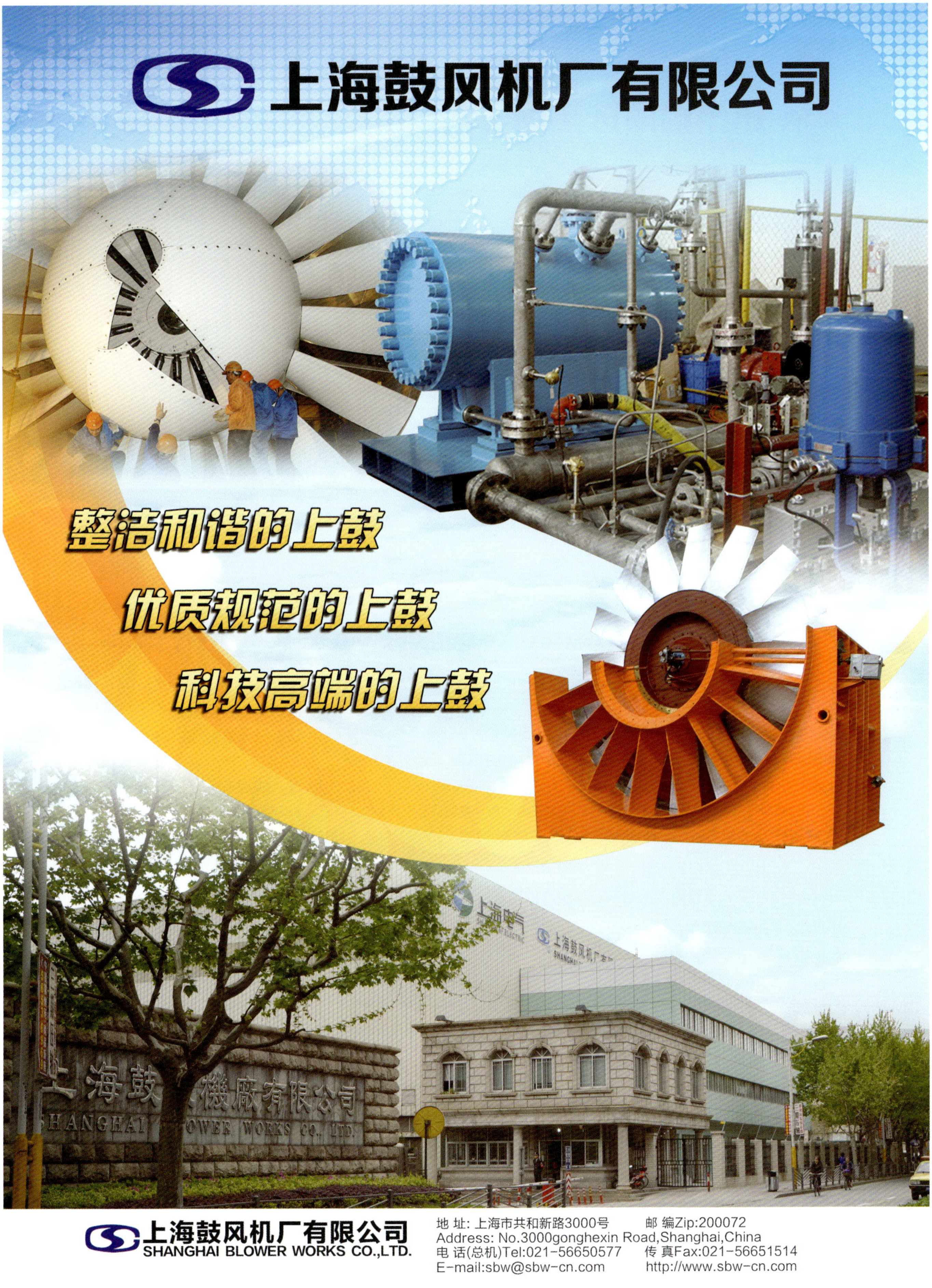
上海鼓风机厂有限公司
整洁和谐的上鼓
优质规范的上鼓
科技高端的上鼓
上海鼓风机厂有限公司
SHANGHAI BLOWER WORKS CO.,LTD.
地 址: 上海市共和新路3000号 邮 编Zip:200072
Address: No.3000gonghexin Road,Shanghai,China
电 话(总机)Tel:021-56650577 传 真Fax:021-56651514
E-mail:sbw@sbw-cn.com http://www.sbw-cn.com

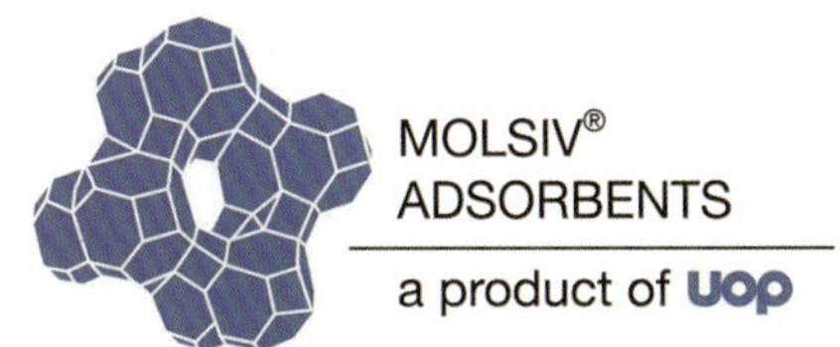

APG Ⅲ 型分子筛

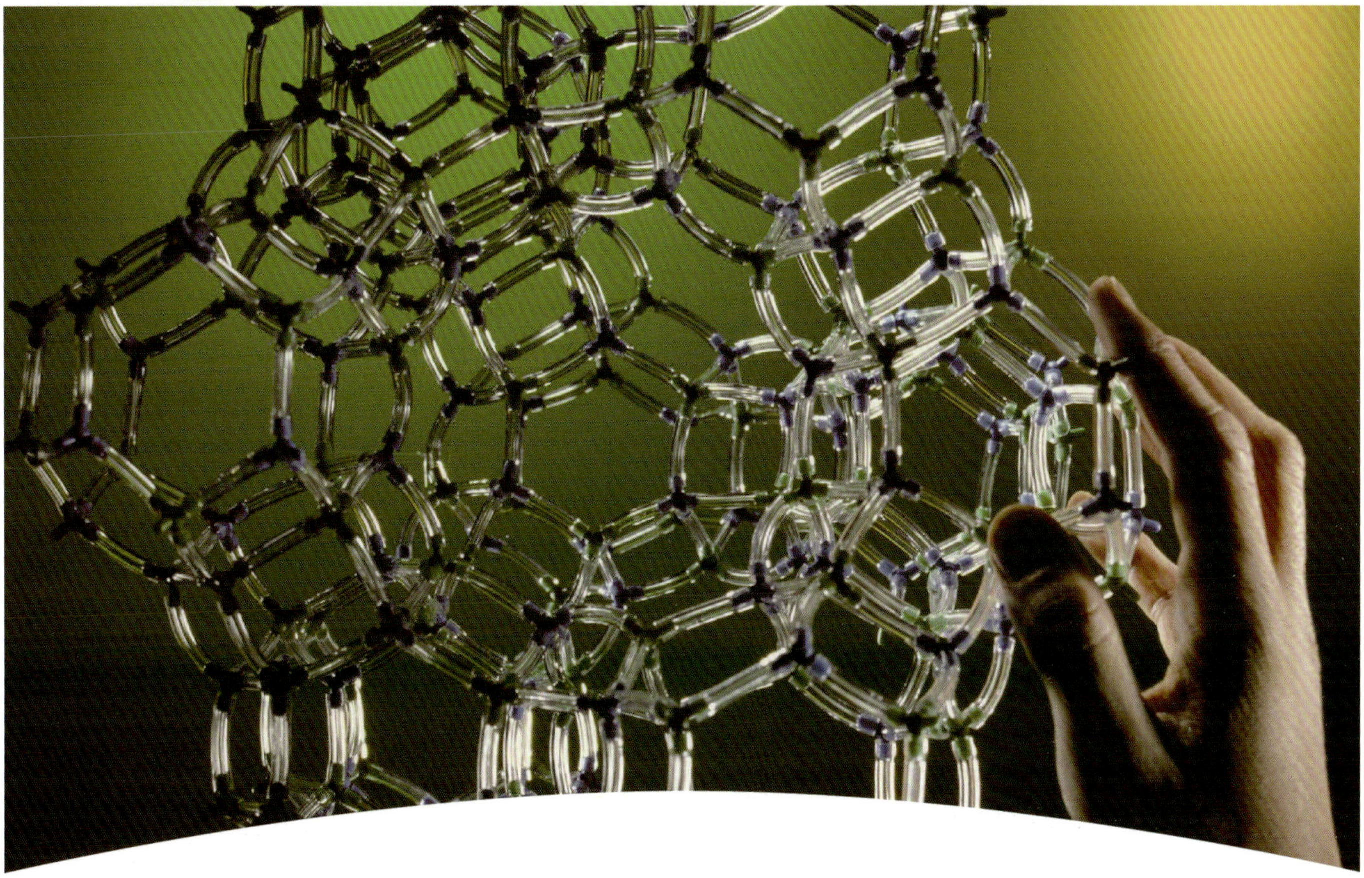

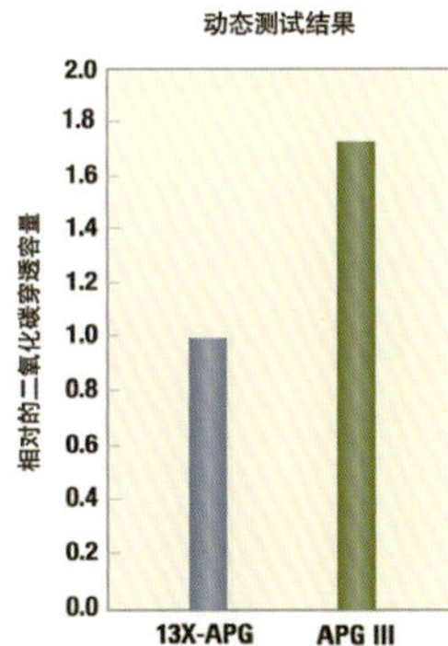

uop
A Honeywell Company

更高的吸附容量

UOP APG Ⅲ型分子筛已登陆中国，其静、动态二氧化碳吸附容量均比UOP 13X-APG型分子筛高出70%，空分设备净化装置的新一轮技术革命将由此开始。

- 显著减小净化器占地面积和尺寸
- 显著提高可处理的进气流量
- 更长的吸附时间，并具有更好的运行稳定性
- 有效减小吸附与再生过程的压降

更好的经济效益

更小的吸附器、更长的吸附时间、更低的能耗、更佳的物化性能……APG Ⅲ型分子筛为空分设备带来的不仅是更可靠的安全保障，更可以带来看得见的经济效益。

- 显著降低主要设备（如容器和再生设备加热器）的投资成本
- 降低再生能量的消耗
- 延长吸附剂的使用寿命

上海环球分子筛有限公司

公司总部：上海闵行开发区文井路 500 号　邮编：200245　电话：021-64302370（总机）　传真：021-64301533

销售部：上海华山路 2088 号汇银广场南楼 1203 室　邮编：200030　电话：021-64302370（总机）　传真：021-54070836

请浏览 www.suop.com.cn 了解更多信息

综合索引

通机年鉴微信

优化产品结构

发展自主品牌

中国机械工业年鉴系列

《中国机械工业年鉴》

《中国电器工业年鉴》

《中国工程机械工业年鉴》

《中国机床工具工业年鉴》

《中国通用机械工业年鉴》

《中国机械通用零部件工业年鉴》

《中国模具工业年鉴》

《中国液压气动密封工业年鉴》

《中国重型机械工业年鉴》

《中国农业机械工业年鉴》

《中国石油石化设备工业年鉴》

《中国塑料机械工业年鉴》

《中国齿轮工业年鉴》

《中国磨料磨具工业年鉴》

《中国机电产品市场年鉴》

《中国热处理行业年鉴》

中国工业年鉴出版基地

编辑说明

一、《中国机械工业年鉴》是由中国机械工业联合会主管、机械工业信息研究院主办、机械工业出版社出版的大型资料性、工具性年刊，创刊于 1984 年。

二、根据行业需要，中国机械工业年鉴编辑委员会于 1998 年开始出版分行业年鉴，逐步形成了中国机械工业年鉴系列。该系列现已出版了《中国电器工业年鉴》《中国工程机械工业年鉴》《中国机床工具工业年鉴》《中国通用机械工业年鉴》《中国机械通用零部件工业年鉴》《中国模具工业年鉴》《中国液压气动密封工业年鉴》《中国重型机械工业年鉴》《中国农业机械工业年鉴》《中国石油石化设备工业年鉴》《中国塑料机械工业年鉴》《中国齿轮工业年鉴》《中国磨料磨具工业年鉴》《中国机电产品市场年鉴》和《中国热处理行业年鉴》。

三、《中国通用机械工业年鉴》由中国通用机械工业协会和中国机械工业年鉴编辑委员会共同编撰，2002 年开始出版，自 2006 年起由两年出版一次改为每年出版。2014 版设置综述、专文、行业概况、人物、企业概况、统计资料、产品与项目、大事记和附录等栏目，集中反映 2013 年通用机械行业的发展情况，详细记载了泵、风机、阀门、压缩机、真空设备、干燥设备、减变速机、气体分离设备、能量回收装备及冷却设备等分行业的发展情况，提供了通用机械行业的主要经济指标。

四、《中国通用机械工业年鉴》主要发行对象为政府决策机构、机械工业相关企业决策者和从事市场分析、企业规划的中高层管理人员以及国内外投资机构、贸易公司、银行、证券、咨询服务部门和科研单位的机电项目管理人员等。

五、在年鉴编撰过程中得到了中国通用机械工业协会及各分会、行业专家和企业的大力支持和帮助，在此深表感谢。

六、未经中国机械工业年鉴编辑部的书面许可，本书内容不允许以任何形式转载。

七、由于水平有限，难免出现错误及疏漏，敬请批评指正。

中国机械工业年鉴编辑部

2014 年 9 月

回顾通用机械行业在重大技术装备研发方面取得的成就，介绍2013年通用机械行业整体发展情况及进出口情况

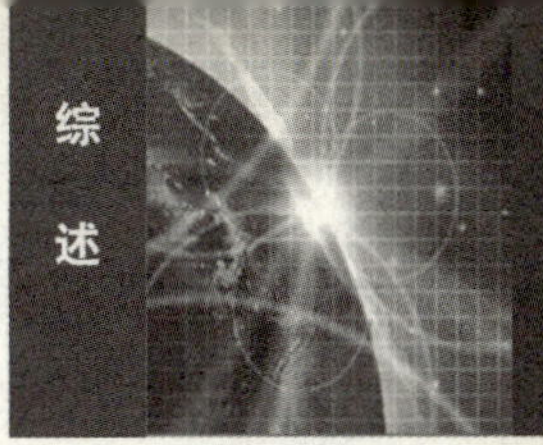

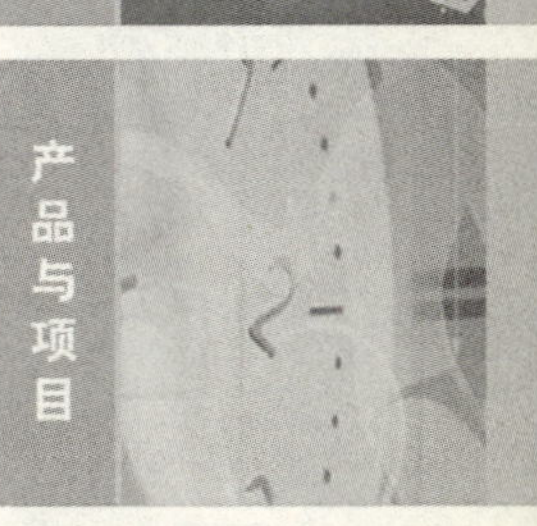

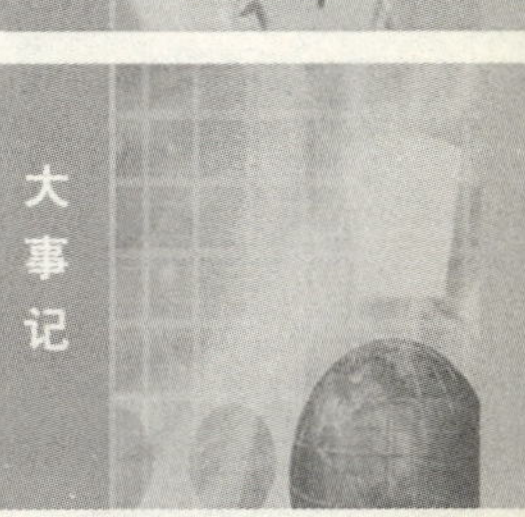

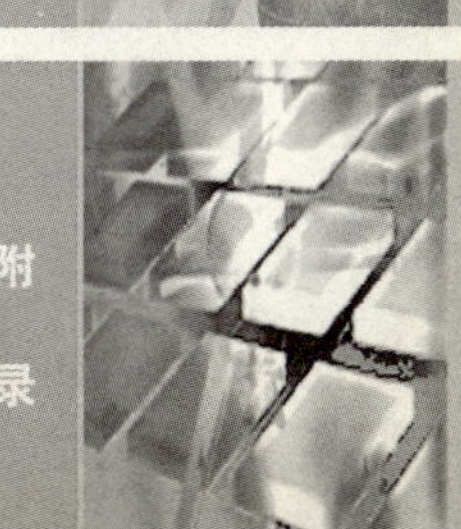

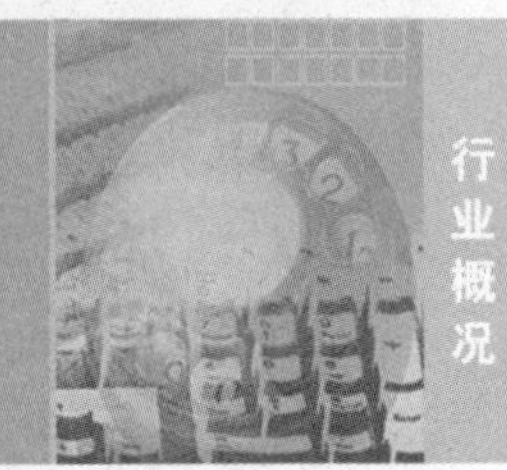

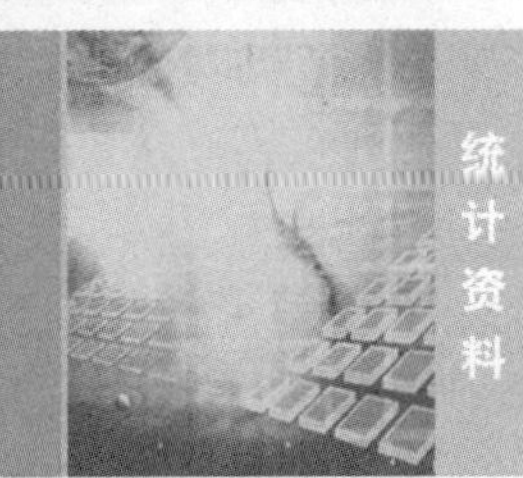
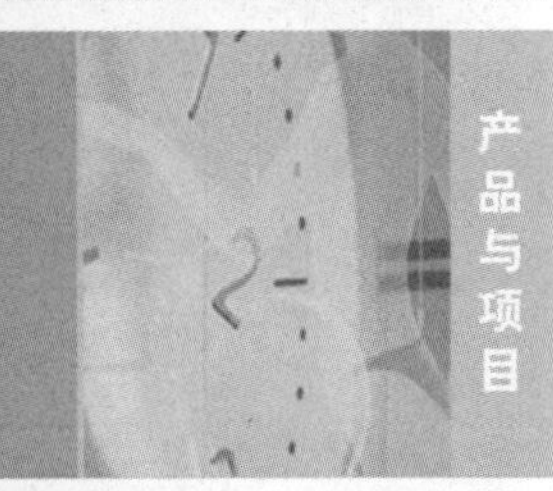

综述

通用机械行业重大技术装备成就发展回顾

装备制造业是经济社会发展的支柱性、战略性产业，其发展水平体现了一个国家的工业化水平和综合国力。通用机械是装备制造业的重要组成部分，在国民经济建设中起着十分重要的作用，担负着为石油、化学和石油化工等行业提供系统成套技术装备，同时为电力、冶金、船舶、军工、轻工、纺织及医药等行业提供辅机的重任。通用机械包括泵、风机、阀门、压缩机、空分设备、分离机械、干燥设备、气体净化设备、真空设备、减变速机以及各种专用设备，其技术水平决定着化工、石化、电力、冶金、船舶、军工、轻工、纺织及医药等行业生产装置的运行水平。我国自20世纪80年代实施重大技术装备国产化以来，解决了国民经济建设中的许多难题，为国民经济各行业的发展提供了重要保障，同时提升了我国装备制造业的整体技术水平。

重大技术装备具有技术含量高、制造难度大、关联度广及带动性强的特点。重大技术装备随着国家重点工程的发展和需求的变化适时进行调整和延伸，通用机械中的压缩机、泵、阀门、空分设备等产品在石化、核电、超(超)临界火电、天然气长输管线、煤炭深加工及大型LNG等重点领域是不可或缺的核心设备或主要设备。近十年来，党中央、国务院提出加快振兴装备制造业，加大了对装备制造业的支持力度，国家依托国家重点工程，支持企业技术改造和科技攻关，大力推进重大技术装备自主化，为我国通用机械行业的发展提供了良好的发展机遇和市场空间。通用机械制造业集中力量，依托重点能源工程建设，开展重大技术装备攻关，取得了丰硕成果。

一、压缩机

1. 乙烯“三机”

年产百万吨乙烯工程是国家重大技术项目。俗称乙烯“三机”的裂解气压缩机、丙烯制冷压缩机和乙烯压缩机又是百万吨乙烯装置中最关键、最核心的设备，该设备的技术长期以来一直被世界少数几大公司垄断，乙烯“三机”国产化是百万吨乙烯装备国产化的重要标志。发展乙烯工程必须突破“三机”的门槛。

沈阳鼓风机集团股份有限公司(简称沈鼓集团)在为大庆石化、上海石化、扬子石化及茂名石化的乙烯改扩建项目成功研制“三机”的基础上，相继承担了天津百万吨乙烯装置的裂解气压缩机、镇海百万吨乙烯装置的丙烯压缩机和抚顺百万吨乙烯装置的乙烯压缩机的国产化研制任务。

在“三机”研制过程中，沈鼓集团采用多项自主开发的科研成果进行产品设计，攻克了大型机壳组焊、叶轮铣制、转子高速平衡、机械运转试验及性能试验等关键技术。在整机优化设计等方面进行了创新：一是采用新开发软件进行整体优化设计计算，满足了整机各个工艺段运行工况的设计要求，具有宽广的流量调节范围及各级性能的完美匹配；二是在加抽气蜗室的结构设计上搭建模型级数值平台，研究其流量特性及多股气混合特点，对设计模型级进行数值计算和优化；三是利用数值模拟方法对排气蜗室进行流场分析，从结构上进行优化，提高了机组的运转稳定性和可靠性；四是按ASME PTC10标准的规定，编制了气动性能试验方案，进行了代用气体的热力性能试验，验证了产品设计、加工制造质量和气动性能指标，整机功率偏差和机械运转振幅远远低于ASME PTC10标准和API617标准规定值，在机组的气动性能、效率及力学性能等方面均与国外进口机组相当，机组的整体技术水平达到了国际先进水平，为用户提供了满意的产品，打破了该类产品长期依赖进口的局面。

2. 天然气长输管线压缩机组

长输管线压缩机组是天然气长输管道的“心脏”，代表着压缩机行业的最高技术水平。长期以来，该压缩机市场被国外少数公司垄断，进口价格昂贵，维护、维修成本很高。2008 年，依托西气东输二线、三线工程，国家能源局组织推进了长输管线压缩机组等天然气长输管道关键设备的国产化。2009 年，沈鼓集团承接了“天然气长输管线压缩机组”项目的研制任务，该项目成为首台（套）2 万 kW 电驱压缩机组成套研制国产化项目。长输管线压缩机组是用于天然气沿途输送过程中增压，保障天然气使用压力的设备。经过五年的努力，项目取得了重大突破，2 万 kW 电驱压缩机组（包括压缩机、电动机和大容量变频器三个关键设备）研制成功并顺利在西安高陵站投入运行，该机组运行状况好于西门子进口产品。该机组创造了电动机转速、变频器容量等多项国内第一，整机性能达到国际先进水平，为我国重大装备制造业树起了一座新的里程碑，实现了我国油气管道输送行业多年的梦想。该项目的完成，打破了多年来国外公司在长输管线压缩机领域垄断的局面，推动了我国压缩机行业和西气东输事业的发展。电驱压缩机组将在西三线、西四线及西五线上得到推广应用。

3. PTA 空压机组

由陕西鼓风机（集团）有限公司（简称陕鼓）研制生产的我国首台 PTA 空压机组在重庆蓬威石化 PTA 装置上投入运行以来，各项性能指标均满足用户要求。该机组作为 PTA 装置的核心设备之一，为对二甲苯的氧化反应提供空气，并能回收氧化反应的热能和尾气中的压力能，具有效率高、性能稳定等特点，各项运行指标接近国际先进水平。

陕鼓作为风机行业的骨干企业，是行业内最早进行系统技术、成套技术研究与应用的企业。通过对工艺系统和多机组流程工艺的潜心研究，已经掌握了与轴流压缩机、离心压缩机、尾气透平机等有关的系统技术和多机组的成套技术，当前已成功设计并成功配套了千余套大型机组。此次为重庆蓬威石化 PTA 装置配套的空压机组采用了单轴布置设计方案，由轴流压缩机、离心压缩机、双分流冷凝式汽轮机和尾气膨胀机组成，全部设备均为国产设备，由陕鼓成套供货。

在该机组的研制过程中，陕鼓充分发挥了在透平机械设计、制造方面的专业优势和大型复杂机组总成设计的优势，使机组能够稳定、可靠地提供满足工艺要求（压力 1.5MPa）的空气，同时有效地回收装置副产品——蒸汽的能量和尾气中的压力能量。这是我国在进口了 20 多套大型 PTA 装置工艺空气压缩机组后，首次实现该压缩机组的国产化，改变了长期以来我国石化行业依赖进口的局面，对振兴民族工业、推进国家新型工业化和重大技术装备国产化，参与国际市场竞争等都具有深远的意义。

4. 天然气液化 BOG 压缩机

液化天然气（LNG）在运输和卸载过程中，由于储罐内 LNG 的体积发生变化，以及环境温度和大气压力变化等外界能量的输入，致使罐内产生大量的闪蒸汽（Boil-off Gas，BOG），当这些闪蒸汽源源不断产生，会导致储罐内的压力持续增加，其一旦超过储罐的设计压力，会对 LNG 运输及接收系统的安全运行造成威胁。为了维持储罐内的压力稳定，必须将储罐内的闪蒸汽及时处理掉。首先要将闪蒸汽进行增压，将其压缩到一定压力，然后直接送入管网或重新送入 LNG 储罐内，实现 BOG 的回收与处理。回收处理 BOG 的压缩机称为 BOG 压缩机。BOG 压缩机大多采用迷宫式压缩机，进气温度为 -160℃，按 API618 标准的要求设计、制造和试验。

BOG 压缩机属低温压缩机。在低温状态下，由于压缩机中与低温介质接触的零部件材料的低温性能、冷缩性能、冷脆性能等变化和影响较大，因此对材料、密封、变形和防脆断均有严格要求；低温迷宫压缩机对机械加工与装配精度的要求特别高，因此其设计、制造难度很大。其次，在生产制造过程中必须进行一系列低温状态试验验证及模拟实际低温负荷试车，更增加了其复杂性、风险性。国际上能够设计制造BOG压缩机的只有美国的德莱赛兰、瑞士的布克哈德及日本的神户制钢等公司。

沈阳远大压缩机股份有限公司以山东泰安60万t/a LNG项目工程为依托，承担了首台低温BOG迷宫压缩机的国产化研制任务。沈阳远大压缩机股份有限公司在开发BOG迷宫压缩机时，着重针对低温球墨铸铁材料开展了一系列试验攻关，研制出一种满足－160℃低温使用条件的低温球墨铸铁，填补了国内材料的空白。该材料不仅克服了材料的低温冷脆性，还具有线性系数小的稳定性；压缩机结构应考虑低温冷能的阻隔，迷宫结构即避免了密封件在低温条件下的磨损，克服了自润滑材料在低温下的摩擦、磨损问题；同时对压缩机的结构、材料、密封和工艺、检验方法等方面的技术难点和关键技术开展技术攻关，研制出高性能、高质量、低能耗、使用寿命长、低温适用性强并具有自主知识产权的国产无油低温迷宫压缩机。另外，全面验证了设计、加工、装配质量，各级缸体的设计余隙、缸体与活塞在低温下的变形及间隙设计是否合理，各级气缸的压比、隔冷结构是否合理，以保证整机性能可靠及长期安全运行。

BOG压缩机是沈阳远大压缩机股份有限公司在成功研制大型六列迷宫压缩机的基础上的又一重大突破。BOG压缩机的研制成功将加快我国液化天然气装备国产化的步伐，使我国迷宫压缩机的技术水平与国外同类产品相当。

国内大型压缩机机组的国产化水平如下：

(1)最大水平剖分的离心压缩机为3MCL1506(三段压缩，两次加气，单轴共有6级叶轮，叶轮直径为1.5m，单缸额定功率可达40 000kW)。

(2)最大垂直剖分的离心压缩机为BCL1407(叶轮直径为1.4m，7级压缩，为同类压缩机的世界之最)。

(3)单缸叶轮最多的离心压缩机为3BCL5211(三段压缩，单轴共有11级叶轮)。

(4)最多缸体串联离心压缩机为汽轮机＋MCL1006＋2MCL1007＋2MCL528＋变速机＋2BCL528(4个压缩机缸体和一个增速机，7个压缩段，汽轮机驱动)。

(5)功率最大的单机组离心压缩机为DMCL1304＋2MCL1305＋2MCL1008(3个压缩机缸体，5个压缩段，汽轮机驱动，机组额定功率可达70 000kW)。

(6)工作温度最低的压缩机(两次加气，一次抽气，最低工作温度为－170℃)。

(7)工作压力最大的离心压缩机为BCL608/B(H_2含量达90%，工作压力达24MPa)。

(8)最大往复式压缩机为4M150新氢压缩机(气体力1 500kN，综合活塞力1 300kN，机组气体推力跃升至世界最大级)。

(9)最大螺杆压缩机的螺杆直径达816mm。

通过近十年的不懈努力，我国压缩机的设计、制造技术水平得到迅速提升，国产压缩机在国内市场已经占有绝对的主导地位。

二、泵

泵在能源、石化等重大工程建设中用量最广，在核电和石化领域应用的泵品种规格多、使用环境苛刻、安全要求高、技术难度大。通过近十年的技术攻关，核电领域的核二级泵、核三级泵和常规岛泵基本实现了国产化，核电泵的国产化率达75%以上，而石化泵的国产化率达到了85%以上。

(一)核电用泵

核电用泵是核电站关键系统的介质输送设备，是其所在系统的心脏，承担着高温、高压、放射性的冷却剂或其他系统的水和冷却水的输送功能。它不仅要满足整个核电站主辅系统的正常运行，还要严格确保设备的安全性、可靠性、抗震性和耐久性等，以确保核电站的系统安全。因此，对核电用泵有许多不同于其他领域的特殊要求，如设备安全分级、设备制造分级、抗震分析及抗震试验、型式试验等。尤其是核安全级泵，它直接或间接涉及核安全，更加凸显了其安全与质量的重要性。

近十年来，核电用泵一直被列为重大技术装备国产化的重点，经过国内制造企业的不断攻关，当前，核二级泵、核三级泵基本实现了国产化。核电用泵国产化率由十年前的 6% 提高到了现在的 75% 以上。

核电用泵分为核一级泵、核二级泵、核三级泵及常规岛泵（非核级泵）。核一级泵又称核主泵（反应堆冷却剂泵），核二级泵主要有上充泵、安全壳喷淋泵、安全注射泵、余热排出泵及水压试验泵等，核三级泵主要有设备冷却泵、硼酸输送泵、乏燃料水池冷却泵、化学添加剂混合泵及重要厂用水泵。核电站中所用的泵大部分是非核安全级泵，包括前置泵、净化泵、循环水泵、凝结水泵、单级离心泵、屏蔽泵、柱塞泵、隔膜泵和真空泵等。

1. 安全壳喷淋泵

安全壳喷淋泵主要功能是在发生反应堆冷却剂失水事故、安全壳内蒸汽管线破裂或给水管线破裂时进行安全壳喷淋，该泵位于燃料厂房内，是安全壳喷淋系统（EAS）的组成部分，每台核电机组设 2 台安全壳喷淋泵组。

2. 低压安注泵

低压安注泵主要功能是在反应堆冷却剂失水事故、安全壳内蒸汽管线破裂事故或给水管线破裂事故发生时进行低压安注，该泵位于燃料厂房内，是低压安注系统（RIS）的组成部分，每台核电机组设 2 台低压安注泵。

沈鼓集团根据核电用泵的特点和要求，利用近三年的时间，投资 8.5 亿元打造了世界一流的核泵生产制造基地，建成了面积 2.4 万 m^2 的机加工车间，建造了第三代核技术的 AP1000 主泵试验台，二代改进技术的主泵试验台，以及核二级泵、核三级泵试验台等大型试验台位，能够为核电厂核主泵进行冷态、热态试验，核二级泵、核三级泵冷态、热态及热冲击试验。沈鼓集团率先研发的安全壳喷淋泵、低压安注泵填补了国内空白，该技术是我国百万千瓦核电机组核二级泵国产化制造技术方面的重大突破，其主要性能指标达到了国际先进水平，标志着我国百万千瓦核电机组核二级安全壳喷淋泵和低压安注泵摆脱了进口，是核电泵国产化进程的又一重要里程碑。

3. 上充泵

上充泵是核电站关键的核二级泵之一，其重要程度仅次于核主泵，每台核电机组设 3 台上充泵，位于核辅助厂房内。其主要功能是给反应堆冷却剂系统提供上充水，以维持稳压器中的正常液位（RCV 上充功能）。

重庆水泵厂有限责任公司在研发百万千瓦压水堆核电站上充泵时，以公司自有的高压自平衡多级离心泵的成熟结构为基础，并针对上充泵的特殊要求，将企业在长期经历各种复杂工况考验中所积累的独有技术和成功经验运用在上充泵的研制中。其研制的上充泵在运行平稳性和可靠性方面优于国外产品，技术性能满足百万千瓦级压水堆核电站的使用要求，达到了国际同类产品的先进水平。公司已为阳江、防城港、宁德、田湾及福清等核电站供货，结束了上充泵产品被国外公司垄断的历史。

重庆水泵厂有限责任公司还成功研制了核二级水压试验泵，并已为福清、田湾、昌江及红沿河等核电站供货。

4. 余热排出泵

余热排出泵是余热排出系统（RRA）的组成部分。在反应堆停运过程中，余热排出泵使反应堆冷却剂在热交换器和反应堆压力容器之间循环，以便保证电厂进入冷停堆状态。

大连深蓝泵业有限公司经过艰苦细致的攻关，完成 AP1000 核岛余热排出泵样机结构设计，完成了苛刻的工况试验，满足了核电站使用要求。其产品技术性能达到国际先进水平，并通过了国家鉴定。

大连深蓝泵业有限公司先后完成了 3 种核二级泵（余热排出泵、安全壳喷淋泵、低压安注泵）和 5 种核三级泵（设备冷却泵、硼酸输送泵、乏燃料水池冷却泵、化学添加剂混合泵、重要厂用水泵）的国产化，并通过了国家级鉴定。其技术指标达到国际先进水平,部分指标超过国际水平,荣获国家能源局"百万千瓦核电站泵阀国产化"科技进步一等奖。

大连深蓝泵业有限公司还先后设计制造了启动给水泵、常规岛用的凝结水泵等非核级泵。当前,公司已为国内在建核电项目提供了数百台(套)核电用泵。

5. 海水循环泵

核电海水循环泵是循环水系统(CRF)的重要组成部分,其主要功能是为常规岛凝汽器及辅助冷却水系统提供冷却水,是 CRF 系统的核心设备。每个核电机组有 2 台海水循环泵。

上海阿波罗机械股份有限公司是国内常规岛循环水泵的主要生产厂家,国内第一台百万千瓦核电站常规岛混凝土蜗壳海水循环泵即由该公司生产,并于 2011 年 6 月发往福清核电厂。当前,该公司的海水循环泵已批量生产。

除此之外,经过多年研发攻关,上海阿波罗机械股份有限公司先后完成了核电站汽动辅助给水泵、重要厂用水泵、设备冷却水泵、乏燃料水池冷却泵、硼酸输送泵、化学添加剂混合泵、循环水过滤系统反冲洗泵及常规岛凝结水泵的研制,并通过了国家能源局的鉴定。

湘电长沙水泵厂有限公司生产的常规岛海水循环泵样机于 2010 年 2 月通过国家鉴定,现已批量生产。2012 年 2 月,该公司成功研制了第三代核技术 AP1000 余热排出泵。

6. 常规岛主给水泵组

常规岛主给水泵组是核电站主给水系统的组成部分,主要功能是将温度、压力和水质合格的给水送到蒸汽发生器,并利用给水系统调节功能将蒸汽发生器水位维持在给定范围,它是保证核岛安全运行和汽水品质的重要热工系统,其作用类似于常规火电站中的汽动、电动给水泵。

常规岛主给水泵组包括前置泵、主电动机、偶合器(齿轮箱)及主给水泵。

上海电力修造总厂有限公司结合多年积累的 600 ~1 000MW 火电泵制造的技术和经验,完成了核电站前置泵的设计、制造,成为当前国内首个掌握设计和制造世界上最先进的第三代 AP1000 核电站常规岛主给水泵组前置泵产品的厂家。公司产品达到国际先进技术水平,并在此方面实现了零的突破,可替代进口产品。目前,该产品已用于山东海阳核电站一期工程 2 ×1 250MW 压水堆核能发电机组。

当前,国内已形成沈鼓集团核泵公司、大连深蓝泵业有限公司、重庆水泵厂有限责任公司、上海大隆机器有限公司、大耐泵业有限公司、湘电长沙水泵厂有限公司、上海阿波罗机械股份有限公司、上海凯泉泵业(集团)有限公司、上海电力修造总厂有限公司及沈阳市工业泵厂等一批核泵生产制造的骨干企业。

(二)石化用泵

泵在石油化工、炼油装置中占有重要地位。泵是石化生产装置中用量最大的传动设备,把各种液体介质如原油、成品油、化工原料、中间产品和成品等输送到其他地方。从 30 万 t/a 乙烯、500 万 t/a 炼油、30 万 t/a 合成氨到 100 万 t/a 乙烯、1 000 万 t/a 炼油、45 万 t/a 合成氨装置的石化用泵,国内泵制造企业一直坚持国产化道路。当前,千万吨炼油、百万吨乙烯、45 万 t 合成氨等石化装置中的工艺流程泵国产化率分别达到 90%、85%、85%,国内已形成一批制造石化用泵的骨干企业。

1. 大耐泵业有限公司

大耐泵业有限公司是我国生产石油化工流程泵和各种耐腐蚀泵的专业生产厂,也是我国最早生产制造石化泵的企业。石油化工流程泵和各种耐腐蚀泵是大耐泵业有限公司的主导产品,当前可生产 90 多个系列、近 2 000 多个品种的产品,广泛应用于石化领域,为石化泵的国产化作出了积极贡献。大耐泵业有限公司生产的 ASD R 系列重工位石油化工流程泵(API610)BB2 型泵,适用于重工位和较为苛刻的工况条件,适合输送含有微量颗粒的水、油、烃类等介质;HB 系列卧式多级筒形泵(API610)B5 型泵,适用于高温、高压工况,输送易燃、有毒等危险液体；ASD M 系列卧式轴向剖分泵可用于输送高温或低温、中性或腐蚀性液体。公司产品技术先进、质量好，受到石化企业的信任并大量被采用。

2. 大连深蓝泵业有限公司

大连深蓝泵业有限公司经过近 20 多年的发展，已成为国内最大的化工流程泵制造商之一。通过多年技术创新、产品研发，在石化领域，公司的许多产品填补了国内泵类产品的空白，成为中石油、中石化及中海油的 A 类产品主力供应商。大连深蓝泵业有限公司从 2005 年开始研制 BB3 型水平中开多级泵，当前，该型泵最大流量可达 1 440 m^3/h，最大扬程可达 1 600m，使用功率最大已达 2 800kW，覆盖 API 标准中 S－5（ZG230－450）到 D－2（A890－5A）所有材料，性能达到国际水平。近几年公司共为千万吨炼油装置、百万吨乙烯装置提供了数百台技术含量较高的石油化工流程泵，得到了市场广泛的认可。

大连深蓝泵业有限公司从 2006 年开始进行低温液体泵的研制，经过 5 年的时间，完成了低温液体泵的技术储备工作，已具有为 10 万 m^3/h 以下空分装置配套的实力。2011 年 5 月，该公司研制的立式多级低温液氧泵和其他低温液体泵在山东华鲁恒升化工股份有限公司等用户中成功应用，并且建造了国内第一条低温液氮试验台架，能够完成－196℃低温液氮试验。除此之外，大化肥装置用的高压甲铵泵、液氨泵，重油加氢高温、高压液力透平及百万吨乙烯装置用急冷水泵、急冷油泵都已相继研制成功并推广应用，原油长输管线泵、LNG 接收站用泵及特大型 LNG 船用泵等也都相继研制成功并应用。

3. 中国有色（沈阳）泵业有限公司

中国有色（沈阳）泵业有限公司从 20 世纪 90 年代初就开始了大型隔膜泵的研究和开发，当前已成为我国大型隔膜泵的专业研发、制造企业。公司已开发了拥有自主知识产权的 SGMB 系列和 DGMB 系列隔膜泵，该类泵是固液两相介质远距离输送和压力喷射喂料输送的关键设备，已广泛用于石化、煤化工、氧化铝生产及各种金属矿山精矿、尾矿的长距离管道输送。

隔膜泵是煤化工成套装置中的核心设备之一，也是氧化铝等金属矿长距离管道输送的关键设备。当前中国有色（沈阳）泵业有限公司已开发出具有自主知识产权，并具有国际先进水平的第三代双缸双作用和三缸单作用系列隔膜泵。该产品已在代表国际同行业最高水平的煤气化系统上运行，完全满足“德士古”气化装置（最高运行压力 8.5MPa，最高日耗煤 1 500t）的运行要求。各项性能指标与代表国际水平的 GEHO 泵性能指标相接近，部分性能指标优于 GEHO 泵，填补了国内空白。

4. 辽宁恒星泵业有限公司

辽宁恒星泵业有限公司成功研制出 HPT2843－194 型管道输油泵，技术参数为：最高压力 6.0MPa，配用功率 2MW，流量 2 843m^3/h，扬程 196m，效率 88.6%，其中效率超过了进口产品（进口泵为 88%），流量、扬程等指标均达到德国进口泵水平，机组噪声、振动值则低于德国进口泵水平，能够满足使用需要。该泵在中国石油管道公司沈阳输油气分公司铁岭站一次开车成功，其流量、扬程、效率等指标均达到国际先进水平，实现了大功率、大流量、高转速管线输送泵国产化的目标。

在石化泵的国产化研制过程中，国内涌现出沈鼓集团、大耐泵业有限公司、大连深蓝泵业有限公司、嘉利特荏原泵业有限公司、重庆水泵厂有限责任公司、山东长志泵业有限公司、湖南耐普泵业有限公司、三联泵业公司、天津工业泵总厂及广东省佛山水泵厂有限公司等一大批骨干企业。通过这些企业的不懈努力，加氢裂化反应进料泵，延迟焦化加热炉进料泵，连续重整热水循环泵，加氢裂化高压注水泵，柴油加氢反应注水泵，航煤加氢高压冲洗水泵，乙烯装置高压锅炉给水泵，高压贫液泵，硫磺回收液流泵，原油长输泵，半贫液泵，高压往复式柱塞泵，双螺杆泵，高压锅炉给水泵，石油化工流程泵，海上平台注水、炼油精制、加氢裂化用高压多级泵，能量回收液力透平及水环真空泵等一大批石化泵实现了国产化，并在石化企业中得到广泛应用。

三、大型空分设备

随着我国大型转炉炼钢和石化、煤化工工业的发展，对大型空分设备的需求急速增长。从2002年起，国内空分装备制造行业用不到十年的时间跨越了3万m^3/h、4万m^3/h、5万m^3/h、6万m^3/h及10万m^3/h大型空分设备的门槛，取得了我国空分设备技术创新史上过去几十年都无法想象的成功。

以杭州制氧机集团有限公司（简称杭氧）为例，2003年，为宝钢研制成功首台3万m^3/h空分设备，实现国产化，使我国空分设备的设计制造水平前进了一大步；2004年，为辽宁北台钢铁集团设计制造的5万m^3/h空分设备，是上水平的高、精、尖设备，也是当时国内自行设计制造的最大等级的空分设备；2006年，为山东华鲁恒升化工公司研制的48 000m^3/h空分设备一次开车成功。该套空分设备是第一套由国内自主研发、拥有自主知识产权的5万m^3/h等级化工型高压内压缩流程空分设备，具有安全性好、可靠性高、能耗低、操作运行稳定的特点。

在煤化工领域，杭氧为大唐国际设计制造的3套58 000m^3/h空分设备于2009年8月出氧，至2014年已经连续稳定运行近5年；为神华包头设计制造的4套6万m^3/h空分设备于2010年5—8月相继投产，至2014年也已经连续稳定运行4年，并取得了良好的经济效益。

上述6万m^3/h等级空分设备项目的顺利研制和成功开车，使杭氧成为当前国际上第五家可以生产6万m^3/h等级以上特大型空分设备的制造企业，显示出了杭氧特大型空分设备在深度和广度上参与国际竞争的能力和实力，标志着杭氧特大型空分设备设计制造技术跨上了一个新的台阶，也进一步提升了我国空分设备的设计与制造水平，并为此积累了更大等级的特大型空分设备设计制造的宝贵经验。

2013年4月26日，杭氧与中国神华宁夏煤业集团公司签订了6套10万m^3/h空分设备设计、供货和服务合同，合同金额约17亿元。此份订单合同金额、空分等级、制氧总容量均居国内空分行业第一。

四、乙烯冷箱

乙烯冷箱是乙烯装置中的关键设备，由数组铝制板翅式换热器组成，是乙烯生产最主要的流程设备之一，又是装置节能降耗的关键设备。

由杭氧承担的“百万吨级乙烯冷箱的开发与研制”项目，以天津100万t/a乙烯项目和镇海炼化100万t/a乙烯项目为依托工程，并根据两套装置的不同特点，采用了不同的方案。

天津100万t/a乙烯冷箱采用美国鲁姆斯公司的二元冷剂制冷流程技术，分为一大二小共3台冷箱，其最高设计压力达到5.4MPa，其中最大的冷箱外形尺寸为6 500mm×4 200mm×33 000mm，总重量约265t，能满足14股流体同时换热。镇海100万t/a乙烯冷箱同样采用美国鲁姆斯公司的二元冷剂制冷流程技术，冷箱则分为一大三小共4台冷箱，其最高设计压力达到6.0MPa，其中最大的冷箱外形尺寸为7 400mm×4 000mm×30 000mm，总重量约300t，能满足16股流体同时换热。

杭氧依托“十一五”乙烯建设工程所需，承担“百万吨级乙烯冷箱的开发与研制”项目，自主完成了百万吨级乙烯冷箱的国产化研制工作，掌握了百万吨级乙烯冷箱的核心技术，整套技术具有自主知识产权。在开发研制的过程中，杭氧集团解决了百万吨级乙烯冷箱技术方案优化、多组分两相流的物性计算和Q－T曲线计算、多组分有相变流体的传热计算优化、同层多股流流道的优化和整台换热器通道排列优化、二相流体均匀分布结构技术的进一步开发、新型高效翅片的开发、超大型换热器钎焊工艺的完善和优化等多个技术难题，成功研制出满足流程工艺性能要求的冷箱，总体经济技术指标达到当前国际先进技术水平。该项目已形成具有自主知识产权的新装置2个，申请国家专利2项，完成相关标准的制修订11项。

“百万吨级乙烯冷箱的开发与研制”项目具有显著的经济效益和社会效益。除天津、镇海两套依托工程外，该项目的研发成果还在四川、抚顺等乙烯新建项目中得到产业化应用，创造直接经济效益1.5亿元，为国家和用户节约投资2亿~3亿元。百万吨级乙烯冷箱的研制成功，打破了国外少数公司在该市场上的垄断局面，降低了成套乙烯装置的投资成本，也为民族工业振兴作出了贡献。百万吨级乙烯冷箱的成功研制不仅对提高我国乙烯行业的装备水平有着重大意义，而且对天然气液化、大型化肥装置及CO深冷分离等其他行业的冷箱设备的研制也具有指导意义，杭氧已成为世界冷箱市场上的后起之秀。

五、阀门

阀门是国民经济各领域中应用最广的产品。多年来，我国阀门生产企业始终徘徊在中低端产品的设计制造上，而大量的高端产品一直依赖进口。随着大型火电、核电、石化、西气东输等重大工程项目的启动，在首台首套国产化政策的推动下，我国高端阀门的设计制造水平得到长足发展。

（一）核电阀门

核电阀门是指在核电站中核岛（NI）、常规岛（CI）和电站辅助设施（BOP）系统中使用的阀门。从安全级别上分为核安全一级、二级、三级，非核级，其中对核安全一级阀门的要求最高。核电阀门在核电站中是使用数量较多的介质输送控制设备，是核电站安全运行中的必不可少的重要组成部分。核电站中阀门的数量分布为：核岛部分占43.5%，常规岛部分占45%，辅助设施占11.5%。其中核岛部分使用的各类阀门共有6 500台。在核电站所有系统中，通过阀门控制并调节介质的压力、温度、流向、流量；同时阀门对压力容器及核电系统起着安全保护的重要作用。阀门的安全可靠性决定着核电站的安全运行和安全停堆。

核电阀门的技术特点和要求比火力发电阀门更高，除常规的技术要求外，还要着重考虑介质中杂质的污染、环境温度、运行温度、环境湿度、放射性、直流电源及电压波动、有关地震和振动条件下稳定性的技术要求、安全等级等。近十年，我国阀门制造业通过自主开发，积极进行技术改造，使我国核电阀门的设计制造水平有了长足进展，研制出一大批拥有自主知识产权的新产品，大部分核一级阀门和全部核二级、核三级阀门全部实现国产化，核电阀门国产化率达到了70%以上。已形成中核苏阀科技实业股份有限公司、大连大高阀门股份有限公司、沈阳盛世高中压阀门有限公司、上海阀门厂有限公司、上海良工阀门厂有限公司等20多家核电阀门生产企业，获得了国家核安全局颁发的民用核承压设备设计和生产资格许可证，可设计和生产闸阀、截止阀、止回阀、球阀、蝶阀、弹簧式安全阀、调节阀、节流阀、隔膜阀及波纹管截止阀等核级阀门。

经过十年的努力，国内已具有一定的核级阀门设计、实验、制造、检测能力，并为我国核电站建设提供了大量的核级和非核级阀门，为核电阀门国产化作出了重要贡献。当前，国内已成功研制生产了压水堆核岛核一级电动闸阀、止回阀，核一级电动波纹管截止阀、快中子增殖反应堆用核二级电动波纹管钠截止阀等具有较高水平的核电阀门。以中核苏阀科技实业股份有限公司、沈阳盛世高中压阀门有限公司、大连大高阀门股份有限公司等为代表的一批老企业，通过加大技术改造投入、进行人员技术培训、消化吸收国外技术等措施，提高企业核电阀门的设计、生产和实验的水平，以尽快适应核电阀门国产化要求，满足国家核电阀门逐步国产化的需要。

中核苏阀科技实业股份有限公司、大连大高阀门股份有限公司、江苏神通阀门股份有限公司等核电阀门生产企业研制了一大批拥有自主知识产权的新产品，很多产品打破了国外的技术封锁，打破了国外垄断的局面，成功以国产代进口，为核电设备国产化比例的提高作出了贡献。中核苏阀科技实业股份有限公司、大连大高阀门股份有限公司、上海阀门厂有限公司、上海自动化仪表股份有限公司自动化仪表七厂、江苏神通阀门股份有限公司及吴江市东吴机械有限公司等企业已经完成了百万千瓦大型核电机组用核安全一级快速启闭隔离阀、核安全一级稳压器电动卸压阀、核安全一级低压差旋启式止回阀和核安全二级硬密封安全壳风道隔离阀、核二级(K1)隔膜气动波纹管截止阀、核一级高 Cv 值止回阀、核二级电动蝶阀、核一级安全壳快速启闭隔离闸阀、核一级电动楔式双闸板闸阀、核一级定压差升降式止回阀、安全壳隔离阀、主蒸汽安全阀等阀门的研制。另外,中核苏阀科技实业股份有限公司和上海阀门五厂已完成部分核级隔膜阀的样机制造。

国内阀门骨干企业建造了核电阀门高温高压试验台架。该试验台架的参数完全按照百万千瓦级压水堆回路系统进行设计,设计压力 17.2MPa,设计温度 350℃,主管道直径 160mm,可以进行试验介质为高压高温热态水的核电阀门的热循环试验、热冲击试验、热态动作寿命试验和热态流体阻断性能试验。

国内核电阀门的重点生产企业介绍如下:

1. 中核苏阀科技实业股份有限公司

比例喷雾阀是压水堆核电站反应堆冷却剂系统的压力控制设备之一。该阀门技术要求高,长期以来国内不具备其设计、制造能力,一直依赖于从国外进口,是发达国家对我国技术封锁、以昂贵价格赚取高额利润的产品。

中核苏阀科技实业股份有限公司经过多年努力,开发研制成功了核一级比例喷雾阀。这标志着我国已经具备了核一级比例喷雾阀的自主设计、制造、安装、调试的能力。该阀门的研制成功填补了国内空白,打破了国外在核电站关键设备上的技术垄断。中核苏阀科技实业股份有限公司还开发了核一级、核二级高 Cv 值止回阀,核二级 W 型闸阀,核一级电动波纹管截止阀及核一级稳压器电动卸压阀等,并完成了高压临氢 Y 型截止阀和大口径超高温烟气蝶阀国产化研制。中核苏阀科技实业股份有限公司在 C-2 工程中新签订核一级主蒸汽隔离阀,电动、手动核二级、核三级闸阀 190 台,核一级电动、手动节流阀 85 台等;在秦山二期扩建工程中签订核二级截止阀 797 台。据不完全统计,中核苏阀科技实业股份有限公司研制开发的核电阀门样机总数量为 38 台,主要有核一级止回阀、截止阀、闸阀、隔膜阀和调节阀。

2. 大连大高阀门股份有限公司

大连大高阀门股份有限公司近年来研制开发了多项核电新产品,主要包括:核一级电动中间引漏截止阀、核一级大口径旋启式止回阀、核一级上装式电动球阀和核二级大口径止回阀等,并且正在研制核电站最高端的主蒸汽隔离阀、爆破阀等,为压水堆核电站、AP1000 三代核电站、高温气冷堆核电站以及实验快堆的阀门国产化工作作出了突出贡献。大连大高阀门股份有限公司在 C-2 工程项目中签订全部核一级、核二级、核三级截止阀 820 台;在秦山二期扩建工程中签订核二级、核三级截止阀 321 台,核二级、核三级楔式闸阀 70 台。大连大高阀门股份有限公司在项目期内研制开发了 22 项新产品,主要有核一级止回阀、核一级截止阀、核一级闸阀和核级蝶阀及核级球阀等。

3. 江苏神通阀门股份有限公司

江苏神通阀门股份有限公司在 C-2 工程中新签订核级蝶阀 108 台,还签订了核二级安全壳隔离蝶阀、核二级气动球阀(公称通径 40~150mm,Class 150)等。江苏神通阀门股份有限公司在项目期内研制开发了 20 余项新产品,品种有蝶阀、球阀及止回阀等,其主要性能指标达到了国际先进水平,填补了国内空白。

江苏神通阀门股份有限公司自主研制出一大批具有自主知识产权的核级阀门产品,已在红沿河、方家山、秦山二期、宁德、阳江及福清等核电项目中广泛应用。

(二)电站阀门

电站阀门也称电站专用阀门,主要用于火力电站各种系统的管路上,切断或接通管路介质,适用于水、蒸汽等非腐蚀性介质。电站阀门与其他阀门产品相比具有高温、高压的特点，独特的自密封设计，压力越高，密封越可靠。十年来，国内电站阀门制造企业在超临界、超(超)临界火电阀门研究和制造方面已取得可喜业绩。

百万千瓦超(超)临界火电机组，每套机组配有500多台高端阀门，其中90%依赖进口。自2012年以来，阀门行业依托10个超(超)临界火电项目推进电站阀门国产化。根据阀门研制难度将其分三类逐步推进国产化，第一类：关断类阀门(闸阀、截止阀、止回阀)、安全类阀门(过热器安全阀、再热器安全阀、PCV、泄压阀、其他安全阀等)、快速关闭阀(闭锁阀)及高加三通阀等已基本实现国产化；第二类：高压疏水阀、高排及抽汽逆止阀等共计86台样机全部研制完成并通过鉴定，部分样机达到国际同等水平或先进水平，当前超(超)临界火电机组阀门国产化率已提高到70%。第三类：高压调节阀、高压节流阀、高低压旁路阀等的国产化正在组织推进，研制完成后，超(超)临界火电机组阀门国产化率可进一步提高到85%以上。

国内电站阀门的主要生产企业如下：

1. 开封高压阀门有限公司

开封高压阀门有限公司生产的F92、F91电动闸阀和截止阀，WB36电动闸阀和三通截止阀，F22堵阀、止回阀及C12A闸阀、截止阀、止回阀等，已用于邹县、常州、金竹山、临汾、三河、甘肃景泰等600MW超临界、1 000MW超(超)临界火电站。公司为华电国际邹县发电厂四期工程的2×1 000MW 7#超(超)临界火力发电机组提供了高压旁路阀(F92材料)、高加和主给水系统(WB36材料)电动闸阀等产品，运行状况良好。打破了我国超(超)临界火力发电机组用高温高压整体锻钢阀依赖进口的局面，使超(超)临界火力发电机组配套主蒸汽、主给水、热再热、冷再热及凝气系统的关断类阀门实现了国产化。

2. 哈电集团阀门公司

哈电集团阀门公司研发的超临界、超(超)临界火电机组配套闸阀、截止阀、止回阀及水压试验堵阀等系列产品实现了国产化。其中，截止阀、止回阀已为王曲、常州、首阳山、瑞金等超临界、超(超)临界火电机组配套；电动闸阀为平顶山、瑞金等超临界火电机组配套；水压试验堵阀已为常熟、玉环、泰州、潮州等超临界、超(超)临界火电机组过热器、再热器系统配套。

3. 华夏阀门有限公司

华夏阀门有限公司研制的超临界锅炉配套所需的大口径锻钢闸阀、大口径锻钢止回阀、调节阀、截止阀和主蒸汽管道锻钢焊接水压试验堵阀等产品，已在沁北电厂超临界机组成功配套应用；为上海电气集团出口印度沙圣6×600MW超临界机组提供了大口径锻钢闸阀和大口径锻钢止回阀；为乐清、首阳山、钦州、防城港、汕尾、靖海、汕头、太仓及阳逻等20多个电厂的超临界机组提供了部分高温高压截止阀和止回阀；为宁海电厂、漕泾电厂、台山电厂等百万千瓦超(超)临界机组提供了堵阀等。同时为超(超)临界机组抽汽系统、冷凝系统(除凝结水再循环调节阀外)及主蒸汽系统(除过热减温喷水阀、再热减温喷水阀、汽机旁路阀外)提供大量的调节阀，还为汽轮机配套了安全阀等。

此外，上海自动化仪表七厂、大连大高阀门股份有限公司、上海阀门厂有限公司、青岛电站阀门有限公司、武汉锅炉阀门有限公司和中核苏阀科技实业股份有限公司等企业生产的安全阀、调节阀等电站阀门也在超(超)临界火电机组上成功应用。

当前，我国已拥有高温高压电站阀门铸钢技术及产品设计和制造技术；双金属疏水阀制造技术，并建立了热模锻阀门生产线；安全阀技术，并建立了安全阀热态试验装置；电磁泄放阀、调节阀系列产品制造技术；以及高温高压调节阀制造技术等。已具备为百万千瓦超(超)临界火力发电机组的主蒸汽、主给水、热再热、冷再热及凝气系统设计制造关断类阀门和部分调节阀、安全阀等的能力。

(三)长输管线阀门

利用长距离管道输送油、气资源已成为能源输送的最主要手段。利用长输管线输送需控制介质的流动，因而在管线上需要大量的阀门。长距离油气输送管道可能受到各类灾害和事故的影响，会产生断裂、油气外漏、起火爆炸等问题，每隔 10～20km 距离的管路上需设置一个紧急切断阀。

长输管线经过沙漠、雨林沼泽、山地、平原，所经地区气候恶劣、环境条件差，因此，要求阀门具有更高的强度和更好的密封性能、更高的使用寿命、操作快速轻便、维修方便。管线阀门需具备以下特点和功能：具有良好的密封性能（适应各种介质和多变的工况条件）；具有良好的防火性能；结构紧凑、体积较小，并具有抗蚀性能和耐磨损；适用于大口径长输管线和输送高压、低温液化天然气；便于清管和具有良好的抗外应力结构；机电一体化程度高。

长输管线需承受气候温差的变化、地形和地震等地理条件和自然条件的影响。因此，长输管线阀门的检验与试验更严格，必须进行壳体强度耐压试验、密封性试验、动作性能试验、弯曲试验、抗拉试验、耐火试验及耐久性试验等，有的阀门还应做耐寒和耐热试验。试验阀门应密封性能好、操作灵活、动作准确、耐久性好，对于输送有颗粒介质的阀门还应做耐磨性试验。

为了改变长输管线阀门长期依赖进口的状况，国内组织阀门企业进行攻关，以实现国产化。以自贡高压阀门股份有限公司、成都乘风阀门有限公司、上海耐莱斯·詹姆斯伯雷阀门有限公司和五洲阀门有限公司等为代表的一批企业采用先进的 CAD/CAE/CFD 软件进行设计、分析和优化，掌握了具有自主知识产权的核心和关键技术及关键工艺。开发成功 40in（1in＝25.4mm）和 48in Class600 及 Class900 全焊接球阀，所有技术性能指标均满足西气东输二线主干线的要求。这些新产品填补了国内空白，一些产品已达到或接近世界先进水平。

大口径（42in 和 48in 两种）全焊接球阀研制成功并开始批量应用，在最近的天然气管道大型球阀招标过程中，中标的基本是国产产品。56in 大口径阀门也已研制成功，即将投入使用。

总之，以百万吨乙烯、千万吨炼油、百万千瓦核电、超（超）临界火电、长输管线、天然气液化、煤炭深加工等一批国家重点工程为依托，经通用机械行业的不懈努力，裂解气压缩机、丙烯制冷压缩机、长输管线压缩机、LNG 中的冷剂压缩机、闪蒸汽（BOG）压缩机、低温泵阀、核电泵阀、大型空分设备、大型冷箱、超（超）临界电站阀门及长输管线阀门相继研制成功，这在很大程度上减少了我国能源装备对国外的依存度，改变了长期引进国外产品的局面。在重大技术装备的研制过程中，逐步形成了以沈鼓集团、陕鼓集团、杭氧、大连深蓝泵业有限公司、中核苏阀科技实业股份有限公司等骨干企业为龙头的通用机械重大装备国产化基地。

〔撰稿人：中国通用机械工业协会钱家祥〕

2013 年通用机械行业发展概况

2013 年，在国际经济形势错综复杂、充满变数，国内经济增速放缓以及行业发展的条件发生很大变化的形势下，通用机械行业坚持以科学发展观为指导，以提高经济增长质量和效益为中心，加大力度推进经济发展方式转变，加快产业结构调整，积极探索解决产能过剩、核心技术缺乏、产品附加值低及地区产业结构趋同等问题的方法。通用机械行业以创新、调整、转型升级为特征的发展模式愈加明显，行业中的积极变化不断涌现,行业经济运行呈中低速平衡发展态势,生产、销售、利润保持稳步增长。

一、通用机械行业基本情况

通用机械行业包括风机、泵、压缩机、阀门、气体分离及液化设备、真空获得及应用设备、过滤及分离机械、减变速机、干燥设备、冷却设备及能量回收设备。据国家统计局统计,2013 年,通用机械行业规模以上企业 5 173 家,全行业拥有资产总额 7 155. 94亿元,实现主营业务收入 9 073. 55 亿元,实现利润总额 635. 27 亿元,完成出口交货值 947. 7 亿元。2013 年通用机械行业主要指标完成情况见表 1。

表 1　2013 年通用机械行业主要指标完成情况

行业名称	企业数（家）	资产总计		主营业务收入		利润总额		出口交货值	
		本年累计（亿元）	同比增长（%）	本年累计（亿元）	同比增长（%）	本年累计（亿元）	同比增长（%）	本年累计（亿元）	同比增长（%）
合计	5 173	7 155. 94	12. 74	9 073. 55	12. 84	635. 27	10. 65	947. 70	3. 28
泵及真空设备	1 279	1 539. 00	12. 11	2 034. 84	13. 09	154. 73	15. 11	225. 26	4. 41
风机	430	832. 39	7. 89	808. 78	10. 37	57. 62	3. 45	51. 11	2. 20
压缩机	442	1 305. 15	14. 05	1 748. 31	12. 84	108. 99	22. 68	191. 90	0. 20
阀门	1 703	1 753. 91	17. 02	2 412. 25	12. 71	169. 95	12. 90	346. 08	3. 70
气体分离及液化设备	436	734. 01	9. 28	814. 79	15. 96	63. 27	2. 01	72. 75	12. 74
其他通用机械	883	991. 48	11. 64	1 254. 59	12. 34	80. 71	-2. 30	60. 60	-2. 39

按企业规模分:大型企业 87 家,完成主营业务收入 1 986. 09 亿元;中型企业 610 家,完成主营业务收入 2 476. 24 亿元;小型企业 4 476 家,完成主营业务收入 4 611. 22 亿元。不同规模企业主营业务收入完成情况见表 2。

表 2　不同规模企业主营业务收入完成情况

企业类型	企业数（家）	企业数占比（%）	主营业务收入（亿元）	同比增长（%）	收入占比（%）
合计	5 173	100. 00	9 073. 55	12. 84	100. 00
大型	87	1. 68	1 986. 09	12. 66	21. 89
中型	610	11. 79	2 476. 24	10. 87	27. 29
小型	4 476	86. 53	4 611. 22	14. 00	50. 82

按控股类型分:国有控股企业 149 家,完成主营业务收入 843. 93 亿元;集体控股企业 130 家,完成主营业务收入 251. 86 亿元;私人控股企业 4 020 家,完成主营业务收入 6 124. 9 亿元;外商控股企业 518 家,完成主营业务收入 1 184. 97 亿元;港澳台控股企业 190 家,完成主营业务收入 309. 84 亿元;其他企业 166 家,完成主营业务收入 358. 05 亿元。不同控股类型企业主营业务收入完成情况见表 3。

表 3　不同控股类型企业主营业务收入完成情况

企业类型	企业数（家）	企业占比（%）	主营业务收入（亿元）	同比增长（%）	收入占比（%）
合计	5 173	100. 00	9 073. 55	12. 84	100. 00
国有控股	149	2. 88	843. 93	4. 27	9. 30
集体控股	130	2. 51	251. 86	5. 47	2. 78
私人控股	4 020	77. 71	6 124. 90	16. 05	67. 50
外商控股	518	10. 01	1 184. 97	4. 11	13. 06
港澳台商控股	190	3. 67	309. 84	13. 27	3. 41
其他	166	3. 21	358. 05	17. 95	3. 95

按地区统计,浙江省、江苏省、辽宁省、山东省、上海市、河南省、广东省共有企业 3 746 家,占全行业企业数的 72. 4%;完成主营业务收入 6 289 亿元,占全行业主营业务收入的 69. 3%。其中:浙江省、江苏省、上海市三地 2 245 家企业,完成主营业务收入 2 850 亿元;辽宁省 531 家企业,完成主营业务收入 1 044 亿元;山东省 495 家企业,完成主营业

务收入 1 186 亿元。

二、2013 年通用机械行业经济运行特点

1. 主要产品产量平稳增长

2013 年，完成泵 9 346.65 万台，同比增长 0.37%；完成风机 1 180.99 万台，同比增长 0.01%；完成压缩机 3 443.82 万台，同比增长 12.32%；完成阀门 800.24 万 t，同比增长 4.12%；完成气体分离及液化设备 6.98 万台，同比下降 3.98%；完成减速机 561.77 万台，同比增长 3.19%。

从 2013 年二季度开始，产品产量累计同比增速较为平稳。其中：风机累计同比增速呈现前高后低趋势，前两个季度波动上升，三季度开始回落且有继续下降趋势；泵产品产量同比增幅比上年略有回落，且仍有下行风险；压缩机生产保持 10% 以上的增速，高于其他产品增速，但累计同比增速有回落趋势；阀门产品产量累计同比增速较上年大幅回落，但全年生产量保持平稳增长态势；气体分离设备产量同比增速回落，回落幅度较上年有所减缓，生产量呈平稳回升态势；减速机前两个季度产品产量同比增速较上年同期回落，三季度开始呈逐月回升态势。

2. 工业增加值保持平稳增长并呈回升态势

据国家统计局数据显示，2013 年，泵、阀门、压缩机行业工业增加值累计同比增长 10%，较上年同期提升 0.6 个百分点；风机行业工业增加值累计同比增长 10.4%，较上年同期提升 3.9 个百分点；其他通用机械行业工业增加值同比增长 12.4%，较上年同期提升 4.3 个百分点。

3. 出口增速放缓，进口增速回升

2013 年，通用机械行业完成出口交货值 947.70 亿元，同比增长 3.28%，较上年同期增速回落 3.79 个百分点。其中：泵行业完成出口交货值 225.56 亿元，同比增长 4.41%，较上年同期增速提升 0.22 个百分点；风机行业完成出口交货值 51.11 亿元，同比增长 2.20%，较上年同期增速提升 3.32 个百分点；压缩机行业完成出口交货值 191.90 亿元，同比增长 0.20%，较上年同期增速提升 0.73 个百分点；阀门行业完成出口交货值 346.08 亿元，同比增长 3.70%，较上年同期增速回落 10.59 个百分点；气体分离及液化设备行业完成出口交货值 72.75 亿元，同比增长 12.74%，增幅较上年同期回落 2.6 个百分点；其他通用机械行业完成出口交货值 60.60 亿元，同比下降 2.39%，较上年同期增速回落 8.89 个百分点。

据中国海关统计数据显示，通用机械行业主要产品 62 个税号累计进口 146.81 亿美元，同比增长 6.7%，增幅较上年同期提升 18.7 个百分点；出口 205.21 亿美元，同比增长 9.2%，增幅较上年同期回落 0.8 个百分点。贸易顺差 58.4 亿美元，比上年增加 8 亿美元。统计显示进口产品价格在下降。

4. 主要产品出厂价格指数较上年平稳，呈趋稳或回升趋势

在国家统计局统计的通用机械行业 9 种产品中，鼓风机、离心式通风机、轴流式通风机、压缩机、阀门五种产品出厂价格指数在 100% 以上；动力式泵、容积泵、真空泵、气体分离及液化设备 4 种产品出厂价格指数低于 100%。

5. 主营业务收入、利润总额稳步增长

据国家统计局统计数据显示，通用机械行业主营业务收入、利润总额同比保持 10% 以上的增长。行业累计实现主营业务收入 9 073.55 亿元，同比增长 12.84%，增幅较上年同期回落 1.11 个百分点；实现利润总额 635.27 亿元，同比增长 10.65%，增幅较上年同期提升 0.58 个百分点；行业亏损面 11%，与上年持平，亏损额 19.82 亿元，同比下降 0.71%。各分行业增幅有较大差异，其中：

泵及真空设备行业实现主营业务收入 2 034.84亿元，同比增长 13.09%，增幅较上年同期回落 0.54 个百分点；实现利润总额 154.73 亿元，同比增长 15.11%，增幅较上年同期提升 5.08 个百分点。

风机行业实现主营业务收入 808.78 亿元，同比增长 10.37%，增幅较上年同期提升 2.88 个百分

点；实现利润总额57.62亿元，同比增长3.45%，增幅较上年同期回落11.08个百分点。

压缩机行业实现主营业务收入1 748.31亿元，同比增长12.84%，增幅较上年同期回落3.69个百分点；实现利润总额108.99亿元，同比增长22.68%，增幅较上年同期提升18.78个百分点。

阀门行业实现主营业务收入2 412.25亿元，同比增长12.71%，增幅较上年同期回落1.17个百分点；实现利润总额169.95亿元，同比增长12.90%，增幅较上年同期回落1.34个百分点。

气体分离及液化设备行业实现主营业务收入814.79亿元，同比增长15.96%，增幅较上年同期提升1.74个百分点；实现利润总额63.27亿元，同比增长2.01%，增幅较上年同期回落10.98个百分点。

其他通用机械行业实现主营业务收入1 254.59亿元，同比增长12.34%，增幅较上年同期回落0.05个百分点；实现利润总额80.71亿元，同比下降2.30%，增幅较上年同期回落21.69个百分点。

2013年，通用机械行业主营业务收入同比增速与上年相比，呈现小幅回落企稳态势，通用机械各分行业主营业务收入都保持了10%以上增速的良好态势。

2013年，通用机械行业行业利润总额呈现平稳增长态势，泵及真空设备、压缩机、阀门等行业都保持10%以上增速，风机、气体分离及液化设备、其他通用机械行业利润总额增速低于主营业务收入增速。

6. 内资企业固定资产投资增加

据国家统计局统计，2013年，通用机械行业固定资产计划投资、本年累计完成固定资产投资、新开工项目投资都较2011年和2012年有较大增加。2013年，行业计划总投资3 220.29亿元，同比增长23.34%；全年完成固定资产投资1 744.92亿元，同比增长31.08%；全年新开工项目2 288个，同比增长30.67%。2013年外资投资同比大幅下降。行业新的一轮技改投资正在实施中，如：江苏、浙江、广东、福建等产业聚集地正在对产品技术、加工设备、检测手段、科研试验等加大投入。

2013年，通用机械行业累计完成固定资产投资额1 744.92亿元，2013年新增加固定资产1 247.46亿元。2013年通用机械行业固定资产投资完成情况见表4。

表4　2013年通用机械行业固定资产投资完成情况

行业名称	累计完成固定资产投资（亿元）	同比增长（%）	本年新增固定资产（亿元）	同比增长（%）
合计	1 744.92	31.08	1 247.46	30.00
泵及真空设备	381.32	48.52	283.55	53.87
风机	182.47	21.88	122.53	30.20
阀门	333.56	38.07	246.90	43.30
压缩机	208.94	47.55	131.49	20.67
气体分离及液化设备	133.22	23.13	90.19	4.91
其他通用机械	505.41	16.64	372.80	18.73

7. 应收账款、产成品库存增幅下降

2013年，行业亏损企业数460家，同比增长20.73%，比上年下降13.96个百分点；亏损额20.91亿元，同比增长2.49%，比上年大幅下降61.6个百分点。

2013年，行业应收账款1 544亿元，同比增长16.67%，比上年同期下降3.25个百分点，应收账款占全部流动资产的34.5%；产成品库存403.11亿元，同比增长9.36%，较上年同期下降3.62个百分点，全年增幅呈下行趋势；流动资产周转率2.14

次，与上年持平。

2013 年，行业产品销售利润率 7%，较上年下降 0.14 个百分点。其中，压缩机、泵及真空设备、阀门的销售利润率较上年有所提高。

2013 年，行业资产负债率 52.26%，较上年同期下降 2.11 个百分点。资产负债率是近几年行业的最低水平，说明企业的风险控制意识有所增强。

8. 行业重点企业经济运行情况

据对行业 158 家重点企业统计显示：2013 年 1—12 月，累计完成工业总产值 819.22 亿元，同比增长 8.28%；完成工业销售产值 768.79 亿元，同比增长 6.56%，其中出口交货值 49.82 亿元，同比下降 19.87%；完成工业增加值 201.09 亿元，同比增长 6.06%；实现主营业务收入 785.03 亿元，同比增长 6.46%；实现利润总额 54.13 亿元，同比下降 1.69%；累计订货量 962.35 亿元（统计企业 131 家），同比增长 8.92%。

行业重点企业自 2012 年年初开始，生产、销售、利润同比增速持续回落，2013 年则呈现低位平稳运行态势，年底出现翘尾回升态势。利润总额增幅低于产成品库存和主营业务收入增幅。应收账款净值同比增速持续高位运行，同比增长 12.31%，远高于其他指标增幅。累计订货量同比增速与生产销售同步稳定增长，全年内呈现两头高、中间低的态势。

企业之间发展不均衡，从 158 家企业的主营业务收入看，102 家企业的主营业务收入同比增长，56 家企业的主营业务收入同比下降。从 158 家企业的利润总额看，85 家企业同比增长，73 家企业同比下降，有 19 家企业亏损。从 131 家企业累计订货量看，83 家企业累计订货量同比增长，其中 44 家企业累计订货量同比增长 20%；48 家企业累计订货量同比下降。

从重点企业的 2013 年经济运行情况看，行业发展已实现了从高速向中低速的平稳过渡，进入平稳发展、提质、增效阶段。

从国家统计局统计数据分析可以看出，2013 年通用机械行业经营运行状况平稳，生产、主营业务收入、利润总额保持了 10% 的同比增速；应收账款、产成品库存、资产负债率增速较上年有所下降，行业运行呈中低速平稳发展态势，运行质量在进一步优化。同时，2013 年固定资产投资增速提升，显示出行业中结构调整和转型升级的投资正在实施，行业发展呈现谨慎乐观的态势。

9. 市场需求不足，国产化推进举步维艰

2013 年以来，冶金和传统化工行业的订货量甚微，行业内有些企业在这些领域的订单几乎为零，市场形势非常严峻。以新型煤化工中的大型空分设备项目为例，宁煤集团需要 12 套 10 万 m^3/h 的空分设备，林德得到 6 套订单，杭氧得到 6 套订单。为 12 套空分设备配套的压缩机只有沈鼓集团拿到 1 套，其余 11 套都被曼透平拿走，法液空也拿到多套 8 万～10 万 m^3/h 等级空分项目。杭氧出口伊朗的 12 万 m^3/h 等级空分设备于年内制造安装完毕。百万千瓦火电机组三大泵——凝结水泵、锅炉给水泵、循环水泵，整机国产化的只有一套。由此可见，一是国内用户在高端设备的需求选用上排斥国内设备；二是用户恶意提高门槛，使国内企业无法参与竞争；三是我国新增投资市场虽然给国外品牌带来了巨大商机，但并没有给国内企业机会和市场。

10. 产能过剩，消化过程任务艰难

产能过剩需要经过痛苦的消化过程，并要由市场来决定。相信通过这个消化过程，通用机械制造企业将会在企业管理、经营理念、企业信用、产品设计制造、服务及社会责任感等方面有一个质的提升。那时，展现在世界面前的将是一个全新的通用机械制造业。企业必须提高自主创新能力，走产品差异化的发展模式，通过“行规”“行约”及“自我约束”，逐步解决“恶性竞争”的问题。

三、通用机械行业产业转型升级加快

经过多年的发展，我国通用机械制造业已经具有相当大的规模，企业在做大的同时，创新能力也不断增强。一批新型、高效、高精度的制造工艺技术在通用机械制造业中得到广泛应用，为改善产品质量、研制高新产品创造了条件。通用机械制造企业加大投入，提高加工手段，产业转型升级步伐不断加快。在激烈的市场竞争中，加快产业升级已成为企业的普遍共识，并取得明显成效。

1. 行业龙头企业发展情况

以低端产品靠产量发展起来的民营龙头企业，如浙江开山集团、上海凯泉泵业集团等，向高端产品和增加产品品种发展；国有龙头企业，如沈鼓集团、陕鼓集团、杭氧集团等，则以国家重大装备为发展方向。

上海凯泉泵业（集团）有限公司是国内产销量最大的清水泵生产厂家，近年来先后投资建立了沈阳凯泉石化泵有限公司、石家庄凯泉杂质泵有限公司，又在合肥收购三益公司的厂房设备，成立了合肥凯泉电机电泵有限公司。同时，公司在提高企业的开发能力和制造、试验水平等方面加大投入，建造了用于百万千瓦核电站核二级、核三级泵工况功能验证的热冲击试验台和杂质试验台。企业为转型升级共投资了近6亿元，扩大产品品种，提高产品技术含量，向高端产品进军。研制成功了多种核二级泵、核三级泵、长输管线泵及百万千瓦超（超）临界高压锅炉给水泵等。

开山集团是空气压缩机行业的产销龙头企业，在重庆建厂，为西南、西北地区提供产品。广东正力精密机械有限公司是国内著名的单螺杆空气压缩机、涡旋空气压缩机、水润滑无油螺杆空气压缩机制造企业。开山集团收购了广东正力精密机械有限公司，拓宽了自身的产品谱系，提升了产品的市场竞争优势，成为华南地区压缩机的制造基地。同时，在澳大利亚和我国台湾建厂，学习当地知名公司的经营模式。

江苏金通灵流体机械科技股份有限公司拓展产品应用领域，进入风机高端制造的行列。在首台JE9000压缩机在江阴兴澄钢厂运行成功后，又完成了JE21000样机的开发设计，并交付成都气站投入使用，一次联动运转成功，填补了国内空白。

沈阳鼓风机集团是通用机械行业的龙头企业，多年来创造了无数个中国第一。2013年成功研制出硝酸四合一、LNG压缩机、输气管线压缩机、大推力往复机、常规岛凝结水泵等一大批重点产品，10月承接了10万m^3/h空分设备中的压缩机配套任务。在国家经济增速普遍放缓的情况下，离心压缩机产量仍保持了20%的增长。

杭州制氧机集团有限公司是中国气体分离设备行业的龙头企业。2013年，公司研制的12万m^3/h特大型空分设备已投入运行。在冶金行业市场大幅萎缩的情况下，积极开拓新型市场，承接了宁煤新型煤化工大型空分项目中的6套10万m^3/h空分设备。公司凭借着强大的技术储备向石化领域快速拓展，2013年承接的石化工程合同额同比增长141%，在PDH（烷烃脱氢）、LNG（天然气液化）等领域获得了快速的发展。公司的气体产业发展稳步推进，在全国15个省24个地区投资设立气体公司27家，其中投产运行的企业14家。公司2013年实现收入约19.5亿元，比上年同比增长95%。

上海鼓风机厂有限公司近年来坚持以转型求发展，以科技创新为抓手，2013完成了A497主氦风机、4505载气压缩机及4506尾气压缩机的设计，并中标了风洞引导压缩机。开拓新的市场领域，实现了空分装备用离心压缩机的“零”突破。积极开拓服务和EPC项目，积极研究节能减排大型风机改造技术，主动为用户提供改造方案，全年电厂改造风机同比增长86%。对已发出多年的产品加大市场服务力度，全年承接维修保养服务量同比增长56%。

2. 发展自身的比较优势已在行业中达成共识

在国家经济增速下降的形势倒逼下，企业加快转型升级，向专、精、特、优和为用户提供满意解决方案发展。行业发展由规模发展阶段转向通过转型升级后的创新型质量效益性发展阶段，发展自己的比较优势已在行业企业中达成共识。行业中没有了近些年的跑马圈地，产品复制的高速发展势头已走到了尽头，除个别高端产品外，行业经过近十年的高速发展，绝大部分企业都处于同等水平，恶性竞争已没有很大的市场需求来支撑。因此，行业企业发展呈现“做好、提升及再创新自己”的良好氛围，开拓新的市场需求成为企业发展的目标，行业中呈现出奋发努力、攻坚克难、创造突破的氛围。

四、科技攻关取得新成果

2013 年，通用机械行业取得中国机械工业科学技术奖 20 项，其中，特等奖 1 项、一等奖 1 项、二等奖 9 项、三等奖 9 项。2013 年通用机械行业“中国机械工业科学技术奖”获奖情况见表 5。

表 5　2013 年通用机械行业“中国机械工业科学技术奖”获奖情况

序号	完成单位	获奖项目	获奖等级
1	合肥通用机械研究院	极端条件下重大承压设备的设计、制造与维护	特等奖
2	沈阳鼓风机集团股份有限公司、沈阳透平机械股份有限公司、大连理工大学	大型 PTA 装置用离心压缩机组研制	一等奖
3	杭州兴源过滤科技股份有限公司	污泥深度脱水干化一体机	二等奖
4	江苏大学	万吨级海水淡化高压泵关键技术研究与工程应用	二等奖
5	江苏亚太泵阀有限公司、江苏大学	1 000kW 级特大型潜水电泵关键技术研究与产业化	二等奖
6	上海电力修造总厂有限公司	AP1000 常规岛主给水泵组前置泵	二等奖
7	广东省佛山水泵厂有限公司、中国石油化工股份有限公司镇海分公司	大流量、高真空、特殊介质真空系统	二等奖
8	大耐泵业有限公司	重大石化装置高温塔底泵的自主化研制	二等奖
9	中国石油大学（华东）、中国石油化工股份有限公司胜利油田分公司胜利采油厂、胜利油田高原石油装备有限责任公司	螺杆泵高效采油关键技术及应用	二等奖
10	陕西鼓风机（集团）有限公司	高炉煤气能量回收透平的危急遮断器及其实验装置改进	二等奖
11	江苏大学、南京蓝深制泵（集团）股份有限公司、江苏亚太泵阀有限公司、湖南湘电长沙水泵有限公司、上海凯士比泵有限公司、上海凯泉泵业（集团）有限公司、上海东方泵业（集团）有限公司	轴流泵非线性环量设计理论研究与工程应用	二等奖
12	西安陕鼓动力股份有限公司、天津大学	基于在线分析的真实气体离心压缩机闭式循环试验技术研究	三等奖
13	沈阳华能电站泵制造有限公司	300MW（350MW）火力发电机组凝结水泵项目改造	三等奖
14	安瑞科（蚌埠）压缩机有限公司	W－7.5/（1～2）－250－C 型天然气压缩机	三等奖
15	江苏大学、江苏国泉泵业制造有限公司、无锡利欧锡泵制造有限公司、上海东方泵业（集团）有限公司、上海康大泵业制造有限公司、江苏双达泵阀集团有限公司	高效液下无堵塞污水泵关键技术研究及产业化	三等奖
16	襄阳五二五泵业有限公司	高效烟气脱硫循环泵	三等奖
17	上海电力修造总厂有限公司	600MW 超临界、亚临界火电机组给水泵国产化研制	三等奖

（续）

序号	完成单位	获奖项目	获奖等级
18	超达阀门集团股份有限公司	大口径无外泄漏波纹管闸阀	三等奖
19	江苏牡丹离心机制造有限公司	1050 型大口径连续高速过滤分离设备	三等奖
20	兰州理工大学	600MW 超临界机组锅炉给水泵水力模型优化设计研究	三等奖

五、2014 年形势分析

全球经济复苏乏力和我国经济增速放缓对通用机械行业的发展产生了深刻的影响。“十二五”以来，经济增速明显下降，通用机械行业赖以高速发展的增长要素也发生了深刻变化，已逐步从高速增长进入调整、转型过程。面对复杂多变的国际国内形势，2014 年，企业面临着转型升级的巨大考验。

1. 国家宏观经济政策环境为行业提供了广阔的发展空间

通用机械行业是机械工业的重要组成部分，产品应用领域非常广泛。企业要特别关注国家经济发展的产业导向，如能源领域中的煤层气、页岩气的开发与应用，煤炭深加工，天然气液化，城镇化建设，节能减排，海水淡化及光伏发电等领域对通用机械产品的需求，加大并加快这类产品的开发和应用。

2013 年国务院出台了多项规划，为行业今后一个时期的发展提供了很好的发展空间。

2013 年初步安排的铁路投资计划与投产里程均可能超过 2012 年，铁路基建投资有望超 5 160 亿元，通过扩大铁路建设基金的征收范围、保持发行 1 500亿元的铁路建设债券、加大财政和银行信贷支持力度等措施保障筹资渠道。

国务院办公厅 2013 年 1 月 1 日发布了国务院《关于印发能源发展“十二五”规划的通知》。规划提出的 2015 年能源发展的主要目标包括：实施能源消费强度和消费总量双控制；适度超前部署能源生产与供应能力建设；优化能源结构；加快建设山西、鄂尔多斯盆地、内蒙古东部地区、西南地区及新疆五大国家综合能源基地；加强生态环境保护；全面实施新一轮农村电网改造升级，实现城乡各类用电同网同价；推进能源体制机制改革。

国务院于 2013 年 2 月 23 日印发《国家重大科技基础设施建设中长期规划(2012—2030 年)》，明确了未来 20 年我国重大科技基础设施发展方向和“十二五”时期建设重点。未来 20 年，要以提升原始创新能力、支撑重大科技突破和经济社会发展为目标，针对科技前沿研究和国家重大战略需求，以能源、生命、地球系统与环境、材料、粒子物理和核物理、空间和天文以及工程技术等科学领域为重点，加快我国重大科技基础设施建设。“十二五”时期，选择我国科技发展急需、具有相对优势和建设条件较为成熟的领域，优先安排海底科学观测网、精密重力测量研究设施等 16 项重大科技基础设施建设。

大力推进能源、资源的节约和循环利用，重点抓好工业、交通、建筑及公共机构等领域的节能，控制能源消费总量，降低能耗、物耗和二氧化碳排放强度。优先推进西部大开发，全面振兴东北地区等老工业基地，大力促进中部地区崛起，积极支持东部地区率先发展。这些都为通用机械行业带来大量的市场需求。

2. 2014 年通用机械行业的增长速度约 10%

在中央经济工作会议上确定了 2014 年全国 GDP 年增长率在 7% ~8%。因此，机械工业相应的增长速度应保持在 8% ~12%，通用机械行业的增长速度保持在 10% 左右，其中泵、压缩机、阀门、空分设备及减变速机行业的增速相对高一些。

市场的大环境不好、营利性不强正是企业练好内功的有利时机。企业应思考如何更好地管控成本、培养人才、加强质量管理、提高企业业绩，开拓新的思路、新方法，加快转型升级，提升产品的附加值，以增强自身实力，为“十三五”的发展做好充分准备。

〔撰稿人：中国通用机械工业协会李多英〕

2013 年通用机械行业进出口分析及 2014 年进出口展望

一、2013 年通用机械行业进出口情况

据中国海关统计,2013 年通用机械产品进出口总额 871.15 亿美元,同比增长 5.41%。其中:进口额 287.71 亿美元,同比增长 6.27%;出口额 583.44 亿美元,同比增长 4.99%。进出口顺差 295.73 亿美元(以上均按中国机械工业联合会统计范围,下同)。

1. 多数产品进口增长,气体分离设备和真空泵高速增长

全行业 8 种主要产品中,进口同比增长的有 7 种,进口同比下降的有 1 种。

进口增长的产品中,高速增长的有两种:气体分离设备进口 3 428 台,进口额 9 462.3 万美元,同比增长 121.96%;真空泵进口额 5.09 亿美元,同比增长 45.74%。

另外,制冷设备用压缩机进口额 1.15 亿美元,同比增长 9.4%;气体压缩机进口额 20.1 亿美元,同比增长 9.14%;液体泵进口额 30.73 亿美元,同比增长 7.26%;制冷空调机械进口额 2.5 亿美元,同比增长 7.06%;工业用除尘器进口额 7.99 亿美元,同比增长 4.56%。

进口下降的是塑料机械,进口额 18.71 亿美元,同比下降 15.3%。

2. 出口全面增长,工业用除尘器出口高速增长

全行业 8 种主要产品出口全面增长。出口快速增长的有两种:工业用除尘器出口额 6.51 亿美元,同比增长 48.09%;真空泵出口额 1.74 亿美元,同比增长 20.66%。

另外,制冷设备用压缩机出口额 33.76 亿美元,同比增长 14.45%;气体压缩机出口额 23.48 亿美元,同比增长 10%;液体泵出口额 39.49 亿美元,同比增长 7.4%;制冷空调机械出口额 52.14 亿美元,同比增长 5.77%;塑料机械出口额 17.46 亿美元,同比增长 5.14%;气体分离设备出口额 2.35 亿美元,同比增长 4.34%。

总体来看,全行业进出口有两个问题需要引起重视:一是出口形势十分严峻,增长乏力。2006—2011 年,通用机械行业每年出口增速都在 20% 以上,2012 年出口增速突然下降到 10% 以内,2013 年则下降到 4.99%,创历史新低。说明近两年国际市场需求不旺,特别是需求结构升级,同时也说明我国通用机械产品竞争力弱,适应能力不强。企业急待转型升级,优化出口产品结构,重视创新产品开发,提高产品竞争能力。二是气体分离设备和真空泵进口高速增长,说明国内需求量大,建议国内有关生产企业针对用户需求加快研制开发相关产品,替代进口产品。

二、需要关注的两个问题

1. 积极推进与周边国家双边贸易发展

2013 年,中央召开的周边国家外交工作座谈会指出,要努力使周边国家同我国政治关系更加友好,经济纽带更加牢固。要同有关国家共同努力,加快基础设施互联互通,建设好丝绸之路经济带、21 世纪海上丝绸之路。要以周边国家为基础,加快实施自由贸易区战略,扩大贸易、投资合作空间,构建区域经济一体化新格局。

周边国家是我国机械产品的重要贸易伙伴,与机械工业发展关系十分密切。尽管欧盟、美国、日本是我国机械产品传统出口市场,但近年来由于欧盟、日本经济衰退,我国对其出口不断下降或略有增长。对美国出口稍有好转,但仍增长乏力。因此,要重视发展周边国家和其他发展中国家的贸易

关系。

我国发展与周边国家双边贸易，尤其要重视发展东盟10国和印度、俄罗斯以及中亚5国。

首先是中国与东盟的贸易发展。2004年11月，中国与东盟双方签署自由贸易区《货物贸易协议》，并于2005年7月20日开始实施。该协议规定从2005年7月起，对原产于双方的产品相互给予优惠关税待遇。2010年1月，中国－东盟自贸区如期全面建成。自贸区建立后，双方对超过90%的产品实行零关税。中国对东盟平均关税从9.8%降到0.1%，东盟6个老成员国（印度尼西亚、马来西亚、泰国、新加坡、菲律宾、文莱）对中国的平均关税从12.8%降到0.6%。关税水平大幅降低，有力推动了双边贸易快速增长，机械产品的双边贸易额由2006年的167.8亿美元提高到2013年的618.92亿美元，增长268.8%。其中机械产品出口额由2006年的108.5亿美元提高2013年的472.2亿美元，增长了3倍多。

2013年9月，在南宁举办的第十届中国－东盟博览会开幕式上，李克强总理提出“中国－东盟自贸区升级版”的倡议，并表示中国将积极扩大从东盟进口在中国有市场、有竞争力的商品，力争到2020年双边贸易额达到10 000亿美元（2013年为4 436亿美元），今后8年新增双向投资1 500亿美元。这个目标如能实现，东盟有可能成为我国第一大贸易伙伴（2013年我国与欧盟双边贸易额为5 590.4亿美元，与美国为5 210亿美元，与日本为3 125.5亿美元）。东盟10国中，尤其要重视发展与印度尼西亚、马来西亚、泰国的双边贸易。

积极开拓印度尼西亚市场。印度尼西亚经济总量居东盟诸国之首，2013年我国机械产品向印度尼西亚出口91.44亿美元，同比增长9.68%，发展势头很好。按照该国发展规划，大规模的基础设施、发电站、机场、港口、机械制造等项目要相继开工建设，对机械产品需求较多。

印度从2006年起已连续6年是我国最大的海外工程承包市场，该国“十二五”计划期间，拟在基础设施领域投资1万亿～1.2万亿美元，发展公路、铁路、电力、电信、供水等项目，为我国企业创造了贸易和投资机会。电力设备及其配套用的通用机械，一直是我国出口印度的重要产品，但近期遇到了一些问题，要冲破阻力，排除困难，采取积极措施，力争继续进入该国市场。

俄罗斯于2012年8月22日正式成为世界贸易组织第156个成员。按照加入世界贸易组织的协议，俄罗斯承诺总体进口关税水平从2011年的10%降至7.8%，机电产品关税从8.4%降至6.2%。俄罗斯宣布今后将以东部地区为开发重点。到2015年，中俄两国双边贸易额将从2013年的892亿美元达到1 000亿美元，到2020年达到2 000亿美元。2013年我国向俄罗斯出口机械产品108.17亿美元，同比增长0.88%。随着中俄全面战略伙伴关系不断巩固，俄罗斯远东大开发规划启动，将为两国经贸合作提供新的契机。

中亚五国中以哈萨克斯坦和土库曼斯坦与我国双边贸易额较大，据世界银行统计，这两个国家已列入中上等收入国家，哈萨克斯坦2012年人均国内生产总值超过1.2万美元。随着丝绸之路经济带的开发，以及基础设施建设的发展，必将为我国通用机械出口带来商机。

为促进双边贸易的发展，在产品质量、价格等基本接近的条件下，要优先进口周边国家的产品。同时，仍要重视巴西、沙特、土耳其、阿拉伯联合酋长国、墨西哥、智利等发展中国家的市场，充分发挥我国机械产品的优势。

我国生产的通用机械产品中，各种液体泵、真空泵、气体压缩机、制冷机械及其压缩机、各类阀门、工业用除尘器、塑料机械以及这些设备的零部件等，都具有一定优势，要努力扩大其出口。

2. 提高出口产品档次，用好财政、金融政策对进出口的支持

我国出口的通用机械产品中，劳动密集型产品和低附加值产品占有很大比重。近几年来出口产品结构有所改善，出口产品技术含量有所提高，但

总体看,差距仍然很大,需要不断调整和优化。

要适应国际市场需求变化,调整出口产品结构。国际金融危机发生后,各国采取了一系列的应对措施,国际市场需求结构发生了一些变化。有关出口企业要适应这一变化,根据用户需求,及时调整产品结构,尤其要开发适应新兴经济体和发展中国家需求的产品,寻求更符合这些国家特点的经济贸易合作方式。

2013 年以来,国务院发布了多项财政、金融政策,尤其对小微企业提供了多项优惠。如:暂免征收部分小微企业增值税和营业税;整顿进出口经营性收费,暂免出口商品法检费用,减少法检商品种类;做好对中小民营企业出口的融资、通关、退税服务等。国务院办公厅 2013 年 7 月 1 日发布《关于金融支持经济结构调整和转型升级的指导意见》中指出:要支持金融机构向小微企业提供融资、结算、理财、咨询等综合性金融服务;增加小微企业等薄弱环节的信贷资金来源;鼓励政策性银行、商业银行等金融机构大力支持企业"走出去";在我国实行转型升级,化解部分行业产能严重过剩的过程中,对合理向境外转移产能的企业,要通过内保外贷、外汇及人民币贷款、债权融资、股权融资等方式,积极支持增强跨境投资经营能力;以推进贸易投资便利化为重点,进一步推动人民币跨境使用,推进外汇管理简政放权,完善货物贸易和服务贸易外汇管理制度;大力发展出口信用保险,鼓励为企业开展对外贸易和"走出去"提供投资、运营、劳动用工等方面的一揽子保险服务。有关企业要熟悉并用好这些政策,发展进出口贸易。

三、2014 年通用机械行业进出口展望

据国际货币基金组织 2014 年 4 月 8 日发布的《世界经济展望》报告称:得益于发达经济体经济状况改善,预期世界经济将提高复苏速度。报告预计 2014 年世界经济将增长 3.6%,较 2013 年增速将有较大提高。

我国宏观经济政策将保持连续性和稳定性。中央要求对 2014 年经济增长要通过提高经济发展质量和效益,促进经济持续健康发展,实现不会带来后遗症的增长速度。

根据国际货币基金组织预测,2014 年国际市场大宗商品中,除了农业原材料价格将比 2013 年上涨 2.6% 外,石油、非燃料初级产品、食品饮料、制成品、金属等商品的价格都将呈现下跌走势。

我国机械工业在延续进行的转型升级、调整结构、努力化解部分产品产能严重过剩的过程中,取得了新进展;在国际市场竞争中具有优势的产品将继续扩大;在"走出去"对外投资,扩大国际化经营中又取得了新的成效。我国政府已发布了多项财政、金融政策,尤其对小微企业提供了多项优惠;积极支持增强跨境投资经营能力;进一步推动人民币跨境使用;大力发展出口信用保险,鼓励为企业开展对外贸易。这些都是进一步扩大出口的有利条件。

但是,由于我国企业生产所需的劳动力、资金、环保等投入要素价格上涨,以及人民币升值预期,使出口企业经营成本不断上升。同时,由于一些国家采取反倾销、反补贴等贸易保护措施,致使出口企业扩大出口遭遇众多困难。

根据上述情况分析,预计 2014 年通用机械行业进出口将好于 2013 年,进口仍将是低速增长,全年出口将增长 8% 左右。

〔撰稿人:郑国伟〕

(本栏目编辑:任智惠)

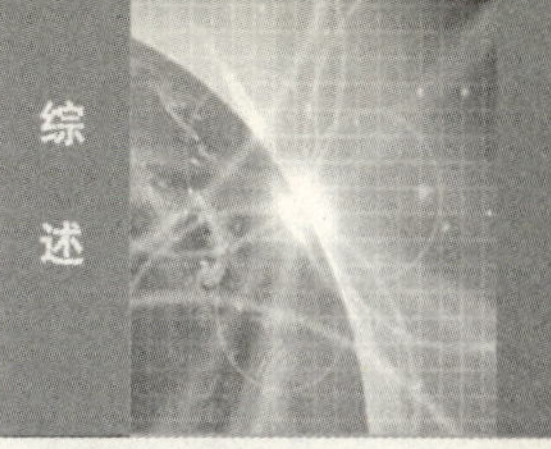

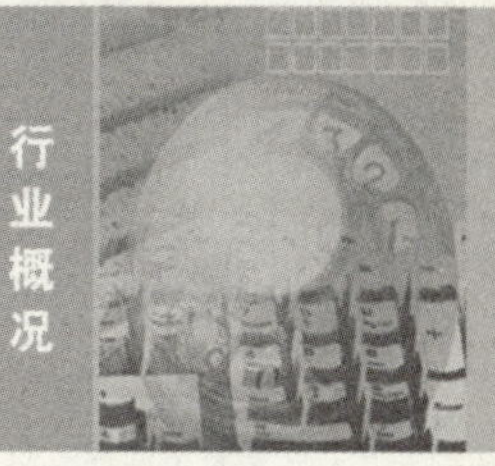

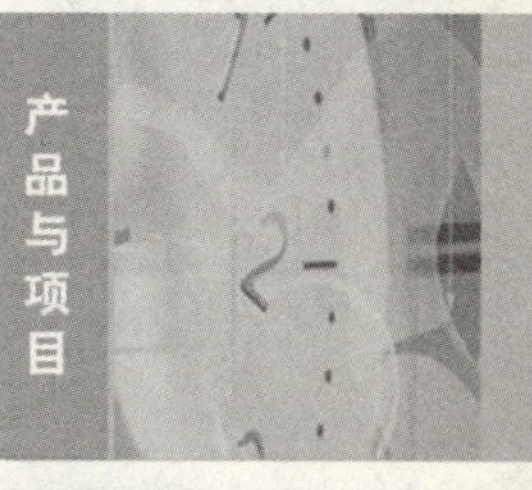

专文

介绍压缩机行业技术标准体系建设情况、冷却设备行业调研情况和永嘉泵阀产业发展情况，分析我国高碳工业低碳发展的路径

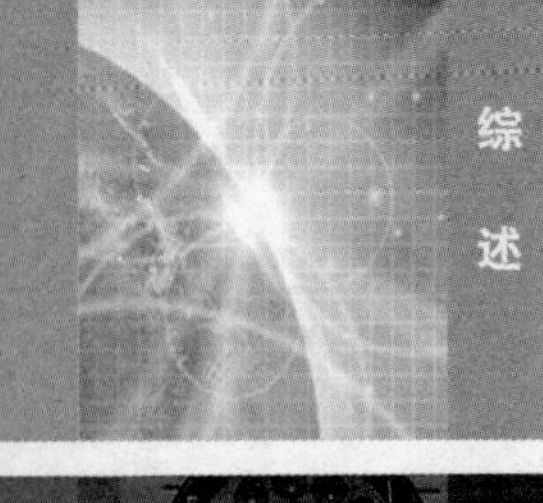

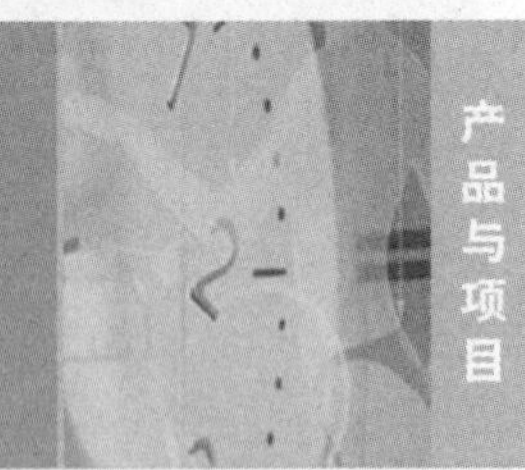

专文

压缩机行业技术标准体系建设概述

一、概述

标准体系的建设是指导行业标准化发展的最基本的工作,国家标准化主管部门也为此给予了高度的重视。2013年,工业和信息化部组织各行业标准化技术委员会开展了"十二五"机械行业标准体系细化的编制工作,梳理了行业的发展情况和标准的需求状况,提出满足行业发展所需的标准体系及需制定的标准项目。

压缩机标准体系建设涉及的压缩机主要指容积式压缩机及其与之配套的压缩气体净化设备。按国际标准对压缩机的分类,包括如下型式:

(1)容积式压缩机:包括往复压缩机、回转压缩机两大类。往复压缩机可细分为往复活塞、隔膜、摩托压缩机等;回转压缩机可细分为螺杆、滑片、涡旋压缩机等。

(2)压缩空气净化设备:主要包括干燥器、过滤器两大类。

按用途或压缩介质分类,也可有工艺流程用压缩机、船用压缩机、空气压缩机、天然气压缩机、氢气压缩机等。

国内容积式压缩机标准化归口管理工作由全国压缩机标准化技术委员会(简称压标委)负责。

二、标准现状

1. 现行标准构成情况

截至2014年5月15日,由压标委归口的现行有效标准共91项,其中,国家标准22项,机械行业标准69项。按类别统计,基础通用标准11项,产品标准(含安全标准和零部件标准)68项,方法标准12项。基础通用标准和方法标准涵盖了所有需要的测试和技术交流,产品标准涵盖了往复活塞式、隔膜式、螺杆式、滑片式等各种空压机,覆盖了天然气、石油化工、氢气、乙炔气、二氧化碳等各种介质压缩机,同时配以材料标准、零部件标准等,形成了既有通用标准、又有专用标准,既有主导产品标准、又有配套的测试方法标准及辅助的零部件和材料标准这样一个相对齐全、配套的标准体系。压缩机行业现行标准见表1。

表1 压缩机行业现行标准

标准类型	国家标准(项)		行业标准(项)		合计(项)
	强制性标准	推荐性标准	强制性标准	推荐性标准	
基础通用标准		4		7	11
产品标准	2	10		56	68
方法标准		6		6	12
合计	2	20		69	91

2. 标准化工作对技术和产业发展的作用

标准化工作是推动我国经济和社会快速发展的重要支撑条件,在促进国民经济和社会发展中显示了越来越重要的作用。压缩机行业的标准化工作也成为推动压缩机行业快速发展的重要支撑条件,为推动压缩机行业技术进步、规范市场秩序、提高产品竞争力、促进国际贸易发挥重要的作用。

具体作用表现在以下几方面:

(1)术语、分类、优先压力等基础标准,统一了行业的技术语言,并被各教科书、设计规范所接受;标准规定之内容已成为各标准和有关技术文件的通用基础术语。

(2)微型空压机产品已完成系列标准的制定,可满足市场发展的需求,促进该类产品的认证、外销。

(3)其他动力用空气压缩机产品,标准配套齐全,适应性强,对提高产品质量、促进技术进步起到了很好的作用。如 $10m^3/min$、$20m^3/min$、$40m^3/min$ 空压机的性能统一，全无油空压机的结构优化，单螺杆空压机流量参数的规范及比功率指标的提升等均对行业装备进步起到了提升作用。企业按标准生产和考核，出现了一大批达到国家规定的二级及以上能耗要求的节能产品。

（4）与国际标准相等效的我国压缩机性能试验方法（包括性能验收、流量测量、噪声测定、振动测试及评价等）的制定及实施，实现了在性能试验方法上与国际的接轨。这使得国内产品的检测与国际一致，出口产品检测方法也得到了国外的认可。同时，为产品质量监督、生产许可证的发放及质量仲裁等提供了科学的依据和方法。

（5）采用国际标准和国外先进标准制定的压缩机行业安全标准，从设计、制造、使用、维护等方面提出全面要求，安全设计理念已被设计者全面接受，安全操作规程及安全机理为用户所采纳。这保证了压缩机的安全运行和使用操作人员的生命安全，同时也为压缩机产品的安全认证提供了统一的考核评定依据。

（6）石油、炼化行业用工艺压缩机标准的制定，促进了大型工艺压缩机的发展，提升了我国重大装备制造水平（如活塞压缩机最大活塞力可达 1 500kN 以上，工艺螺杆压缩机转子直径达 816mm）。同时，也为我国产品与国际接轨、开展国际贸易提供了便利。

（7）天然气压缩机标准的制定，推动了各类子站压缩机、母站压缩机、液压驱动型天然气压缩机等各种机型的发展，适应了不断增长的加气站建设的需求。

（8）压缩空气质量等级标准的确立以及干燥器产品标准的制定，推动了压缩空气净化设备向有序化方向发展，使得干燥器产品许可制度的实施成为可能，大大地推动了行业制造水平和管理水平的提高。

3. 优势与不足

压缩机行业标准标龄在 5 年以内的共 51 项，10 年以内的共 21 项，10 年以上的共 19 项。从标准类别构成来看，压缩机的关键标准，如性能测试标准、主要产品标准、安全标准基本为 10 年以内标准，多数是 5 年以内标准，因此标准标龄基本能适应压缩机的发展需要。

压缩机标准当前能适应国内绝大多数产品的生产需要，个别新领域、新产品（如天然气压缩机、涡旋压缩机、水润滑压缩机等）已完成标准的制定工作。核电用隔膜压缩机和螺杆压缩机，机车、动车用压缩机等在立项制定中。

相比压缩机标准的较全面与完善，压缩空气质量及净化设备标准则欠缺较多，当前仅有 11 项标准，其中，基础通用标准 5 项，产品标准 6 项。2012—2013 年，压标委已完成了 5 项试验方法国家标准，其中过滤器试验方法 2 项标准已批准发布，压缩空气质量测试方法 3 项标准已完成审查报批。今后的一个工作重点是压缩空气质量测试方法标准的制定，与此同时，要加快净化设备产品标准的计划立项，及时补充完善该领域标准。

三、标准体系介绍

1. 压缩机行业技术标准体系构成

压缩机行业主要涵盖压缩机和压缩空气质量及净化设备两个领域产品，它们在国民经济行业分类中分属不同的体系类目，对应不同的体系类目代码。因此，本压缩机行业标准体系也相应地分为两个并列的体系。压缩机标准体系见图 1。压缩空气质量及净化设备标准体系见图 2。

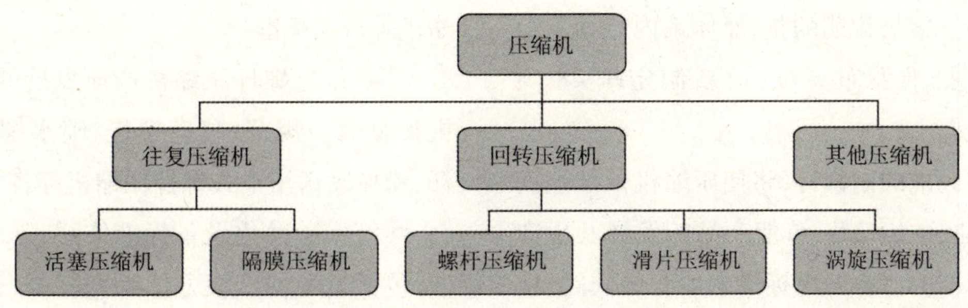

图 1　压缩机标准体系

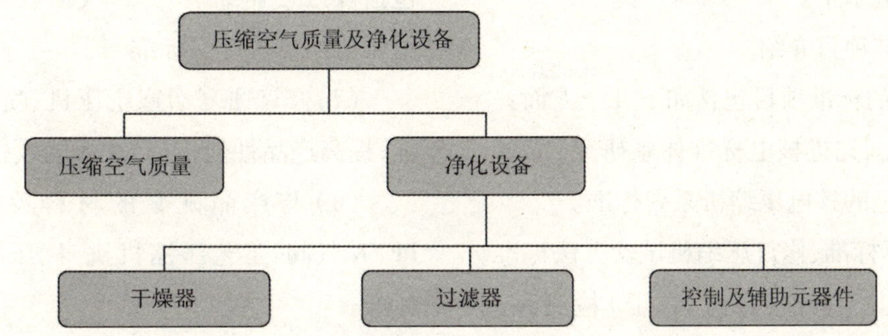

图 2　压缩空气质量及净化设备标准体系

2. 体系内各类标准的排列及相互关系

根据压缩机、压缩空气质量及净化设备体系框图，对应建立标准体系表，列出现有和计划制定的标准项目。体系框图中第一层为通用标准，适用于整个专业（大类）的各类产品；第二层为小类内通用的标准，适用其下各系列的产品；第三层为系列内标准，适用本系列的各类产品。

压缩机术语和分类、压缩机性能试验方法、压缩机噪声振动测量等标准列入第一层。往复压缩机术语、回转压缩机术语，分别列入第二层的相应位置。往复活塞空压机、螺杆空压机标准分列入第三层的对应位置。

同样，净化术语标准位列净化体系第一层。压缩空气质量等级、净化设备型号编制分别列入第二层的压缩空气质量等级和净化设备体系框内。一般用吸附式压缩空气干燥器、过滤器试验方法标准则分列入第三层的干燥器和过滤器体系框内。

3. 压缩机标准体系内的标准

（1）体系内列入标准的原则：所列标准均由压标委归口；现行有效的、今后还将继续使用的压缩机标准；行业发展急需制定的标准；2013—2015 年计划列项制定的标准项目。

凡将要废止的标准，或长远来看行业需要，但在 2015 年后才考虑列项制定的标准均不列入本体系之内。

（2）体系内标准的基本统计。根据现有行业标准和行业发展需要，本压缩机标准体系共计列入 139 项标准。其中，现有标准 91 项，拟新制定的标准 48 项。按标准级别划分：国家标准 29 项，机械行业标准 110 项。按标准类别划分：通用基础类标准 11 项，方法类标准 22 项，产品类标准 106 项。

需要说明的是，术语、分类、型号编制、包装、涂装标准属通用基础类，试验、检测标准属方法类，压缩机、辅机、零部件、材料及安全标准归入产品类。

四、标准体系建设方案

1. 建设目标

“十二五”期间，压缩机行业（包括压缩机和压缩空气质量及净化设备两个领域）拟制定和修订的标准共计 66 项，其中，新制定 48 项（国家标准 8 项、行业标准 40 项），修订 18 项（国家标准 6 项、行业标准12项)。需要说明的是,原体系内计划制定53项,当前已批准发布5项,故新制定按48项统计。

通过这些标准的制修订,将使压缩机标准能满足新产品、行业重点产品、节能产品的发展及生产需要。通过标准的修订解决标准老龄化的问题,使新技术、新产品内容在标准中得以体现。在标准水平方面,基础标准、方法标准与国际标准一致,产品标准达到国内先进水平。

2. 制修订标准项目介绍

66项制修订的标准项目包括如下几个方面:

(1)满足“中国先进核电标准体系研究”需要,制定具有中国特色的核电压缩机系列标准。

(2)采用国际标准,修订压缩机试验方法标准,制定压缩空气质量(含油、露点、粒子)检测系列标准。

(3)满足交通发展的新技术产品标准,如机车、动车用全无油空压机,电力客车用无油涡旋空气压缩机等产品标准。

(4)推进螺杆压缩机产业发展的标准,如螺杆机头及试验规范、移动螺杆、喷水螺杆、中高压螺杆、粉粒输送用干式螺杆压缩机等各类标准。

(5)完善净化设备标准体系,制定过滤器类标准,包括过滤器试验方法系列标准、过滤器产品标准及过滤器壳体等部件标准。

(6)满足石油化工及天然气装备的产品标准,包括煤层气压缩机、井口气回收用压缩机、加气站增压压缩机等产品标准。

(7)修订往复活塞空压机、喷油螺杆空压机标准,提高产品性能指标,注入能效指标要求。

(8)与产品配套的材料及零部件标准,如PEEK气阀、工艺压缩机机身、压缩机用铸钢件等标准。

2013—2015年压缩机标准制修订计划项目见表2。2013—2014年完成制修订并已发布的压缩机标准项目见表3。

表2　2013—2015年压缩机标准制修订计划项目

序号	标准名称	标准级别	标准类型	制修订情况	列入计划年度
1	压缩空气系统能效评估	国家标准	方法	制定	2015
2	容积式空气压缩机流量在线测试方法	国家标准	方法	制定	2015
3	工艺压缩机气量无级调速装置	行业标准	产品	制定	2014
4	容积式空气压缩机进气消声滤清器	行业标准	产品	制定	2014
5	全无油润滑高压氧气压缩机	行业标准	产品	制定	2014
6	容积式压缩机用铸钢件　技术条件	行业标准	产品	制定	2014
7	空气压缩机用液气分离器	行业标准	产品	制定	2015
8	往复活塞压缩机用工程塑料(PEEK)阀片	行业标准	产品	制定	2014
9	机车、动车用全无油润滑往复活塞空气压缩机	国家标准	产品	制定	2014
10	气阀气密性检测	行业标准	方法	制定	2015
11	移动螺杆空气压缩机	行业标准	产品	制定	2014
12	螺杆压缩机机头　技术条件	行业标准	产品	制定	2014
13	螺杆压缩机机头　试验规范	行业标准	产品	制定	2014
14	一般用喷水螺杆空气压缩机	行业标准	产品	制定	2015
15	中高压螺杆空气压缩机	行业标准	产品	制定	2014
16	电力客车用无油涡旋空气压缩机	行业标准	产品	制定	2015
17	汽车加气站用天然气压缩机流量测试方法	行业标准	方法	制定	2015
18	螺杆活塞串联压缩机组	行业标准	产品	制定	2013
19	中压单螺杆空气压缩机	行业标准	产品	制定	2013
20	核电用隔膜压缩机　技术条件	行业标准	产品	制定	2013

（续）

序号	标准名称	标准级别	标准类型	制修订情况	列入计划年度
21	核电用螺杆压缩机　技术条件	行业标准	产品	制定	2014
22	核电用隔膜压缩机　检验验收规范	行业标准	产品	制定	2015
23	核电用螺杆压缩机　检验验收规范	行业标准	产品	制定	2015
24	核电用压缩机材料采购技术要求	行业标准	产品	制定	2014
25	粉粒输送车用干式螺杆空气压缩机	行业标准	产品	制定	2013
26	煤层气压缩机	行业标准	产品	制定	2014
27	井口气回收用往复活塞压缩机	行业标准	产品	制定	2015
28	工艺流程用往复活塞压缩机零部件　技术条件　第1部分:机身	行业标准	产品	制定	2014
29	工艺流程用往复活塞压缩机零部件　技术条件　第2部分:曲轴	行业标准	产品	制定	2014
30	工艺流程用往复活塞压缩机零部件　技术条件　第3部分:连杆	行业标准	产品	制定	2014
31	工艺流程用往复活塞压缩机零部件　技术条件　第4部分:气缸	行业标准	产品	制定	2015
32	工艺流程用往复活塞压缩机零部件　技术条件　第5部分:活塞	行业标准	产品	制定	2015
33	工艺流程用往复活塞压缩机零部件　技术条件　第6部分:气阀	行业标准	产品	制定	2015
34	压缩空气　第2部分:悬浮油含量测量方法	国家标准	方法	制定	已报批
35	压缩空气　第3部分:湿度测量方法	国家标准	方法	制定	已报批
36	压缩空气　第4部分:固体颗粒测量方法	国家标准	方法	制定	已报批
37	膜式压缩空气干燥器	行业标准	产品	制定	2015
38	高压空气干燥过滤装置	行业标准	产品	制定	2015
39	工艺气干燥器	行业标准	产品	制定	2015
40	压缩空气过滤器　试验方法　第3部分:颗粒	国家标准	方法	制定	2014
41	压缩空气过滤器　试验方法　第4部分:水	国家标准	方法	制定	2014
42	一般用压缩空气过滤器	行业标准	产品	制定	2015
43	高压空气过滤器	行业标准	产品	制定	2014
44	压缩空气过滤器滤材　技术条件	行业标准	产品	制定	2015
45	压缩空气过滤器滤芯　技术条件	行业标准	产品	制定	2015
46	压缩空气过滤器壳体　技术条件	行业标准	产品	制定	2013
47	旋分式气水分离器	行业标准	产品	制定	2013
48	净化设备用自动排污阀	行业标准	产品	制定	2015
49	压缩机分类	国家标准	基础通用	修订	2014
50	容积式压缩机术语　总则	国家标准	基础通用	修订	2014
51	容积式压缩机流量测量方法	国家标准	方法	修订	2013
52	容积式压缩机验收试验	国家标准	方法	修订	2014
53	微型往复活塞空气压缩机	国家标准	产品	修订	2013
54	一般用固定的往复活塞空气压缩机	国家标准	产品	修订	2013
55	容积式压缩机　型号编制方法	行业标准	基础通用	修订	2013
56	往复活塞空气压缩机　储气罐	行业标准	产品	修订	2013

（续）

序号	标准名称	标准级别	标准类型	制修订情况	列入计划年度
57	一般用往复活塞压缩机主要零部件技术条件	行业标准	产品	修订	2013
58	压缩机球墨铸铁零件的超声波探伤	行业标准	方法	修订	2014
59	压缩机锻钢零件的超声波探伤	行业标准	方法	修订	2014
60	压缩机铸钢零件的超声波探伤	行业标准	方法	修订	2014
61	压缩机重要零件的磁粉探伤	行业标准	方法	修订	2014
62	往复压缩机术语	行业标准	基础通用	修订	2013
63	往复活塞乙炔压缩机技术条件	行业标准	产品	修订	2013
64	往复活塞乙炔压缩机性能试验方法	行业标准	方法	修订	2013
65	螺杆压缩机转子和同步齿轮　基本参数及尺寸	行业标准	产品	修订	2013
66	压缩空气净化设备　型号编制方法	行业标准	基础通用	修订	2014

表3　2013—2014年完成制修订并已发布的压缩机标准项目

序号	标准名称	标准级别	标准类型	制修订情况	标准号
1	压缩空气过滤器　试验方法　第1部分:悬浮油	国家标准	方法	制定	GB/T 30475.1—2013
2	压缩空气过滤器　试验方法　第2部分:油蒸气	国家标准	方法	制定	GB/T 30475.2—2013
3	CNG母站及子站加气用增压压缩机	行业标准	产品	制定	JB/T 11883—2014
4	无润滑二氧化碳回收用中压压缩机　技术条件	行业标准	产品	制定	JB/T 11884—2014
5	一般用喷水单螺杆空压机	行业标准	产品	制定	JB/T 11882—2014
6	工艺流程用压缩机　安全要求	行业标准	产品	修订	JB/T 8935—2014
7	一般用喷油螺杆空气压缩机	行业标准	产品	修订	JB/T 6430—2014

〔撰稿人:合肥通用机械研究院陈放、任芳〕

2013年冷却设备行业发展现状调研报告

我国冷却设备行业发展始于20世纪30年代初,经过80多年的发展,当前全国冷却设备生产企业1 000家以上,企业资本来源主要以国内民营、中外合资及外商独资为主,企业规模大小不等。其中,北京,山东的德州、武城、潍坊,河南的洛阳、沁阳,河北的枣强、沧州,浙江的绍兴,江苏的常州、无锡,广东的广州、东莞、深圳等地区聚集了大量冷却设备生产厂家,其中江苏无锡生产闭式冷却塔的企业尤为密集。

为了掌握企业真实经营状况,发现企业共性问题,拓宽工作领域,提升服务质量,在一定程度上帮助企业更好地利用优势资源规避风险,中国通用机械工业协会冷却设备分会(简称冷却设备分会)组织相关人员于4月27—29日对山东、河北一带的企业进行了调研,并于5月21—27日对浙江、江苏一带的企业进行了调研。调研总体情况:虽然国家经济增速放缓,但与国家节能节水政策紧密相关的冷却设备行业总体形势呈现稳中略升的态势,规模以上企业2013年的生产、销售情况较为平稳,预计2014年总体情况将与2013年持平。企业对技术创新、技术改进、产品质量、品牌效益的重视程度较之前有了很大提高，规模以上企业均搭建了自己的实验测试平台，并积极与高校、科研院所合作，建立产、学、研平台，以提升、改进产品质量。企业都在积极寻求“转观念、转机制，求生存、求发展”之路，不断加强管理，向管理要利润；分析市场，进行市场定位，管控风险。企业普遍反映资金压力比较大，资金回笼比较慢，大的工程项目需要垫资，交货周期长（一些项目甲方要求推迟交货），沿袭的付款方式已不再适应当前行业发展的实际情况，亟待改变；市场秩序有待整顿，低价恶性竞争比较严重，行业平均利润率比较低；人员流动性大，专业技术人员、熟练工人和安装工人欠缺。

一、行业总体情况

1. 市场格局

我国是冷却设备消费及制造大国，冷却设备分会通过调研统计及分析，2013 年国内冷却塔市场总量约为 94 亿元，其中：商用塔约为 45. 9 亿元，占比为 48. 8%；工业塔约为 48. 1 亿元（含闭式冷却塔约为 20. 5 亿元），占比 51. 2%。空冷器市场总量约为 43 亿元。

2. 企业分布情况

在商用塔生产领域，由于商用塔市场分布广泛，应用领域众多，催生了一些大的集团公司，典型的集团公司为中国良机集团。中国良机集团下设上海良机、苏州良机电机、厦门良机、成都良机、天津良机和广州良机等公司。商用塔领域规模以上企业还有上海金日冷却设备有限公司、广州览讯科技发展有限公司、浙江金菱制冷工程有限公司、新菱空调（佛冈）有限公司、上虞东杰冷却设备有限公司和东莞明新玻璃纤维工程有限公司。商用塔领域的外资企业有斯必克（广州）冷却技术有限公司、巴尔的摩冷却系统（苏州）有限公司、烟台荏原空调设备有限公司、东莞空研冷却塔有限公司和大连斯频德冷却塔有限公司。

在工业塔生产领域，南方以江苏常州和浙江上虞两地较为集中，其中具有代表性的规模以上企业有江苏海鸥冷却塔股份有限公司、江苏双辉环境科技有限公司、江苏常州市科慧制冷设备有限公司、浙江联丰股份有限公司和上虞金泰冷却塔有限公司。北方以河北的沧州、枣强，山东的安丘、德州等地较为集中，其中具有代表性的规模以上企业有中化工程沧州冷却技术有限公司、山东格瑞德集团和山东金光集团。

在闭式塔生产领域，主要企业有洛阳隆华传热节能股份有限公司、浙江万享科技有限公司、无锡方舟流体科技有限公司、无锡市科巨机械制造有限公司、巴尔的摩冷却系统（苏州）有限公司和益美高（上海）制冷设备有限公司。江苏无锡地区企业众多，但规模都很小。

在双曲线冷却塔生产领域，企业主要分布在江苏，代表企业如江苏金坛塑料厂、江苏丰泰冷却塔有限公司。此外，斯必克（广州）冷却技术有限公司、北京基伊埃能源技术有限公司、哈蒙冷却系统（天津）有限公司也从事电厂双曲线冷却塔的生产与研究。

除了冷却塔领域外，冷却设备中的冷凝器和空冷岛领域代表性企业有：洛阳隆华传热节能股份有限公司、哈尔滨空调股份有限公司、双良集团有限公司、北京首航艾启威节能技术股份有限公司、北京龙源冷却技术有限公司和北京基伊埃能源技术有限公司。

3. 科研情况

本次调研走访的企业中，大部分都建立了产、学、研、用实验平台，以改进和提升产品质量。其中，业内龙头企业江苏海鸥冷却塔股份有限公司建立了国内领先的冷却塔实验和研发中心。该中心拥有各类技术人才 62 人，其中，高级工程师 12 人、中级工程师 7 人；建有 3 900m^2 的试验大楼和中试场地，配备了工业测试台系统、2m 风道风机性能模拟试验装置、逆流塔填料性能模拟试验装置、横流塔填料/收水器性能模拟装置以及原材料理化性能检测设备等。该中心下设太阳能驱动机力通风冷却塔、超大型机力通风冷却塔高位集水装置、消雾型冷却塔、节水型冷却塔、冷却塔用碳纤维复合材料传动轴等研究课题组,并联合中国水利水电科学研究院、北京玻璃钢研究设计院、国核电力规划研究设计院等国内知名科学院所,共同创建紧密型产学研基地。近几年,与国核电力规划研究设计院开发国家科技重大专项课题中的子课题"超大型冷却塔高位集水装置(超大型自然通风冷却塔高位集水装置)",与北京玻璃钢研究设计院开发"冷却塔用碳纤维复合材料传动轴"等均已进入中试阶段;自主开发的节水消雾型冷却塔已完成实塔试验,并进行推广;开发成功并产业化圆形栅孔格栅填料。此外,江苏海鸥冷却塔股份有限公司还将在现有的基础上,加入信息化和自动化等技术,以充分发挥冷却塔实验和研发中心的创新平台作用,不断改进生产工艺和加工方法,提升产品质量和研发水平。

浙江金菱制冷工程有限公司建立了中国工程院院士专家工作站及换热技术和冷却装备工程实践教育中心,浙江万享科技有限公司建立了中国科学院院士专家工作站,企业与院士联合,将在企业高端战略决策咨询、关键技术联合攻关、高层次人才培养引进和科技成果转化等方面发挥很好的作用,同时也为当地形成有竞争力的产业,扩大产业内科技人才的集聚、学术交流和创新能力的提升提供更大的平台。

企业通过采用产、学、研、用相结合的模式,对具有产业背景的项目进行有效的科技攻关,并进行成果转化和技术推广,在给企业带来经济效益的同时,也推动了行业技术进步。

二、调研中发现的主要问题

(1)原材料采购成本较以前年度有较大涨幅。成本的涨幅远高于产品售价的涨幅,导致利润率下降,究其原因,主要是当前我国通货膨胀情况仍比较严重。

(2)行业部分种类产品存在着无序竞争。企业间打价格战,互相压价,形成恶性竞争,导致产品品质难以保障;销售服务水平却仍停留在极简单的层面;良莠不齐的品牌和千差万别的质量严重影响市场消费信心。

(3)新产品开发能力偏弱。一个新产品投入市场要经过导入、成长、成熟和衰退四个阶段,因为导入期有时会比较长,企业投入大量的人力、财力,但效益往往滞后,加之各企业人才储备不足,研发力量较国际先进水平有较大差距,因此企业缺乏持久的生命力。

(4)低水平重复建设,缺乏国际竞争力。冷却设备行业企业比较分散,生产和经营规模偏小,形不成合力,且相互之间缺乏经验交流,在低水平下重复建设,缺乏国际竞争力。

(5)中小企业资金短缺。随着一轮又一轮货币紧缩政策的实施,市场上资金链出现紧绷,垫资以及传统的付款方式导致企业资金回笼较慢。另外,交货周期长也在一定程度上影响了回款时间,中小企业很难走出困境。

(6)出口和国际经营能力偏弱。国际知名的跨国公司普遍实施全球化经营战略,并且这种战略并非是单纯的贸易战略,而是集投资、生产、贸易、信息、管理等于一体的综合性战略。调研显示,当前我国在国际市场上有些名气的国产品牌还很少,出口企业与品牌还较分散,开拓国际市场的能力较弱。

三、相关建议

1. 加强对外技术交流,推动行业和企业对外经济技术合作,提高企业国际竞争力

面对新的形势,冷却设备分会将更加积极地参加国际技术交流工作,追踪国际先进技术动态,组织冷却设备领域内的专家深入研究行业技术,积极争取更多的技术交流机会。与此同时,冷却设备分会还将积极与海外相关行业组织联系,为企业提供会议、展览、商务考察、招商引资等各种对外交流服务,促进行业和企业对外经济技术合作,不断提升企业的国际竞争力。

2. 相关部门出台有力的政策法规

由于货币紧缩政策的实施,中小企业出现比较严重的资金短缺现象,建议相关部门对重点项目、

重点行业、重点企业予以支持，进一步加大对中小企业的信贷投入，全力支持中小企业走出困境，使中小企业恢复生机与活力。

由于人民币升值等因素，导致出口占比较大的企业出口额严重下滑，建议相关部门出台相关税收优惠政策，支持出口企业，提高出口企业的国际竞争力。

3. 以科技为后盾，树立“质量第一，以质取胜”的经营理念

产品质量是创造名牌的基石。企业要在新技术革命的挑战中创造自己的品牌，就必须在技术改造上下功夫，提高产品质量，从而提升参与市场竞争的能力。企业应借鉴国外成功经验，提高自身的设计开发能力；要积极发展同国外著名大公司的合作，引进技术和资本，尤其要重视培养和引进高科技人才。

4. 不断创新标准，提高行业门槛，引领产业转型升级

针对企业生产和经营规模偏小，总处在低水平下重复建设，产品存在无序竞争、互相压价等现象，应对原有标准进行修订，不断创新标准，提高行业准入门槛。例如，进行新标准的创立和扩展，增加和参与国际标准等。

在开展标准化工作的过程中，不能仅停留在研究与制定产品标准本身应具备的条件、达到的质量与功能的层面上，要围绕各产业发展的战略方向、政策规划、调控目标、市场平衡、产业升级、淘汰落后等整体发展目标开展工作，进而使标准能够起到助推产业升级、总量调控和引领行业发展的作用。

5. 以专项规划为抓手，把“十三五”规划初稿编制工作落到实处

“十三五”是未来五年发展的规划纲要，通过了解行业发展现状，发现行业中存在的问题，以此来提供相关的建议，对“十三五”规划的制定至关重要。在调研过程中，部分企业表示，虽然企业属于节水型企业，可享受相关政策扶持，但专项仍未出台，企业还未真正从中受益。所以，要切实发挥规划纲要的引领和指导作用，真正做到抓住重点、突破难点。要紧紧围绕“十三五”发展主题主线，以专项规划为抓手，编制好国家重点专项规划，将“十三五”规划的目标任务落到实处，将纲要的内容细化、具体化，推动冷却设备行业转方式、调结构取得新进展。

〔撰稿人：中国通用机械工业协会冷却设备分会张文玲　审稿人：中国通用机械工业协会冷却设备分会尹证〕

高碳工业低碳发展路径初探

高碳工业即高耗能产业，主要特征是生产过程中一次能源消耗高，高污染特征明显，比如钢铁、水泥、焦炭、火力发电等行业。进入21世纪以来，我国经济高速发展的过程伴随着高碳工业产能的快速扩张，当前我国已有40余个大宗产品产量居世界第一。2012年，我国焦炭、生铁、电解铝、化肥等产品产量占世界总产量的比例均在1/3以上，有的产品产量占世界总产量的一半以上。高碳工业在助推我国经济发展的同时，也加剧了我国的能源矛盾与环境污染问题。由于我国工业化发展尚未完成，城市化还有较大的发展空间，未来10～20年，高碳工业在我国经济发展中仍将发挥重要作用。

从长远看，发展低碳经济是人类社会可持续发展的方向。但受技术、成本、区域等因素限制，短期

内低碳经济无法替代高碳经济在我国经济发展中的作用。因此，高碳工业走低碳发展模式将成为我国未来一段时间经济发展的重要内容之一。结合我国产业结构现状与经济发展要求，高碳工业低碳发展主要有四条路径：提升工业余能回收利用效率、推进煤炭清洁利用技术、推广工业节能技术和因地制宜发展新能源。

一、提升工业余能回收利用效率

当前，我国工业能耗占全国能源消费总量的70%左右。在工业生产消耗能源的同时也产生大量的不同品位的余热、余压及可燃气体，据统计，各类余能占其燃料消耗总量的17% ~67%。高碳工业生产过程产生的工业余能种类全，资源量大。如果将高碳工业生产过程中产生的可以回收利用的各类余能资源通过余能回收利用设备加以回收利用，则每年可以回收利用价值数亿吨标准煤的能源。

工业余能可以通过发电、加热工艺流程工作介质、驱动机械、作为办公或生活热源等多种途径回收利用。当前，我国大部分高碳工业中的高品位余热、余压、燃气（如高炉与焦炉煤气、煤层气等）都已经被很好地回收利用，涉及的相关核心装备，如余能回收透平膨胀机及其同轴系组合机组（如硝酸四合一机组、PTA四合一机组等）、余热发电汽轮机、余热锅炉等重大装备均已实现国产化并规模化生产。但低品位余能回收利用刚刚开始，有机朗肯循环装备、工业热泵、低浓度燃气发电设备是未来发展重点，可回收利用的余能潜量将在两亿吨标准煤以上。

二、推进煤炭清洁利用技术

煤炭是PM2.5排放量最多的一次能源，但由于我国“富煤贫油少气”的能源储备情况，决定了相当长的时间内煤炭作为我国第一能源的地位不会改变。虽然当前我国鼓励发展新能源，但到2030年以前，煤炭在我国能源消费中的比例仍有望超过50%。因此，在工业与民用领域推广煤炭清洁利用技术相当重要。

煤炭清洁利用技术是指在煤炭的开采与使用过程中，旨在提高煤炭能源利用效率、降低污染的一系列技术，包括煤炭的开采与深加工技术、利用与转化技术、污染物控制技术等。在高碳工业中，煤炭清洁利用技术主要有煤炭的转化技术、先进的发电技术与污染物排放控制技术。

煤炭的转化技术主要是煤制气和煤液化技术。煤制气是将煤炭在高温条件下加工制成煤气，继而加工成化工原料或天然气等。当前，我国也有企业在研究低温煤气化技术，即地下煤气化技术，将煤炭在地下直接气化，变采煤为输气，再用于发电或制造工业与终端应用。煤液化指煤在氢气和催化剂作用下，通过加氢裂化转变为液体燃料，也称为直接液化。煤炭转化技术是煤炭深加工利用技术，提升了煤炭的利用效率，降低了污染物的排放。同时，煤炭转化技术是石油与天然气的替代品技术，在我国石油与天然气对外依存度不断增长的背景下，发展煤炭转化技术对保障国家能源安全有重大意义。

煤炭的先进发电技术主要有先进的循环流化床发电技术与煤气化联合循环发电技术（简称IGCC）。循环流化床发电技术在我国已经成熟并普及，有数十套300MW及以上循环流化床机组投产。2013年3月，由东方电气集团自主开发设计制造的世界首台（套）600MW超临界循环流化床机组在白马示范电站投产并实现满负荷运行。我国首座煤气化联合循环电站、华能天津IGCC示范电站已于2012年12月投产。

煤炭的污染排放控制技术主要有除尘、脱硫、脱硝技术，以及二氧化碳捕集利用与封存技术（简称CCS）。通过污染物控制，减少煤炭转化利用过程中向环境排放污染物质。当前，除尘、脱硫与脱硝技术都是成熟技术，在我国高碳工业中正在普及推广。CCS技术当前尚处于示范阶段，市场推广阶段即将到来。

三、推广工业节能技术

推广工业节能技术包括两个层面：一方面，为新建产能或新增固定资产投资选用高效节能产品，比如高效泵与风机、电机、汽轮机、锅炉等节能环保型设备，并为主机设备选配高效燃烧技术与换热设备，选用高性能保温耐火材料。另一方面，在现有产能中进行节能改造。由于我国原则上不再新批高耗能产能项目，因此在现有产能中推广先进的节能技术是工业节能减排工作的重点与难点。

泵与风机是我国工业领域应用最广泛的耗能设备，这类产品的年耗电总量占全国工业用电总量的40%以上。由于产品自身及系统设计等原因，我国泵与风机的电机驱动系统运行效率比国外低近20%，节能改造空间巨大。产品节能改造技术主要包括电机变频调节技术与流程能效改造技术。通过节能改造，我国工业领域正在运行的泵与风机总节电潜力可达500亿kW·h以上。

工业节能改造的另一个重点产品是工业锅炉与工业炉窑。我国拥有工业锅炉60万台左右，工业炉窑10万余台，两种产品实际热效率均比国外先进水平低15%左右，比设计效率也要低10%以上。我国正在运行的工业锅炉与工业炉窑在燃烧与换热系统、余热回收系统、保温耐火材料、脱硫、脱硝、除尘等方面普遍存在改造空间，节煤潜力巨大。

四、因地制宜发展新能源

在高碳工业企业中因地制宜建设新能源项目，通过增加新能源使用量，替代一部分化石能源。当前，我国已有高碳工业企业尝试在生产厂区建设新能源项目，比如鞍钢利用鲅鱼圈海边风力资源丰富的条件，于2009年以前分两期建成投产7台风电机组，总装机容量9 000kW；正在建设8台风电机组，建成后风电装机容量将达到20MW，风力发电直接用于钢材轧制与办公用。单县鲁纱纺织有限公司5MW光伏发电示范项目、舞阳钢铁公司20MW光伏发电示范项目、信义超薄玻璃（东莞）有限公司20MW金太阳项目已经列入科技部2012年中国金太阳示范工程第二批项目。

总之，高碳工业走低碳发展之路是由我国经济发展阶段与能源供给结构共同决定的，是保证我国经济持续发展的必然选择。预计再经过20年左右的时间，待我国完全实现工业化与城市化进程之后，高碳工业对我国经济发展的贡献将逐步减弱，低碳经济也将逐步成为我国经济发展的重要力量。

〔撰稿人：中国通用机械工业协会能量回收装备分会尹凤亭〕

2013年永嘉泵阀产业发展概述

一、产业发展现状

2013年，是永嘉泵阀产业自2008年国际金融危机以来最为艰难的一年。93家规模以上企业全年共完成工业总产值96.97亿元，同比增长1.6%；自营出口2.7亿美元，同比下降12.28%。许多企业特别是中小微型企业处于停产或半停产的状态，其中有5家企业倒闭。不少企业为了留住工人和维持公司的正常运行，不断地做库存，亏损企业数量增加，全行业迎来低速增长的转型升级新时代。

影响永嘉泵阀产业增长缓慢和不景气的因素是多方面的，归纳起来主要有以下几点：一是国内市场饱和。国内经济总体形势趋稳，但与2012年相比，行业形势并没有明显好转，国家对固定资产投资的严格把控直接抑制了泵阀产品的市场需求。二是国际市场萎缩。近年来，全球经济长期不景气，泵阀外贸市场持续萎缩，永嘉泵阀产业受到严重冲击，泵阀产品出口持续大幅下降。三是企业品牌与综合竞争力不强。国内外客户对泵阀产品的技术和质量要求在不断地提高，而部分泵阀企业没有严格按照国际标准和国家标准进行生产，存在偷工减料现象，走低端恶性竞争路线，满足不了市场的需求；另外，缺乏像苏州纽威阀门股份有限公司这样的龙头企业来引领永嘉泵阀产业的发展。四是银行系统为防范风险，在持续不断地收贷，固定资产大幅缩水，部分企业深陷信贷危机中，无暇顾及实业，在产品研发、设备、销售、人才和管理等方面投入严重不足，丧失了许多市场份额。五是企业间的整合协作能力不够，大小企业协作不协调。2012年，有的大企业一直忙于订单产品的生产，因找不到好的协作厂商，自身产能跟不上而放弃了许多订单；部分中小企业却因没有订单而被迫停产或关闭。

从大环境来看，国内外经济保持低速增长将成为常态，加上国际地区间冲突对经济增长造成的不良影响，以及劳动力成本和资源要素等方面的严重制约，永嘉泵阀产业过去依靠价格取胜的高速增长时代已一去不复返。突如其来的温州民间信贷危机也给永嘉的泵阀企业家敲响了警钟，那种通过房地产、金融市场投机而赚快钱、赚大钱的思路是行不通的，只有安心于实业，依靠科技和管理创新，企业才能有发展出路。

二、产业发展举措

2013年，永嘉县政府、泵阀行业协会和生产企业充分认识到永嘉泵阀产业发展面临的危机与挑战，通过采取一些系列措施，推进永嘉泵阀产业转型升级。

1.举办相关的报告会、研讨会，分析产业形势，明确发展方向

2013年8月17日，举办了中国（永嘉）泵阀产业新材料高级专家报告会。清华大学、合肥通用机械研究院及日本等国内外最知名的材料专家参加了此次报告会。8月18日，召开了中国（永嘉）泵阀产业高端发展研讨会。中国通用机械工业协会主席团主席隋永滨、国家能源局能源节约和科技装备司副司长黄鹂等受邀参加此次研讨会。通过举办这些活动，分析当前永嘉泵阀产业所面临的困难与形势，找准问题的症结所在，切实加快推进永嘉泵阀产业科技创新步伐和结构优化升级；全面了解国内国际泵阀产业发展形势，掌握行业最新动态；通过新材料的研发与应用，全面提高泵阀产品的质量与科技含量；便于出台切实有力的措施，给全行业及相关企业指明发展道路，从而推动泵阀产业向高端方向发展。

2.参加行业大型博览会，宣传永嘉泵阀品牌

2013年9月11日，借2013年阀门世界亚洲博览会暨研讨会在苏州召开之际，开展永嘉泵阀集群示范区区域国际品牌推广活动。这是永嘉县首次与全球最具实力的阀门贸易展览机构及全球阀门贸易成交最大博览会的举办方荷兰《阀门世界》杂志合作，意在为永嘉泵阀产业全面实施国际化品牌战略搭建交流平台，进一步拓展永嘉泵阀产品的市场空间，有效提升“中国泵阀之乡”的国际影响力，从而推进永嘉泵阀产业集群转型升级。中共永嘉县委书记盛秋平带队参加此次阀门博览会并在研讨会上致辞，向海内外人士介绍永嘉县及泵阀产业的发展情况。在研讨会上，前英国石油公司技术和采购部阀门专家巴里科克曼作“发达国家终端用户对中国阀门产品的体验与看法”的演讲；浙江理工大学博士生导师、浙江理工大学流动腐蚀研究所所长、流动腐蚀预测与防控创新团队带头人偶国富教授作“中国煤化工阀门需求带来的机遇挑战与思考”的报告；德国莱茵检测认证服务（中国）有限公司高级项目经理王维刚对“阀门进出口检验技术与相关证书办理”进行了介绍。这次活动期间，组织了60多位企业家和政府官员参观考察苏州纽威阀门股份有限公司和中核苏阀科技实业股份有限公司，学习品牌企业的先进管理经验，进一步提升永嘉泵阀产业的发展水平。

3.举办阀门设计大奖赛，提升自主创新能力

为了搭建全国“阀门创新设计大赛”平台，营造出良好的创新竞技氛围，进一步加快行业设计人员队伍建设，提高阀门产品的科技含量和附加值，全面提升企业的科技自主创新能力和市场竞争力，永

嘉县政府投入80万元财政专项资金，与浙江省泵阀行业协会联合举办了“2013首届‘永嘉杯’全国阀门创新设计大奖赛”。共有来自全国各地的知名企业、高校和研究院的68个团体和个人报名参加此次大赛，参赛作品共54件，大赛评选出一等奖1名、二等奖5名、三等奖8名、优胜奖20名，其中部分作品代表了当前阀门行业的领先水平。

4. 搭建创新发展平台，提高研发实力

在永嘉县政府和泵阀行业协会的共同推动下，2013年8月14日，永嘉县率先获得国家质量监督检验检疫总局发函同意永嘉筹建“全国泵阀知名品牌创建示范区”，进一步夯实了永嘉泵阀产业基础，提升了产业竞争力；9月16日，兰州理工大学温州泵阀研究生分院在永嘉县挂牌成立，为培养高层次人才、推动永嘉泵阀产业向高科技方向发展创造了条件；11月30日，永嘉阀门质检中心顺利通过国家质量监督检验检疫总局的专家组验收，成为国家级的质检中心，这在全省乃至全国尚属首例，对提升永嘉泵阀产业在国内外的知名度与影响力、促进产业转型升级等具有重要的意义；12月25日，在永嘉县召开了浙江省系统流程装备产业技术创新综合试点启动工作会议，毛光烈副省长批准永嘉泵阀产业创建浙江省首个系统流程装备高新技术产业基地，提出泵阀产业要围绕系统流程装备“智能化、成套化、网络化”的总体目标，建设系统流程装备重点企业研究院，开展系统流程装备智能控制器、特种材料等关键技术研发，聚集一批研发团队，形成一批具有自主知识产权的创新成果，抢占系统流程装备市场制高点，实现工业化与信息化深度融合，以发展高新技术产业化基地推进传统产业转型升级。

三、产业发展重点

永嘉泵阀产业经过40多年的发展，处在历史发展的拐点上，要实现产业的持续发展，就必须不断改变和创新。从永嘉泵阀产业现状来看，需做好以下几个方面的工作。

（1）要彻底改变依靠土地扩张求发展和“宁做鸡头、不做凤尾”的陈旧落后观念。泵阀产业完全可以通过兼并重组，实现互利共赢、做强做大的目标：一方面，大企业要全力做好自身的品牌研发、销售和管理，只有拿到高价的订单，才有给专业协作厂商让利的空间；只有拥有强大的研发、销售和管理人才队伍，才能具有足够的市场竞争力，武装中小企业，推动行业发展。另一方面，中小企业也应该充分认识到自身面临的竞争环境和各方面的压力，放弃创品牌的传统观念，唯有这样，才能求得生存和发展。政府部门应牵头制定培育对接计划，通过切实有效的手段引导企业家改变思想观念，大力推进产业整合重组，组建大集团、大品牌，提高永嘉泵阀产业的竞争力。

（2）要充分利用好工业化与信息化两化深度融合，以及创建省级系统流程装备产业基地的大好机遇，推进永嘉泵阀产业转型升级。搭建起与泵阀产业相关的智能系统、芯片软件等研发平台，通过“信息化、智能化、成套化”武装传统的泵阀产业，拓展全新的市场空间，占领市场制高点。为此，浙江省泵阀行业协会引进中国联通、中国移动、浙江大学、浙江工业大学等物联网的庞大技术团队，开始与伯特利阀门集团有限公司、宣达实业集团有限公司、超达阀门集团股份有限公司等龙头企业做好对接工作，搭建起阀门智能化物联网方面的联合研发平台，加速推进企业的科技创新步伐。

（3）要加快搭建永嘉泵阀产业电子网络平台，抢占电子商务先机，充分利用网络经济拉动实体经济增长。当前，网上购物迅猛发展，虽然对泵阀等工业类产品来说没有像鞋服等消费类产品那样的紧迫感，但许多中小泵阀企业的外贸订单都是通过网上联系的。另外，阿里巴巴网站在全国打造B2B产业带，将会对块状产业经济发展产生深远影响。因此，网上交易对推动泵阀产业的发展不容忽视，必须尽快在阿里巴巴网站上推出泵阀产业带，抢占网络先机。同时，要搭建好永嘉泵阀产业国际网络销售平台，在全球推广永嘉泵阀产品，提高永嘉泵阀产品的出口增长率。

〔撰稿人：浙江省泵阀行业协会陈丐荣〕

中国通用机械工业年鉴2014

行业概况

从生产发展情况、市场及销售、科技成果及新产品、基本建设及技术改造、企业结构调整等方面报道我国通用机械行业各分行业的发展情况

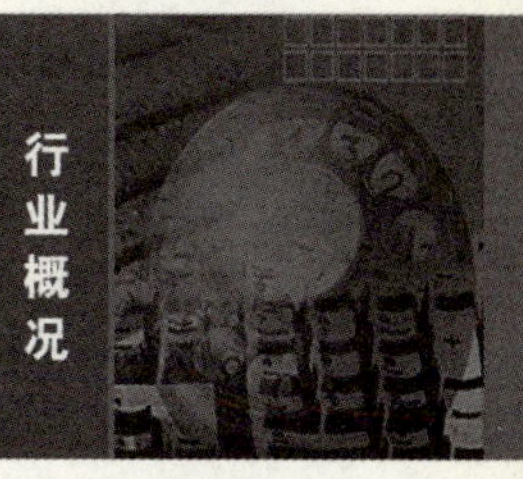

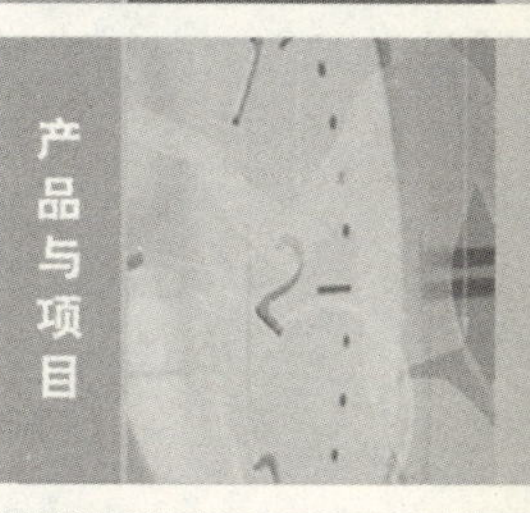

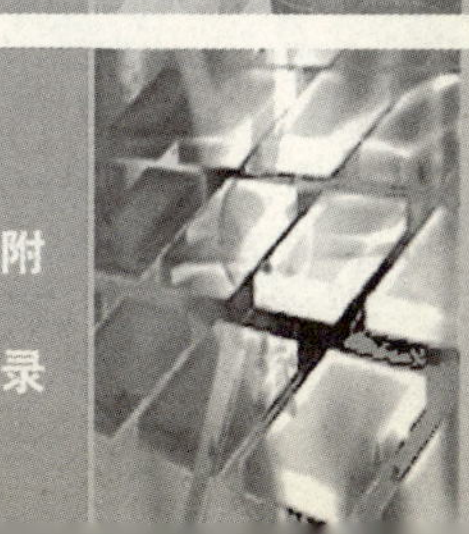

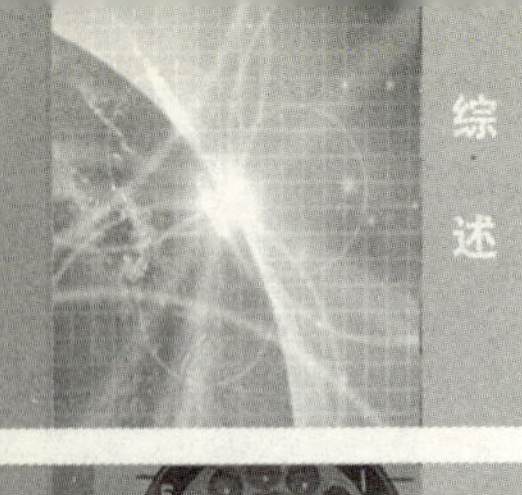

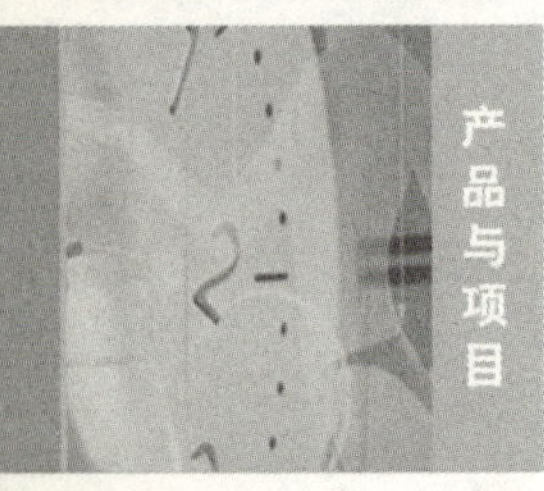

行业概况

2013 年泵行业概况

一、生产发展情况

2013 年，中国通用机械工业协会泵业分会有 461 家会员单位，其中，企业会员 437 家（含团体会员 3 家：永嘉县泵阀工业协会、博山泵业商会、天津螺杆泵专业委员会）、科研院所和大专院校 24 家。面对复杂的国内外经济形势，泵行业克服了诸多困难，通过稳中求进、创新驱动，实现了平稳发展；出口增长，经济效益明显改善，投资结构继续优化，市场供需平稳。

2013 年，泵业分会参与统计的 173 家会员企业完成工业总产值 490.8 亿元，同比增长 7.4%，增幅同比提高 3 个百分点；工业销售产值 475.1 亿元，同比增长 6.9%，增幅同比提高 2.4 个百分点；工业增加值 135.4 亿元，同比增长 4.7%，增幅同比回落 6.7 个百分点。

从企业所在地区来看，各地区完成工业总产值比上年同期均有增长，但增速有升、有降。其中：东北地区同比增长 2.9%，增幅同比回落 7.1 个百分点；华北地区同比增长 19.1%；西北地区同比增长 7%，增速同比回落 2.3 个百分点；华东地区同比增长 7.3%，增幅同比提高 2.5 个百分点；中南地区同比增长 5.5%，增速同比提高 0.8 个百分点；西南地区同比增长 16.5%，增幅同比提高 0.6 个百分点。

2013 年，泵行业 65 家重点骨干企业完成工业总产值 323.6 亿元，同比增长 1.9%，占泵行业工业总产值的 65.9%。在参与统计的 173 家会员企业中，工业总产值超过亿元的企业有 92 家，完成工业总产值 454.2 亿元，占泵行业工业总产值的 92.5%。

173 家会员企业按经济类型统计：国有企业 28 家，完成工业总产值 72.6 亿元，同比增长 8%；实现主营业务收入 72.2 亿元，同比下降 3.9%；实现利润总额 2 亿元，同比下降 25.9%。合资企业 11 家，完成工业总产值 30.1 亿元，同比增长 12.7%；实现主营业务收入 30.4 亿元，同比增长 14.8%；实现利润总额 2.3 亿元，同比增长 5%。民营企业 134 家，完成工业总产值 388.1 亿元，同比增长 4.1%；实现主营业务收入 364.4 亿元，同比增长 3.9%；实现利润总额 33 亿元，同比增长 7.5%。2013 年泵业分会工业总产值前 10 名会员企业见表 1。

表 1　2013 年泵业分会工业总产值前 10 名会员企业

序号	企业名称	工业总产值（万元）	同比增长（%）
1	上海凯泉泵业（集团）有限公司	294 919	1.6
2	上海东方泵业（集团）有限公司	273 412	17.9
3	上海熊猫机械（集团）有限公司	213 327	18.5
4	上海连成（集团）有限公司	211 364	11.4
5	丰球集团有限公司	138 563	-1.9
6	浙江利欧股份有限公司	135 808	13.7
7	南方泵业股份有限公司	130 578	25.5
8	上海电力修造总厂有限公司	122 260	13.7
9	新界泵业集团股份有限公司	118 296	31.1
10	上海凯士比泵有限公司	116 304	9.5

沈鼓集团核电泵业有限公司以生产经营多种离心泵为主，主要市场分布在常规火电用泵、核电用泵等两个方面：常规火电市场主要以 300MW、600MW 及 1 000MW 火电用泵为主，主要包括锅炉给水泵、凝结水泵、强制循环泵、斜流泵等产品。公司自主研制成功包括安全壳喷淋泵、低压安注泵、余热排出泵、电动辅助给水泵、上充泵、重要厂用水泵、海水循环泵在内的多种核二级、核三级和常规岛核电用泵。公司承担国家重大技术专项——

AP1000核主泵国产化，其技术性能指标可以满足第三代核电装置等配套需求，当前，已经与国家核电工程公司签订AP1000核主泵长期供货框架协议。CAP1400是国家科技发展规划重大专项之一，公司参与了CAP1400屏蔽电机主泵研制任务，在对美国三代核主泵技术进行消化吸收、技术创新的基础上，形成自主知识产权。

2013年，石家庄强大泵业集团有限责任公司生产部门严格计划评审和综合平衡，按流程和项目组织生产，及时反馈生产信息，做好装配确认和发货确认，生产组织水平得到了较大的提高。同时，交单系统进行了持续改进，各子公司进行了自查自纠。在实际操作过程中，严格按大项目管理办法组织生产，通过甘特图、进度表和大项目专题会对大项目的组织进行节点控制。外采外协部门严格执行采购管理办法，加强与生产部门人员的沟通，了解原材料的需求情况，合理控制库存，保质保量完成重大项目采购任务，取得了良好的效果。

大耐泵业有限公司改制后多次进行结构调整，虽然组织结构已趋于健全，但在资本结构方面仍然存在一些不合理情况。受国家宏观经济形势偏冷和产业下游需求大幅放缓的影响，2013年企业经营压力骤增。全年共完成工业总产值70 438万元，同比下降2%；工业增加值23 603万元，同比下降6%。实现销售收入74 168万元，同比增长3%。主要产品产量8 907台(套)，同比增长21%。

2013年，上海电力修造总厂有限公司累计生产给水泵组产品3 000多台(套)，用户遍及国内30个省、自治区、直辖市，以及海外14个国家。在国内燃煤电站锅炉给水泵领域市场占有率超过60%，已成为全球专业制造大型高效清洁燃煤电站和核电站关键泵阀的重要厂家和供应商之一。公司主要产品先后获得上海市名牌产品、国家质量金奖、中国机械工业优质品牌、新产品发明奖等殊荣，被国家权威部门推荐为电力工程火电机组主要辅机设备的首选产品。

石家庄工业泵厂有限公司是集研发、设计、制造、营销、服务为一体的国内大型工业泵专业制造企业。公司以满足市场需求为根本，以实现渣浆泵高端产品的本土化为目标，先后研发了具有国内先进水平和自主知识产权的渣浆泵、脱硫泵、化工泵、多级煤泥泵、耐磨双吸泵、船用泵等系列产品。公司通过导入国际管理体系标准，建立健全了以质量管理体系为核心的质量、环境、职业健康安全、测量、成本、5S管理“六标一体化”的企业目标保证管理模式，运用PDCA工具对产品从设计开发到生产、检测以及售后服务等全过程进行规范，使公司各项基础管理工作不断强化，企业实物产量不断提升。公司加强两化融合建设，通过两年多的努力，PLM项目成功上线运行，实现ERP和PLM两大信息系统的双向集成运行，打通公司各环节业务流程，使公司信息化水平得到显著提升。2013年，公司紧紧围绕“以市场为导向、以创新为驱动、强基固本、凝心聚力”这一主线，全力提升质量和效益，主要经济指标逆势上扬，企业发展稳中有进。公司完成工业总产值5.38亿元，同比增长10%；工业增加值1.27亿元，同比下降27.3%。实现销售收入5.71亿元，同比增长2.2%；实现利润1 564万元，同比增长1.8%。

天津泵业机械集团有限公司在日常生产中采用ERP系统，实现基础数据规范化、标准化，提高工作效率。公司根据订单及产品BOM，同时结合库存、预计进货、预计领用等信息计算生产及采购的净需求，提高计划的严谨性，提升交期符合率；细化成本控制与核算，采用实际成本，并核算到每一张工单，为企业经营决策提供成本依据；建立监督、反馈和分析体系，为快速决策提供依据。公司信息化的运行质量逐步提高，对于企业的直接经济效益可以体现在生产有序、库存降低，交期符合率提高等方面。

2013年，广东省佛山水泵厂有限公司在国内外市场需求继续萎缩、市场竞争较为激烈的情况下，整体生产任务呈现订单零散化、交货期大幅缩短、产品个性化明显、生产任务不均衡等特点，增大了生产各环节平衡和协调的难度,对生产组织、物资采购和物流管理等方面提出了更高的要求。根据公司产能情况及市场需求,制定产品交货计划,开展相关物料预排计划的调整及部分物料供应渠道的理顺工作,明确常规配置产品交货期。同时,控制成品库存。公司针对不同分厂和不同时期生产任务不均衡的现象,生产系统紧密配合,通过合理调度各分厂人力、设备和场地资源,较好地平衡了各分厂的产能,有力地保障了产品及时交付。公司针对重点订单,制定详细的生产计划进度表,实行节点控制管理,保证产品及时交付。经过各分厂团结协作,积极配合,较好地完成了各项生产任务。

二、重大装备及关键设备完成情况

2013 年,沈鼓集团核电泵业有限公司承担的 AP1000 核主泵项目,16 台国产化零件制造工作全部结束,继 2012 年部分国产化零件发往 EMD 后,先后有 192 件主螺栓和 192 件主螺母、8 件吸入导管、96 件帽螺钉成功发往核电站。为满足主泵试验需求,建成国内唯一的 AP1000 核主泵全流量试验台,已具备试验条件。公司承担的 CAP1400 屏蔽电机主泵项目,负责主泵机组的设计、制造、装配及台架试验。在 2012 年 CAP1400 水力模型达到 85% 的指标要求基础上,开展了以降低轴向力为目标的水力优化工作。全年完成 4 套水力模型图样绘制、文档;进行模型装置装配、试验技术服务,共计完成试验 30 余次;进行水力模型轴向力测试装置设计、图样文档,外委进行轴向力测试,共计测试 10 次。2012 年 6 月,沈鼓集团与中广核工程有限公司签署“百万千瓦级核电站轴封型反应堆冷却剂泵联合研发协议”,双方共同组建联合研发团队,并牵头产业链相关方共同参与主泵联合研发项目。2013 年,完成轴封主泵总体技术方案设计并通过行业协会的评审,已完成第一套水力模型试验装置的设计。同时完成了水润滑导轴承、双向推力轴承、机械密封等部件的研制技术规格书和研发策划,进一步梳理了轴封主泵的研发流程和三级进度计划。2010 年 9 月,沈鼓集团与中广核签订中国二代改进型百万千瓦级压水堆核电机组常规岛主给水泵国产化研发合作协议书。2013 年,公司完成第一套方案的单机试验,完成第二套方案试验装置的加工制造。

大耐泵业有限公司承担的国内最大规格的 ASD400 - 470H 高速单级输油管线泵研制成功,测试效率达到 88%,超过国外相同产品效率(87%)。该输油管线泵研制成功,对国内原油输送管线泵的自主化研制起到了很好的推动作用。公司承揽的 10 万 t/a BDO(1,4 - 丁二醇)项目中的关键 BDO 泵 8 台,产品测试汽蚀余量值远低于国外同类产品,并且效率为 93%,大大超出国外相同产品水平。

2013 年,湖南湘电长沙水泵有限公司承担的国家科技重大专项“大型先进压水堆及高温气冷堆核电站”之专题“CAP1400 常规岛主要水泵技术方案及规范研究——冷却水循环泵”项目,完成样机制造;国家科技重大专项“大型先进压水堆”之专题“CAP 系列正常余热排出泵和厂用水泵样机”项目,完成样机技术设计。

三、市场及销售

2013 年,泵业分会参与统计的会员企业实现主营业务收入 467 亿元,同比增长 9.9%,增幅同比提高 8.6 个百分点。65 家重点骨干企业实现主营业务收入 305.2 亿元,同比增长 0.6%,占泵行业主营业务收入的 65.4%。2013 年泵业分会主营业务收入前 20 名会员企业见表 2。

表 2　2013 年泵业分会主营业务收入前 20 名会员企业

序号	企业名称	主营业务收入(万元)	同比增长(%)
1	上海凯泉泵业(集团)有限公司	291 542	2.0
2	上海东方泵业(集团)有限公司	256 882	18.9
3	上海连成集团有限公司	201 144	11.5
4	上海熊猫机械(集团)有限公司	198 405	1.9
5	丰球集团有限公司	137 964	-2.0
6	南方泵业股份有限公司	125 361	29.3
7	浙江利欧股份有限公司	119 618	9.6
8	上海凯士比泵有限公司	116 398	5.3

（续）

序号	企业名称	主营业务收入（万元）	同比增长（%）
9	新界泵业集团股份有限公司	115 000	22.8
10	上海电力修造总厂有限公司	112 068	4.3
11	安徽三联泵业股份有限公司	82 700	-16.7
12	广东省佛山水泵厂有限公司	79 815	-11.0
13	湖南湘电长沙水泵有限公司	78 326	15.1
14	大耐泵业有限公司	72 774	2.5
15	山东长志泵业有限公司	68 125	11.0
16	广东凌霄泵业股份有限公司	63 084	2.7
17	大连深蓝泵业有限公司	60 324	15.1
18	广州白云泵业集团有限公司	57 355	2.2
19	威乐（中国）水泵系统有限公司	54 145	
20	石家庄工业泵厂有限公司	52 857	0.7

2013 年，泵业分会参与统计的会员企业实现利润总额 37.3 亿元，同比增长 12%，实现利税总额 58.3 亿元，同比增长 13.4%。65 家重点骨干企业实现利润总额 26.2 亿元，同比增长 3.9%。在 173 家会员企业中，盈利企业有 160 家，亏损企业有 13 家。2013 年泵业分会利润总额前 20 名会员企业见表 3。

表 3　2013 年泵业分会利润总额前 20 名会员企业

序号	企业名称	利润总额（万元）	同比增长（%）
1	上海熊猫机械（集团）有限公司	27 873	20.1
2	上海凯泉泵业（集团）有限公司	23 846	1.3
3	上海东方泵业（集团）有限公司	19 009	16.8
4	上海连成（集团）有限公司	17 654	19.2
5	南方泵业股份有限公司	17 415	10.7
6	新界泵业集团股份有限公司	16 000	47.9
7	丰球集团有限公司	14 868	-3.8
8	浙江利欧股份有限公司	13 505	60.0
9	安徽三联泵业股份有限公司	11 997	-0.5
10	广东凌霄泵业股份有限公司	9 579	39.2
11	大连深蓝泵业有限公司	9 173	70.7
12	山东长志泵业有限公司	7 971	11.0
13	广东省佛山水泵厂有限公司	7 075	-6.9
14	威乐（中国）水泵系统有限公司	6 212	
15	嘉利特荏原泵业有限公司	6 127	11.3
16	上海电力修造总厂有限公司	5 907	43.4
17	襄樊五二五泵业有限公司	5 486	-24.7
18	济宁安泰矿山设备制造有限公司	5 074	
19	大耐泵业有限公司	5 056	-30.9
20	广州白云泵业集团有限公司	4 684	8.0

2013 年，泵业分会参与统计的会员企业实现出口交货值 48.8 亿元，同比增长 9.4%。其中，日立泵制造（无锡）制造有限公司、石家庄强大泵业集团有限责任公司、湖南湘电长沙水泵有限公司、大连深蓝泵业有限公司、安徽莱恩电泵有限公司、上海东方泵业（集团）有限公司、赛莱默水处理系统（沈阳）有限公司、南方泵业股份有限公司等企业出口交货值增长较快。2013 年泵业分会出口交货值前 20 名会员企业见表 4。

表 4　2013 年泵业分会出口交货值前 20 名会员企业

序号	企业名称	出口交货值（万元）	同比增长（%）
1	浙江利欧股份有限公司	101 856	0.9
2	新界泵业集团股份有限公司	45 032	19.2
3	丰球集团有限公司	41 182	-2.0
4	君禾泵业股份有限公司	38 203	29.6
5	湖南湘电长沙水泵有限公司	25 711	73.2
6	广东凌霄泵业股份有限公司	23 834	10.2
7	安徽莱恩电泵有限公司	19 678	60.6
8	南方泵业股份有限公司	14 776	37.5
9	赛莱默水处理系统（沈阳）有限公司	13 023	37.9
10	大连深蓝泵业有限公司	12 028	64.1
11	石家庄强大泵业集团有限责任公司	10 324	217.2
12	安徽三联泵业股份有限公司	6 764	-21.6
13	日立泵制造（无锡）制造有限公司	6 663	318.3
14	上海凯士比泵有限公司	6 572	-22.5
15	广东省佛山水泵厂有限公司	6 557	0.9
16	沈阳启源工业泵制造有限公司	6 301	7.0
17	山东长志泵业有限公司	6 131	16.9
18	上海连成（集团）有限公司	5 098	18.0
19	上海东方泵业（集团）有限公司	5 079	52.9
20	上海凯泉泵业（集团）有限公司	5 030	-41.3

2013 年,泵行业经济效益综合指数为 209.32%,同比提高 6.27 个百分点。从经济效益综合指数所反映的指标来看,在评价和考核企业盈利能力的核心指标中:总资产贡献率为 11.37%,同比下降 0.13 个百分点,高于国家标准值(10.7%)0.67 个百分点;反映企业的资本完整性和保全性及增值情况的资本保值增值率为 106.10%,同比下降 9.74 个百分点,低于国家标准值(120%)13.9 个百分点;反映企业经营风险的资产负债率为 52.25%,同比下降 2.01 个百分点,低于国家标准值(60%)7.75 个百分点,资产负债率是逆指标,率值越低(低于 60%),说明企业无风险经营;反映企业经营状况、资金利用效果、衡量企业流动资金周转快慢,即再生产速度的流动资金周转率为 1.25 次,同比提高 0.04 次,低于国家标准值(1.52 次)0.27 次;反映企业投入的生产成本及费用的经济效益的成本费用利润率为 8.52%,同比提高 0.3 个百分点,高于国家标准值(4.51%)4.01 个百分点;反映企业生产效率和劳动投入的全员劳动生产率为172 216元/人,同比增加 11 240 元/人;反映企业产品产、销衔接状况的产品销售率为 96.89%,同比下降 0.43 个百分点,高于国家标准值(96%)0.89 个百分点。2013 年泵业分会经济效益综合指数前 20 名会员企业表 5。

表 5　2013 年泵业分会经济效益综合指数前 20 名会员企业

序号	企业名称	经济效益综合指数(%)
1	武汉特种工业泵厂有限公司	424.17
2	沈阳工业泵制造有限公司	411.94
3	沈阳启源工业泵制造有限公司	411.37
4	重庆明珠机电有限公司	381.95
5	嘉利特荏原泵业有限公司	381.17
6	合肥恒大江海泵业股份有限公司	375.78
7	江苏海狮泵业制造有限公司	364.85
8	上海电力修造总厂有限公司	337.80
9	昆明嘉和科技股份有限公司	336.06
10	沈阳潜水泵业有限公司	334.44
11	丰球集团有限公司	324.17
12	上海东方泵业(集团)有限公司	321.96
13	长春水泵制造有限公司	312.71
14	宜兴宙斯泵业有限公司	312.30
15	南京蓝深制泵集团股份有限公司	311.84
16	安徽莱恩电泵有限公司	311.49
17	大连深蓝泵业有限公司	310.19
18	艾迪机器(杭州)有限公司	301.19
19	湖北天门泵业有限公司	296.98
20	广东省佛山水泵厂有限公司	288.44

沈鼓集团核电泵业有限公司不断完善营销机制,加大市场开发力度,实现市场的新突破;以市场需求为导向,依托核电、火电用泵的设计、制造优势大力开拓新领域用泵。公司着重于城市供水、海水淡化、煤炭、环保、污水处理和消防等领域用泵,提升产品在这些领域的市场占有率。AP1000 核主泵、HSC1000－1 型上充泵、HDF1000 型电动辅助给水泵、HYR100 余热排出泵、LDTP 安全壳喷淋泵、LDTA 低压安注泵、HCX 型重要厂用水泵、常规岛用泵、MDG 型超(超)临界高压锅炉给水泵、HTC 型高压锅炉给水泵、DG 型高压锅炉给水泵、KSY 型输油管线泵、YNKn 型前置泵、LDTN 型立式凝结水泵、H 型立式斜流泵、D/GD/DQ 型多级离心泵、Sh 型中开式离心泵等产品作为公司的主导产品,广泛用于核电、火电、国防军工、石油、化工、冶金、煤炭、城市给排水及造船等领域。公司现有产品 51 个系列、579 个品种的泵类产品。

2013 年,石家庄强大泵业集团有限责任公司围绕客户制定营销策略并分解落实,在稳定老客户、拓展新客户方面取得了较大进展。在抓外贸方面,加大了与国际性工程公司、设计院、研究院的交流。继续加大与国际知名公司的合作力度,先后与多家公司进行商务洽谈,对公司的产品大量进入国际市场起到了积极的促进作用。

天津泵业机械集团有限公司加大市场宣传和

网站维护，重点策划和实施了北京、伊朗、新疆国际石化展和上海国际海事展，并取得了良好效果。在配套行业采取机关、代表室、科研院所、船厂、配套厂五位一体的联动方式，在装备订货稳定增长的情况下，承接了5项重大研制、研仿项目，为配套行业的后期发展奠定了坚实基础。

大耐泵业有限公司通过提升管理、开拓市场，顺利完成了全年销售任务指标，并实现了石化、化工行业订货额度和比例的大幅提高。公司开辟烟气脱硫行业，首次取得中石化南京化学公司的烟气脱硫泵订单。虽然出口市场下滑较大，但出口订单技术含量有较大提高，如俄罗斯管线输油泵，规格为国内首创产品。新市场的开辟使大耐泵业有限公司的市场空间进一步拓展，更促进了许多产品的升级和新产品的诞生。

石家庄工业泵厂有限公司针对国家经济形势下行压力不断加大的趋势，通过调整营销策略，构建起煤炭、脱硫、冶金、有色铝业等行业"多点支撑"的市场格局。公司市场覆盖国内30多个省、市、自治区，产品遍及电力、钢铁、冶金、煤炭、石化、环保、航道疏浚等多个行业，并远销亚洲、非洲、美洲20多个国家和地区，渣浆泵行业市场占有率和竞争力连续多年保持国内领先。此外，公司注重营销队伍建设，先后从公司生产一线抽调高技能员工补充到销售队伍中，使业务员梯队建设进一步完善。通过加大对新进业务人员的实习考核力度，不断增加"独立业务员指数"，实现个人单元工作效率不断提升。

2013年，上海水泵制造有限公司通过建立多渠道、多层次的国内和国际营销网络体系，产品进入石油、化工和大型水利提灌工程领域，同时开展对大型煤化工成套设备用泵、海水淡化用泵、管线输油泵以及海洋石油工程装备、国防设施用泵等新型市场的开拓。

2013年，广东省佛山水泵厂有限公司针对国内外市场不景气、新投资项目减少、竞争激烈的情况，大力推进行业销售体系建设，通过紧密配合，扩大肯富来产品的市场影响，持续强化客户服务，努力提高服务效率，得到了客户高度认可。公司拓展了一批新的重要客户，在一些重大行业、重要客户、重要产品上取得连续突破；赢得了一些重要合同，如欧洲的某中开泵合同、东南亚的某纸厂项目的合同以及南亚某电厂的真空泵合同，都是在与国内外著名品牌公司同台竞争中获得，有的还打破了欧美公司的长期垄断。

2013年，上海电力修造总厂有限公司各部门围绕公司"保市场、稳增长，调结构、谋合作"的要求，紧紧抓住电力市场回稳复苏的发展机遇，及时调整销售策略，认真分析用户需求，加强电站项目追踪，全年新增合同呈回暖态势，较2012年有较大幅度上升。

四、科研成果及新产品

2013年，泵业分会参与统计的会员企业完成新产品产值192.9亿元，同比增长4.8%。2013年泵业分会新产品产值前20名会员企业见表6。

表6　2013年泵业分会新产品产值前20名会员企业

序号	企业名称	新产品产值（万元）	同比增长（%）
1	上海连成（集团）有限公司	138 073	14.6
2	上海熊猫机械（集团）有限公司	95 997	15.9
3	浙江利欧股份有限公司	91 485	27.7
4	南方泵业股份有限公司	89 446	26.0
5	丰球集团有限公司	84 388	-16.1
6	上海凯士比泵有限公司	78 476	5.8
7	上海东方泵业（集团）有限公司	65 987	13.2
8	上海凯泉泵业（集团）有限公司	62 000	3.3
9	新界泵业集团股份有限公司	54 972	35.3
10	广东省佛山水泵厂有限公司	48 435	-14.1
11	湖南湘电长沙水泵有限公司	41 389	37.0
12	嘉利特荏原泵业有限公司	32 655	0.2
13	南京蓝深制泵集团股份有限公司	32 096	8.7
14	山东长志泵业有限公司	31 935	13.0
15	山东双轮股份有限公司	31 148	3.9
16	重庆水泵厂有限责任公司	28 900	-6.0
17	湖北三峡泵业有限公司	26 562	-9.2
18	大耐泵业有限公司	26 475	-16.9
19	合肥恒大江海泵业有限公司	21 235	
20	安徽三联泵业股份有限公司	20 978	-17.7

沈鼓集团核电泵业有限公司围绕我国能源行业对泵组设备的需求，特别是60万～170万kW核电机组的泵组设备需求，在流体动力学、热力学、结构力学、转子动力学、新材料及新工艺等方面开展了前沿应用基础研究、应用技术研究和试验，突出技术创新的战略性、关键性和集成性，重点突破了一批核心技术。公司与中广核工程公司联合研发1 000MW核电机组核二级电动辅助给水泵，完成了国内首台电动辅助给水泵样机研制任务。该泵实现了高效、可靠的要求，各项技术指标均达到国际先进水平。该泵研制成功，使我国核电用泵制造技术水平迈上了新台阶，填补了国内空白，为国家节省了大量外汇。

2013年，石家庄强大泵业集团有限责任公司新产品开发计划33项，实际完成38项新产品的开发设计工作，满足了市场需求。尤其是公司自行研发设计的新型渣浆泵等产品在市场上取得阶段性突破，部分产品已经投入运行，并获得用户好评。在由国家七部委承办的第十五届中国国际工业博览会上，公司1200泥泵在上万台(件)设备中脱颖而出，获得与会专家用户的一致好评，荣膺大会铜奖。此外，公司在材料研发、科研攻关方面也取得了一定的进展，降低了制造成本，解决了技术难题。

大耐泵业有限公司以项目为依托，积极进行技术攻关，公司的ASD R系列BB2型两端支承泵从2008年福佳项目开始，创造了国内最大规格的纪录，流量达2 700m^3/h。2013年继续实现突破，研制出ASD400－720/2R两级BB2型泵，设计流量达到3 600m^3/h；ASD500－720R、ASD500－640R单级BB2型泵，设计流量达到6 000m^3/h。同时，泵的各项指标有了新的突破。为新疆蓝山16万t/a生物降解工程塑料一体化项目提供8台最关键、技术要求非常高的BDO泵。汽蚀试验的指标、效率全部超越了国外技术，取得了设计院和用户的认可。当前，公司BB2型泵的规格和能力，在国内已经遥遥领先，该产品获得2013年中国机械工业科学技术奖二等奖。另外，为俄罗斯石油管道局研制的ASD400－470H大型输油管线单级高速泵，于2013年4月在沈阳一次性试验成功，效率达到89.7%，远超过预期87%的水平。该泵在国内同类产品中属规格最大、效率最高。

上海电力修造总厂有限公司自主研发的国内首台1 000MW(50%容量)超超临界火电机组锅炉给水泵在江苏华电句容发电有限公司一期工程(2×1 000MW)1号机组成功通过168h满负荷试运行，各项指标达均到国际同类产品先进水平。公司自主研发的世界首台CAP1400核电站常规岛主给水泵第一次热态试验在新建成的高参数大容量给水泵试验台成功进行，完成全工况(热态)联机试验。公司完成CAP1400常规岛33%容量给水泵样机试制，各项性能参数全部达到或超过了设计要求；完成660MW超临界火电机组50%容量HPT350－370型给水泵的研发。600MW超临界、亚临界机组锅炉给水泵荣获国家能源科技进步奖三等奖、中国机械工业科学技术奖三等奖以及中电建集团优质产品奖。2013年，公司共申报专利16项，其中4项获得专利证书，1项获申请公布及实质审查阶段通知书，11项已申请受理通知书。

2013年，安徽莱恩电泵有限公司完成新产品产值19 539万元，投入642万元开发研制新型中开泵、自吸泵、开式AIX泵、单级泵、液下泵等系列产品。

2013年，湖北天门泵业有限公司完成新产品产值11 925万元，同比增长91.2%。2013年研制的新产品包括：卧式不锈钢轴流循环泵、卧式浓浆泡沫泵、新一代液下渣浆泵、渣浆压滤泵和浓浆泵。公司科研投入为1 063.5万元，占销售收入的5%。

2013年，兰州水泵总厂完成新产品产值2 500万元，同比增长56.3%。自行研制开发的新产品1400S18型单级双吸泵，使企业成为装备600MW火电机组的主力制造商。

石家庄工业泵厂有限公司通过科技创新，先后研发了具有国内先进水平和自主知识产权的渣浆泵、脱硫泵、化工泵、多级煤泥泵、耐磨双吸泵、船用泵等系列产品。公司承担的900DT－F110大型脱硫循环泵课题，顺利通过专家鉴定，认为关键技术达到同类产品先进水平。此外，公司借助消失模工艺的推广应用，不断提高产品质量，提升产品性能，降低产品成本，使公司产品市场占有率得到显著提升。

2013年，天津泵业机械集团有限公司科技投入1 097.8万元，科技投入率5.7%。公司开发了润滑三螺杆泵、某特种船舶增压器润滑油泵、三螺杆机带泵、双螺杆混输泵、大排量单螺杆泵、中高压单螺杆泵和燃油增压泵撬装系统模块等新产品。

2013年，江苏双达泵阀集团有限公司完成新产品产值12 590万元。公司与江苏大学合作研发CAP1400核电海水循环泵水力模型样机，与中国核动力研究院合作研发CAP1000启动给水泵，自行研发系列盐化工大型循环泵。

沈鼓集团石化泵有限公司成功研制长输管道2 500kW及变工况输油泵。该产品采用先进的设计分析软件进行设计，解决了可变工况、高入口压力、高效率、低振动、大流量和大功率等技术难题。该产品的工艺性能、振动、泄漏等各项技术参数均满足规定标准中的相应指标。

2013年，四川自贡工业泵有限公司完成新产品产值3 310万元。公司研制的ZWX1500蒸发循环泵成为2013年度省内首台(套)产品。公司还开发了3个系列的新产品，完成泵用新材料开发1项。

2013年，广东省佛山水泵厂有限公司继续拓展产品应用领域，积极推进行业应用，在离心泵研发方面:完成7个规格KPP化工流程泵的计算验证，完成4个规格KHP泵样机的试验验证。补充开发3种规格的中大流量、中低扬程的KPS泵。对单级离心泵产品的效率再次进行了梳理、改进，有的效率比原规格提高了7%，得到了客户的肯定。

上海水泵制造有限公司试制完成1 400mm大口径高效中开式双吸离心泵，在第三方的实测效率达91%。2013年9月成功研制出1 000MW火电超超临界发电机组全容量凝结水泵，并通过由中国机械工业联合会主持的产品鉴定，达到国内先进水平。

河北恒盛泵业股份有限公司根据市场需求调整产品结构，大力开发新产品，其中：离心泵系列，完成HSP50/100、HSP40/40、HSP100/100型船用立式单级自吸离心泵图样设计，完成150CYZ－55、200CYZ－30、80CYZ－120、32CYZ－25型自吸泵的设计。齿轮泵系列，开发YCB25/0.4M、YCB40/0.9BM、YCB50/0.2M磁力驱动泵，开发NYP500、NYP650内啮合齿轮泵，已投入试制。螺杆泵系列，完成2WN6.1、2WN6.9、2WN7.6、2WN8.3轴承内置双螺杆泵的设计，已投入试制；完成2WL7.6立式双螺杆泵的设计；完成SNH80U、SN1 300、SNH2 900型三螺杆泵的设计，SNH80U已形成销售；完成GL70－3、GL105－1、GN60－1、GN85－1、G125N－1S、G105－4、G135－4单螺杆泵，都已形成销售。

杭州大路实业有限公司为进一步提升产品技术水平，在立足自身技术能力基础上，积极与大专院校和科研院所合作，先后开发研制化肥工业用离心式高压液氨泵、新型离心式高压甲铵泵等项目。

五、质量及质量管理

沈鼓集团核电泵业有限公司当前执行标准主要为ASME标准，GB/T 19001—2008(ISO9001:2008)标准，民用核安全设备设计、制造标准(HAF标准)。公司于2012年1月通过美国机械工程师学会ASME认证，取得N、NS、NA、NPT钢印和MO资质，证书有效期为2012年1月30日至2015年1月30日。

石家庄强大泵业集团有限责任公司的质量管理体系经过不断调整与强化，已逐步成熟和规范。2013年，公司组织开展质量上台阶工作，按照提高产品质量、降低废品率的要求，不断完善质量检验计划和质量控制文件，严格执行相关规定，取得了良好的效果。在体系认证方面，通过了华信公司对Q/E/O管理体系的监督审核，保持了证书的有效性。同时，完成了地方技术监督部门对生产许可证获证产品的日常检查、定期监督抽检及公司自查报告、产品档案的编制等一系列工作。完成了 CE 认证和船检认证的相关工作，为公司产品的出口和船用泵产品的正常销售提供了有力支持。此外，以“质量上台阶，公司增效益”为主题的质量月活动的开展，促进了员工产品质量意识的进一步提升。

大耐泵业有限公司当前持有 ISO9001:2008 质量管理体系认证证书、ISO14001:2004 环境管理体系认证证书、OHSAS18001:1999 职业健康安全管理体系认证证书。公司严格按照体系要求进行生产经营活动，定期组织内审，并持续改进。

2013 年，上海电力修造总厂有限公司企业资质得到进一步提升。公司调速给水泵、焊接材料、阀门和滤网四大类、12 个系列产品首批通过欧盟安全准入认证（CE 认证）验收并获得 CE 认证证书。公司给水泵和阀门系列产品顺利通过了电能（北京）产品认证中心产品认证年度监督审核；阀门产品获得美国石油学会 API 标准认证。公司成功通过中核集团兴原认证中心有限公司审核认证，顺利获得中核集团常规岛主给水泵合格供应商资格。军工产品方面，中国航天北京天一正认证中心向公司正式颁发企业国军标质量管理体系 GJB 9001B—2009 证书；阀门、焊材产品完全符合和满足国家军品制造质量管理体系 GJB 9001B—2009 国军标的标准要求。

2013 年，广东省佛山水泵厂有限公司在质量检验和质量监督两方面加大了投入，严格按照 ISO9001 质量管理体系要求，结合各项实际工作，持续改进，不断提高产品质量。在质量检验方面：购进先进的移动光谱仪，加强材质检验，对外购的不锈钢部件进行本体抽检；加强过程检验和记录，尤其是加强过流部件的承压试验；加强外协外购件的质量监控，不定期派员到外协方进行检验指导和验收，反馈质量信息，及时发现和纠正供方质量问题。在产品测试方面：优化试泵站管理，加强测试人员的培训，有效提高了试泵站产品的测试能力和运作效率。2013 年，除了较好地完成常规产品及新产品试验外，还完成多个不同工况下的试验。在产品质量问题改进方面，加强对供方的跟踪检查，确保产品质量的稳定，督促供方进行设备改造，改进现场管理，提升了产品质量。

六、基本建设及技术改造

2013 年，泵业分会参与统计的会员企业完成固定资产投资 20.4 亿元，同比增长 3.6%。

沈鼓集团核电泵业有限公司加大工艺装备投入力度，加速设备更新换代步伐，引进世界一流的制造和检测设备，使公司制造能力达到国内机械行业先进水平。当前，公司已拥有各种高精尖设备 83 台，其中包括有数控车铣中心、数控镗床、五坐标加工中心等设备和先进的检验、测试设备。公司建有水泵试车台位 10 个，试验主水池容积 8 000m^3，试验最大功率 12 000kW，试验流量最大可达 21 万 m^3/h，最高压力为 40MPa。包括二代加百万千瓦级核电主泵高温高压试验回路、核主泵高温高压试验回路以及 AP1000 核主泵试验回路在内，可满足核二级泵、核三级泵和常规岛用核泵等大型装置用设备的机械运转、性能试验要求，性能达到国际先进水平。

上海电力修造总厂有限公司完成试验台升级改造工程任务，该工程为解决 AP1000、CAP1400 核电常规岛给水泵和前置泵的联机试验、热态试验，解决 C3、C4 项目泵组联机试验等问题起到极其重要的作用。

上海凯泉泵业（集团）有限公司在巩固已有产品的基础上，积极拓展新的领域。公司先后投入 6 亿多元，建成力学、材料应用、焊接实验室和核二级泵冷、热冲击试验台及高精度水力模型研究试验台，并进口了六轴五联动龙门镗铣加工中心、九轴五联动落地镗铣加工中心、重型高精立式车铣加工中心、六轴五联动加工中心、重型高精立式车铣中心等大量先进的技术装备。

湖北天门泵业有限公司投资完成年产各类高功率喷水推进装置 72 套、超低碳双相不锈钢铸件 2 500t的生产线；拟建厂房面积 6 500m^2，新增熔炼、检测、加工等设备 20 台。

江苏双达泵阀集团有限公司投资 1 150 万元，新购置机床设备和检验设备 32 台(套)。

2013 年，山东华成集团完成固定资产投资 3 863万元，新建厂房 2.1 万 m^2，购置机器设备 2 066万元。公司新购置的设备已投入使用，进一步提升了产品质量，扩大了生产规模。

兰州水泵总厂在新区制造装备产业园区征地 19.7 万 m^2(296 亩)，实施搬迁改造项目。该项目拟投资 5.3 亿元，拟新建国家级 I 级标准泵试验站、企业研发中心，研发千万吨级炼油塔底油泵和水煤浆管线输油泵。通过搬迁改造，企业年生产能力达到 10 亿元的生产规模，将企业打造成国内有影响力的企业。

〔撰稿人：中国通用机械工业协会泵业分会 王国轩　审稿人：中国通用机械工业协会泵业分会 胡晓峰〕

2013 年风机行业概况

一、生产发展情况

2013 年，中国通用机械工业协会风机分会共有会员单位 192 家。其中，企业会员 181 家，大学、研究院所等 11 家。风机分会 181 家企业会员中，有国有企业 13 家、集体企业 7 家、股份制企业 7 家、民营企业 99 家、民营股份制企业 39 家、中外合资企业 10 家、外商独资企业 6 家。按大中小型工业企业划分标准统计，有大型企业 5 家、中型企业 47 家、小型企业 129 家。

据风机分会 2013 年上报的 135 家企业数据统计：年末从业人员人数 51 993 人，比上年减少 1 564 人；固定资产原价为 1 652 851 万元，比上年增加 312 321 万元；固定资产净值为 1 149 410 万元，比上年增加 248 868 万元；全员劳动生产率为 207 686 元/人，比上年增加 15 135 元/人。

2013 年，参与统计的风机行业 135 家企业完成工业总产值 4 413 517 万元，比上年增长 7.7%，增幅同比下降 1.1 个百分点。其中：离心压缩机产值 807 275 万元，比上年增长 36%；轴流压缩机产值 200 490 万元，比上年下降 27%；能量回收透平机组产值 119 597 万元，比上年下降 10.3%；离心鼓风机产值 130 975 万元，比上年下降 19%；罗茨鼓风机产值 110 168 万元，比上年增长 2%；离心通风机产值 610 283 万元，比上年下降 4.1%；轴流通风机产值 476 302 万元，比上年增长 5.6%；旋涡风机产值 19 876 万元，比上年增长 8.3%；其他风机产值 86 036 万元，比上年增长 35.5%。

从 2013 年各地区工业总产值完成情况来看：东北地区完成工业总产值 1 545 402 万元，比上年增长 19.3%；华西北地区完成工业总产值 802 067 万元，比上年下降 3.1%；华东地区完成工业总产值 1 278 821 万元，比上年增长 7.9%；中西南地区完成工业总产值 787 227 万元，比上年下降 0.2%。

2013 年，风机行业 135 家企业完成工业增加值 1 079 821 万元，比上年增长 4.9%，增幅同比下降 3.8 个百分点。其中：东北地区完成工业增加值 291 196 万元，比上年增长 11.0%；华西北地区完成工业增加值 265 370 万元，比上年增长 2.2%；华东地区完成工业增加值 303 092 万元，比上年增长 3.1%；中西南地区完成工业增加值 220 163 万元，比上年增长 3.29%。

2013 年，风机行业 135 家企业中工业总产值超亿元的企业有 45 家，比上年减少 4 家。其中，1 亿 ~5 亿元(不包括 5 亿元)的企业 32 家，5 亿 ~

10亿元(不包括10亿元)的企业7家,10亿~20亿元(不包括20亿元)的企业2家,20亿~50亿元(不包括50亿元)的企业2家,50亿~100亿元(不包括100亿元)的企业1家,超100亿元的企业1家。2013年风机分会工业总产值前20名会员企业见表1。

表1　2013年风机分会工业总产值前20名会员企业

序号	企业名称	工业总产值(万元)	同比增长(%)
1	沈阳鼓风机集团股份有限公司	1 361 195	12.42
2	陕西鼓风机(集团)有限公司	718 143	0.63
3	南阳防爆集团股份有限公司	226 233	-12.09
4	山东格瑞德集团有限公司	220 059	15.78
5	重庆通用工业(集团)有限责任公司	153 359	23.16
6	浙江上风实业股份有限公司	128 562	11.92
7	上海鼓风机厂有限公司	92 672	21.28
8	中航黎明锦西化工机械(集团)有限责任公司	86 079	
9	江苏金通灵流体机械科技股份有限公司	67 217	14.65
10	浙江亿利达风机股份有限公司	66 308	9.87
11	上虞专用风机有限公司	63 580	7.92
12	成都电力机械厂	57 473	57.01
13	山东省章丘鼓风机股份有限公司	57 234	-9.33
14	上海大速电机有限公司	49 284	-14.47
15	平安电气股份有限公司	48 173	3.04
16	佛山市南海九洲普惠风机有限公司	39 795	10.16
17	湖北省风机厂有限公司	36 369	-10.99
18	长沙赛尔机泵有限公司	35 201	0.16
19	浙江金盾风机股份有限公司	33 007	9.64
20	湖北双剑鼓风机股份有限公司	32 750	7.76

2013年,参与统计的风机分会会员企业共生产风机9 698 832台,同比增长7.3%。其中:离心压缩机512台,同比增长18.5%;轴流压缩机91台,同比下降50.8%;能量回收透平机组73台,同比下降43.8%;离心鼓风机5 149台,同比下降12.7%;罗茨鼓风机37 628台,同比增长13.2%;离心通风机8 383 470台,同比增长9.8%;轴流通风机1 009 567台,同比下降10.1%;旋涡风机183 623台,同比增长2.7%;其他风机78 719台,同比增长32.5%。

2013年,参与统计的风机生产企业中生产离心压缩机的企业为9家,其中:沈阳鼓风机集团股份有限公司生产266台,占离心压缩机总量的51.95%;陕西鼓风机(集团)有限公司生产125台,占离心压缩机总量的24.41%;重庆通用工业(集团)有限责任公司生产53台,占离心压缩机总量的10.35%;长沙赛尔机泵有限公司生产30台,占离心压缩机总量的5.86%;锦州新锦化机械制造有限公司生产24台,占离心压缩机总量的4.69%。生产轴流压缩机的企业有2家,分别是陕西鼓风机(集团)有限公司、沈阳鼓风机集团股份有限公司。能量回收透平机组只有陕西鼓风机(集团)有限公司生产。离心压缩机、轴流压缩机和能量回收透平机组的产量仅676台,占风机产品总产量的0.007%,但产值达1 127 362万元,占风机产品总产值的44%。有些企业已开始逐步调整产品结构,向高精尖风机领域迈进。

生产离心鼓风机的企业由十几家上升到20多

家，生产罗茨鼓风机的企业有30家，旋涡风机只有浙江格凌实业有限公司生产，叶氏鼓风机已经不再生产。其余大部分企业均以生产离心通风机、轴流通风机及空调风机为主。2013年风机产品产量见表2。

表2　2013年风机产品产量

产品名称	产量(台)	同比增长(%)
合计	9 698 832	7.33
离心压缩机	512	18.52
轴流压缩机	91	-50.81
能量回收透平机组	73	-43.85
离心鼓风机	5 149	-12.68
罗茨鼓风机	37 628	13.15
离心通风机	8 383 470	9.79
轴流通风机	1 009 567	-10.10
旋涡风机	183 623	2.70
其他风机	78 719	32.50

二、重大技术装备情况

风机行业是我国经济建设中最重要的支柱产业之一，所生产的离心压缩机、轴流压缩机、离心通风机、轴流通风机、离心鼓风机、罗茨鼓风机等在我国石油、化工、冶金、电力等领域的重大技术装备配套中起着十分重要的作用，沈阳鼓风机集团股份有限公司、陕西鼓风机(集团)有限公司、重庆通用工业(集团)有限责任公司等一批风机行业骨干企业为实现国家重大技术装备国产化作出了巨大贡献。

2013年，沈阳鼓风机集团股份有限公司为中国石化齐鲁分公司提供的25万t/a HDPE装置的“心脏”设备——首台国产化聚烯烃循环气压缩机组在用户现场平稳运行40天，产出预期的合格产品，机组的性能参数完全符合设计值，效率达到国际同类机组水平。在此之前，世界上只有美国、德国、日本等厂商垄断着聚烯烃循环气压缩机组这一领域。该机组的研制成功，标志着沈鼓集团改写了同类型设备依赖国外进口的历史，填补了国内空白，满足了国内聚烯烃装置压缩机大型化发展的需要。为2 000万t/a重质原油加工工程项目配套的首台600系列B级压缩机(H1877—BCL608/B循环氢压缩机)设计工作按用户要求完成交档，可进入生产制造流程。该项目是当前国内一次性建设加工能力最大的炼油装置，填补了国内空白。

2013年2月，首套国产化6万m^3/h等级空分多轴增压机在西安陕鼓动力股份有限公司试车成功。这是西安陕鼓动力股份有限公司继2012年10月16日成功进行首套国产化6万m^3/h等级空分压缩机组试车后，在国产化大型空分装置领域主机产品上的又一次重大突破。该机组的试车成功，标志着西安陕鼓动力股份有限公司已占领国内6万m^3/h等级空分压缩机领域制高点，并达到了国际同等级空分装置领域的先进水平。6万m^3/h等级空分压缩机组是西安陕鼓动力股份有限公司自主设计制造的国产化最大规模空分机组，该机组采用多项先进技术：如多轴增压机气动设计采用国际先进的设计软件，多轴压缩机共5根轴，叶轮采用高效的模型级，采用进口导叶(IGV)调节，工况范围宽；采用逐级冷却的方式，等温效率高；叶轮与齿轮轴采用先进的端面齿联结设计，装拆便利；压缩机密封采用碳环密封，泄漏量小，压缩机转子动力学性能优良，运转平稳。西安陕鼓动力股份有限公司为平煤神马集团生产制造的27万t/a硝酸“四合一”机组是国内同等规模机组中配置等级最新的“四合一”机组，其可靠性和效率均达到国际先进水平。

2013年，重庆通用工业(集团)公司为福建福清核电站二期工程提供3台200万kcal/h(2 326kW)的核电专用离心式制冷机组，至此，公司已为我国核电站提供了39台核电冷水机组，为我国核电设备国产化作出了重大贡献。

江苏金通灵流体机械科技股份有限公司研制的高效整体式离心压缩机广泛应用在电力、冶金、造船、汽车、石化、玻璃和制药等行业，当前国内高效整体式离心压缩机大部分需求依赖进口。为了打破国外产品长期垄断的局面，实现该产品的国产化，公司引进消化吸收国外先进技术并进行改进创新，研发出具有自主知识产权的高效整体式离心压缩机。该产品技术达到国际先进水平,实现了替代进口。2012 年 4 月,首台 JE9000 压缩机在江阴兴澄钢厂运行成功,风机整体性能明显优于现场运行的国外产品,得到用户的好评。2013 年 6 月,公司完成 JE21000 样机的开发设计,提前半年时间完成产品样机的生产,交付成都气站一次联动运转成功。

2013 年,长沙鼓风机厂有限责任公司为南京力合联升公司研制生产 5 台 V 系列水蒸气风机。该风机适合中小批量高温水蒸气的处理,克服了其他处理方法能耗高的缺点,经湖南省风机产品质量监督站鉴定,为国内首创,达到国内领先和国际先进水平。为云南安一精细化工有限公司研制生产 10 台(套)JSVTE 系列真空机组,适合草甘膦生产线领域中特殊气体的吸送,填补了国内同行业真空机组的应用空白,经湖南省风机产品质量监督站鉴定,为国内首创。

2013 年,湖北双剑鼓风机股份有限公司为北京神雾环境科技集团股份有限公司印度尼西亚红土镍矿 Titana 项目提供 24 台除尘鼓风机,为南通净环能源科技有限公司褐煤提质示范项目提供 8 台煤气加压、锅炉引风及空气加压鼓风机,为北京国电龙源环保工程有限公司内蒙古京能盛乐 2 × 350MW 冷热电联供机组烟气脱硫工程提供 4 台离心氧化单级高速风机,为北京中冶设备研究计划总院有限公司烧结烟气脱硫项目提供 2 台烟气脱硫风机,为江苏省海洋石化股份有限公司 10 万 t/a 异丁烷脱氢制异丁烯装置提供 1 台富氧气压缩机,为新疆广汇煤炭清洁炼化有限责任公司 3 000 万 t/a 煤炭分级提质综合利用项目提供 28 台高压煤气鼓风机。

2013 年,威海克莱特菲尔风机股份有限公司开发了燃气轮机冷却系统项目,煤改气项目是积极应对全球气候变化,推动电力工业实现绿色、低碳、循环经济发展的重要举措。产品主要供应给 GE 公司、西门子公司的全球燃气轮机项目,国内已应用于天津临港燃气热电联产项目。随着京津地区燃煤火电厂煤改气项目的大力推进,必将成为公司新的经济增长点。

包头市新爱科风机制造有限责任公司为国电石化宁夏能源化工公司列入国家级计划的宁东国电聚氯乙烯项目提供了 23 台离心通风机。

三、市场及销售

2013 年,风机市场在大的环境下仍然持续需求不足,产能过剩,行业内部竞争压力继续加大,企业盈利水平不断下降。据部分风机生产企业统计,风机生产供大于求的现象普遍存在,2013 年离心通风机产量仅占企业生产能力的 40% 左右,轴流通风机产量占企业生产能力的 75%,离心鼓风机产量占企业生产能力的 43%,罗茨鼓风机产量占企业生产能力的 57%。

2013 年,风机产品产量销向各主要行业的比例:矿山占 0.82%,船舶占 1.23%,煤炭占 1.75%,轻工占 1.82%,水泥占 2.48%,纺织占 3.19%,石油占 3.54%,冶金占 4.22%,地铁、隧道占 4.79%,空分装置占 5.14%,化工占 5.66%,电力占 7.01%,环保占 8.65%,建筑占 14.63%,其他占 35.07%。

2013 年,风机分会 135 家会员企业完成工业销售产值 4 095 424 万元,比上年增长 4.56%,增幅同比下降 5.59 个百分点;主营业务收入 3 838 541 万元,比上年增长 3.5%,增幅同比下降 2.93 个百分点;主营业务成本 2 948 152 万元,比上年增长 3.83%。实现利润总额 273 653 万元,比上年下降 3.8%。在 135 家企业中,亏损企业有 12 家,累计亏损额 16 384 万元。

2013 年,风机行业主营业务收入超亿元的企业有 42 家,比上年减少 3 家。其中:1 亿 ~5 亿元(不包括 5 亿元)的企业 29 家,5 亿 ~10 亿元(不包括 10 亿元)的企业 7 家,10 亿 ~20 亿元(不包括 20 亿元)的企业 2 家,20 亿 ~50 亿元(不包括 50 亿元)的企业 2 家,50 亿 ~100 亿元(不包括 100 亿元)的企业 2 家。2013 年风机分会主营业务收入前 20 名会员企业见表 3。2013 年风机分会利润总额前 20 名会员企业见表 4。

表3　2013年风机分会主营业务收入前20名会员企业

序号	企业名称	主营业务收入(万元)	同比增长(%)
1	沈阳鼓风机集团股份有限公司	988 237	2.05
2	陕西鼓风机(集团)有限公司	634 804	3.52
3	南阳防爆集团股份有限公司	240 788	-1.99
4	山东格瑞德集团有限公司	218 225	18.60
5	重庆通用工业(集团)有限责任公司	165 167	12.46
6	浙江上风实业股份有限公司	108 525	11.65
7	上海鼓风机厂有限公司	91 961	13.60
8	成都电力机械厂	91 476	19.13
9	江苏金通灵流体机械科技股份有限公司	69 900	18.68
10	浙江亿利达风机股份有限公司	66 294	10.86
11	上虞专用风机有限公司	60 253	5.68
12	山东省章丘鼓风机股份有限公司	55 685	-11.58
13	上海大速电机有限公司	53 157	-14.99
14	南方风机股份有限公司	40 751	17.33
15	平安电气股份有限公司	40 378	7.15
16	佛山市南海九洲普惠风机有限公司	37 154	27.88
17	湖北省风机厂有限公司	34 641	-14.41
18	浙江义乌星耀风机有限公司	33 522	7.06
19	湖北双剑鼓风机股份有限公司	30 187	5.29
20	浙江金盾风机股份有限公司	29 470	7.68

表4　2013年风机分会利润总额前20名会员企业

序号	企业名称	利润总额(万元)	同比增长(%)
1	陕西鼓风机(集团)有限公司	85 876	-10.71
2	沈阳鼓风机集团股份有限公司	45 522	-2.13
3	南阳防爆集团股份有限公司	30 110	-10.14
4	浙江亿利达风机股份有限公司	11 031	58.72
5	山东省章丘鼓风机股份有限公司	9 256	-7.16
6	山东格瑞德集团有限公司	7 604	16.84
7	平安电气股份有限公司	6 533	9.12
8	南方风机股份有限公司	5 543	-7.42
9	浙江金盾风机股份有限公司	5 242	12.76
10	上虞专用风机有限公司	5 163	27.51
11	上海通用风机股份有限公司	4 655	-16.35
12	浙江格凌实业有限公司	4 122	19.86
13	浙江上风实业股份有限公司	3 642	38.48
14	佛山市南海九洲普惠风机有限公司	3 427	57.49
15	重庆通用工业(集团)有限责任公司	3 376	-26.48
16	浙江义乌星耀风机有限公司	3 110	8.59
17	湖北双剑鼓风机股份有限公司	3 047	-22.17
18	成都电力机械厂	2 723	23.21
19	鞍山风机集团有限责任公司	2 717	-12.72
20	上海诺地乐通用设备制造有限公司	2 569	20.16

2013年,风机行业有42家企业产品出口,出口量比上年大幅度下降,出口交货值为124 731万元,比上年下降29.87%,出口交货值占风机行业工业销售产值的3.05%,增幅同比下降1.45个百分点。但有的企业在困境中出现逆转,出口量大幅上升,其中,浙江格凌实业有限公司出口交货值同比增长652.17%,湖北省风机厂有限公司同比增长330.96%,鞍山风机集团有限责任公司同比增长149.53%,上海哈龙风机电器有限公司、新乡西玛鼓风机有限公司、山东省章丘鼓风机股份有限公司、佛山市南海九洲普惠风机有限公司等企业出口交货值也均有20%以上的增长。2013年风机分会出口交货值前20名会员企业见表5。

表5　2013年风机分会出口交货值前20名会员企业

序号	企业名称	出口交货值(万元)	同比增长(%)
1	陕西鼓风机(集团)有限公司	23 942	-28.38
2	南阳防爆集团股份有限公司	17 179	-49.01
3	沈阳鼓风机集团股份有限公司	13 232	-45.11
4	广东肇庆德通有限公司	12 029	-8.89
5	浙江格凌实业有限公司	6 762	652.17
6	浙江亿利达风机股份有限公司	6 433	17.45
7	上海鼓风机厂有限公司	5 083	-76.42
8	上海哈龙风机电器有限公司	4 991	35.74
9	江苏泰隆风机制造有限公司	4 703	
10	佛山市南海九洲普惠风机有限公司	4 252	24.62
11	张家港市英德利空调风机有限公司	3 698	-0.67
12	中国兴益控股集团(浙江兴益风机电器有限公司)	3 669	-0.30
13	新乡西玛鼓风机有限公司	3 584	34.28
14	重庆通用工业(集团)有限责任公司	1 599	11.04
15	江阴市精亚风机有限公司	1 500	13.46
16	四平鼓风机股份有限公司	1 324	-53.35
17	鞍山风机集团有限责任公司	1 315	149.53
18	山东省章丘鼓风机股份有限公司	1 224	33.04
19	湖北省风机厂有限公司	1 211	330.96
20	江苏金通灵流体机械科技股份有限公司	1 006	-84.46

2013年,风机行业生产企业面对国内经济结构转型、增速放缓的经济形势,再一次经受了国内外需求不足、成本上升的考验,各企业积极采取措施,发挥自身优势,抓住一切机遇,抢占市场,使风机行业在困境中保持了平稳发展。

沈阳鼓风机集团股份有限公司为适应市场经营环境变化,2013年确定了以战略管理为核心,以品牌培育、营销管控、财务管控等为手段,结合企业经营方向和目标,打造适合企业发展的管控模式,全方位提升企业现代化管理水平。2013年,面对严峻的生产形势,公司开展“攻瓶颈、促生产、保质量、降成本”活动,周密安排生产计划,充分调动员工积极性,深挖设备潜力,攻克重大产品加工难关,成功研制出硝酸四合一机组、LNG压缩机、输气管线压缩机、大推力往复机、常规岛凝结水泵等一大批重点产品,离心压缩机、泵和往复机三大类产品继续保持行业领导者地位。同时,拓宽产品链,发展产品一体化服务模式,汽轮机、测控以及服务市场快速健康发展,推动公司营销模式的转变。2013年,公司的离心压缩机产品项目中标率均超过95%,天然气液化和储运市场份额进一步扩大；中石油、中石化、中海油订货额持续上升，同比增长近50%；继续保持天然气液化市场垄断地位，国内厂商订货的市场占有率达到90%，天然气储运首次实现燃驱成套压缩机产品国产化。公司抓住煤化工市场飞速发展的好势头，市场订货全面开花，国产化能力和市场份额取得了突破。公司与神华宁煤集团签订400t/a煤炭间接液化项目订货合同，为进军超大型空分市场和大型煤化工项目市场奠定了基础。MTO和乙二醇市场订货份额进一步扩大，继续保持30万t/a合成氨、52万t/a尿素化肥装置和大甲醇市场的竞争优势，实现360万t/a煤制甲醇制MTO项目订货。在冶金市场取得突破，实现了BPRT+轴流机组的成套供货，为冶金市场订货工作的开展探索了新的业务模式。汽轮机和测控产品快速占领市场，实现公司主导产品配套达50%以上。公司加大服务营销力度，在原有业务的基础上，拓宽更多的服务渠道，开启产品服务一体化服务模式。在传统海外市场销售收入持续增长的同时，成功进入南美火电市场，实现海外火电通风机产品首次订货。公司依靠在空分领域产品的优势，实现海外主空压机+增压机首台(套)订货，为快速进入海外空分市场奠定了良好基础。2013年，公司出口产品以离心压缩机为主，其出口订货值占总出口订货值的89%，与2012年离心压缩机的出口订货值基本持平；传统的火力发电市场的出口订货比2012年有小幅提升。继2012年之后，公司在国际油气行业和化工行业进一步取得了直接出口“里程碑”式的突破，签订了14台离心压缩机订货。公司在巩固传统市场的占有率和开发新市场资源的同时，启动了海外分支机构建立的机制，例如建立海外售后服务中心，为走海外专业化维修保运服务道路打下了坚实的基础。2013年，公司实现产品订货125亿元，创历史新高。尤其值得一提的是，公司成功获得10万m^3/h空分机组国产化订单，这是公司自生产压缩机以来，技术最复杂、制造难度最大的一个项目，其轴流加离心的设计结构代表世界一流的技术水平。

2013年，陕西鼓风机(集团)有限公司以市场和客户为界，通过持续不断的技术创新，突破新市场，不断满足客户需求，在真实气体离心压缩机、大型空分装置、煤制烯烃等领域取得了重大突破，获得多项占领市场制高点和具备里程碑意义的项目。其中，50万t/a丙烷脱氢项目覆盖了公司的三大战略板块，提升了公司的工程总承包和运营能力。同时，该项目所采用的真实气体离心压缩机技术达到国际先进水平。10万t/a乙二醇项目、60万t/a甲醇项目和甲醇深加工制烯烃MTO项目拓展了公司的市场业绩；20万t/a硝铵总包项目实现了稀硝酸总包领域的同心圆放大，标志着公司总包工程向着系列化、系统化、专业化的方向迈进。公司为客户提供全生命周期健康管理及服务，建立“技术+管理+服务”的一站式全方位服务体系，组建有“工业服务支持中心”，利用现代化信息技术为用户提供从售前到售后的全生命周期健康管理。为客户量身定做一系列机组健康状态管理档案，全天候、全方位对公司生产的各类大型机组实施远程监测，以及提供包括预警、咨询、诊断及现场服务等六大方面20余项服务，及时为客户解决问题。通过强化服务理念和管理方式，规范岗位职责、加强技能培训，提高了服务的规范性、及时性和有效性，客户满意度有所提高。2013年，公司实现订货84.78亿元，利润总额8.59亿元。

2013年，上海鼓风机厂有限公司贯彻上海市关于“创新驱动、转型发展”的工作方针，根据上海电气总公司提出的“在困难中转型，在转型中发展”的要求，在“聚焦国家战略，坚持技术领先，积极拓展市场”的同时，强调“着力转型发展”。全年新接订单14.9亿元，其中新接煤矿风机订单金额超过1亿元。公司在巩固高温气冷堆和风洞风机市场基础上，承接了鲤鱼江电厂2台单级高速氧化风机和哈伦能源公司4台单级高速氧化风机，实现了电厂领域选用上鼓单级高速鼓风机“零”的突破；完成电厂节能改造风机321台，比上年增长114%。公司坚持从“单一制造”向“制造+服务”方面转变，积极开拓服务产业和EPC项目。公司已经出厂7 000多台大型风机，进入印度市场的风机已有528台，形成了一个庞大的维修服务市场。2013年大修理风机192台，比上年增长56%，共承接7个EPC项目。

2013年，重庆通用工业(集团)有限责任公司紧紧围绕“提质量、降成本，调结构、促转型”的经营方针，克服了严峻复杂的经济形势带来的不利影响，经济运行总体平稳，产销同步增长。全年产销呈现逐月回升态势，销售收入同比增长16.6%，实现利润3 150万元，均超额完成年度目标。但集团不同业务发展迥异，为促进公司稳步、健康、可持续发展，针对公司发展现状和国内外环境变化，经过认真研究和多次讨论，对公司原“十年两步走”发展战略进行了调整，形成了新的发展战略，制定了新的“1 231”发展战略，即“一个核心、两个阶段、三大举措和一个愿景”，为公司“十二五”后期和“十三五”健康发展确立了方向。

江苏金通灵流体机械科技股份有限公司以“创新驱动转型发展”为主线，稳中求进，有计划、分步骤做好技术创新、营销推进、管理转型工作，探索以经济效益为依据的分公司自主经营、自负盈亏独立核算的管理模式，实施各分公司薪酬绩效考核的管理模式，不断创新和加快转型，推动产品结构升级。公司调整销售区域布局，成立南北销售分公司，整合销售资源；成立了市场开发部，负责大型煤化工项目的信息收集及前期交流工作；抓住电厂用户和脱硫总包单位两个阵地，扎实开展工作。2013年，在人员减少的情况下，订单与销售均获得了增长，实现扭亏为盈。全年订单金额87 369万元，同比增长45.29%；资金回笼63 280万元，同比增长5.31%；实现销售收入75 047万元，利润总额735万元。2013年签订的900m^3/min空气压缩机是当前公司最大的单体流量空气压缩机，在国产单级高速鼓风机大型化领域走在了同行前面。蒸汽压缩机市场获得突破，广泛涉及医药、食品、化工、垃圾渗透液等领域，半年签订6台(套)蒸汽压缩机合同，合同额1 000多万元。2013年，成立上海金通灵科技公司(子公司)，生产的汽轮机实现订单5 600万元。国际贸易公司完成5 908万元的订单，超额完成年度任务。公司建立了对外贸易平台，与菲律宾、泰国的代理商洽谈相关事宜，为下一年的正式代理协作奠定良好基础。与越南最大的钢铁公司和发钢铁公司建立业务关系，成为该公司合格供应商名录成员。

2013年，四平鼓风机股份有限公司面对复杂的宏观经济环境，在市场需求进一步下滑和流动资金异常紧张的情况下，以承揽和回款为重点，狠抓市场营销。具体做法：一是全力以赴抓承揽。建材和冶金行业是公司服务的重点领域，2013年这两个行业继续延续了市场需求不旺的态势，针对市场新项目、大项目减少，参与投标的小公司增多，行业厂家压价竞争激烈，承揽订货难度加大的实际情况，销售公司积极采取应对措施，坚持把抓市场作为首要任务，明确目标，并落实到人。公司主要领导亲自带队跑市场，不断加大承揽订货工作力度，强化与各大总包公司、设计院以及大型钢铁和水泥集团的合作，抓好每一个项目和订单，努力开辟新市场。经过不懈努力，在巩固原有行业、项目的同时，成功签订了哈尔滨(华能)第一热电厂脱硫高温风机项目、内蒙古德晟钢铁烧结脱硫增压风机和德晟冶金炉料有限公司M4-2×73No36F大型风机项目，并填补了电力行业高温脱硫风机市场空白。二是坚持以降低应收账款为目标，把货款回收作为重中之重，设专人全力以赴抓回款，在各企业普遍资金紧张、货款回收难度进一步加大的情况下，经过销售公司的积极运作，并通过采取一系列行之有效的措施与办法，加大清欠力度，较好地完成了全年回款计划。其中2008年及以前的老货款清回1 045.4万元，减少了坏账损失，在为企业各项生产经营活动提供资金保障的同时，降低了经营风险。三是想方设法抓好产销衔接。在过去的一年里，由于一些重点项目产品和出口产品不具备开发票条件，使销售额一直在低水平徘徊，账面产成品库存一直居高不下。为此，销售公司积极与客户进行沟通，加大产成品发运力度，12 月份单月含税销售额达 6 650.4万元，使已发货未开票的产品降至 7 500 多万元，在一定程度上扭转了销售额过低的局面。四是积极克服困难，加强售后服务工作。在人员少、服务量大的情况下，全年总计派遣现场服务 300 多人次，其中国外现场服务 8 人次、350 余天，确保了用户现场安装调试和反馈的质量问题得到有效处理。全年承揽订货 22 270 万元，完成年度计划的 111.4%，同比下降 18.6%；货款回收 30 001 万元，完成年度计划的 100%，同比下降 14.3%；实现销售收入 24 344 万元，完成年度计划的 101.4%，同比下降 18.9%。

2013 年，长沙鼓风机厂有限责任公司面对罗茨鼓风机国内消费需求和出口整体下滑、新的风机产品对传统罗茨鼓风机主力市场的强势侵蚀、国外品牌产品对中国大陆市场本土化经营战略的全面推进等一系列不利因素，以及需要切实解决员工收入增长预期与经营效益下降的矛盾，充分依靠广大股东和员工的力量，围绕年度经营目标提出了“一季度重点抓市场和订货，二季度重点抓经营和管理秩序，三季度重点抓工艺纪律和现场管理，四季度重点抓设备的检测和维护”的工作重点，采取一系列措施求稳定、保增长、促发展，较好地完成了各项既定的工作任务。销售订货实现了两位数的增长，利润保持与收入规模相对应的水平。全年罗茨鼓风机产量 2 378 台；完成订货 2.57 亿元，实现逆势增长；年度销售总额 2.54 亿元，同比略有下降。

山东省章丘鼓风机股份有限公司在市场形势不明朗且较低迷的情况下，适时调整工作方向和工作重点，抓大项目和重点项目。2013 年生产罗茨鼓风机 6 808 台，销售 6 554 台，罗茨鼓风机实现产值 34 534 万元、销售收入 33 284 万元。公司主导产品罗茨鼓风机销售量比较好的有 RR 系列罗茨鼓风机（罗茨真空泵）、L 型罗茨鼓风机、3H 型低噪声三叶罗茨鼓风机、ZR 系列大型罗茨鼓风机、ZG 高速高效罗茨鼓风机、ZW 型三叶罗茨鼓风机。产品主要销往电力、化工、水泥、水处理、钢铁冶炼等行业，增长幅度较大的是粮油化工及气力分离行业。公司在产品销售工作中采取了一系列积极有效的措施，取得了很好的效果。①调思路占先机，加大产业抓机遇。根据国家出台的最新烟气治理标准的规定，公司及时调整政策，抓住机遇，积极与设计院交流，与业主及时沟通，取得了较好的业绩。对水处理行业采取了较为灵活的价格策略，并加大对办事处的支持力度，水处理行业的业绩得到大幅度提升。另外，根据市场需求，公司及时推出网销业务，满足网上采购客户的需要。②稳优突弱工作细，石化市场获突破。2013 年，公司从大处着眼，小处做细，在大项目减少的情况下，争取不放过每个签单的机会。公司签订的中建工业设备安装有限公司（巴州东辰）项目合同额 680 万元，是当前公司签订的最大的煤化工项目。在石化行业不仅实现了罗茨鼓风机的销售，而且透平机械的产品也得到了推广。在石化行业的气力输送用风机尤其突出，如惠州乐金化工项目中用户选用的是国外的风机，经过公司的技术交流和风机试验验证，最终确定选用章鼓罗茨鼓风机。③科学清欠，保证资金回笼。针对 2013 年市场形势极其不乐观的情况，在积极做项目的同时，专门安排销售副总负责靠上抓欠款的管理，以保证资金的顺利回笼。并把原来口头催欠款的习惯改为书面正规化要求，形成格式化的催款函、付款承诺书、对账单、律师函等标准文本。对不能及时形成对账或超过两年的欠款单位，督促提交法律程序，确保呆坏账不增加，实现了现有应收款单位每月清对一次，做到了每笔欠款的准确回款时间。④抓机遇，强宣传，铸章鼓品牌。根据年初的宣传计划，先后对水处理、化工、信息网站等进行了有效的宣传推广，根据确定的行业展会，先后于 2013 年 4 月、11 月参加了由中国石灰协会组织的技术交流会议。2013 年共接待往来客户 300 余次，并整理用户的有用信息反馈给相关办事处，得到了用户的好评。根据公司制定的重点大客户培训政策,全年对重点客户相关人员进行了 4 批次的培训。2013 年,公司产品出口实现较大增长,出口额 1 224 万元,同比增长 33%。具体做法是瞄准专业的代理经销公司和专业的工程配套公司,重点推广公司的罗茨鼓风机、离心鼓风机、水泥设备、工业泵和气力输送产品。公司不仅在南美洲和非洲地区的销售取得了重大突破,而且在秘鲁和印度尼西亚的市场也取得了重大突破。公司还积极开展电子商务,进行卓有成效的网络营销,吸引了美国、德国、秘鲁、澳大利亚、巴基斯坦、印度、新加坡、斯里兰卡、印度尼西亚、马来西亚、韩国和俄罗斯等国家的客户来公司实地考查,为尽快进入国际性工程公司的采购商名录做好准备工作,逐步扩大章鼓品牌的国际影响力。

2013 年,浙江金盾风机股份有限公司按照年初既定目标,稳扎稳打,实现公司技术、经营、效益再上新台阶,圆满完成全年各项工作指标,并取得了新的突破。①销售业绩稳步提升。2013 年,公司充分利用自身优势和政策扶持,在积极稳妥开展地铁、隧道行业主营业务的同时,加大对船用、工民建类的营销推广力度,实现了 2. 95 亿元的销售业绩。从行业细分来看:地铁、隧道行业销售占销售总额的 78%,仍保持快速发展势头;工民建类表现不俗,呈现良好格局;造纸行业销售出现一定萎缩,但仍保持较高水平;受国家相关政策影响导致招标项目减少,在一定程度上影响了公司在核电领域的市场销售。②市场开拓卓有成效。在对原有市场占有情况充分分析和调研的基础上,公司通过产品推介会、行业展览以及地区办事处建设等多途径积极推动市场的开拓工作。从地区分布来看:华东地区作为公司的主要业务区域,与上年相比销售额虽略有下滑,但始终保持稳定态势;华南和西南两大地区得益于深圳和成都多条地铁线的接连中标,销售额实现高速增长;其他区域如东北、西北等地均有不同程度的增长;而华北地区尽管在北京受限于新项目招标工作的空缺未有较大进展,但在天津、石家庄等地公司业务获得了稳步推进,并获得了充分的发展空间。③服务理念渐趋成熟,销售服务是其坚强后盾。在售前和售中,公司技术部门积极配合销售部门完成公司重要项目的选型、设计、项目方案等各类技术支持;在售后,公司十分重视客户反馈,配置专业人员进行及时有效地沟通处理,致力达成客户零抱怨。此外,为更好地落实责任,将质量问题消灭于源头,公司积极推动技术、制造、质保等相关部门与销售部实现通力合作,不仅对每月售后情况进行分析,而且共同总结原因,提出解决方案,使得全年产品售后频率和维修成本与上年同期相比有了明显下降,顾客满意度也大大提高。

浙江明新风机有限公司凭着“质量、品牌、诚信、服务”的理念,扩大产品销路。近年来,冷却用轴流风机、变压器用风机、烟叶烘烤风机是公司生产和销售的重点,以技术优势和科学的内部管理、优质的产品和服务,赢得了市场。当前,公司在国内主要城市设有办事处,充分利用现有的销售网络,开拓产品市场,有选择地参加全国相关行业展会,并通过 Internet 加大对产品的宣传。公司对于新产品的市场开发,主要策略有:不断扩大销售地域来增加规模,结合产品的特殊性开拓新的细分市场,采用不同的分销途径以及开拓新用户。2013 年,公司主要产品产量 91 480 台(套),同比增长 8. 59%;实现利润 1 773 万元,同比增长 25. 48%。2013 年,公司建立了国贸部,风机销售由原来的国内销售开始向国外发展,开辟了风机新的销售渠道。同时,强化售后服务意识,做好企业形象建设,坚持“顾客至上”的服务宗旨,定期做好客户回访,及时了解用户的意见和建议。2013 年,通过回访顾客满意度情况调查,顾客满意度达 97%。

北京新安特风机有限公司秉承以市场为导向、以技术为垄断、以客户为中心、以质量为保障、以营销为龙头、以管理为效益的经营理念,建立一套完善的销售体系。2013 年,受大环境的影响,公司风机产量比上年有所下降,但是制冷设备等其他产品销售额有所增加。全年实现销售收入 9 868 万元、利润 697 万元。2013 年完成了北京地铁 8 号线最后两站的风机生产任务，供应的风机产品有隧道轴流风机、隧道排烟风机、射流风机，共计352台。其中，射流风机、隧道风机叶片应用公司实用新型专利1项，防喘振装置应用公司发明专利1项。为成渝隧道供应隧道射流风机178台，该风机叶片应用公司实用新型专利1项。海淀展览馆（海淀区中关村国家自主创新示范区展示中心）为北京市重点项目，要求所供产品为节能绿色产品，公司所提供的低噪声柜式离心风机、排烟风机共36台，经测试完全达到设计要求。

宁夏银川银风风机有限责任公司生产的风机，主要应用在冶金、建材、环保等行业，配套风机占主导地位，2013年产品销售量1 890台，销售额为2 260万元，畅销产品有矿热炉排烟风机、篦冷机风机。公司的产品基本是通用产品，在市场中与国内同行业相比较，环保领域具有成熟的技术，市场竞争力较强。当前销售工作积极围绕市场变化，依靠技术支持，厂家直销，以销定产，重点面向西北市场，辐射西南、东北、华中、西南等地区。公司坚持以市场为导向，依托技术创新不断强化市场营销，在成功生产矿井主扇风机的基础上，近几年开发了矿井局扇风机，已通过安监取证。在加强技术创新的同时，公司与西安交通大学、青海蓝天环保科技有限公司、乌海凯丰矿业有限公司、苏州中材建设有限公司等单位合作，在加强公司技术能力的同时，立足于加大环保及节能减排产品的市场份额。

常熟市鼓风机有限公司在国内纺织行业进入深度调整、公司尚未走出低谷的情况下，全年各项指标同年初目标差距较大。除常规棉纺毛纺及织布领域外，拓展了针织行业节能空调应用及改造，合同额258万元；拓展了羊绒行业空调应用，合同额520万元；承接上海兰宝科技废气智能净化处理机组加工业务，合同额198万元。2013年，公司签订合同7 007万元；完成主营业务收入7 278万元，其中自营出口320万元；实现利税579万元。

2013年，山东海福德机械有限公司面对严峻的经济环境和不断变化的市场形势，以“做强品牌、做足文化、做好销售、做大市场”为目标，继续坚持灵活的营销策略，在持续完善区域网点营销渠道的同时，大力发展电商渠道，倡导全员营销理念，取得显著效果，整体收入同比大幅提升。采取的主要措施：①优化办事处设置。通过培训学习，提升营销人员的业务能力，同时招聘新人充实区域销售网点，严格实行末位淘汰制度。②扩大品牌宣传，提升产品知名度。如参加国际流体机械展会及其他专业性展会；加入相关行业的网站会员单位，如中国风机技术网、水泥网、粮食网、招投标网等；加大网上宣传力度，如：做百度优化、做好公司网站、借助免费网站宣传等。③继续实施低价销售补助政策。由于公司体制的原因，产品成本高于同行业中的私营企业，公司采取一些促销政策，如低价销售补助政策和灵活的销售政策，一是提高业务员的积极性，二是提高了市场竞争力，促进产品销售。④扩大产品销售领域。了解其他行业的需求状况，开拓销售市场。⑤重点操作大项目。公司成立了“招投标管理小组”后，在招投标工作中更加专业，加强指导力度，提高中标率。2013年签订了多个50万元以上的合同，对稳定、提高销售形势起到了重要作用。⑥提高售后服务水平。公司坚持“本次好的售后服务就是下次销售的开始”的理念，从加强管理入手，对售后服务人员进行全过程监控，并通过电话回访加强监督，服务质量有了显著提高。⑦积极开展电子商务业务。公司成立专业的销售队伍，加强网上宣传和销售力度。全年完成销售产值5 560万元，同比增长62.1%；完成利润260万元，同比增长66.7%；利税590万元，同比增长19.9%。2013年，为适应市场需求，通过与山东理工大学、山东轻工业学院通力合作，公司研发了高效、节能、环保型污水处理专用系列风机，当前该系列7个型号风机已全部投放市场，销售形势良好。

2013年，青岛风机厂有限公司在市场开拓方面有了长足发展，利用经营多年的经验和产品通用性强的优势，结合各行各业发展的契机，在市场不景气的形势下，通过多种形式和手段，积极开拓市场，使之长期稳定的客户队伍在原有的基础上更加稳定，新客户有所增加，产品销售渠道拓宽，基本保持了原有的产品销售量。在国际船市不景气、国内大型船厂受到冲击的情况下，公司积极开拓国内市场，在公司领导的带领下，参与中小型船厂的配套产品购置的竞争，弥补大船厂的订货量不足。2013 年，通过引进日本船用轴流通风机技术，已形成批量生产，并返销日本 122 台。同时，大力开拓其他民营市场，在电厂风机、化工风机方面做文章，通过宣传和参加竞标，在内部控制成本、降低消耗、降低产品价格等，使产品销售基本与上年度持平。此外，积极引进新产品，通过试制、消化、吸收，将先进的产品技术转化为本公司的生产产品，达到产品升级的目的，并利用新产品开拓和占领产品销售市场，跟上市场产品变化的步伐。2013 年，公司销售收入 2 560 万元，同比下降 2. 3%；出口交易额 620 万元，同比增长 3. 3%；上缴利税总额 380 万元，同比增长 9%；实现利润 75 万元，同比增长 1%。

山东新风股份有限公司坚持以市场需求为导向，扩宽市场营销渠道，抢抓市场先机，充分整合公司优势拳头产品，改变营销模式，深入实地考察市场需求，分析市场变化，积极寻找新的市场增长点。2013 年，公司在国内外经济不景气的大环境下，实现逆势而上，稳中有升，风机销售增长 3. 91%。风机产量再创新高，比上年增长 10%，取得了历年来最好的成绩。公司通过国际展会和网络贸易平台，积极拓展国际业务，产品出口到巴西、乌兹别克斯坦、加拿大，其中巴西业务量增长将近一倍，实现了公司出口业务的平稳发展。

2013 年，威海克莱特菲尔风机股份有限公司面对持续萎靡的市场，采取了一系列措施来规避经营风险，年初对市场、用户、产品进行梳理并进行了选择性调整，从而保障了公司有一定的毛利率；加大应收账款的回收力度，确保公司能够有足够的资金来度过危机；彻底转产离心风机，淘汰效率低下产品，转由生产船用风机产品、GE 能源高端产品以及进行铁路风机维修；加大对新产品的研发力度，开拓新的市场和国外市场。2012 年铁路部的订单虽然出现取消或延期等情况，但企业把握主方向，加大科研投入，继轨道交通机车组风机通过铁道产品认证后，动车组风机通过了铁路产品认证（CRCC）。2013 年，在优化原有轨道交通风机的基础上，又自主开发了 HXD3D 车车体通风机，并基本完成了中国铁路全部车型的风机的研发工作，实现了研发水平的提升。2013 年，轨道交通风机订单额达 3 406 万元。公司全年实现销售收入 13 000 万元，利税 994 万元。

2013 年，山东临风科技股份有限公司根据市场需求，针对风力发电研发了专用冷却风机，在 2013 年的轴流风机销售中收到了较好的效果。但受市场的影响，产品结构出现不同程度的变化，其中，罗茨鼓风机的产量有所增加，离心通风机的产量有所下降。产品应用于环保行业的比重增加，产品销售区域从华东、华中、东北地区等传统区域逐渐向华南、西南地区倾斜。全年实现销售收入 6 296 万元，利税总额 697 万元，利润总额 230 万元。

山东宏烨环境科技有限公司以自有业务为主，逐步培植大区经销商队伍。2013 年，在北京、成都成立了办事机构，新增业务占总销售收入的 12%。从产品业务类别分，主要业务集中于屋顶风机、边墙风机；从应用领域来分，主要客户群主要来自工厂企业，更多是全国各大汽车生产集团公司。公司加强与主要供应商的技术合作与业务合作，利润细化，让利促量，保重点带动一般，稳定已有客户，并争取新的客户群。进入 2013 年以来，公司突出主业，致力于工业厂房通风工程项目建设，参与了长春一汽压铸分厂、川汽集团新能源汽车、陕柴重工、东风柳汽涂装车间、大庆凯旋汽车涂装车间、一汽大众成都二期项目、齐齐哈尔农机厂、铜川大秦铝业、北汽福田等重大新建与技改项目的建设。全年完成出口交货值 56 万美元，实现销售收入 11 087 万元，利税总额 2 371 万元，利润总额 1 774 万元，均实现了一定的增长。

2013 年，湖北省风机厂有限公司在市场形势整体严峻的情况下，及时召开销售动员大会，分析公司销售形势，全面布置销售工作的重心。尽管市场给销售工作带来了不利影响，特别是公司的最大客户群钢铁行业，投资项目急剧下降，所需风机明显萎缩，但当前我国在节能项目和环保项目方面有着强劲的增长势头，公司产品在市场严峻时期反而显示出其优势。虽然 2013 年离心通风机的销售台数有所下降，但随着产品向大型化发展，公司的销售额没有受到太大影响。公司的轴流风机销售量增长较快，在武汉研发中心的配合下，静叶可调轴流通风机迅速占领市场，销售额达 2 000 万元左右。一系列科技成果的投入应用为企业带来了明显的经济效益，新产品销售收入为 15 800 万元，占总销售收入的 54%。公司出口的风机产品，由以前的离心鼓风机为主转变为鼓风机与离心通风机并重。公司还增加了销售人员的力量，在全国各省均设立了办事处，保证了销售渠道的畅通。

2013 年，湖北双剑鼓风机股份有限公司在离心压缩机的生产上实现了零的突破，自主设计制造的 SJ2M456 离心压缩机于 2013 年 11 月组装完毕。产品销售前 5 位的行业依次是：冶金、化工、环保、水泥、矿山。冶金行业销售风机 337 台，占主导产品比重为 29.3%；化工行业销售风机 238 台，占主导产品比重为 20.7%；环保行业销售风机 185 台，占主导产品比重为 16.1%；水泥行业销售风机 88 台，占主导产品比重为 7.7%；矿山行业销售风机 65 台，占主导产品比重为 5.7%。全年实现销售收入 30 187 万元，同比增长 5.3%；实现利税 4 765 万元，同比下降 19.4%；实现利润 2 590 万元，同比下降 22.9%。

2013 年，甘肃省白银风机厂有限责任公司面对经济下行压力，强化营销，为确保企业生产经营正常运行，以环保除尘风机和种子烘干风机为依托，以高温风机为突破口，以 40t 以上锅炉风机为重点开展工作。2013 年共签订合同额 3 122 万元，累计发出产品 3 561 万元，货款回收 3 728 万元。高温风机在甘肃海鑫电石有限责任公司、乌海市蒙金冶炼有限公司、吴忠市同盛化工有限公司等电石厂石灰窑项目实现当年供货，总销售额 89.5 万元。年内共生产 100t 锅炉风机 3 套、80t 锅炉风机 1 套、60t 锅炉风机 2 套，总销售额 125 万元，占当年锅炉风机销售总额的一半以上。成立白银风机厂有限责任公司新疆分公司，为建立驻外分公司打下基础，有助于规范企业运行，整合企业资源，降低企业运行成本。

2013 年，内蒙古天福风机有限公司坚持“贯标达标、管理第一；开拓市场，发展第一；风机产品、质量第一；优质服务、顾客第一”的方针，严格内部管理，不断调整产品结构，持续进行市场开拓，巩固销售市场。2013 年各项经济指标与上年基本持平，全年完成回款 1 001 万元，开辟新客户 7 家，签订有效合同 1 486 万元。公司已从企业整体搬迁的负面影响中逐步走出来，全年生产任务逐步增加，基本保证了有序生产，销售市场新老客户的开发巩固有一定绩效，虽然包钢压款较大，销售回款仍是比较理想，基本保证了公司正常运营。

佛山市南海九洲普惠风机有限公司通过优化产品结构，把具有竞争优势的产品做大做强，及时将不具备竞争优势的产品退出市场。2013 年先后在全国各大中城市设立经销点，巩固和维护产品竞争优势，以品牌占领市场，实现销售收入 4.36 亿元，同比增长 28%；利税总额同比增长 30%。

四、科研成果及新产品

2013 年，风机行业生产企业不断发展和创新，以新产品做支撑，企业自主研制和厂校研究院所联合研发，共完成新产品 364 种、47 848 台。获国家及部、省、市级科技进步奖、优秀新产品奖等 27 项。参与统计的风机分会会员企业完成新产品产值 1 591 824万元，比上年增长 2.14%，占工业总产值的 36.07%。2013 年风机分会新产品产值前 20 名会员企业见表 6。

表6　2013年风机分会新产品产值前20名会员企业

序号	企业名称	新产品产值(万元)	同比增长(%)
1	沈阳鼓风机集团股份有限公司	652 458	19.31
2	南阳防爆集团股份有限公司	146 014	-5.75
3	陕西鼓风机(集团)有限公司	137 726	-35.61
4	重庆通用工业(集团)有限责任公司	76 797	28.33
5	浙江上风实业股份有限公司	70 125	1.55
6	江苏金通灵流体机械科技股份有限公司	44 278	18.08
7	平安电气股份有限公司	32 154	4.06
8	浙江亿利达风机股份有限公司	31 659	-30.23
9	山东省章丘鼓风机股份有限公司	30 870	-3.74
10	长沙赛尔机泵有限公司	28 054	-3.29
11	浙江金盾风机股份有限公司	23 435	-2.69
12	湖北双剑鼓风机股份有限公司	20 605	12.79
13	浙江义乌星耀风机有限公司	17 337	2.09
14	上虞专用风机有限公司	16 852	19.72
15	湖北省风机厂有限公司	16 366	-1.02
16	鞍山风机集团有限责任公司	15 309	6.42
17	浙江明新风机有限公司	14 124	20.19
18	百事德机械(江苏)有限公司	13 360	-88.90
19	广东肇庆德通有限公司	12 828	29.63
20	上海大速电机有限公司	12 567	18.24

2013年,沈阳鼓风机集团股份有限公司紧紧抓住自主创新和新市场两个关键点,全力攻关重点科研项目,完善产品设计规范,紧跟市场变化趋势,加大市场开拓力度,结合国家重大技术装备需求,组织开展了一系列新产品、新技术研究,在多个领域实现了历史性突破。全年累计完成科研开发项目96项,新产品开发414种、701台;获批国家、省、市科研立项16项,获得市级以上科技奖励10项、个人科技奖励2项,获得实用新型专利授权7项、软件著作权1项。2013年完成的新产品中,预冷MR1机组3BCL526和深冷MR2机组MCL705+BCL526大型天然气液化装置用离心压缩机组29台、MCL605混合碳四石油气制MTBE新工艺装置用离心压缩机组8台、SVK32-5S三高速轴五级组装式压缩机组和多高速轴齿轮增速型离心压缩机组14台、2MCL454(LP)+2MCL404(MP)60万t/a甲醇制烯烃装置(MTO)产品气压缩机13台、PCL800系列天然气长输管线压缩机12台,经沈阳市科技局及中国机械工业联合会鉴定均达到国际先进水平或国际领先水平。2013年获得了多项成果奖,其中:60万t/a甲醇制烯烃装置(MTO)产品气压缩机、大型天然气液化装置用离心压缩机组获得沈阳市科技进步奖一等奖,混合碳四石油气制MTBE新工艺装置用离心压缩机组、多高速轴齿轮增速型离心压缩机组获得沈阳市科技进步奖三等奖,新型PTA装置用能量回收机组获得沈阳市科技振兴奖,天然气长输管线压缩机获得辽宁省科技进步奖一等奖,百万吨乙烯装置用系列压缩机获得辽宁省重大研发成果奖,大型PTA装置用离心压缩机组研制项目获得中国机械工业科学技术奖一等奖。

2013年,陕西鼓风机(集团)有限公司紧紧围绕“能量转换设备制造、能量转换系统服务、能源基础设施运营”三大业务板块,不断加强科技创新和自主研发能力建设,为企业持续发展注入了强劲动力。2013年,公司研发投入超过5亿元,占销售收入的8.1%。2013年院士工作站与博士后工作站陆续开展了面向全生命周期的MRO核心软件行业应用、立式干气密封氦气压缩机核心部分研制、高端压缩机组高效可靠及智能化基础研究、大型空分主风机组转频故障诊断及失衡故障现场处理技术、基于全息诊断技术的旋转机械振动故障快速诊断与状态评估系统研究及开发等多项国家“863”“973”重大项目。在新产品开发方面，共进行重点新产品技术准备31项。冶金市场主要涉及国内5 000m^3等级大型高炉鼓风机组、BPRT机组以及200m^3以上烧结余热(SHRT)机组等高效节能产品；在空分领域的新产品，主要涉及6万m^3/h、8万m^3/h、10万m^3/h等级大型空分机组和增压机组；全面进入真实气体压缩机应用领域，主要涉及50万t/a丙烷脱氢工艺流程的再生气压缩机组、乙烯/丙烯压缩机组。公司围绕市场发展趋势和新兴业务发展目标，加快科技创新项目立项实施，下发公司第六批科技创新项目征集指南38项，2013年完成重点项目15项，开展技术研发项目81项，通过科技创新为公司实现战略转型和发展目标提供有力的支撑。公司申报国家、省、市科学技术奖13项，包括：中国机械工业科学技术奖5项、陕西省科学技术奖2项、西安市科学技术奖2项、2012年国家能源科技进步奖1项、绿色制造科学技术进步奖1项、西安市科学技术进步奖(创新团队)1项和西安市科学技术进步奖(创新企业家)1项。其中，“基于在线分析的真实气体离心压缩机闭式循环实验技术研究”项目获得中国机械工业科学技术奖二等奖，“焦炉煤气制甲醇工艺用压缩机关键技术研究及产品开发”项目获得陕西省科学技术奖二等奖。

2013年，上海鼓风机厂有限公司积极开展产学研活动，组成老中青可持续发展的技术团队，在关键项目如高温气冷堆和大型风洞项目中，以及许多大型风机改造项目中，培养年轻技术人员，鼓励多实践，形成了一支年青的技术骨干队伍。全年完成科技项目投资3 830万元，设计完成A497主氦风机、4505载气压缩机、4506尾气压缩机等高技术产品。研制生产多种新产品，其中：高温气冷堆核电站燃料球输送用氦气压缩机组1台、风机节能优化技术超临界发电机组2台、630MW超临界燃油气电站机组配套轴流风机2台、630MW电站机组热能回收利用高温风机2台、燃煤电站烟气脱硫脱硝引风机组合技术2台、燃煤发电机组配套专用高效引风机2台、煤气净化装置系统配套风机2台、0.3m低温跨超音速风洞压缩机组1台、空冷发电供热机组用高效离心式风机2台、电厂烟气环境污染改造用大轮毂高效轴流风机2台、电站清洁能源改造用轴流风机2台、电力行业节能改造项目用配套风机2台、高效环保机组脱硫脱硝系统单级三合一风机2台、G型新传动系统用子午加速静调风机2台、大型电站上大压小机组送风机2台、钢厂用脱硫环保静叶可调风机2台，均达到国内先进水平。

2013年，重庆通用工业(集团)有限责任公司完成技术创新项目35项，推动了公司产品的升级换代。冷水机组重点开展产品提性能、降噪声的改进工作，产品实测能效提升了10%～21%，成本也有所下降，部分机组噪声降到85dB以下。鼓风机重点进行中压比鼓风机的研发和低压比产品的系列化整顿工作。通风机完成6个系列规范产品模块化设计工作，提高技术准备效率，产品成本下降明显；完成5个系列、21台模型级通风机样机开发和性能试验，有12台达到一级能效标准，并完成14台模型机的能效备案。在工艺方面，完成大型压缩机主轴滚压技术、低温焊接机壳、钢板异形管成型工艺等新工艺、新技术的研制与应用，提升了产品质量，降低了产品成本。全年申请专利50件，获得专利授权52项。有8个产品分别荣获重庆市高新技术产品、重庆市重点新产品、重庆市优秀重点新产品等称号。2013年完成新产品混合制冷压缩机、氨压缩机组、离心式冷水机组换热系统各1台，均达到国内先进水平。高压小流量多级离心压缩机研发获得了重庆市科学技术成果奖，2.0MW风电叶片和化工(KLDA系列)离心式压缩机及大型制冷机获得了重庆市南岸区科学技术进步奖。此外，还完成了调节门优化设计、离心通风机机壳模态分析与刚度设计、新型风冷型轴承箱的研发、新型烧结风机模型级研发、大型离心通风机空心主轴的应用等多个项目。

2013 年，江苏金通灵流体机械科技股份有限公司研发投入共计 2 587.8 万元，获得政府扶持补贴基金 560 万元，组织申报落实项目 15 个，知识产权专利申请资助 1.2 万元。2013 年获得专利授权的有 11 项，获得专利受理的有 4 项。2013 年通过了国家通风机节能产品认证复查，通风机产品 4－73、5－48、6－25 三大系列 D 式产品能效标识，并通过了国家二级能效标识备案申请。公司于 2013 年 6 月完成 JE21000 压缩机样机的开发设计，提前半年完成产品样机生产，交付成都气站使用一次联动运转成功。对蒸汽压缩机进行市场调研，同步进行热力计算研究，使蒸汽压缩机利用已有模型进行设计选型，推进该产品快速进入市场，当前已完成 10 多个蒸汽压缩机设计项目，有 5 个项目安全运行。公司开发两台输送不同气体的多级离心鼓风机模型，完成改型后二次性能试验，气密性试验和性能试验均达到设计要求；开发烧结脱硫轴流风机系列样机两台，完成样机性能试验；开发 300MW 循环流化床机组双级动调轴流引风机新模型，制造样机两台，完成双级动调性能试验。汽轮机进入工业产品开发设计阶段，技术工作由单一产品的开发过渡到结合市场需求提供技术支撑，系列产品规划、工程图设计、生产服务和安装调试服务多项工作并行。公司首台 7.5MW 背压式汽轮机完成设计、生产、安装到运行的系列工作，实现当年订货、当年生产交付、当年运行发电；1.5MW 汽轮机通过行业检测认定，并通过了中国机械工业联合会的鉴定，荣获江苏省高新技术产品称号。公司加大工艺创新攻关力度，对鼓风机叶轮锻件进口圈实现条料卷制的工艺改进，缩短了生产周期，节约成本约 50%，此项改进年收益达 100 万元。对不锈钢与碳素钢及合金钢异种钢焊接进行工艺攻关，并取得成功，当前已成功应用于宝钢煤气风机叶轮的焊接，与原有的耐腐方案相比，其耐腐效果更好、成本更低。

2013 年，长沙鼓风机厂有限责任公司注重技术发展，获得多项技术成果。继年初罗茨水蒸气压缩机率先投放核电市场以来，公司先后又有多台（套）压缩机成功投入电力、化工等领域的工业运行，获得 2013 年湖南省重大装备国内首台（套）奖励。公司研发的代表世界罗茨鼓风机最高技术水平的氯气鼓风机，已通过工业运行考核，得到用户的肯定。在新兴的膜分离制富氧节能应用领域，公司成套的离心鼓风机、罗茨真空泵和高温增压罗茨鼓风机在水泥窑、气化炉装置中均成功投入商业运行并通过节能认定考核，技术指标达到行业领先。草甘膦农药装置真空机组的成功研发，为公司进一步涉足中高真空领域奠定了基础。

四平鼓风机股份有限公司继续加强新产品开发和“三新”推广应用，努力提高技术管理水平。2013 年，公司完成了首台脱硫增压静叶可调轴流风机的自行开发设计及产品制造，具备了为环保项目配套脱硫风机的能力和业绩。同时，还完成了企业首台 M4－2×73№36F 大型风机采用锻造空心轴带法兰盘结构、采用滑动轴承和轮毂板方案的产品设计、工艺编制和制造工作，为该类型产品开发设计积累了经验。在新技术、新材料和新工艺的推广应用方面，主要完成了堆焊机设备、堆焊材料和堆焊工艺实际应用，实现复合板自制；完成高强钢焊丝应用验证，采用大西洋品牌焊丝替代了原有焊丝，确保叶轮焊接质量；为解决叶轮边缘掉块问题，对叶轮轮盖出口边缘采用新的设计和厚环焊接结构，增强叶轮刚性；针对重点项目风机产品结构特殊性，评审制定统一设计方案，下发相关工艺，确保产品满足合同要求；为保证叶轮联接螺栓、螺母及垫圈质量，设计了螺栓锻模，下发了厂标文件；经过焊接工艺评定试验，首次采用耐温 550℃的叶轮材料 SC460，为今后高温风机材料选择应用奠定了基础；与鞍钢技术中心合作，完成高强钢 Q550CFD 和 Q690CFD 材料多温度段的机械性能试验及相关焊接工艺评定，为下一步研究取代 HG785D 高强钢和材料混焊问题积累了资料。

2013年，山东省章丘鼓风机股份有限公司有多项科研项目列入省市科技计划、技术创新项目，其中：H型单筒回转式煤泥烘干机、特殊用途多级离心鼓风机、TZJK－T型高耐磨耐腐蚀陶瓷渣浆泵、风机专用检测控制柜等项目列入2013年山东省技术创新项目，大型焊接离心鼓风机项目列入济南市2013年科学技术发展计划第二批项目，基于PLM的信息管理研发平台项目列入2013年山东省信息产业发展专项。公司积极进行技术创新工作，承接了大量适应市场需求的高新技术产品，完成新产品销售收入30 870万元。在罗茨鼓风机产品方面：完成3HE－145MB2Z型干气密封罗茨鼓风机的设计开发；完成ZG－4006型地毯清洗用罗茨鼓风机的设计开发，该型风机样机已发美国用户；完成ZN－100型三叶扭叶型罗茨鼓风机的开发试制，该风机是在ZG－100型风机基础上采用扭叶型转子及改进型机壳设计而成，是三叶扭叶型风机在国内风机行业的首台样机；完成9种规格的KML型消声器的研发设计，替代了ZLX型消声器等。在透平机械方面：设计开发了C120－1.25NS、C160－1.15N新型焊接碳环密封离心鼓风机；针对C40－1.7Z为模型机的带传动风机轴承损坏频繁情况，在此风机基础上设计出新型特种结构的回流器，实现两种风机配合尺寸的完全对接，由此陆续设计开发了C40－1.7Z、C50－1.7Z、C50－1.6Z三种结构直连传动型铸造鼓风机。此外，重机工程部主要设计并承接了甘肃金昌熙金节能建材有限公司年产20万t矿渣粉磨生产线1条。工业泵研究所设计开发了TZJK－80－430T型高压陶瓷泵，TZJK－100－720型低流量、高扬程渣浆泵，TZJE－150－450Y型压滤机专用渣浆泵，TZJST－150－850型高扬程渣浆泵，TZJST－250－870G型渣浆泵。气力输送公司完成AZRW220C、AZRW600C、AZRW800C耐磨碳钢供料器的新产品试制并实现销售；完成ZRW50和ZRW220两种机型精密铸件不锈钢供料器产品设计并完成样机制造；完成ZRW600K开式中压不锈钢供料器的产品样机制造并实现销售；完成PB4.0喷射泵产品设计并完成样机制造且实现销售。

北京新安特风机有限公司投入大量研发费用，致力于新产品的开发、老产品的升级换代、工装模具的研制，先后与清华大学、北京航空航天大学、中国科学院工程热物理研究所等科研机构和院校进行技术合作。2013年，公司研发投入486万元，设计开发的产品在满足用户要求的前提下，尽可能应用新技术，降低输入功率，提高产品效率。其中，完成XRTC屋顶风机320台、XYF消防排烟风机589台，经国家固定灭火系统和耐火构件质量监督检验中心鉴定，均达到国内领先水平。

2013年，威海克莱特菲尔风机股份有限公司充分发挥技术人员的自主创新能力，依托技术中心研发平台，加快科技成果转化速度，攻克了一批关键技术难题，成功进行了系列产品的研发。大叶轮力矩平衡于2013年年底正式试用，该工艺将大幅降低大叶轮的制作成本，提高产品竞争力和产品知名度；完全自主开发了HXD3D车车体通风机，具有重量轻、采取叠加轮毂结构、效率高的特点，已供货给大连机车；开发青岛四方积尘风箱的研发工作，集尘风箱包括轴流式引风机、离心式除尘风机、框架、旋风筒过滤器、出口细滤以及电气连接件等，集尘风箱首次应用在动车组上，专门为运行在兰（兰州）新（乌鲁木齐）线上的动车组设计制作。2013年公司共申报专利44项，其中发明专利22项，获得授权发明专利5项。公司依托2项发明专利完成省科技成果鉴定1项，通过采取新型双铰接结构彻底解决了大型（直径8m以上）轴流叶轮在高速旋转情况下叶根断裂的问题，填补了国内空白，整体水平达到国际先进水平。由公司自主研发的“和谐号大功率内燃机车TJL450－7主发电机通风机产业化”项目获得威海市科技进步奖三等奖。该通风机是配用在时速280km/h以上和谐号动车上的专用风机，要求具备极高的可靠性及安全性，符合国家产业政策方向，是新一代国产化项目，具有良好的发展前景。

2013年，湖北省风机厂有限公司研制了分段吸入式抽真空离心鼓风机和磁悬浮高速三元流离心鼓风机，并列入省级新产品计划。通过省级成果鉴定，分段吸入式抽真空离心鼓风机整体技术水平达到国际先进水平，磁悬浮高速三元流离心鼓风机整体技术达到国内领先水平。公司的烧结烟气余热回收循环风机研究及应用项目获得随州市科技进步奖。

2013年，浙江金盾风机股份有限公司完成PY38管道排气消声器、安全壳循环冷却机组、核电站用空气处理机组等4个重要的环境控制设备的设计与研制。其中，安全壳循环冷却机组、核电站用空气处理机组经浙江省技术市场促进会组织鉴定，达到国内先进水平。全年共计申报专利17项，其中15项已获授权和受理。公司集中优势力量，不断开展优化产品结构，提高产品性能，致力于节能、节材及降噪的多维度改善工作，使产品更具市场竞争力。当前，地铁隧道轴流风机、离心风机、消防高温排烟轴流风机三个系列产品已获得节能认证，地铁隧道轴流风机被评为浙江省名牌产品；CAP1400控制棒驱动机构轴流风机、MS14安全壳内循环风机冷却机组、PY38管道排气消声器被认定为浙江省新产品，主控室核级离心风机被评为国家重点新产品；三代核电（AP1000）安全壳再循环冷却机组产业化项目被列为浙江省重大专项事后立项事后补助项目。核电站用空调机组专业无蜗壳离心风机获得浙江省经济和信息化委员会、浙江财政厅评定的2013年度浙江省装备制造业重点领域省内台（套）产品称号。

2013年，浙江明新风机有限公司公司累计科技成果转化项目共15项，承担省级新产品试制计划5项——新型空调用冷却风机、外转子轴流风机、GSPF高射程喷雾轴流风机、270中空机翼型叶轮冷却风机、380铸铝平板轮毂冷却风机，通过省级新产品鉴定3项——高强度纤维叶轮冷却风机、GSPF高射程喷雾轴流风机、HKF木材烘烤轴流风机，技术改造投资项目备案2项——年产万台冷却专用轴流风机、年产万台烟叶烘烤风机，通过上虞市重点科研引导专项1项——GSPF系列高射程喷雾轴流风机。另外，申报国家重点新产品1项——高强度纤维叶轮冷却风机，国家火炬计划项目1项——GSPF高射程喷雾轴流风机。获授权实用新型专利3项：一种轴流风机的中空叶片、一种轴流风机的叶柄、一种高射程喷雾轴流风机；受理专利2项：一种风机的轮毂、一种风机的轮毂与叶柄的固定结构。

2013年，上虞专用风机有限公司自主研发的DTF系列高效节能型地铁隧道轴流通风机通过省级科技成果鉴定，其技术工艺水平处于国内领先水平，并被中国质量认证中心评定为中国节能产品。2013年，公司荣获上虞区工业五十强企业、绍兴市创新型企业称号。公司实验室通过国家实验室认可委（CNAS）认证，为公司产品实现产业化、成套化、工程化、国产化提供了可靠的质量保证。

2013年，山东新风股份有限公司开发风机产品60项，其中，轨道列车空调风机31项、其他产品29项。完成高效风机产品研发12种，并顺利通过国家能效标识备案工作。为适应产品需要，改进风机性能，进行了多项加工工艺、产品结构改进和工装模具的设计。另外，公司还获得3项国家专利。2013年，公司组织召开了HEC2.5－1无刷直流外转子离心通风机鉴定会，来自中国通用机械工业协会风机分会、山东大学、山东理工大学、总后勤部建筑工程研究院、南汽集团、淄博机械研究所等单位的权威专家及淄博市科技局等与会专家对产品给予了高度评价，认定该风机整体技术处于国内领先水平。

2013年，山东临风科技股份有限公司完成2项省级科技成果鉴定，LFW高温离心通风机和LFR罗茨鼓风机于2013年3月通过山东省科技厅科技成果鉴定。其中，LFW高温离心通风机获得山东省机械工业科技进步奖二等奖和临沂市重大节能成果奖。

2013年，山东宏烨环境科技有限公司新产品研发投入169万元,新产品销售收入4 599万元。公司先后开发试制成功防爆型屋顶风机、防爆型边墙风机、防爆型箱式离心风机,同时开发出工厂用大容量高效过滤油烟净化器。其中,ZDW630-EX防爆屋顶风机完成27台,YJ-120组合式油烟净化机组完成6台,经市科技局鉴定均达到国内先进水平。

2013年,山东三牛机械有限公司与山东理工大学合作开发新型、节能、环保、高效SG系列罗茨风机,经济南市科技局鉴定达到国内先进水平。公司承担了“科技成果转换”“科技型中小企业技术创新”等研发项目,并获得了政府的奖励扶持。

2013年,常熟市鼓风机有限公司开发了多种新产品,试制完成了无锡天东机械制造有限公司高温气流染色机用TDQ系列风机、上海兰宝科技公司废气智能净化处理机组用KHF(y)NO14A风机、陕西华燕公司HY369型新型纺纱机用系列风机、无锡东宝机械制造有限公司染色机用HQF250NO4.8A风机及冶金行业钢板涂层生产线配套GZF系列干燥风机等新产品开发任务。2013年共申请专利4项,其中,授权发明专利2项,实用新型专利2项。

安徽安风风机有限公司公司同西安交通大学、合肥工业大学、安徽工程大学等科研机构及高校建立了稳定的合作伙伴关系,特别是合肥通用机械研究院流体机械研究所,已将安风风机公司列为风机研发制造、测试基地。公司与西安交通大学签订了长期“代培计划”,近三年委培风机专业技术人员20多名。2013年,研制了AFL型干法水泥线篦冷机高效节能冷却风机、C系列大型脱硫除尘风机、X45.25干法水泥线窑筒体高效节能冷却风机、AF-CW150-1.06№30F大型铜冶炼球团高温除尘风机,经安徽省科技厅、安徽省经信委等鉴定,均达到国内领先水平。

2013年,甘肃省白银风机厂有限责任公司坚持“以人为本,开拓创新,持续发展,满足顾客”的方针,加快新产品开发,积极探索新技术、新材料应用,促进产品转型升级。公司加强推进大型高温风机研发进程,促进高温风机设计制造技术向成熟化发展,积极开展高强度叶轮焊接、耐磨堆焊等工艺攻关活动。①以新建石灰窑项目和新型干法水泥生产线大型窑尾高温风机转子为目标,设计生产完成大型高温风机,同时带动和促进小型高温风机的发展,取得了较好的经济效益。②研发电石生产兰炭烘干线热风炉用BWF-CI15.5D和BWF-CI14.5D型高温风机取得成功,形成较大的市场潜力,已实现批量生产销售120万元。③开展大型高温风机转子的制造,探索和实践大型风机的整机制造。④高温风机累计实现产销380万元。同时,补充和完善了离心鼓风机系列产品,其中,完成DW400-11G离心鼓风机新产品设计,以实现流量300~500m^3/min离心鼓风机,达到科学合理经济配套。2013年完成新产品产值1 221.16万元,占工业总产值的33.8%。2013年电石炉炉气回收用DW550-11G高效离心鼓风机获国家重点新产品计划;离心通风机再次被认定为甘肃省名牌产品,获得白银市奖励资金4万元。公司积极用好国家、省市支持企业发展的有利政策,争取国家和政府项目补助资金。其中:大型窑炉高温风机研制项目申报了省工信委技术创新专项项目,获得省级财政资金支持30万元;工业废气回收利用高效风机研究与开发项目申报了省科技厅2013年科技支撑计划专项,获得批准立项,并给予10万元资金支持;大型高温风机研制申报了白银市科技计划项目,给予15万元资金支持;新产品DW550-11G离心鼓风机通过鉴定,其技术指标达到国内领先水平,获得白银市新产品新技术奖励资金20万元。

南方风机股份有限公司的第三代核电站核岛通风与空气处理系统设备国产化项目被列入国家高技术研究发展计划(“863”计划)。当前,已完成7种产品的研制,并已取得2项实用新型专利,该项目打破国外技术封锁和技术垄断,替代进口产品,降低核电建设成本,全面实现了百万千瓦级压水堆核电站核岛HVAC系统及设备100%国产化的目标。公司的隧道领域静电除尘设备研发项目获得南海区环保产业创新发展专项资金,项目研发投入大、周期长,当前处于设备成套及系统研发阶段,计划在2015年完成设备的定型生产。该项目将填补我国在道路隧道中应用环保设备的空白,减少污染空气排放,降低环境污染,有良好的发展前景和社会效益。2013年,完成新产品HJDGB－11A核级密闭型离心风机36台、HJAA－13A核级高压轴流风机77台、DCL(LSJH－41－1)核级净化机组16台、LSJH－41－1核级高压致密型过滤器箱体16台、LSJH－31－1核级预过滤器/高效过滤器排架8台、LSFM46－2安全级低泄漏快速隔离阀165台、LSFM52－2安全级低泄漏多叶止回阀265台,经中国核动力研究设计院核级设备鉴定中心鉴定,均达到国内或国外先进水平;完成LSKT－31－1/2DWL1 318CL吊装式核级冷风机组42台,达到国内先进水平。

宁夏银川银风风机有限责任公司进行了风机性能在线监测及现场性能测试系统的研发。这套系统可用于现场测试系统,克服现有测试系统测试繁琐、不易操作、携带不便等缺点。该项目已完成原型设计制造并投入实验,通过对宁夏中宁赛马水泥公司2013年改造项目的前期调研得知,公司新建的生产线上使用的Y6－2×51No13F双吸离心通风机运转正常,性能达标。

山东海福德机械有限公司研制生产的MD－450型三叶罗茨鼓风机,经济南市产品质量监督检验所鉴定,达到国内先进水平。

湖北双剑鼓风机股份有限公司自主研发的SJ2M456压缩机,应用于中海油山东某基地项目。公司研制的新产品还有离心制酸风机、环保曝气风机、电站风机及离心鼓风机等。2013年申报专利9项,其中,发明专利2项、实用新型专利7项。

中航黎明锦西化工机械(集团)有限责任公司研制并生产2台2MCL455离心式硫化氢压缩机,经葫芦岛市科技局鉴定,达到国内先进水平,并获得市科研成果奖和市科技奖三等奖。

五、质量及标准

1. 质量及质量管理

截至2013年年底,风机分会181家企业会员中,已有170家企业通过了ISO9000质量管理体系认证,占企业会员总数的93.9%。通过实施全面质量管理,企业管理水平和产品质量得到了不断提升。

沈阳鼓风机集团股份有限公司加强质量管理,以客户为关注焦点,通过质量改进活动,坚决杜绝低级、重复性错误发生。全年共收集质量异常信息1 346项,制定8D项目43项、QC课题21项;通过了API Q1、ISO9001、ASME等体系证书年度审核;开展专项铸件外观质量控制、压缩机仪表管线布置、涂装表面和焊壳外观质量改进等,显著提升了产品质量和企业信誉。2013年主要件主要项抽查合格率为99.61%,比上年增加1.86个百分点;机械加工综合废品率为0.03%;产品质量“三包”修赔率为0.16%,比上年下降0.32个百分点。

陕西鼓风机(集团)有限公司围绕企业发展战略,以提高员工的质量意识和质量责任心为切入点,引入先进的质量管理理念、方法并取得实效,推动了企业质量管理水平和产品质量的全面提高,使质量管理成为落实企业发展战略的有力支撑。公司不断对质量管理体系进行调整和延伸,积极贯彻GJB 9001B—2009质量管理体系要求,实施国军标质量管理体系认证。公司致力于坚持不懈地以“零缺陷”为核心——“第一次就把事情做对”为质量文化的基础,在公司“五大特色文化”体系的基础上,塑造出了事前文化、“三现”文化、铁面文化、落实文化、改进文化和客户文化等质量文化体系,通过有针对性的质量教育和培训,让员工懂得如何做才是对的,明确每个工作环节的标准和要求,增强员工第一次把事情做正确的能力,不断提升公司质量管理水平。2013年,公司完成部级成果2项、陕西省成果2项、西安市成果5项。

2013年,重庆通用工业(集团)有限责任公司加强产品质量管控,产品质量得到大幅改善。具体措施包括：一是严格质量考核和工艺纪律稽查，全年对相关责任部门和人员罚款93 099元。二是加强外检控制，有效提高了外购、外协件配套质量。全年外协外购件不良频次比2012年下降36.57%，外配套不良频次下降25%。三是加强质量管理体系审核稽查，保证质量体系的有效运行。四是开展质量管理改进，并完善相关制度，开展检计人员操作技能培训，提高了员工的质量意识和操作技能。五是强化技术对产品的可靠性的保证，全年没有发生一例重大技术责任事故。六是持续推行零部件流转卡和细节质量控制计划，产品过程质量控制取得较好效果。通过不断强化质量管控，不仅常规产品试车合格率达到100%，大型压缩机也全部一次性试车合格，产品质量特别是外观质量得到明显改善，受到监理和用户的好评。公司还开展了“质量放心员工”工作，不仅稳定了生产骨干队伍，而且员工质量意识和工作热情得到了有效激发，生产管理明显改善。特别是四季度计划管理改进后，产品交货期得到了更好的保障，4台BCD140鼓风机主要加工件实现了7天成套、14天完成装配发货，晋煤天庆氨压缩机从机壳回厂到装配试车仅用时2个月，出口菲律宾的高温风机叶轮角焊缝超声波探伤一次性合格。

2013年，四平鼓风机股份有限公司严格质量管理，加强质量改进，努力提高产品质量。具体做法：一是进一步加强质量体系建设。为迎接长城（天津）质量保证中心外部监督审核，组织一次内部审核，并对两次审核中发现的不合格项及时进行整改和关闭，对审核中提出的问题也进行整改，确保质量体系运行的符合性、适宜性和有效性。二是不断加强质量检验与控制工作。在进货检验方面，以轴承、主轴型材及锻件、膜片联轴器、叶轮用板材、轴承箱等A类物资为重点，加强质量控制和供方评价，对不合格的轴承、锻件主轴、焊丝等物资进行拒收、退货或报废处理，确保进货物资满足质量要求；在过程与最终检验方面，以关键工序、特殊工序和叶轮旋转件及产品外观质量为重点，加大质量检验力度，严格叶轮堆焊质量，强化主轴、轴盘和联轴器等的关键部位尺寸精度和粗糙度控制，加强关键部件的无损探伤，加大关键装配过程和涂装质量检验与控制力度，并针对重点项目产品实行A级检验，通过不定期“A检”、巡检、抽检等方式，严把质量关，促进产品质量的提高。三是有针对性地强化质量改进工作。针对叶轮裂纹、补强环开裂问题，重点从焊缝拼接方式、特殊材料进货渠道和焊丝的合格供方选择等方面采取一系列措施，取得了初步成效；从工艺改进、检验卡控制、叶轮对接、焊接和回火变形以及叶轮车削等方面采取一系列措施，改进煤气风机叶轮偏摆过大、前后盘平衡质量不均的问题；通过严格供方评价、更换供方厂家和加强打压控制等措施，改进轴承箱漏水、裂纹问题；针对风机叶轮联接螺栓松动问题，通过专题会议研究，严格工序检验卡和机加尺寸控制及轴承箱找正等。另外，通过严格标准，加强抽检和专人控制，使铆焊件外观质量、涂装质量进一步提高。四是严格质量管理制度，加强质量责任追究。按时组织召开月份质量会，及时通报内外部质量问题，并针对出现的质量问题予以分析，制定相应的纠正和预防措施。针对重大和重复发生的质量问题，加大质量追究和处罚力度，对情节严重的人员予以解除劳动合同处理，提高了职工的质量意识和责任意识。

山东省章丘鼓风机股份有限公司严格按照上市公司的要求规范运作，强化各项决策的科学性和透明度，促进公司的管理升级和体制创新。公司在管理方面锐意进取、持续创新，始终坚持“质量第一”的方针，强化职工的质量意识，在全公司开展做“精品工程”的号召，推行“5S”管理活动，开展“建立学习型组织”，实行“优质优价”即“优质岗”活动，广泛推行群众性QC小组活动，运用多种质量改进工具和先进的管理方法，不断完善质量管理体系，推动产品质量的提高。公司定期召开质量分析会，对发现的问题制定整改措施。同时，加强对质检工作的管理，坚持每周的质量检验例会，传递质量信息，有效地保证产品的质量。2013年7月，在章丘市首届市长质量奖颁奖大会上，公司荣获章丘市“市长质量奖组织奖”。

长沙鼓风机厂有限责任公司自2013年5月份以来，启动质量提升工作计划，先后出台“2013年产品质量提升活动工作计划”和“产品质量提升考评激励办法”，组织召开班组长以上管理人员的专题动员会，明确质量管理改进的要求和措施，从过程控制、出厂检验等环节入手，完善相关细节的职责和工作程序，加强过程监控与质量把关，着力解决服务过程反馈的质量缺陷和常发性质量问题，取得了预期的成效，产品质量状况和工作质量均得到实质性提高。

浙江金盾风机股份有限公司为进一步加强质量管理控制工作，确保公司的质量管理体系有效运行，为客户提供更优质的产品服务，多次举行“质量月”等质量管理控制的相关活动。通过学习和探讨质量体系文件、提合理化建议、建立质量追查反馈机制等多种形式，提高产品质量，真正把质量意识落实到每个员工的实际工作中去。同时，加大对产品的检查力度，按照程序文件及工艺文件要求，对半成品进行严格抽样检查，严防不合格品流入下一道工序。正是基于对产品质量的严苛追求，公司获得“2013年度绍兴市上虞区区长质量奖”。

山东新风股份有限公司于2013年2月21日召开了质量工作专题会议，部署年度质量管理目标任务，提出了“转变观念、提升装备、从细做起、从严要求、为实现公司经营目标而努力工作”的年度质量工作重点。公司不断健全质量管理体系，员工质量意识有了很大提高。在生产过程中，品保部质检员与车间操作工人严格进行检验与操作，使公司产品质量再上一个新台阶，产品合格率得到持续稳定的发展，实现“电机一次装配率达到98.51%、风机一次装配率达到98.53%、零部件一次喷塑合格率达到99.65%、定子嵌线一次加工合格率达到99.25%、零部件合格率达到99.94%”的好成绩。公司产品在淄博市质量技术监督局的监督抽查中全部合格，以高品质产品提升了公司形象和知名度。

甘肃省白银风机厂有限责任公司加强日常质量管理，使质量管理体系运行有效，产品质量控制有效，全年各车间入库产品合格率100%，下料、铆焊加工合格率98.8%，总装一次装配合格率86%，机加工合格率97.8%。公司执行产品质量分等考核和质量管理绩效百分考核。从产品质量分等考核执行效果看，基本上刹住了职工只追求计件、忽视质量的风气，抑制了产品质量下滑的势头，下半年产品质量得到了稳定和提高；通过对质量相关管理人员实行绩效百分考核，使相关部门质量意识得到了提高，保持了质量管理体系有效运行。公司建设风机检测中心，改进、提高和完备检验、检测设施，并配套和升级了试验设施，为产品检测提供了有力保障。公司在省级技术中心、白银市科技型企业基础上创建了白银市工程技术中心。

内蒙古天福风机有限公司持续提高质量管理水平，注重改良和完善整个工作的过程。公司本着“删繁就简，切实有效”的原则，随时进行质量测量过程的文件规范。坚持教育与考核相结合，全员共筑质量监督屏，并利用质量方针、质量承诺、质量目标的量化实施，对外推出质量保险的过硬形象，对内以ISO9001体系有效运转和持续改进为主线，实施全面监测和考核，以此实现产品质量的稳步提高。公司坚持例会和现场工作会相互结合的方式，找到问题，确定实施方案，跟踪实施结果，取得了良好的持续效应。售后服务事项全年共发生7起，主要是指导安装及配套件问题，直接风机产品质量问题所占比重不大。无论客户遇到什么问题，三包服务人员都积极为之解决，出色地打理售后服务，打出了公司以顾客为关注焦点的鲜明观点，售后满意度98%，赢得了社会的诚信认可。

2. 标准化工作

2013年，全国风机标准化技术委员会(简称标委会)在上级有关部门和中国通用机械工业协会风机分会的组织下，完成了风机行业各项标准化工作任务。

（1）为使能效标识管理制度及能源政策有效实施，适应我国节能政策的变化和国际风机能效标准的发展方向，认真落实国家对节能减排的要求，标委会进一步开展自主创新、作好节能减排标准的制修订工作。作为“十二五”急需重点项目，标委会组织完成对罗茨鼓风机能效标准的立项并上报。工信厅科〔2013〕299号《关于印发2013年第二批行业标准制修订计划（机械行业部分）的通知》批准了《一般用途罗茨鼓风机能效限定值及节能评价值》标准（计划编号：2013－0767T－JB）。该能效标准的制定，为加强节能管理，推动节能技术进步，规范和引导用能产品市场，提供了检验的依据；更加适应罗茨鼓风机制造及应用领域的发展需求，提升罗茨鼓风机制造水平，促进罗茨鼓风机设计、制造技术的进一步发展。

（2）安全标准制修订工作。为淘汰技术落后产品，提高产品的安全质量和制造水平，推动技术进步，标委会根据企业及市场的需求，作为“十二五”规划的重点项目，组织立项了《防爆屋顶通风机》《防爆罗茨鼓风机》和《罗茨鼓风机隔声罩》3项行业安全标准，并修订了《消防排烟通风机》标准。

《防爆屋顶通风机》《防爆罗茨鼓风机》和《罗茨鼓风机隔声罩》标准的立项，填补了该专业领域的空白，进一步规范了风机市场的秩序，增强了产品的安全性，完善了风机行业安全标准体系。

（3）完成风机标准的制修订工作。组织制修订《工业尾气能量回收透平膨胀机》等15项标准，完成标准报批稿及相关资料，并已上报。完成报批国家标准1项：《工业尾气能量回收透平膨胀机》，完成报批制修订行业标准共计14项，分别是《防爆屋顶通风机》《消防排烟通风机》《冷却塔轴流通风机》《一般用途罗茨鼓风机　第1部分：技术条件》《一般用途罗茨鼓风机　第2部分：性能试验方法》《通风机振动检测及其限值》《通风机噪声限值》《通风机　产品型号编制方法》《通风机转子平衡》《矿井局部通风机　技术条件》《风机配套消声器　性能试验方法》《通风机　焊接质量检验技术条件》《通风机　铆焊件技术条件》和《一般用途轴流式压缩机》。

（4）标准的立项工作。根据工信部及中国机械工业联合会的要求，标委会完成《风机包装通用技术条件》《风机用消声器　技术条件》《矿井离心通风机　技术条件》《隧道用射流风机　技术条件》《隧道轴流式通风机》《通风机叶轮超速试验》《风机用铸钢件　技术条件》和《风机用铸铁件　技术条件》等8项制修订标准的立项。

（5）标准发布情况。2013年发布国家标准及行业标准共计5项：GB/T 29542—2013《工业尾气能量回收透平膨胀机》、JB/T 8822—2013《高温离心通风机　技术条件》、JB/T 11417—2013《烟叶烘烤风机　技术条件》、JB/T 11418—2013《诱导通风机　技术条件》和JB/T 11419—2013《蒸发式冷凝器冷却通风机　技术条件》

（6）完成风机专业领域机械工业“十二五”技术标准体系建设方案的编制工作。根据机联秘标〔2012〕168号《机械工业“十二五”技术标准体系建设方案》要求，在风机领域专业标准体系现状分析的基础上，加强专业领域的分析研究，全面覆盖本专业领域的各个细分领域；研究建立技术标准体系（包括体系框架和体系表），明确了“十二五”期间制修订标准的重点项目和一般标准项目，有利于突出工作重点，明确标准发展方向，提高我国风机行业标准化总体水平。

（7）国际标准化工作。标委会担负着ISO/TC117和ISO/TC118/SC1等国际标准化技术对口工作，包括对国际标准文件的表态、国际标准的审查投票工作，审查我国提案和国际标准的中文译稿，以及提出对外开展标准化技术交流活动的建议等。

应国际标准化组织ISO/TC117的邀请，2013年4月，标委会组织专家参加了在赫尔辛基召开的第27届ISO/TC117国际标准化会议，组织赴德国参观汉诺威工业博览会。同时，参加标准组讨论ISO5801《风机性能试验标准》，该国际标准已转化为我国的国家标准 GB1236《工业通风机用标准化风道进行性能试验》，现已在我国风机行业中普遍使用。

(8)组织标准宣贯及培训。标委会为了更好地贯彻实施通风机、鼓风机能效标准，落实国家对节能减排的要求，配合国家实行能效标识管理制度，于2013 年10 月举办 GB 19761—2009《通风机能效限定值及能效等级》和 GB 28381—2012《离心鼓风机能效限定值及节能评价值》能效标准的宣贯会议，风机行业企业相关技术人员参加了会议，对更好地贯彻实施能效标准、提高节能风机产品质量和水平起到了重要的推动作用。

六、基本建设及技术改造

2013 年，风机行业企业共完成固定资产投资 201 213 万元，比上年增长 5.98%，增幅比上年下降 65.9 个百分点。其中，设备购置投资 125 922 万元，比上年增长 17.73%。

沈阳鼓风机集团股份有限公司的核泵国产化研发生产基地建设项目，于 2013 年 7 月完成项目验收工作。营口透平装备有限公司建设项目，包括大型透平压缩机组研发(实验)中心建设项目、国家能源大型透平压缩机组研发(实验)中心完善及为煤化工配套大型压缩机组研制项目处于施工阶段，已经采购了部分机加设备，并在安装调试。核三级泵试验台测控系统改造、试验车间试验冷却水系统改造及输油管线泵试验台改造等核电及重大工程用泵能力建设项目已完成。

2013 年，陕西鼓风机(集团)有限公司通过国家投资和自筹资金，实施了多项技术改造项目。其中："面向全生命周期的 MRO 核心软件行业应用"项目，已完成第一阶段任务，正在准备验收工作；"立式干气密封氦气压缩机核心部分研制与试验"项目，已启动氦气压缩机样机制造；"高空发动机试验台位压缩机组开发"项目，已完成现场 AV100、AV71 机械运转试验等；"8 万 m^3/h 空分装置用空分压缩机组的开发与样机制造"项目，EIZ160 完成工厂试验，正在整改，进行多轴增压机详细设计；"150 万 t/a PTA 装置用多轴原料空气压缩机组及工艺系统研究"项目，所有配套设备就位，大部分粗管道预置完，完成 40% 管道的安装，进行汽轮机及联轴器安装；"单线 100 万 t/a PTA 工艺空气压缩机组开发"项目，完成总体设计；"10 万 m^3/h 等级空分压缩机组的开发"项目，主空压机下机壳与隔板加工基本完成；"低品位余热回收 ORC(有机郎肯循环)系统技术研究"项目，完成 ORC 试验台位的蒸汽管道和冷却水管道的铺设，完成蒸发器、冷凝器工质泵储液管及有机透平机组基础的安装与建设，完成实验台位中有机透平机组的生产及试车任务。

2013 年，上海鼓风机厂有限公司技术改造项目投资总额 8 600 万元，其中：设备投资及改造 5 841 万元，工艺路线调整、车间改造 1 952 万元，研发及其他 807 万元。"高温堆主氦风机和燃料球压缩机重点装备技术改造"项目已基本完成，山东荣成 20 万 kW 高温堆主氦风机样机，于年底前完成制造，进入试验阶段。作为重点技改项目的主氦风机试验台位的土建、设备、配电、PLC 安装调试工作已经达到预期目标。主氦风机试验用配电从老试车车间 3 200kW 扩容到 8 200kW，新的试验台位长 27m、宽 22m、高 3.5m，试车单机重量可达 70t 以上。技术改造项目中引进了两台法国五轴联动加工中心，解决了高端叶轮加工的难题。

2013 年，重庆通用工业(集团)有限责任公司严格按照机电集团公司工程建设和项目投资管理的相关规定以及公司"三重一大"要求，加强重点建设项目的过程监控，确保重点项目运行规范、推进高效和风险可控，两个重点项目均按照计划顺利竣工。成飞公司锡林浩特基地于 6 月份建成并迅速投入生产，全年累计产值达到 5 000 万元；潼南工业园区污水处理 BOT 项目 12 月完成全部建设，并已经向甲方申请了工程完工验收；焊烟除尘系统改造项目合计完成投资 3.05 万元，占计划投资的 19%；安全保卫项目完成室外消防器材挡雨篷安装、冷焊联合厂房安全防护网安装，完成投资 0.577 万元，占计划投资的29%；生产场地基本建设，完成风电叶片生产场地改造、风机制冷机生产场地和检测设备地基安装，共计完成投资398万元；梁式起重机改造项目已全面完成。

2013年，四平鼓风机股份有限公司在流动资金异常紧张的情况下，为改善职工生产设施和环境，保证安全生产，不断加大投入，促进了企业和谐稳定发展。一是进一步加大了厂房等硬件设施的维护工作，对装配车间地面和厂区部分路面进行了维修，完成了新设备基础制作、电缆沟处理、大门垛维修和破损玻璃安装等。二是完成了锅炉房改造，更换了两台10t锅炉和设备内部耐火层及部分阀门管件，满足了冬季供暖需要。三是落实责任，狠抓安全生产。通过开展"安全月"活动，深入开展日常检查和自查，更换了破损和老化的氧气乙炔表、氧气乙炔带和吊装工具，确保职工安全。四是切实加强安全防火、安全防范和综合治理工作。公司主要领导亲自带队进行多次检查，组织召开专题会议，落实相应组织机构，明确职责，强加自检自查，对发现的隐患及时进行了整改。

江苏金通灵流体机械科技股份有限公司四期工程项目基建工作基本完成，已投入资金13 000万元，部分加工测试设备安装完成，汽轮机生产所需的设备采购陆续到位，为生产加工做好准备。列入国家产业振兴和技术改造专项的高压离心鼓风机扩产项目，完成投资330万元，已完成验收。

山东省章丘鼓风机股份有限公司上市的3个募投项目：新型节能罗茨鼓风机项目，2013年投资1 692万元，主要用于购入设备；离心鼓风机项目，2013年投资809万元，主要用于购入设备；气力输送生产（工程）基地项目，2013年投资626元，主要用于购入加工设备。此外，公司的大型磨机车间总投资2 217万元，新建成16 800m^{2}的生产加工车间，并购入相应的加工设备。2013年，为缓解各子公司生产压力，扩大生产规模，公司先后投资近3 000万元购买数控车床、日本卧式镗铣床、双工作台卧式加工中心、数控龙门刨床及动平衡机等设备。原风机配套车间已于2013年4月份搬迁至面积为11 880m^{2}的新车间，优化了工艺和流程，提高了效率和质量，扩大了产能；原风机配套车间用于工业泵厂扩大生产规模，促使渣浆泵项目进入快速发展的阶段；用于大型磨机生产制造的钢结构生产车间面积16 800m^2，于2013年12月份完工。

湖北省风机厂有限公司的大气治理、污水处理高效环保系列风机技术改造项目列入2013年国家产业振兴和技术改造专项。该项目系列产品部分填补国内空白，可替代进口，产品在成本和技术上都有明显的竞争优势，具有广阔的推广前景。通过技术改造达正常生产后，每年可生产该系列风机380台(套)，新增销售收入31 720万元。企业加工设备、检测设备得到进一步完善，大型箱式退火炉、大型喷丸室、全自动测试系统、力学试验机等设备的投入使用，优化了产品制造的工艺流程，提高了生产效率，大大降低了生产成本，为公司产品的品牌建设提供了硬实力。

浙江明新风机有限公司的年产万台冷却专用轴流风机项目总投入6 000万元，于2013年12月完成。项目主要建设内容及规模：采用中空机翼叶片设计技术或工艺，引进具有国内外先进水平的生产和检测设备，购置数控机床、冲床、空压机、焊接设备、起重机、液压机、精密测量仪、计算机及应用软件等设备。项目建成后，形成年产10 000台冷却专用轴流风机的生产能力。年产万台烟叶烘烤风机项目总投入1 000万元，于2013年12月完成。项目主要建设内容及规模：主要采用单边法兰设计、高压压铸成型、表面喷砂处理、无铆钉焊接等先进技术或工艺，引进具有国内先进水平的生产和检测设备，购置数控机床、冲床、焊接设备、起重机、液压机、精密测量仪、计算机及应用软件等国产设备。项目建成后，形成年产10 000台烟叶烘烤风机的生产能力。

2013年，青岛风机厂有限公司新建厂房占地面积5 700m^2。新建成的厂房将成为公司与日本大西株式会社合作生产船用通风机的生产场地。通过引进日本大西株式会社先进的生产技术，学习国际先进的管理和生产模式，提高企业自身水平，从而带动企业其他产品技术质量的提高。

山东新风股份有限公司投资300万元购进风机铆接设备、数控剪板机、哈格压铆机、中频逆变直流点焊机等先进设备，有效地降低公司生产成本，大幅提高公司的焊接工艺水平和产品品质。公司还对喷塑流水线进行了整体改造，更换不锈钢喷粉室，改善粉末回收装置。通过改造，不仅净化了操作工人的工作环境，也极大地提高了塑粉原材料的利用率，达到了环保节能降耗的预期目的。

2013年，山东宏烨环境科技有限公司围绕增量提升、结构调整的主题，自筹资金657万元，新增7 500m^{2}的车间一幢；投资67万元完成组合式空调机组保温板复合发泡生产线，将产品装配线、下线检测集中，满足组合式空调机组与组合式油烟净化器生产的需要，主体工程已经完工，投入使用后可新增组合式空调机组5 000台、组合式油烟净化器5 000台；投资175万元完成风机系统试验室建设，投资32万元增加屋顶风机部件预装生产线两条。

山东临风科技股份有限公司的鼓风机生产技术改造项目合计投入2 179万元，已经全部完成。公司主要新增大型数控立式车床、刨台式数控镗铣床和加工中心等设备，增加抛丸机、静电喷塑机和退火炉等设备，可实现大型工件精密数控加工控制，大型焊接件和铸件的消除应力处理。

2013年，山东三牛机械有限公司累计投资5 000余万元，建立了15 000m^{2}的现代化生产车间，购买了三坐标测量仪、卧式加工中心、立式加工中心、双面曲线刨床、数控坐标镗床、数控车床、全自动风机检测平台等高精度加工设备。

安徽安风风机有限公司投资15万元，完成公司执行信息系统（MES）建设；投资60万元，完成年产300台（套）节能风机生产线技术改造；投资15万元，完成特种高效节能风机模型科技成果转化项目。

2013年，长沙鼓风机厂有限责任公司膜分离制氧节能技术用罗茨鼓风机产业化技术改造项目，自筹资金1 300万元，已经全部完成。

南方风机股份有限公司利用募投资金对公司原有的检测实验室进行技术升级改造，总投资3 500万元。新的检测实验室占地面积5 060m^2，划分5个检测区域、1个扩展区域和1个办公区域，对各类产品进行检测和试验管理。主要试验设备有风室试验装置、消声室试验装置、空调机组检测系统、风机性能测试系统、高温试验系统、推力测试台、叶轮超速试验装置和机械运转试验平台以及远程控制系统、视频监控系统等。EPR1000先进型压水堆核电站核岛通风空调关键设备技术改造项目，财政拨款1 100万元，当前已完成7种新产品的技术研发工作。另外，满足产能要求的厂房改造基本完成。

宁夏银川银风风机有限责任公司的高温及矿用大型风机技改项目，总投资1 500万元，分三期实施，首期已投入629万元。该项目改造包括：新建一个1 440m^{2}标准化重型车间，购置50t/20t双梁桥式吊车、30t动平衡机、大型立式车床、旋压机等部分大型设备，以开发高温风机、大型矿井主扇风机及其他系列风机向大型风机延伸，实现风机产品生产的系列化、大型化。项目实施后，每年可为企业增加销售收入约2 000万元。2013年，公司自筹资金125万元，完成了喷砂房、振动时效和风机性能在线监测及现场性能测试系统。

七、企业经营管理及改革

2013年，沈阳鼓风机集团股份有限公司按照现代化营销管理要求，深化营销管控体系建设，将战略重点分解为重点管控、营销管理、营销团队建设和导向激励等考核指标，用细化的指标指导子公司的市场开拓工作，使子公司销售管理观念发生转变，营销管理水平得到快速提升。2013年，集团积极部署服务资源整合，谋求由制造服务向服务制造转变的途径。在原有服务业务职能的基础上，通过规划管控流程，制定服务领域营销指标等方式，指导和拉动各子公司加大服务业工作开展力度、拓宽服务渠道，全年集团生产性服务业订货同比增长7.8%。集团以技术练兵、技能比武为契机，着力全面提升员工的技术水平，有128人在市技能大赛中获奖。2013年，集团在中外企业峰会上荣获“改革开放35周年企业文化竞争力三十强单位”称号，是沈阳市工业企业中唯一获此殊荣的企业。集团首次获得全国“重合同守信用”企业称号，入围“中国制造业企业500强”和“工业大奖”评选，被工业和信息化部、中国机械工业联合会评为“通用机械行业两化融合示范标杆企业”，荣获“2013年度中国化工装备百强企业排行榜”第一名，获辽宁省企业创新奖。此外，荣获辽宁省国防教育委员会评定的“省国防教育百优企业”称号，成为辽沈地区装备制造行业唯一获此殊荣的企业。

陕西鼓风机（集团）有限公司随着战略转型以及三大业务板块的发展，从关注供应商日常履约进度、产品质量的管理向与各供应商实现紧密合作、共赢发展转变，逐步同各供应商建立起技术关联、市场配合、商业支持以及协作紧密的合作伙伴关系。2013年，在供应商管理制度建设、流程优化方面进行了梳理和改进，对供方的日常管理、准入及评审管理、产品重要度分类管理、供方复评分级等程序进行了规范。为了搭建一个公平有序的供应商竞争平台，与各供应商签订“外联企业合作公约”；同时建立统一的采购平台，实现公司内部各子公司之间的供应商资源共享。为了实现共赢发展的合作目标，公司帮助供应链中企业解决自身运营资金短缺的问题，向部分供应商开展委托贷款业务。此外，关注供应商的运营发展，在日常合作过程中指派企业的工程技术和质量管理人员等，对供应商的技术开发、生产制造过程给予实地指导和日常咨询服务，扶持供应链企业的发展。公司建立商讯通，实现了与供应商之间的日常实时信息互动交流，规范了配套采购执行，提高了工作效率和质量。公司加强与客户、供应商、高校、科研院所、金融机构等战略合作伙伴之间的合作，通过资源分享、项目合作、商业模式的创新等方式，实现双方价值共创共享。例如，公司联合宝钢集团和中冶赛迪创新技术研发模式，以宝钢湛江项目为基础开展了大型高炉鼓风系统和TRT系统技术提升的攻关，完成了“大型高炉鼓风系统技术提升”和“大型高炉能量回收系统技术提升”攻关阶段性课题项目。公司与战略合作伙伴唐山钢铁集团在技术研发和市场开拓中达成共识，双方资源全面共享，将多项节能创效合作项目进行联合开发，开创“唐钢模式”，取得了良好的效果。

上海鼓风机厂有限公司根据构建“整洁和谐的上鼓”要求，开展了一系列活动。①开展党的群众路线教育实践活动，推进企业和谐关系和经济工作的完成。②积极开展创建上海市文明单位和创建诚信企业活动。公司围绕各项经济技术指标，明确各个部门的工作目标，并通过干部聘任经济责任制的形式，层层落实，获得了上海市文明单位和诚信企业称号。③开展劳动竞赛活动。2013年，在任务相当繁重的情况下，公司适时组织阶段性劳动竞赛。在5月初，组织了“奋战六十天，确保双过半”的劳动竞赛；在第三季度，组织了“战高温、抢订单、上产能、促服务”的劳动竞赛；在第四季度，开展了“奋战四季度，确保全年目标实现”的劳动竞赛。每一次劳动竞赛，都由公司行政、工会领导同部门车间行政工会领导一起签订责任书，并根据完成情况进行考核。

2013年，江苏金通灵流体机械科技股份有限公司对组织机构进行了较大调整，职能部门由11个缩减为8个，职能部门人数由2012年的160人减少为120人。公司规范重组了8个以效益为核心的经营性分（子）公司，加强指导服务，做好过程监督；完善二级管理制度，在集团内部实行专业化管理模式，以产品为导向，分为鼓风机、压缩机、汽轮机三大产业，各自组织完整的生产经营管理班子，通过制度的落实实现对分公司的管理监督，规范各项生产、贸易流程，通过建立内部、外部贸易的价格体系，使集团内部市场运行走向正常化；调整Q/E/H管理体系，根据集团化二级管理模式，对集团公司体系文件进行重新编写，组织各分公司对各自的体系文件进行重新编写，通过体系内审、外审整改各项问题，推动企业基础管理工作；推进绩效考核管理，将以生产、质量、安全为重点的月度绩效考核管理办法，调整为对各分子公司经营指标完成情况进行考核的模式，对订单、销售、利润、资金回笼、质量绩效、安全绩效及日常管理等方面进行考核。2013年，绩效考核管理模式的推行取得了显著成绩，促使各分公司领导以职业经理人的心态去面对管理工作，提高责任感，以利润目标的实现衡量工作成绩。

山东省章丘鼓风机股份有限公司实施科学规范管理，将管理工作深入细化到每一个步骤和环节，实施科学有效的管理新方法。针对在产成品发货和出门手续不完善，对已发货未开票的产成品管理疏漏问题，理顺发货程序，避免疏漏，同时控制了应收账款的增加；为加强对外协、外购物资结算、签字入账的管理，杜绝开错发票现象发生，制定了“关于加强外协、外购物资结算、签字入账等管理的规定”和“关于对在外购、外协物资签字入账过程中发现问题进行奖励的规定”，提高广大干部职工的积极性，鼓励大家及时发现问题；为规范公司应收账款的管理，最大限度减少经营风险，制定了“关于规范应收账款管理的规定”，从应收账款的清收、利息的承担、无法清收的应收账款怎样处理等几个方面来加强应收账款的管理。通过规定的制定和实施，有效地解决了管理中存在的漏洞和问题，促使公司内部管理再上一个新的台阶。

长沙鼓风机厂有限责任公司构建立体化营销体系，修订完善“销售承包实施方案”，以政策激励为驱动，以制度体制为保障，提升销售人员的积极性和工作效率，有效地保持了一定的订货规模；调整营销策略，加强销售管理，快速应变市场信息，注重业务的拓展和服务质量的提升，强化市场攻坚力量；特别是2013年实施“330项目”（企业内部提出的针对3台以上、30万元以上的合同）管理以来，已逐步形成了一套行之有效的工作方法，大大开拓了管理提升活动的实践思路。公司加强产销管理，在狠抓产销对接过程中，全面导入“做对、做好、做快”的工作理念，全面关注从销售计划到生产作业计划等各项计划，进行合理分析和安排，保证计划衔接的精准性、同步性和及时性，进一步强化了生产系统整体的联动作用和运行效率。同时，通过实施质量提升措施，确保了产品产量和质量的双提升，较好地保障了销售需求。在成本管控方面，公司在年初建立了年度降成本的总体目标和要求，细化各项具体指标并分解落实到各部门，每季度对照指标实施目标管理考核。在队伍建设方面，公司领导继续实行月度重点工作计划评审制度，将经营目标与阶段性重点工作按月进行分解落实；对中层干部继续推行KPI绩效考核制度，行政、党群序列职能工作一并进行量化考核；将考核测评延伸至员工层面，由各部门对每一位员工的工作绩效进行测评，测评结果与年终奖金挂钩。通过绩效考核的全面覆盖和推行，提升了企业的管理绩效与执行力。2013年，公司深化改革工作顺利推进，完成了与市企业国资公司、中航起落架公司的合作购并重组。

甘肃省白银风机厂有限责任公司面对市场经济不景气的大环境，强化生产，规范流程管理，提升企业产能。①进一步完善计件工资的实施。对车间管理人员工资进行改革，与全厂计件挂钩，提高了车间管理人员的工作积极性。对生产一线职工进行了技术等级考核，提高职工学技术、练本领的自觉性。②加强生产管理，努力实现均衡生产。一是生产管理工作始终贯穿以保证供货为中心、以安全生产为保障、以现场管理为基础的总体要求。坚持“两会两检查”制度，每天上班前工作碰头会，每周一生产调度会，着力解决影响效率的“瓶颈”现象。二是加强信息化管理工作，利用生产管理系统（内部局域网），将信息共享最大化，将生产信息的传输与监控纳入生产运行的正常管理，不断提高管理水平，发挥生产局域网的优势。三是对在制品加强监管力度。③加强设备管理，保证生产设施的正常运转。对以往的设备考核进一步细化，充分发挥设备的效能，提高设备的完好率和使用效率，设备运转完好率在95%以上，保证了特种设备的正常运行。④加强和完善财务管理工作，确保目标任务完成。加强资金回笼，及时清欠应收、应付款。⑤加强企业文化建设。组织职工参加白银市第十二个“安全生产月”宣传活动。继续做好和兰州理工大学的互帮互学活动，开展多方位的技术交流。组织职工参加工勤技能技术等级考试，提高广大员工的综合素质。⑥加强安全监管，确保生产安全。公司继续贯彻执行安全管理考核办法，推进百分考核。全年共投入安全费用39.1万元，改造安全生产设备3台(套)，改造了厂区安全监控网和安全气管网。做好三级安全培训，对新上岗职工进行上岗安全培训，对老职工进行安全知识普及培训；对到期的特种岗位操作人员电工、焊工进行安全培训；结合开展群众路线教育实践活动，开展消防安全知识学习，强化安全意识。

2013年，浙江明新风机有限公司完善企业管理体系，对公司管理制度进行了适当的修订。同时，开展卓越绩效模式，按照市长质量奖的要求逐条对文件进行更改完善，使公司的各项工作都能按章办事、有章可循，推进企业管理水平的提高。公司在统筹规划、厉行节约、确保公司资金运作安全工作中，一直保持勤俭节约的优良作风，严格资金和财务支出程序，坚持事前申请预算、事中检查监督、事后审计审核。同时，统筹规划公司资金的运用，确保资金周转正常，对外树立企业良好的信誉。公司高度重视安全工作，强化安全稳定工作机制，为企业创造安全、稳定的发展环境。

2013年，威海克莱特菲尔风机股份有限公司不断提升管理内控，规范公司商务报价模式，杜绝低效益经营。公司加强销售报价的管理，对重点项目全面参与报价流程，提升产品毛利率，改变工资核算方式，积极推进自制件外包业务和供应商招标工作的开展，降低公司材料成本，实行财务付款计划审批制，有效控制公司现金流。公司组织开展生产人员技能等级评定和技术人员技能工作量化分析工作，新增金蓝领高级技师5人、金蓝领技师3人、金蓝领高级技工12人。

2013年，山东新风股份有限公司修订编制了“物资采购资金的筹措、使用与管理办法”“合理化建议管理办法”等制度，使公司行政管理工作纳入了制度化、规范化轨道。公司还着重做好、做细制度落实工作，注重规章制度的执行力度和时效性。同时，大力发展企业文化事业，推动企业和谐稳定发展。为配合公司生产经营，按时编辑出版《新风报》，刊登公司员工及社会各界人士文章300多篇，取得了良好的社会效益。公司举办的技术比武活动已连续开展10年，得到区总工会的关注和首肯。为此，区总工会组织全区相关部门和企业在公司召开“临淄区技术比武现场观摩会”，受到众多部门和企业的好评。

南方风机股份有限公司加强企业管理和技术创新，经营管理工作取得成效。①拓展营销渠道，创新销售模式。继续深入拓展营销渠道，布局重点城市，以点带面，稳步推进公司的营销策略；以客户为导向，在为客户提供高性能、高品质的差异化设计和产品的同时，挖掘客户需求，为客户提供运营维护以及系统优化等增值服务。持续加强对核心产品的研发投入，巩固公司的市场竞争力，保证企业盈利能力。②加强企业内部管理，提升公司治理水平。公司继续强化内部管理，推进内部流程的优化和改进，建立信息化管理系统，提高生产效率及管理水平；在内部控制方面，充分发挥内审部、监事会以及外部机构的监督作用，确保公司规范运作。③加强技术创新，巩固领先优势。公司加大技术投入，积极创新，尤其是核电核岛通风与空气处理系统集成的优化设计和制造技术，攻克了第三代核电的关键技术难点，并运用于台山EPR第三代核电站。④实施人才战略，创建学习型组织。公司实施人才战略，构建智力管理体系，引进高端人才，满足企业发展战略的要求；在公司内部建立完善的“自我学习机制”，鼓励员工学习、思考和创新，营造团结、协调、和谐的企业文化氛围，打造企业竞争的

“软”实力。

2013年，浙江金盾风机股份有限公司健全各项管理制度，继续加大各类规章制度的管理，为推动公司健康有序运营提供制度保障。全年发布了合同专用章管理规定、外来件加工操作规程等5项制度，并对制度的落实情况进行持续追踪，收效良好。公司深入开展现场管理，在原有5S管理基础之上，特别引进健峰班组建设活动，将现场管理、设备保养、团队建设等多方面内容同日常工作进行有效融合，使基层管理更加直观高效。在确保产量的同时，产品质量更是精益求精，公司设计并改进多种常规产品的工装夹具及模具40多套，严把生产工序的每一道质量关。

2013年10月，上虞专用风机有限公司经过资产重组，成为浙江上风实业股份有限公司的子公司，产业并入上市模块。浙江上风实业股份有限公司使用现金形式收购上虞专用风机有限公司62.96%的股权。2013年11月，上虞专用风机有限公司在浙江省绍兴市工商行政管理部门办理完相关股权转让备案登记手续，并取得了浙江省绍兴市工商行政管理局颁发的企业法人营业执照。

八、企业节能、降耗、减排情况

沈阳鼓风机集团股份有限公司为贯彻国家、省市关于进一步加强企业节能降耗工作的安排部署及《沈阳市重点用能企业节能管理达标活动实施方案的通知》《2013年沈阳市工业资源节约与综合利用工作安排意见的通知》和《2013年节能监察工作安排的通知》等文件精神，进一步强化能源管理，开展节能、降耗、减排工作。采取的具体措施：①不断完善集团公司能源管理三级网络。由集团公司领导任组长，相关职能部门领导为成员的集团公司节能管理领导组，是企业能源管理工作的领导机构。能源动力部负责全集团公司日常节能管理的组织、监督、检查和协调工作，并带动各车间节能员的作用，开展节能降耗工作。②制定集团公司2013年节能工作计划，针对透平公司“关于加强能源动力费用控制专题会议纪要”21项要求逐一落实。③坚持巡检制，对厂区能源使用、节能降耗情况进行现场巡检监督。坚持日检查、周公示，月度、季度总结，年度评比，及时做节能提示，表扬先进，纠正违规用能现象。能源动力部组织各车间节能员，不定期地对各生产、办公现场能源使用情况进行每月联合大检查，使厂区各种用能设施等均实现有效节能管理、监督，推进节能降耗工作有效开展。④加强能源统计分析工作，细化每月各种能源消耗量统计分析，增加各部门消耗情况变化与生产工时动态完成数据分析整理。每月统计上报厂区各部门、各生产单位能源消耗与完成工时情况同比变化及比例关系。⑤加强公司用能定额管理工作，制定和不断完善各种用能定额，对生产车间实施“机加工时单位耗能定额”，下达、考核各指标的执行和完成情况。⑥加强对热处理车间为主的重点耗能管理，配合热处理车间提高炉热利用率、装炉率，并对热处理燃气炉加装了二次流量仪，准确区分生产用量和采暖用量。并不断完善能源计量仪表，配齐各种能源计量仪表。⑦加强对峰、谷、平用电合理使用，合理调控用电设备，提高功率因数，达到了电业局要求的功率因数95%以上，年节约电费120万元。2013年公司万元产值综合能耗为0.013 55t标准煤，同比下降7.66%。公司荣获“沈阳市节能减排先进企业”称号。

2013年，陕西鼓风机（集团）注重环境治理和改造，促进环境和经济同步发展，以环境管理的提升带动企业更快发展。公司坚持走污染预防、可持续发展道路，建立健全环境能源管理机构和各项环境管理、能源管理制度，有效运行环境管理体系，实现企业节能减排目标。①对公司污水处理厂进行提标改造。公司投资124万元，对污水处理厂进行提标改造，提高了处理能力，改造后的处理水质指标全部达到新标准要求。②认真做好锅炉脱硫及除尘治理工作，大气污染物达标排放。公司对6台采暖锅炉的除尘设施和锅炉脱硫设施进行了改造检修。进入2013年采暖季后，严格按照相关要求，做好锅炉脱硫和除尘设施的运行工作，确保大气污染物的达标排放。公司采用专用洒水车，充分利用处理后中水，每天定时定点在厂区、家属区各条马路洒水，加强建筑施工扬尘治理，并配备车辆冲洗设施，有效减少了建筑施工垃圾在清运过程中的扬尘污染。③废旧物资综合利用及固废废物处置。公司持续运行环境管理体系，提倡全员在日常办公中做到纸张双面使用，并对在生产工作中产生的废旧纸张、废墨盒、废硒鼓、废纸板(箱)、废木制品、废焊条头、废电线、废塑料等可回收的物资进行回收，统一处置。对车间产生的对环境影响较大的危险废物，由物流中心统一回收，并对所有废弃物进行分类管理、定点堆放，通过公开招标，由具有资质的环保公司统一进行处理。④在能源管理方面，积极推进“环境友好型、资源节约型”企业建设。认真执行公司能耗指标定额制度，加强日常检查，公司每月对能耗指标进行监控和分析。全年能耗总量5 921.17t标准煤，万元产值综合能耗0.009t标准煤，均比上年有所下降。

重庆通用工业(集团)有限责任公司把降本增效作为2013年的重点工作，取得了明显成效。一是抓好技术降本工作，在传统产品任务不足的情况下，集中技术力量抓产品优化升级工作。产品优化设计后，通风机成本平均下降近10%，离心式冷水机组平均下降近15%，板材利用率提高近10个百分点，技术降成本总额达到1 139.9万元。二是抓好采购降本工作。在2012年基础上共降低可比较采购成本1 368万元。三是抓好利库工作，全年盘活呆滞物资350万元，其中积压超过两年的物资达198.9万元。

四平鼓风机股份有限公司加强库房物资管理，加强对各类气体的抽查，针对上年度盘点中提出的部分长期积压物资进行鉴定和处理，调剂、顶用库存积压边角料达10余次，对库存铂热电阻、减振器和废主轴进行合理利用，对涂装组存放的多余油漆全部退库。各车间积极组织开展挖潜降耗活动，努力增加经济效益：铆焊车间合理套材下料和利用边角余料，提高了钢材利用率，并通过修旧利废减少了焊枪、角磨机等费用支出；机加车间对存放的料头全部登记上账，并通过加强刀具、五金工具、低值易耗品的管理，有效降低了车间两项费用；装配车间在严格控制工具、用具、油漆、包装材料等领用的同时，用近3个月把多年来积攒的标件进行了清理、分类和利用，减少了损失和浪费。

青岛风机厂有限公司在2013年年初制定了公司的节能、降耗、减排目标，计划在年度内节省原材料1%，降低生产用水1%，降低生产用电1%。公司对内部各高耗能部门实行用电、用水按月定量，并成立节能降耗检查小组，切实做到设备人走灯灭、长时间不操作设备关闭电源，并改造生产设备的空载用电负载等。公司的生产用水使用循环水，针对非生产用水，提倡“节约每一滴水”活动，更换按压式水阀。全年用电量较常年平均值降低0.9%，生产用水量降低1.11%，部分原材料(普板3~5mm)降低消耗0.92%。

山东新风股份有限公司为适应国内外高速列车用风机、地铁风机、风力发电的发展需求，结合企业自身的竞争优势，将技术创新的重点放在高附加值产品上，淘汰了一批低值高耗的低端产品，退出低价无序竞争的市场。2013年，公司全面推行清洁生产工作，成立了清洁生产领导小组，制定了详细的工作部署安排，组织公司全员参与提交清洁生产合理化建议，对公司能耗和生产废弃物进行具体分析，制定了具体可行的清洁生产方案。在环保节能降耗方面，公司对喷塑流水线进行整体改造，更换不锈钢喷粉室，改善粉末回收装置。通过改造，不仅净化了操作工人的工作环境，也极大提高了塑粉原材料的利用率，达到了环保节能降耗的预期目的。公司全年节电1.22万kW·h，节约用水800t，减少产生混合粉末4t，减排二氧化碳3.9t，综合节能1.5万t标准煤，取得了良好的环境、经济和社会效益。

山东宏烨环境科技有限公司以“节能环保、清洁生产、节能未来”为经营方向，2013年节能降耗减排工作取得一定成效：公司减少能耗高的产品生产，万元产值综合能耗降低3%，改进生产工艺万元产值综合能耗为0.006 5t标准煤，同比下降12%，达到了预期的目标。在风机生产上突出全铝制与不锈钢、镀锌板风机制品的生产，加强生产过程中的表面防护，由原来的喷塑处理变为裸表现身，既提高了产品本身的外观质量，又减少了喷塑的污染与油漆废气的排放，综合排放减少45%。

南方风机股份有限公司响应国家节能减排号召，采取了一系列措施：①产品设计方面：在新产品设计过程中，技术人员首先考虑产品的材料在满足性能要求的前提下，减少材料的损耗量；考虑产品加工过程尽可能节能，在满足使用的条件下尽可能节能降耗，产品在报废后的可回收和可利用过程。②企业管理方面：严格按照公司的管理制度对各个过程进行管理，要求各部门确定节能降耗的目标，在生产过程中标准化作业，及时解决生产过程中的重点问题，提升工艺操作水平及产品合格率。对重点工序进行检查或考核，特别是在电、水使用上控制好各个环节，做到节能增效。③标准实施方面：按照“能源效率标识管理办法”和“通风机能源效率标识实施规则”的要求，对生产的风机进行能效检测，并在中国能效标识中心进行备案。

九、企业人力资源管理情况

沈阳鼓风机集团股份有限公司坚持以持续提高全员专业能力和综合素质为目标，建立健全集团管控的现代化人力资源管理体系，完善招聘管理流程与标准、集团培训管理体系。公司创新干部选拔机制，通过竞聘上岗选拔中层干部；建立大师工作室，创新技能工人培训模式；完善绩效考核体系，将考核指标量化、细化，不断提升集团公司整体绩效水平。

2013年，陕西鼓风机（集团）有限公司培训培养工作在紧密围绕企业战略的基础上，一切从个人培训需求、着力提高绩效为出发点，举办各种类型的培训及活动，满足员工成长和企业发展的需要。公司重点实施对高端人才、后继人才梯队建设，专业人才、新兴业务及转岗人员技能提升的培训，并着力推进基层部门岗位技能培训的开展。公司与西安交通大学等知名高校联合开设“管理知识训练营”两期班，采取MBA核心管理课程在职学习的方式。同时，开设工程管理硕士班，通过制定与实施有效的继任人（关键岗位继任人）甄选计划、人才培养与开发计划，使人才得到更好的职业发展规划和培训支持。2013年，结合公司空缺岗位技能要求和需转岗人员能力现状，对车间富余人员进行新业务知识培训。在新人培养上，公司制定“风之子”系统培养计划，通过准员工关怀、融入式入职、体验式拓展、挑战性的小组课题调研、基层实践、跨部门锻炼、系统的管理理论提升、导师全程指导等多种方式开展人才培养工作，同时给予新员工3~5年的追踪培养，关注新员工的成长，保障青年员工的快速成长与提升。2013年，公司累计有33名员工通过职业发展通道获得职业资格和职位的晋升。

江苏金通灵流体机械科技股份有限公司缩减人员编制，优化人才队伍建设，截至2013年年底，集团公司总人数1 049人，比上年减少106人。安排分（子）公司总经理参加职业经理人的培训，提高中层领导的管理能力和职业素质。通过组织申报各种职称、资格证，提高员工技能素质，参加南通技师学院钳工高级工鉴定考试的员工全部通过。2013年完成申报初级职称18人、中级职称13人、高级职称1人，并全部通过；组织申报3名年度区科技领军人才。2013年发生培训费用38.62万元，获人才培养奖励63.3万元。

2013年，四平鼓风机股份有限公司进一步加强人力资源管理，根据公司董事会精神和企业生产经营实际需要，完成了对相应公司领导工作的重新分工，对销售、技术、质管、综合办和采购等部门的中层干部进行相应的配置和调整，并针对技术岗位和电焊、探伤、涂装、电工等岗位招聘、录用新职工12人，为94名职工办理了劳动合同续签及备案手续。为提高职工业务素质和水平，组织内外部教育培训15次，累计培训122人次、500多学时。

2013年，山东省章丘鼓风机股份有限公司共组织安全培训5次，累积达20课时，参加人数1 000余人。根据职工队伍的实际情况，先后进行了起重作业人员安全培训、电气焊作业人员安全培训、车床工安全培训和新职工入厂安全培训。

内蒙古天福风机有限公司加强人力资源的管理和储备，不断提高员工思想意识和文化素养，做到各类人才分布合理。对特岗到期复审人员和初培人员进行外部培训，经考试合格，均已取证上岗。

〔撰稿人：中国通用机械工业协会风机分会郭绍华　审稿人：中国通用机械工业协会风机分会陈凤义〕

2013年阀门行业概况

一、生产发展情况

据统计，2013年，全国阀门行业规模以上企业（年销售收入2 000万元以上的企业）共计1 703家，资产总额1 753.91亿元，同比增长17.02%；生产阀门800.24万t，同比增长4.12%，增幅较上年大幅回落，但全年生产量保持平稳增长态势。实现主营业务收入2 412.25亿元，同比增长12.71%，增幅较上年同期回落1.17个百分点；实现利润总额169.95亿元，同比增长12.90%，增幅较上年同期回落1.34个百分点；完成工业增加值同比增长10%，较上年同期提升0.6个百分点，保持平稳增长并呈回升态势；完成出口交货值346.08亿元，同比增长3.70%，增幅较上年同期回落10.59个百分点。

据中国通用机械工业协会阀门分会统计，2013年，参加统计的会员企业124家，完成工业总产值381亿元，比上年增长12.7%。其中新产品产值达140亿元，比上年增长12%。完成工业增加值105.4亿元，比上年增长23.6%。

2013年，阀门分会124家会员企业中，工业总产值超过5亿元的企业有23家，超过3亿元的企业有44家，超过2亿元的企业有57家。2013年阀门分会工业总产值前20名会员企业见表1。

表1　2013年阀门分会工业总产值前20名会员企业

序号	企业名称	工业总产值(万元)
1	苏州纽威阀门股份有限公司	207 650
2	河南开封高压阀门有限公司	164 520
3	远大阀门集团有限公司	164 197
4	中核苏阀科技实业股份有限公司	99 665
5	北京市阀门总厂(集团)有限公司	91 761
6	浙江盾安阀门有限公司	89 788
7	山东益都阀门集团股份有限公司	79 000
8	大众阀门集团有限公司	77 784
9	上海开维喜阀门集团有限公司	76 790
10	上海凯科阀门制造有限公司	71 228

（续）

序号	企业名称	工业总产值(万元)
11	五洲阀门有限公司	70 524
12	浙江石化阀门有限公司	70 400
13	河南省高山阀门有限公司	70 335
14	兰州高压阀门有限公司	69 918
15	伯特利阀门集团有限公司	62 021
16	成都乘风阀门控股集团有限公司	58 665
17	中山铁王流体控制设备有限公司	58 149
18	良精集团有限公司	56 551
19	江苏神通阀门股份有限公司	55 265
20	陕西航天泵阀科技集团有限公司	51 547

二、市场及销售情况

2013 年，阀门分会 124 家会员企业实现主营业务收入 351.7 亿元，比上年增长 11.9%；实现利润总额 37.2 亿元，比上年增长 18.1%；实现销售产值 368.5 亿元，比上年增长 12.8%；完成出口交货值 52.1 亿元，比上年增长 11.3%。2013 年阀门分会主营业务收入前 20 名会员企业见表 2。2013 年阀门分会利润总额前 20 名会员企业见表 3。

表 2　2013 年阀门分会主营业务收入前 20 名会员企业

序号	企业名称	主营业务收入(万元)
1	苏州纽威阀门股份有限公司	245 300
2	河南开封高压阀门有限公司	154 648
3	远大阀门集团有限公司	135 508
4	中核苏阀科技实业股份有限公司	93 800
5	北京市阀门总厂(集团)有限公司	86 746
6	山东益都阀门集团股份有限公司	78 120
7	大众阀门集团有限公司	76 551
8	上海凯科阀门制造有限公司	71 087
9	五洲阀门有限公司	70 116
10	河南省高山阀门有限公司	67 655
11	浙江盾安阀门有限公司	66 877
12	兰州高压阀门有限公司	65 652
13	上海开维喜阀门集团有限公司	63 410
14	浙江石化阀门有限公司	62 062
15	大连大高阀门股份有限公司	56 475
16	良精集团有限公司	55 448
17	中山铁王流体控制设备有限公司	55 380
18	陕西航天泵阀科技集团有限公司	52 671
19	伯特利阀门集团有限公司	51 529
20	江苏神通阀门股份有限公司	51 234

表3　2013年阀门分会利润总额前20名会员企业

序号	企业名称	利润总额(万元)
1	苏州纽威阀门股份有限公司	57 990
2	河南开封高压阀门有限公司	41 361
3	浙江盾安阀门有限公司	16 125
4	远大阀门集团有限公司	11 468
5	大众阀门集团有限公司	8 430
6	江苏神通阀门股份有限公司	7 945
7	中核苏阀科技实业股份有限公司	6 964
8	五洲阀门有限公司	6 897
9	上海凯科阀门制造有限公司	6 782
10	北京市阀门总厂(集团)有限公司	6 183
11	上海开维喜阀门集团有限公司	6 150
12	浙江石化阀门有限公司	5 834
13	山东益都阀门集团股份有限公司	5 700
14	河南省高山阀门有限公司	5 642
15	成都乘风阀门控股集团有限公司	5 046
16	武汉大禹阀门股份有限公司	5 000
17	伯特利阀门集团有限公司	4 773
18	大连大高阀门股份有限公司	4 448
19	环球阀门集团有限公司	4 320
20	上海远高阀业(集团)有限公司	4 312

三、科技创新及产品研发情况

技术创新是企业发展的核心，是企业应用创新的知识和新技术、新工艺，采用新的生产方式和经营管理模式，提高产品质量，开发生产新的产品，占据市场并实现市场价值。党的十八大报告中指出，技术创新是国家发展战略的核心，是提高综合国力的关键。要坚持走中国特色自主创新道路，把增强自主创新能力贯彻到现代化建设的各个方面。提高自主创新能力，建设创新型国家，是顺应时代特征、事关中国经济建设和社会发展全局的战略选择，是深入贯彻落实科学发展观、构建社会主义和谐社会、全面建设小康社会的客观需要。由此可见，提高技术创新能力和水平已刻不容缓，而企业作为一个国家国际竞争力的重要体现，对技术创新的重视与否将直接决定企业的发展前景。

技术创新是企业创新活动的核心内容，技术上的创新在产品的生产方法和工艺的提高过程中起着重要的作用：一方面，技术创新提高物质生产要素的利用率，减少投入；另一方面，通过引入先进设备和工艺，降低成本。成本和产品的差异化一直都是企业参与市场竞争的核心因素，如果企业能够充分利用其创新的能量，就一定能在市场中占据优势地位。当然，技术创新本身具有高投入、高风险性，因此在技术创新的过程中，必须通过建立良好的市场环境和政策条件，才能充分激发企业创新的内在动力，为企业创造最大价值。

近几年，阀门行业骨干企业在技术创新方面加大投入，取得了很好的成就。如：大连大高阀门股份有限公司、中核苏阀科技实业股份有限公司、江苏神通阀门股份有限公司和上海阀门厂有限公司等企业在核电阀门产品开发方面都取得了较好的业绩。

中核苏阀科技实业股份有限公司与上海核工程研究设计院联合开发了适用于AP1000、CAP1000、CAP1400核电站的核电阀门样机，具体产品如下：核一级、核二级快速启闭隔离阀，核二级楔式闸阀，核一级低压差止回阀，核一级稳压器电动卸压阀,核二级安全壳硬密封空气隔离阀,核一级高温高压仪表根阀,核二级仪表五阀组,核一级稳压器比例喷雾阀。与秦山核电二期联合,适当提高设计参数,开发了适用于三代 ACP1000、“华龙一号”的核电产品样机,具体产品如下:核一级高 C_v 值旋启式止回阀、核二级电动 V 型闸阀、核一级手动截止阀、核一级升降式止回阀、核二级旋启式止回阀。与中广核工程有限公司联合开发了适用于三代 ACPR1000、“华龙一号”的核电产品样机,具体产品如下:核二级 W 型电动闸阀,核二级 V 型电动闸阀,核一级电动截止阀,核二级气动、手动直通式隔膜阀,核二级气动球阀。与上海核工程研究设计院和陕西应用物理化学研究所组成联合研制团队,进行 AP1000 爆破阀国产化研制攻关,成功进行了 8in(200mm)高压爆破阀原型样机的整机联合试验,于 2013 年 8 月 13 日完成 14ADS 爆破阀(14ADS-2)模拟件性能试验,当前完成 8HP 爆破阀(8HP-3)和 14ADS 爆破阀(14ADS-3)整机功能试验。与上海核工程研究设计院联合研制开发的 *DN*800mm 主蒸汽隔离阀已完成样机制造,在核安全局、设计院等单位的见证下,已完成了出厂性能试验、冷态功能试验、热循环试验、3 000 次热态动作寿命试验和流体阻断性能试验。2013 年 11 月 13 日,在上海核工程研究设计院、中国通用机械工业协会阀门分会、中国核电工程有限公司、国核工程有限公司、中科华核电技术研究院等单位的见证或参与下,在德国 AREVA 实验室成功完成了 4 次流体阻断试验,均获得圆满成功。试验中最大蒸汽流量达到 2 000kg/s,远超过试验大纲流量要求和现有核电堆型主蒸汽隔离阀工况参数要求。

大连大高阀门股份有限公司在核电阀门国产化方面,完成了 300MW 压水堆核电站主蒸汽隔离阀鉴定,完成了高温气冷堆核一级球阀样机,AP1000 核一级截止阀、核一级止回阀鉴定试验,进行了 CAP1400 核二级主蒸汽隔离阀(*DN*1 050mm)、核一级 ADS 自动降压阀、核一级大口径电动闸阀和核一级爆破阀的研制。

江苏神通阀门股份有限公司完成了 AP1000 核级球阀和蝶阀的研发任务,中标了徐大堡核电项目核级球阀和部分核级蝶阀及全部非核级蝶阀和球阀,中标了国核项目 6 个机组和福清核电 5 号、6 号机组所有的核级球阀和蝶阀产品。

另外,上海阀门厂有限公司进行了核电站主蒸汽安全阀和稳压器安全阀的研制。

在河南开封高压阀门有限公司、哈电集团哈尔滨电站阀门有限公司、南通市电站阀门有限公司、大连大高阀门股份有限公司、上海阀门厂有限公司、华夏阀门有限公司等企业超(超)临界火电机组关键阀门取得业绩之后,2013 年,国家安排 5 个依托电厂(华能长兴电厂、华润锦州电厂、大唐蔚县电厂、神华神东万州电厂、国电黄金埠电厂)配合阀门企业进行超(超)临界火电机组关键阀门攻关,包括过热器安全阀、电磁泄放阀、锅炉循环管路调节阀、汽轮机高压供汽站调节阀、再热器喷水调节阀、最小流量调节阀、给水旁路调节阀、高压旁路装置和低压旁路装置等。2013 年 2 月 4 日和 4 月 22 日,两次在北京组织召开“超(超)临界火电机组国产化第三类关键阀门设计方案评审会”,15 家阀门企业的 11 种三类关键阀门样机的设计方案通过评审。大部分阀门制造企业相继完成了三类关键阀门样机研制工作,并通过省级以上检测机构的样机测试和用户专家代表的现场见证。2013 年 12 月 3—5 日,召开了“超(超)临界火电机组三类关键阀门国产化样机鉴定会”,其中 8 家阀门制造企业的 30 台阀门样机通过专家组的鉴定。

上海电力修造总厂有限公司投入巨资研发超(超)临界火电机组锅炉给水泵和高端电站调节阀,均取得成功。公司研制的锅炉给水泵用于句容电厂,该厂成为首个 1 000MW 超(超)临界火电机组国产给水泵用户。机组于 2013 年 8 月 14 日完成 168h 试运行正式并网发电,全国产化芯包安全稳定运行,国产芯包与进口同类芯包现场运行参数对比,各主要性能(扬程、效率、功率等)都在同一水平,国产芯包某些指标甚至超过进口芯包。此外,公司的超(超)临界火电机组调节阀和疏水阀也取得较好的业绩,使用状况良好。

上海开维喜阀门集团有限公司在科技创新、新产品开发方面成绩突出,先后开发成功了用于油气储运装置中的强制密封球阀(也称为轨道球阀)(NPS14,Class900;NPS16,Class900)、用于加氢裂化装置中的高压轨道球阀(NPS8,Class1 500)和用于重油异构化装置上的102台气动轨道球阀及气动执行机构(由上海开维喜阀门集团的下属子公司纽托克流体控制有限公司自主研制),打破了国际品牌在一些装置的关键位置上的阀门和执行机构的垄断局面,在苛刻工况阀门国产化方面作出了贡献。

在核电、火电阀门研发取得成就的同时,上海开维喜阀门集团有限公司、超达阀门有限公司、北京雷蒙德阀门有限公司、兰州高压阀门有限公司等企业在煤化工相关阀门研制攻关方面取得了大量成果。中核苏阀科技实业股份有限公司、上海开维喜阀门集团有限公司、大连大高阀门股份有限公司和兰州高压阀门有限公司等企业在加氢阀门国产化方面业绩较多。五洲阀门有限公司、上海耐莱斯·詹姆斯伯雷阀门有限公司和乘风阀门集团等开发的56in(1 400mm)管线高压全焊接球阀,研制工作取得突破。

四、转型升级情况

当前,阀门行业产能严重过剩,加快转变经济发展方式是实现可持续发展的必由之路,产业结构转型升级对我国阀门企业来说已迫在眉睫,是企业转变经济发展方式的必然要求。产业结构如何转型升级是摆在行业面前的新课题,许多阀门生产企业都将产业结构转型升级作为当前和今后一个时期的重点工作,不少企业都在大力推进产业结构转型升级并取得了积极进展。发展新兴产业配套阀门产品是产业结构转型升级的重要途径。例如:有些企业开发煤化工阀门,有些企业开发LNG超低温阀门,有些企业研发核电阀门等。由于阀门企业较多,都往这些领域发展,扩大产能,增添设备,会存在新的产能过剩风险。一哄而上的结果只会导致企业间产品结构趋同现象严重,低水平竞争加剧。企业如果没有强大的自主创新能力,没有很好的科研成果商业化链条和服务,虽然从事的是新兴产业,但拿到的可能还是利润的“边角料”。所以,产业结构转型升级不一定要弃旧从新,传统产业只要能在技术和管理上进行升级,仍可变成现代产业。

综上所述,2013年,阀门行业已从高速向中低速发展,实现了平稳过渡,进入平稳发展、提质、增效阶段。企业更加重视提高产品的技术含量,产品逐渐从低附加值向高附加值过渡,但同国外阀门行业相比还存在一定差距。阀门生产企业应找准自身定位,着力开拓国内外市场,继续提升产品质量和技术含量,积极开发新产品,掌握行业内的先进技术,提高管理水平,使我国阀门行业发展上一个新的台阶。

〔撰稿人:中国通用机械工业协会阀门分会宋银立、马丽丽〕

2013年压缩机行业概况

一、行业发展情况

2013年,中国通用机械工业协会压缩机分会共有会员单位156家,其中:国有企业16家,股份制企业83家,民营企业41家,合资、独资企业14家,大学1家,研究所1家。2013年共有91家企业参与压缩机行业统计,其中重点企业35家。

2013 年,压缩机分会 91 家会员企业上报统计数据显示:全年从业人员人数 27 219 人,固定资产原价 637 925 万元,流动资产 1 582 337 万元,生产压缩机 1 402 504 台。

2013 年,压缩机行业参与统计的企业完成工业总产值 1 806 361 万元,同比增长 6.0%,其中压缩机产值同比增长 5.2%,压缩机配件产值同比下降 2.3%。完成销售产值 1 756 835 万元,同比增长 5.4%;工业增加值 631 093 万元,同比增长 12.1%;出口交货值 117 527 万元,同比下降 5.5%。2013 年,工业总产值超亿元的企业有 40 家,比上年增加 1 家。

2013 年,压缩机行业参与统计的企业实现主营业务收入 1 727 130 万元,同比增长 2.7%;实现利润 135 300 万元,同比增长 15.5%。全行业有亏损企业 16 家,亏损额为 12 724 万元,企业亏损面 17.6%。亏损企业数量增长幅度偏大,且亏损额上扬幅度较大。2013 年压缩机分会主营业务收入前 20 名会员企业见表 1。2013 年压缩机分会利润总额前 20 名会员企业见表 2。

表 1　2013 年压缩机分会主营业务收入前 20 名会员企业

序号	企业名称	主营业务收入(万元)
1	开山集团	163 471
2	红五环集团	115 486
3	沈阳远大压缩机股份有限公司	77 303
4	上海飞和实业集团有限公司	70 044
5	自贡通达机器制造有限公司	69 971
6	无锡压缩机股份有限公司	64 361
7	山东省潍坊生建集团	63 549
8	沈阳透平机械股份有限公司往复机事业部	63 485
9	北京京城压缩机有限公司	53 587
10	四川金星压缩机制造有限公司	42 853
11	中国石油集团济柴动力总厂成都压缩机厂	41 648
12	四川大川压缩机有限责任公司	40 136
13	温岭市鑫磊空压机有限公司	38 743
14	上海大隆机器厂有限公司	36 290
15	自贡机一装备制造有限公司	34 321
16	博莱特(上海)压缩机有限公司	30 615
17	安瑞科(蚌埠)压缩机有限公司	29 719
18	江苏超力机械有限公司	28 216
19	温州固耐化机制造有限公司	26 000
20	苏州鸿本机械制造有限公司	24 854

表 2　2013 年压缩机分会利润总额前 20 名会员企业

序号	企业名称	利润总额(万元)
1	开山集团	44 086
2	沈阳远大压缩机股份有限公司	10 125
3	自贡通达机器制造有限公司	8 545
4	上海飞和实业集团有限公司	7 668
5	安瑞科(蚌埠)压缩机有限公司	6 998
6	自贡机一装备制造有限公司	6 599
7	沈阳透平机械股份有限公司往复机事业部	5 734
8	宁波鲍斯能源装备股份有限公司	5 573
9	四川金星压缩机制造有限公司	3 563
10	上海优耐特斯压缩机有限公司	2 469
11	山东省潍坊生建集团	2 089
12	宁波欣达螺杆压缩机有限公司	1 973
13	博莱特(上海)压缩机有限公司	1 973
14	红五环集团	1 904
15	温岭市鑫磊空压机有限公司	1 889
16	江苏超力机械有限公司	1 830
17	温州固耐化机制造有限公司	1 645
18	上海佳力士机械有限公司	1 476
19	北京普发兴业动力科技发展有限责任公司	1 227
20	四川大川压缩机有限责任公司	1 082

2013 年,压缩机行业经济效益综合指数为 242.06%,比上年提高 17.5 个百分点。2013 年经济效益综合指数有所回升,说明大部分企业通过各

种途径正在逐步进行产品转型升级。经济效益综合指数前三名企业分别是：博莱特（上海）压缩机有限公司（965.58%）、北京普发兴业动力科技发展有限责任公司（911.91%）、浙江杰能压缩机设备有限公司（837.5%）。压缩机行业总资产贡献率10.20%，比上年提高1.16个百分点；资本保值增值率112.43%，比上年下降14.43个百分点；产品销售率97.26%，比上年提高3.5个百分点；资产负债率53.41%，比上年下降1.2个百分点；成本费用利用率8.25%，比上年提高1.32个百分点。

二、新产品研发情况

沈阳远大压缩机股份有限公司承担的国家能源局LNG项目装备国产化——低温BOG迷宫压缩机研制任务，以山东泰安60万t/a LNG项目工程为依托。该低温BOG迷宫压缩机采用两级压缩，入口气量56.3m^3/h，入口压力0.01MPa/0.31MPa，出口压力0.31MPa/1.0MPa，入口温度－150℃/－65℃，出口温度－65℃/25℃，最大允许综合活塞力180kN。公司研制出满足－163℃低温使用条件的线性系数小、耐低温冲击性优的YDG－196型低温球墨铸铁材料，填补了国内材料空白。同时，在压缩机的结构、材料、密封和工艺、检验方法等方面开展一系列技术攻关。该产品研制成功后，进行了连续5天的模拟工况低温氮气负荷运转试验，实验过程全部按实际工艺条件的要求进行，机组的振动、各部位的运行参数完全达到了设计要求。公司研制的4K－300MG－55/0.1－17型低温BOG迷宫压缩机填补了国内空白，总体技术水平达到国际同类产品先进水平。公司自主研发出6HS－E型高转速完全平衡型压缩机组，不仅填补了国内大功率高转速完全平衡型压缩机的空白，而且刷新了世界最大完全平衡型往复压缩机的历史纪录。该6HS－E型高转速完全平衡型压缩机是为中石化华北分公司塔巴庙至榆林天然气管道增压扩能工程而研制，应用领域广泛。公司承担的中石化重大装备国产化开发研制项目——6M80大型往复氢气压缩机研制成功，整机技术水平达到国际先进水平，部分技术达到国际领先水平。不仅可以节省石化项目投资费用，缩短采购周期，而且降低石化装置的运行成本，提高经济效益。

阿特拉斯科普柯公司开发的7－37GAVSD＋极紧凑型喷油旋转式螺杆压缩机（功率为7～37kW）采用内置式永磁电动机，在效率方面实现重大提升，还能使自由空气排量在整个范围内得到高达12%的提升。GAVSD＋系列压缩机采用直立式设计，占地面积大幅减少，节约了场地和工作空间，维护简单，为客户节约了总体成本。

沈阳透平机械股份有限公司往复机事业部国产化首台4M150大推力往复机一次试车成功，试车各项数据均控制在要求范围内，尤其机身振动烈度最大只有4mm/s。公司研制的HS2000系列高速撬装往复式压缩机最大活塞推力为250kN，行程为135mm，最高转速为1 200r/min，单列最大功率为500kW。机组结构紧凑，列向宽度最低可降至3.5m。该往复式压缩机适用于中小型LNG、BOG、CNG母站和天然气井口增压等流程。

中国石油集团济柴动力总厂成都压缩机厂完成3 500kW国内最大功率高速往复活塞式天然气压缩机的关键技术研究、产品设计、产品试制、厂内试验和用户现场型式试验，已投入工业性生产运行近10 000h。该产品拥有自主知识产权，获国家发明专利1项、实用新型专利8项、外观设计专利4项。经检验站检测，主要性能指标均达到同类型进口机组水平，部分指标达到国际领先水平，填补了国内空白，可以替代进口。该机在储气库建设、煤层气开采、天然气增压集输等方面具有广阔的应用前景。

浙江开山压缩机股份有限公司研制的第一台氦气螺杆压缩机组交付中国科学院理化物理研究所。该氦气螺杆压缩机组是同类设备的首次国产化研制，机组额定功率为90kW，排气压力为1.3MPa，采用变频流量调节方式和风冷式整体撬装箱式结构。机组采用严苛的密封手段保证所压缩的稀有氦气不泄漏，单台机组的氦气年泄漏量仅为0.06g。该氦气螺杆压缩机组的成功研制，必将大大推进该领域的全套设备国产化进程和产业化拓展。公司开发的KSG602129、KSG675150工艺螺杆压缩机组，压缩机组流量327～590m^3/min，与当前国内外同类机组相比，具有高效率、低噪声、高可靠性等技术优势。KSG602129大型工艺气体螺杆压缩机采用当今世界最先进的Y－2转子型线，应用流量调节阀等螺杆压缩机的关键核心技术，打破了进口同类产品在我国化工装备领域的垄断，产品性能达到国内领先水平。公司研制的二氧化碳喷水螺杆压缩机，机组阳转子直径达到602mm，采用Y－2型线，排气量为301m^3/min、314m^3/min。该机组的第一台主机在KSG试验台首先进行机械运转试验，在无负载运行半小时后根据业主要求进行了加载试验，在空气替代工况下，机组排气压力完全达到预计值，排气量也符合客户要求，整机运行状态稳定。公司还研制成功大型工艺流程用氯乙烯压缩机，在出厂空气负荷试车过程中，各项技术参数符合设计要求，得到设计院和最终用户的一致认可。

浙江开山压缩机股份有限公司研制出螺杆式蒸汽膨胀发电机组，将全面替代中小型汽轮机组。该机组具有以下技术优势：①螺杆式蒸汽膨胀发电机组等熵效率高达70%以上，而应用于饱和蒸汽的中小型汽轮机等熵效率在55%左右，也就是说同样条件的蒸汽发电量，前者比后者要多出约30%。②鉴于饱和蒸汽的膨胀进入汽液两相区，高速旋转的汽轮机叶轮在汽液两相运行，不断地与水滴碰撞、摩擦，造成汽轮机叶片的损坏。而以螺杆替代叶轮，避免了“液击”现象的发生，由此彻底解决了可靠性问题。③对于流量3t/h以下的低压饱和蒸汽，汽轮机是难有作为的，而螺杆式蒸汽膨胀发电机组同样可以高效率地回收这样的余热资源，保证低品位余热资源的充分利用。④螺杆式蒸汽膨胀发电机组可以在汽源不稳定的工况下运行，这是开山螺杆式蒸汽膨胀发电机组的应用优势。⑤汽轮机需要建设厂房，基建投资较大，开山螺杆式蒸汽膨胀发电机组不需要建设厂房，可以露天安装，且占地面积要小得多。⑥汽轮机运行时需要人员值守，螺杆式蒸汽膨胀发电机组实现无人值守，节约了运行成本。⑦开山螺杆式蒸汽膨胀发电机利用蒸汽的余压，开山ORC螺杆膨胀发电机利用蒸汽的潜热，螺杆式蒸汽膨胀发电机组串联ORC螺杆膨胀发电机将实现发电效率最大化。另外，该机组流量、压差适应范围较宽，发电效率高，还彻底解决了漏油问题。公司研制的首台风冷冷凝式ORC螺杆膨胀发电机组顺利在美国新墨西哥州全部安装完毕，顺利并网发电。风冷冷凝式ORC螺杆膨胀发电机组是首次在北美地区投入使用的创新高科技产品，其设计确保抽取的地下热水发电以后，还可以重新灌回地下，对环境没有任何污染；在安装过程中，可以实现边打井边发电，速度快，工期短。

宁波德曼压缩机有限公司通过螺杆压缩机技术改造，成功开发余热回收一体机，实现空压机余热回收利用。

江苏恒久机械有限公司自主研发了高进气、高排气G－100/150－350型单缸隔膜压缩机，特别在液压系统中取得较大成就，在高油压稳定性方面取得一定进展。另外，公司为高原地区研制的GVF－20/9－150风冷型隔膜压缩机，高温润滑油和高温气体利用风冷方式冷却，故该隔膜压缩机在缺水地区也能广泛使用。

上海优耐特斯压缩机有限公司研制的全无油涡旋式压缩机，具有结构精密、体积小、噪声低、重量轻、振动小、能耗小、寿命长、运行可靠及气源清洁等特点。

北京南口轨道交通机械有限责任公司充分发挥企业在机械精加工领域的技术优势，通过借鉴国内外先进机型设计理念，精确锁定产品技术参数，成功研发出系列民用喷油螺杆空压机主机，主要性能指标已达到国际先进、国内领先水平，填补了国内大排量空压机主机技术和生产空白。

上海佳力士机械有限公司为制药机械行业开发研制永磁变频水润滑空气压缩机。该压缩机省电30%，大大提高了空压机整体能效水平。公司水润滑单螺杆空气压缩机还通过了国际知名的独立第三方检验、检测和认证机构德国莱茵集团ISO8573－1：2010零等级标准产品认证。

四川大川压缩机有限责任公司自主研发特大型无油润滑压缩机6MW63－278/80型二氧化碳压缩机，大直径气缸、填料均实现全无油润滑，使该公司在大型无油润滑压缩机领域处于领先水平。另外，公司致力于对压缩机节能的研究，对影响压缩机功耗的气阀、换热器、管道等在结构、材料、布置等方面进行了一系列改进，并取得数项专利。

博莱特（上海）压缩机有限公司推出BLTTM&TM＋DD一体机及BLT50－60G直联机。BLT一体式空气压缩机将螺杆压缩机、冷冻式干燥机、储气罐等集于一体，用户安装更为方便，使用简单，移动灵活。集成优化的管路设计，减少了管路的长度和数量，降低了管路泄漏的概率以及因管路系统造成的内部损耗。压缩空气经集成系统后，空气质量明显优化，充分保证用户终端用气质量，可满足各企业的用气需求。BLT50－60G直联新机型采用新型高效的主机，进一步优化内部结构，方便压缩机日常维护保养，并进一步减小空压机的噪声。超大的排气量及先进的模块化设计保证BLT50－60G直联新机型整机能效达到国家1级标准。

三、基本建设情况

为进一步扩大压缩机生产规模，促进产业升级，2011年，中集集团将安瑞科（蚌埠）压缩机有限公司整体搬迁入驻高新区，在蚌埠投资建设大型压缩机生产基地。该项目总投资4.3亿元，规划生产能力为年产1 000台螺杆压缩机、2 000台活塞式工艺压缩机、10 000台散装水泥车用摆揉压缩机，达产后可实现年产值10亿元以上。安瑞科（蚌埠）压缩机有限公司大型压缩机生产基地于2013年年初顺利竣工投产。

为满足市场需求，开山集团及时调整园区布局，将开山缸套公司迁往开山大洲工业园区，并将缸套公司原有生产车间拆除，按照高标准重新建设螺杆膨胀发电机总装车间。该总装车间的建设历时4个月，投入使用以后，开山集团将拥有年产30亿元ORC螺杆膨胀发电机的生产能力。浙江开山压缩机股份有限公司控股广东正力精密机械有限公司后，采取了一系列融合、整顿、提高的措施。同时，追加投资构建完整的生产体系以控制成本。2013年12月，广东正力精密机械有限公司从德国引进当前世界上最先进的激光切割设备、折弯机、剪板机等一系列高端设备，设立了箱板车间。为扩大工艺气体压缩机产能，浙江开山压缩机股份有限公司衢州工厂新建的气体压缩机车间汇聚了世界顶尖的重型机械生产设备，该车间仅设备投资就高达1亿元。其中：英国霍洛伊德8EX螺杆铣床是当前世界上最先进的专业螺杆转子铣床，是大型工艺气体压缩机核心部件的专业生产设备，可以生产直径为816mm的螺杆转子；意大利FPT落地镗铣中心能够制造出世界上最大的螺杆主机壳体，可满足各类高精度的加工要求。该项目投产以后，可形成年产50台KSG系列大型气体螺杆压缩机，约3亿元产值的生产规模。浙江开山压缩机股份有限公司全资子公司开山压缩机（香港）有限公司为配合2012年收购的澳大利亚SCCA公司扩大经营规模，在澳大利亚购置了新的经营场所，建设新厂房，为SCCA公司开拓整个澳大利亚市场、提升经营规模创造了条件。新的厂房地处墨尔本主要高速公路旁。

2013年3月，阿特拉斯科普柯（无锡）压缩机有限公司二厂开业。该工厂总投资1.65亿瑞典克朗（约合1.6亿元人民币），将生产中小型工业用压缩机以及移动式柴油和电力驱动压缩机及发电机。新工厂按照LEED（能源与环境设计先锋奖）可持续建筑物的标准建造，增加了包括能量回收、雨水回收、节水装置等各种可持续性设计，采用机械自动化，有效提高了人机工程装配效率。

2013年，自贡东方通用压缩机有限公司新厂房开工建设，规划用地面积29 949m^2，总建筑面积16 885m^2，其中厂房面积为13 444m^2。新厂房全面建成后，预计3～5年能够实现销售收入5亿元，产值达到4亿元。

四、企业并购重组情况

2013年7月，浙江开山压缩机股份有限公司与美的集团股份有限公司签署“广东正力精密机械有限公司股权转让协议”，收购美的集团股份有限公司持有的广东正力精密机械有限公司93%的股份。广东正力精密机械有限公司成立于1999年12月，是国内著名的单螺杆空气压缩机、涡旋空气压缩机、水润滑无油螺杆空气压缩机制造企业，是国家级高新技术企业，其技术能力和品牌美誉度均为行业领先的企业。浙江开山压缩机股份有限公司控股广东正力精密机械有限公司，拓宽了自身的产品谱系，将提升产品的市场竞争优势。

2013年，浙江开山压缩机股份有限公司所属的上海开山能源装备有限公司和浙江开山净化设备有限公司成立。上海开山能源装备有限公司总投资1亿元，首期投资3 000万元，主要研发和生产气体膨胀发电机、天然气压缩机、煤层气压缩机等。浙江开山净化设备有限公司专业从事压缩空气（气体）各类后处理设备的研发、制造。后处理设备是重要的压缩空气系统配套设备，广泛应用于电子、电力、冶金、机械、汽车制造、石油、化工、纺织、化纤、轻工、造纸、橡胶、仪表、食品、空分、卷烟、医药、生物及日化等行业。

2013年8月，柳工（柳州）压缩机有限公司成立。柳工（柳州）压缩机有限公司是由广西柳工集团有限公司和柳州市产业投资有限公司共同出资，由柳州压缩机总厂改制后设立的有限责任公司。新公司将在现有产品的基础上，快速扩展产品线，丰富产品系列，致力于成为压缩机领域的系统解决方案提供商。

2013年9月，上海优耐特斯压缩机有限公司与株式会社日立产机系统的合资公司正式启动。株式会社日立产机系统是世界知名的五百强企业，拥有丰富的产品资源和雄厚的技术实力。产品涉及空压系统、控制系统、受配电和环保系统等工业领域，拥有百年以上压缩机生产经验。该合资公司中方持股70%，日方持股30%，其产品继续使用优耐特斯产品品牌。合资后，公司将在无油螺杆压缩机、无油涡旋压缩机以及最新一代两级压缩节能压缩机上进行战略合作，适时推出新型产品。同时，双方将在空压机技术研发、品质提升等方面展开广泛深入的合作。

五、标准

2013年，由全国压缩机标准化技术委员会归口的压缩机行业标准发布了21项。2013年压缩机行业标准发布情况见表3。

表3　2013年压缩机行业标准发布情况

序号	标准编号	标准名称	标准主要内容	代替标准
1	JB/T 11420—2013	空气压缩机用低压变频器	本标准规定了空气压缩机用低压变频器的技术特性、制造、安全要求、试验方法、检验规则及标志、包装、运输和贮存等。本标准适用于驱动功率为2.2～315kW的空气压缩机用低压变频器	
2	JB/T 11421—2013	电力客车用单螺杆空气压缩机	本标准规定了电力客车用单螺杆空气压缩机的型号、基本参数、要求、试验方法、检验规则、标志、包装及储存。本标准适用于额定排气压力不大于1.0MPa，驱动功率为2.2～5.5kW的电力客车用风冷喷油单螺杆空气压缩机。水冷车用单螺杆空气压缩机亦可参照本标准执行	

（续）

序号	标准编号	标准名称	标准主要内容	代替标准
3	JB/T 11422—2013	汽车加气站用液压天然气压缩机	本标准规定了汽车加气子站用液压天然气压缩机的术语和定义、型号、基本参数、要求、试验方法、检验规则、标志、包装、运输及贮存。本标准适用于额定排气压力不大于25MPa，以天然气为介质，液压驱动方式的单列气缸或多列气缸的汽车加气子站用液压天然气压缩机	
4	JB/T 11423—2013	一般用喷油涡旋空气压缩机	本标准规定了一般用喷油涡旋空气压缩机的术语和定义、符号、基本参数、要求、试验方法、检验规则、标志、包装及贮存等要求。本标准适用于采用风冷方式，驱动电动机功率为0.75～22kW、额定排气压力为0.5～1.25MPa的一般用固定的涡旋空压机。其他特定用途的、改装的涡旋空压机亦可参照本标准执行	
5	JB/T 2231.1—2013	往复活塞压缩机零部件　第1部分：轴、销外径尺寸	本部分规定了往复活塞压缩机主要零部件轴、销的外径尺寸。本部分适用于往复活塞压缩机主轴颈、曲柄销、十字头销、活塞销和活塞杆等零件	JB/T 2231.1—1999
6	JB/T 2231.2—2013	往复活塞压缩机零部件　第2部分：气缸直径	本部分规定了往复活塞压缩机的气缸直径尺寸。本部分适用于往复活塞空气压缩机及其他往复活塞气体压缩机	JB/T 2231.2—1999
7	JB/T 2231.4—2013	往复活塞压缩机零部件　第4部分：金属环状阀片	本部分规定了往复活塞压缩机用金属环状阀片的分类和标记、要求、检验规则与试验方法、包装、合格证、标志和贮存。本部分适用于往复活塞压缩机环状气阀用金属环状阀片	JB/T 2231.4—1999
8	JB/T 2231.5—2013	往复活塞压缩机零部件　第5部分：气阀安装尺寸	本部分规定了往复活塞压缩机环状和网状气阀的安装尺寸。本部分适用于往复活塞压缩机用环状和网状气阀	JB/T 2231.5—1999
9	JB/T 7239—2013	往复活塞压缩机用金属网状阀片	本标准规定了往复活塞压缩机用金属网状阀片的分类和标记、要求、检验规则与试验方法、包装、合格证、标志和贮存。本标准适用于往复活塞压缩机用金属网状气阀用网状阀片	JB/T 7239—1994

（续）

序号	标准编号	标准名称	标准主要内容	代替标准
10	JB/T 9102.1—2013	往复活塞压缩机金属平面填料　第1部分:三斜口密封圈	本部分规定了往复活塞压缩机金属平面三斜口密封圈的分类、标记及要求。本部分适用于三斜口密封圈。聚四氟乙烯材料制三斜口密封圈可参照本部分执行	JB/T 9102.1—1999
11	JB/T 9102.2—2013	往复活塞压缩机金属平面填料　第2部分:三斜口刮油圈	本部分规定了往复活塞压缩机金属平面三斜口刮油圈的分类、标记及要求。本部分适用于三斜口刮油圈	JB/T 9102.2—1999
12	JB/T 9102.3—2013	往复活塞压缩机金属平面填料　第3部分:三、六瓣密封圈	本部分规定了往复活塞压缩机金属平面三、六瓣密封圈的分类、标记及要求。本部分适用于三、六瓣密封圈。聚四氟乙烯制三、六瓣密封圈可参照本部分执行	JB/T 9102.3—1999
13	JB/T 9102.4—2013	往复活塞压缩机金属平面填料　第4部分:径向切口刮油圈	本部分规定了往复活塞压缩机金属平面径向切口刮油圈的分类、标记及要求。本部分适用于径向切口刮油圈	JB/T 9102.4—1999
14	JB/T 9102.5—2013	往复活塞压缩机金属平面填料　第5部分:密封圈和刮油圈用拉伸弹簧	本部分规定了往复活塞压缩机金属平面密封圈和刮油圈用拉伸弹簧的分类、标记及要求。本部分适用于拉伸弹簧	JB/T 9102.5—1999
15	JB/T 9102.6—2013	往复活塞压缩机金属平面填料　第6部分:密封圈和刮油圈技术条件	本部分规定了往复活塞压缩机金属平面密封圈和刮油圈的技术要求、试验方法,检验规则及标志、包装和贮存等要求。本部分适用于JB/T 9102.1～9102.4规定的各种密封圈和刮油圈	JB/T 9102.6—1999
16	JB/T 9105—2013	大型往复活塞压缩机　技术条件	本标准规定了大型往复活塞压缩机的术语和定义、要求、试验方法和检验规则及标志、包装、运输和贮存。本标准适用于活塞力≥78kN、公称排气压力≤35MPa的石油、化工有关工艺流程用的有油润滑或无油润滑的往复活塞压缩机。对一般活塞力小于78kN的工艺用压缩机,也可参照本标准执行	JB/T 9105—1999
17	JB/T 8541—2013	容积式压缩机机械振动分级	本标准规定了容积式压缩机机械振动烈度的分级。本标准适用于压缩机的机械振动烈度的分级评定	JB/T 8541—1997
18	JB/T 6431—2013	容积式压缩机用灰铸铁件　技术条件	本标准规定了容积式压缩机用灰铸铁件的牌号、技术要求、试验方法、验收规则及标志、包装、运输和贮存	JB/T 6431—1992

（续）

序号	标准编号	标准名称	标准主要内容	代替标准
			等。本标准适用于在砂型或导热性与砂型相当的铸型中铸造，石墨为片状的灰铸铁件	
19	JB/T 9104—2013	容积式压缩机用球墨铸铁件　技术条件	本标准规定了容积式压缩机用球墨铸铁件的要求、试验方法、检验规则、标志和质量证明书。本标准适用于砂型铸造或导热性相当于砂型铸造的容积式压缩机用普通和低合金球墨铸铁件	JB/T 9104—1999
20	JB/T 4253—2013	一般用喷油滑片空气压缩机	本标准规定了一般用喷油滑片空气压缩机的型号和基本参数、要求、试验方法、检验规则、标志、包装和贮存等要求。本标准适用于驱动电动机功率为 1.5 ~ 160kW，额定排气压力不大于 1.25MPa 的滑片空压机。内燃机驱动的滑片空压机可参照本标准执行	JB/T 4253—2002
21	JB/T 8934—2013	直联便携式往复活塞空气压缩机	本标准规定了一般用风冷单作用直联便携式往复活塞空气压缩机的型号与基本参数、要求、试验方法、检验规则、标志、包装和贮存。本标准适用于由输入功率为 0.25 ~ 3.0kW 的单相电动机驱动的、额定转速≥1 300r/min 及额定排气压力不超过 1.0MPa 的空压机。三相电动机驱动的空压机和内燃机驱动的空压机可参照本标准执行	JB/T 8934—1999

〔撰稿人：中国通用机械工业协会压缩机分会刘妍　审稿人：中国通用机械工业协会压缩机分会钱家祥〕

2013 年真空设备行业概况

一、生产发展情况

2013 年，国内真空设备制造企业经济运行仍然处于恢复调整期，只有个别企业经济效益有所增长，但就全行业而言，经济效益有所下降。据中国通用机械工业协会真空设备分会对 27 家会员企业统计，2013 年完成工业总产值 391 063 万元。在统计的 27 家企业中，23 家企业完成工业总产值同比下降 13.8%。2013 年真空设备分会工业总产值前

10 名会员企业见表 1。

表 1　2013 年真空设备分会工业总产值前 10 名会员企业

序号	企业名称	工业总产值（万元）
1	广东省佛山水泵厂有限公司	84 174
2	湘潭宏大真空技术股份有限公司	46 652
3	淄博水环真空泵厂有限公司	45 840
4	中国科学院沈阳科学仪器股份有限公司	23 036
5	北京中科科仪股份有限公司	21 359
6	兰州真空设备有限责任公司	19 537
7	上海阀门二厂有限公司	16 977
8	中山凯旋真空技术工程有限公司	16 103
9	爱发科中北真空（沈阳）有限公司	16 005
10	川北真空科技（北京）有限公司	11 000

2013 年，面对严峻的国内外经济形势，北京中科科仪股份有限公司全体员工紧密围绕“攻坚克难、实现突破、求真务实、健康发展”的总体工作思路，团结协作，各项工作取得了突破性进展。公司销售收入、净利润同比增长，全面完成年度各项经营指标，经营质量明显回升；研发取得重大突破，磁悬浮分子泵、仪器专用分子泵等新产品研发成功并投放市场；整体运营管理质量得到提升，生产成本显著下降；园区建设取得重大进展，与成都唯实公司的整合取得成功，公司迈向了新的历史发展时期。

2013 年，淄博真空设备厂有限公司紧紧围绕和谐进步这一目标，抓机遇、求发展，各方面的工作都取得了显著的业绩。公司坚持自主创新为主，积极引进国际先进技术，产品研发方向为高真空、高压力、大流量和节能环保等产品。公司加强对真空获得设备开发及真空技术应用的共性研究，包括防腐措施、节能技术、新材料、新工艺等先进技术研究和推广应用。围绕国家、地方一系列的节能、减排、循环、利用等重点发展方向，大力开发高效节能和环保型产品，如火炬气体回收设备、化学气体输送处理成套设备等。公司先后与合肥工业大学、东北大学、山东理工大学、山东大学等院校在流体理论、空气动力学理论等方面建立了长期合作关系。公司完成了综合试泵站技术升级改造项目，建立了具有世界先进水平的真空系统测试平台，完善了试验平台，建立了先进、稳定、全面的综合性测试中心。通过综合试泵站提升产品检验检测技术水平，严控产品质量，有助于真空系统新型产品的技术攻关。

2013 年，中国科学院沈阳科学仪器股份有限公司以承担实施科研项目为平台，通过完善生产、加工、检测、试验等设施，为继续研制开发面向集成电路、太阳能光伏、LED 三大产业的新产品提供必要的支撑。在集成电路方面，公司通过解决集成电路制造工艺与洁净真空获得系统优化组合、全新理论型线设计与多种转子形式组合、全新密封结构和振动/噪声抑制方法、表面防腐技术、独特的控制/反馈软件与通用控制接口结合、阀门密封技术以及独特的电机与驱动系统设计等关键技术，提供了可获得、维持与控制集成电路装备整机洁净真空的运行环境。太阳能光伏行业未来发展趋势主要是依靠背面钝化技术提高太阳电池转换效率，三氧化二铝背面钝化薄膜起到二次反射和负电场钝化双重作用，可与太阳电池正面的氮化硅钝化膜共同发挥作用，有效提升电池的光电转换效率。外延片衬底的制造是 LED 产业链的核心，同时也是附加值最高的环节。蓝宝石晶体生长炉是生产用于制备 LED 外延片衬底材料的蓝宝石晶体的最理想设备，当前已实现国产化生产，但其配套晶体制备工艺仍然是技术短板，严重削弱了国产设备的市场竞争力和盈利能力。公司经过系统的攻关和反复的试验，成功开发出先进的蓝宝石晶体制备工艺，利用该工艺拉制的蓝宝石晶体的热学性、导电性、光学性、机械性等关键指标均较以往有了质的提升，完全满足工业化应用要求。2013 年，公司制定了新的五年发展规划——中国科学院沈阳科学仪器股份有限公司（2014—2018 年）发展战略规划。公司将继续实施“标准化、产业化、市场化”战略，致力于成为国内领先、国际一流的真空设备生产企业：稳固科研真空仪器设备国内市场领导地位，重视并积极参与国家重大科技基础设施项目建设；聚焦大半导体、先进光电晶体、航空航天、军工等领域工艺装备需求，提供相关领域需求的批量化产品；聚焦光伏、节能环保、新材料领域，突破高端制造技术瓶颈，制造大型线列式/团簇式真空镀膜设备；做强做大干式真空泵、离子泵真空获得产品业务，在与国内外产品竞争中实现领先和替代，将其打造成公司长期稳定的战略级产品；重视技术服务业务开展，积极拓展新的商业发展模式和国际市场销售业务；实现产品多元化发展目标。

2013 年，广东省佛山水泵厂有限公司整体生产任务呈现订单零散化、交货期大幅缩短、产品个性化明显、生产任务不均衡等特点，增大了生产各环节平衡和协调的难度，对生产组织、物资采购和物流管理等方面提出了更高的要求。公司完成订单同比增长 10.94%；拓展了一批新的重要客户，在一些重大行业、重要客户、重要产品上取得连续突破；赢得了一些重要合同，如欧洲的某中开泵合同、东南亚某纸厂项目合同以及南亚某电厂真空泵合同，都是在与国内外著名品牌公司同台竞争中获得，有的还打破了欧美企业的长期垄断。2013 年，公司根据企业的生产经营现状，进一步深化企业的信息化建设。信息化工作主要抓住“改进成本核算模式”这一中心，着重在改善业务流程、加强物资和价格监控等方面展开工作，将分厂各主要业务流程和二级分配制度联系起来，实现电脑化、流程化，确保运作高效、透明。

2013 年，北京北仪创新真空技术有限责任公司继续强化产品型式试验工作，对出厂镀膜机进行质量跟踪，对用户一次交付合格率达到 100%。公司共申请发明专利 2 项、实用新型专利 14 项、软件著作权 3 项，已授权实用新型专利 9 项、软件著作权 3 项，另有 4 项发明专利正在申办中。公司针对当前传统真空获得产品（如 2X 系列、JK 系列等真空泵及机组等）市场技术滞后、销售规模小、利润贡献不高的局面，逐步减少对传统真空获得产品的资源配置，并将相关剩余业务与其他业务归并，以改善公司整体主营业务利润。公司积极推进产品结构调整，通过外部合作和自身研发相结合的方式，实现分子泵产品的系列化。稳健发展真空应用产品，以公司自有的电阻蒸发、电子束、多弧离子、磁控溅射、化学气相沉积等真空镀膜技术，以及多室团簇、多室直线、双端结构等装备技术为基础，继续坚持以市场需求为导向，以光学、电力电子、科研教育三大行业领域市场为重点，向专业化领域产品发展，实现由“多而全”向“专而精”转移，并明确三个重点发展方向：一是重点发展高新技术常规应用产品，形成批量生产标准产品；二是非标准科研系列定制产品，主要进行技术积累和累积高新技术品牌；三是注重高端真空工程类应用，以发挥企业多年积累的大规模装备生产和服务优势。

上海阀门二厂有限公司从 2005 年转制至今，公司的产值及经济效益逐年提高。在欧盟对华光伏反倾销案、国内产业结构调整、信贷趋紧、房地产严控等形势下，公司不断完善管理，持续开拓市场，2013 年各项经济指标稳步上升。

马德宝真空设备集团有限公司十分重视技术创新，注重产品品质，以生产真空泵为主业，拥有 12 项专利技术。2013 年，公司开发了 LG150、LG200 螺杆真空泵，产品性能均达到国外同类产品先进水平；开发了国内单泵抽速最大的 ZJQ12000 高压差罗茨真空泵及蒸发器等产品。

中山凯旋真空技术工程有限公司在 2013 年国内外经济形势仍然十分严峻的形势下，面对原材料价格上涨、劳动力成本上涨、资金紧张、市场竞争日趋激烈等诸多因素，准确把握市场脉搏，狠抓技术创新，在当前低迷的市场背景下仍然取得了较好的成绩。公司追求卓越，不断提升企业形象和管理水平，2013 年成功上线 ERP 管理系统，全面提升了公司的信息化管理水平。公司还积极从内部着手，规范管理，加强内控，全面提升企业形象。2013 年，公司连续 18 年获得广东省守合同重信用企业称号，并获得“国家标准化良好行为 4A 级企业”称号，ISO9001质量管理体系通过复审认证。

2013年，泰兴新型工业泵厂面对复杂多变的国际、国内经济环境和严峻的市场形势，化挑战为机遇，确保企业在危机中继续保持稳定发展，实现了产值和利润双增长。2013年，泰兴新型工业泵厂投资100余万元用于生产、质量检验等固定资产的投入，先后购置CK6150数控车床、XT－800×3200台式铣镗床、200HR－150型洛式硬度计、TT100超声波测厚仪等生产设备及检测仪器，提高了生产能力及产品质量控制水平。公司投资近60万元新建了新产品试制车间，专门进行新产品的研制和开发。

二、市场及销售情况

北京中科科仪股份有限公司面对严峻的市场环境，坚持以市场为导向配置资源，以市场反馈信息来引导研、产、销活动，全力促进销售龙头作用的发挥。2013年，重点推进公司营销管理和市场工作的逐步系统化、模块化，营销管理进一步体系化，市场活动集约化程度得到明显提高，市场宣传拓展的效率和质量显著提升。在合同管理上，进一步严格审批程序，加强规范管理，防范经营风险；在价格管理上，逐步建立了公司产品价格统一管理体系，规范价格管理，推进产品销售，增强产品市场竞争力；在宣传管理上，以“塑造品牌、吸引客户、获取订单”为指导，创新工作内容和方法，通过多部门协同作战，全面提高市场宣传推介活动的覆盖面，逐步建立市场活动工作体系，在促进产品销售、提高市场活动质量、增强公司品牌和产品的市场影响力等方面取得了实际成效。2013年，公司销售工作取得了一系列突破。公司在ITO、照明、功能镀膜、LOW－E行业签订了数条生产线，实现分子泵销售近千台；拓展新行业取得突破，LNG行业销售几十台检漏仪，1600B分子泵机组实现多台销售。除巩固传统重点区域外，更加关注成长性较好、承接产业链转移的中西部区域，并取得显著成效。中部地区收入同比增长34%，其中在武汉签订了该地区标品历史最大合同；西部地区收入同比增长11%，抓住了科研军工的机遇，非标产品合同额同比增长167%，且应收账款创历史新低。通过实行大客户建档跟踪管理，实现订单额达6 700多万元。

2013年，中国科学院沈阳科学仪器股份有限公司以高真空、超高真空、超洁净真空技术为基础，主要研制生产真空应用设备、真空获得设备以及高档真空部件。当前专注于集成电路、太阳能光伏及LED等国家战略性新兴产业的发展与应用。2013年，在行业整体不景气的情况下，公司发挥技术优势，抗风险能力凸显，基本完成了当年的各项经营指标：实现总收入14 076万元（销售收入11 247万元），利润总额1 591万元，税金总额729万元，主导产品的国内市场占有率平均达10%～15%。产品除了可广泛应用于集成电路、光伏、LED等高端领域，还可应用于生物制药、石油化工、冶金、新材料等工业领域。

2013年，广东省佛山水泵厂有限公司针对国内外市场不景气、新投资项目减少、竞争激烈的情况，大力推进行业销售体系建设，通过紧密配合，扩大肯富来产品的市场影响，持续强化客户服务，努力提高服务效率，得到了客户的高度认可，取得了较好的业绩。2013年，面对严峻的市场环境，公司全体员工在董事会及经营班子的带领下，围绕公司年度工作意见，凝聚共识，努力拼搏，在激烈的市场竞争中取得了一定的成绩，实现销售收入8亿多元，新增订单和资金回笼保持增长，使企业保持了持续稳定的发展。

2013年，北京北仪创新真空技术有限责任公司加大新产品市场推广力度。公司针对新推出的国内首款MDP－1200拖动分子泵及其他分子泵新品，先后举办了3次新品市场推广会和3次专业展览会，为新品销售奠定了良好基础。

2013年，中山凯旋真空技术工程有限公司在出口项目和煤油气相设备销售均出现下滑的情况下，着力挖掘传统产品的市场潜力，取得了较大成效。公司的变压法和热风循环干燥设备签约合同额3 224.81万元，同比增长43.4%；注油与油处理设备签约合同额3 212.46万元，同比增长140.5%；浇注设备签约合同额2 731.02万元，同比增长

81.9%；浸渍设备签约合同额1 119.2万元，同比增长84.3%。公司研发的原油真空闪蒸装置获得国家发明专利，公司安装的设备已在中海油海上钻井平台连续无故障运行，性能稳定。公司获得中海油7台设备订单和相关备件订单，合同金额达2 200万元。公司在特种设备制造领域取得了一定突破。如公司与崇义章源公司签订高温高压真空浸渍釜设备合同，该设备主要用于碳纤维－碳化硅陶瓷复合材料中的浸渍处理，该设备的设计为国内同行业首创。另外，公司还与原中科院等离子所下属单位合肥科烨公司签订静态浇注设备合同，成功打入科研院所特种设备市场。

泰兴新型工业泵厂一直奉行“以管理求效益，以质量求生存，以服务拓市场，以人才促发展”的营销理念，建立了健全的质量管理保证体系、客户档案管理制度和人才培养培训制度，为确保产品质量的稳定提高打下了坚实的基础。泰兴新型工业泵厂十分重视市场销售渠道和销售人员队伍的建设，从完善企业营销体系入手，改革销售组织机构，为适应市场的变化，重新对销售区域进行划分，设立了江浙沪、山东、河南、华南、华北、华中、西南、西北、东北等销售处，加强市场形势分析和研究，制定销售目标，调整销售策略，完善销售奖励办法，加强与用户的沟通和联系，并与北大先锋科技有限公司、四川天一科技股份有限公司、四川开元科技有限责任公司等单位长期合作，抓住信息源头，跟踪客户需求，扩大销售领域。2013年，公司实现销售收入3 500万元。

三、科技成果及新产品

北京中科科仪股份有限公司平均每年投入营业收入的9.5%作为研发费用。2013年，公司持续加大研发投入，共计投入3 900万元研发费用，充分发挥技术创新能力在企业发展中的核心作用。国家科技重大专项“磁悬浮分子泵系列产品开发与产业化”项目实现突破，完成小批量磁浮泵的试用及销售，开展了产品工况适应性研究，工程化工作取得重大进展，显著提高了产品的稳定性和可靠性；完善设计以提升产品性能，并通过CE认证，完成了产业化前期工作，为批量生产、批量应用打下坚实基础。国家重大科学仪器设备开发专项“场发射枪扫描电子显微镜开发与工程化”项目取得重大进展，完成第一代场发射扫描电子显微镜的电子枪、透镜的设计加工，解决了调试中遇到的真空、耐压、电子束通道材料等问题，获得20万倍电镜图像，为2014年推出第一台场枪电镜打下基础。国家重大科学仪器设备开发专项“深紫外激光光发射电子显微镜工程化”项目进展顺利，完成技术路线专家评审，以及电子光柱、激光对接室、真空系统设计和加工工作，即将进行总体调试。公司完成FF－40/25分子泵、FF－63/70分子泵真空新品研发项目，并成功推向市场，实现批量销售；完成FF－100/110分子泵研发项目，预计2014年实现批量销售；590型检漏仪研发项目进展顺利，开始小批量试制。真空工程在大科学工程上取得突破，完成了神光III的装配调试工作，顺利实现项目的阶段目标，并不断拓宽合作领域，逐步探索制定了大科学工程业务发展规划，为业务发展指明方向。通过加强知识产权工作，不断加大自主知识产权保护力度。2013年，公司共完成软件著作权登记2项，申请专利11项，获得专利授权12项。

2013年，淄博真空设备厂有限公司完成新产品开发如下：Y1256锥体压缩机，SKA800、SKA1000大型水环真空泵，SKC1500、SKC6/7锥体真空泵，PF50/80/120、APF75水环真空泵。完成了《液环真空泵》和《液环压缩机》两个企业标准的起草工作。2013年，公司有3项科技成果通过山东省科学技术厅的科技成果鉴定。当前，公司拥有发明专利3项、实用新型专利10项，申请发明专利2项。公司参与制定国际标准1项，制定5项国家标准和7项行业标准。

2013年，中国科学院沈阳科学仪器股份有限公司承担的重点科研项目有：①新型硅基薄膜太阳电池的PECVD制备设备研制与产业化。该项目为国家“863”计划项目，主要研制开发新型硅基薄膜太阳电池制造设备及真空获得设备，使薄膜电池的光电效率达到12%以上，实现大面积高效硅薄膜太阳电池设备的产业化。当前已突破特殊结构设计、特殊表面处理工艺、特殊的一体化电机设计、特殊动密封结构4项技术难题，完成了现场测试机的装配、调试工作，正在进行设备现场测试工作。②新型平板式太阳电池覆膜设备研发及产业化。该项目为国家高技术产业化项目，同时被辽宁省发改委列入地方高技术产业化项目计划，并给予配套支持。该项目针对国内光伏产业的迫切需求，已攻克沉积区V型槽、沉积区宽加热等5项关键技术，研制出具有世界先进水平的平板式PECVD设备，并开发出全新配套工艺，使我国太阳能光伏装备研制技术达到国际领先水平，当前正在筹备验收工作。③建立黑色金属零部件表面处理及清洗试验线。该项目为国家科技重大专项项目，目标是开发具有国际先进水平、具备国际市场竞争能力的大型、复杂半导体设备用黑色金属零部件成套清洗技术，使洗后黑色金属零件合格率在95%以上。现已攻克半导体设备黑色金属零部件成套清洗、气体流道非加工面的表面处理、黑色金属表面防氧化、全自动化清洗工艺四大关键技术，并实现了首批黑色金属零件清洗及清洁度检测，当前正在筹备验收工作。④耐腐蚀超洁净系列涡旋干式真空泵开发和应用。该项目为国家科技重大科学仪器项目，主要攻克涡旋干泵的关键技术，开发出耐腐蚀超洁净系列涡旋干泵。通过系统集成、软件开发，研制形成具有一定功能的耐腐蚀超洁净系列涡旋干式真空泵成套样机。开展涡旋干泵在同步辐射光束线、质谱仪等科学仪器设备以及航天工程等国家重大工程上的应用测试，验证功能和总体性能，形成具有自主知识产权、功能健全和质量稳定可靠的耐腐蚀超洁净涡旋干泵，当前正在进行方案设计。⑤干泵与系列真空阀门产品开发与产业化。该项目为国家科技“02”重大专项项目，属关键部件类。当前，该项目已突破全新理论型线设计与多种转子型式组合、密封、表面防腐等7项技术难题；完成9种干泵、3种真空阀门的研制开发；完成设计平台、零部件检测平台和整机验证平台的建设；完成现场测试机模拟工况测试、寿命测试、抗腐蚀性测试和首轮用户现场可靠性测试；实现6种干泵、3种阀门产品的批量化生产及产业化应用，干泵与阀门产品已获得320台(套)的应用。⑥蓝宝石单晶炉。该产品是LED衬底材料拉制生产核心设备，采用自主研发的控制系统，具有自动化程度高、全自动、闭环控制的特点，使整个生产过程可实现一键式操作，产品主要用于LED、大规模集成电路衬底以及军工、国防等光电子关键材料的制造领域。产品获得2013年“国家重点新产品”称号。2013年，公司共完成3项重大新产品开发，其中：平板式高效太阳电池PECVD设备采用平板式的双面钝化镀膜系统，提高了电池片转换效率；技术上采用V型槽替代U型槽，提高了覆膜速度；工艺进气采用三段式控制，提高了片间均匀性。多级干式真空泵组成功解决了型线设计、动密封设计、振动噪声抑制、泵腔及转子防腐等多项关键技术难题，并在转子型线设计、油封材料及结构、泵体材料、电机动密封等方面实现创新，成功研制出符合工业化应用要求的罗茨干式真空泵组产品。通过改变真空阀门内部的特殊结构，提供一种减少微尘、夹气，可双用的超高真空手动、气动闸板阀，以解决现有闸板阀含有微尘、夹气影响真空度等不足之处。

北京北仪创新真空技术有限责任公司推进新产品批试鉴定，聚焦有市场竞争力的重点产品。由公司承担的国家重大科学仪器设备开发专项——超高真空大抽速磁悬浮复合分子泵研制与应用示范项目中“大抽速涡轮动、定片设计及复合转子精密加工与集成技术”子任务，完成机械轴承验证机的装配和调试，并验证了转子材料性能及加工工艺性，正在进行转子材料优化实验。完成250mm、200mm、160mm口径分子泵的性能检测工作；完成国内第一台MDP－1200拖动分子泵的设计、样机试制、性能测试、老化测试及抗大气冲击试验；完成100mm口径的分子泵测试。FF－160/800、FF－160/800D、FF－200/1400、FF－200/1400D、FF－

250/2000、FF－250/2000D、MDP－1200、FF－400/3600等8种型号分子泵通过了国家权威检测机构的性能测试，并取得证书。

中山凯旋真空技术工程有限公司2013年根据市场需求开发的原油真空处理装置已获得国家发明专利。公司“特高压变压器绝缘干燥工艺及装备研制”项目荣获广东省科技进步奖二等奖。

2013年，泰兴新型工业泵厂在成功开发了WLW－B系列无油（耐溶剂）立式真空泵、WLW－F系列无油（耐腐蚀）立式真空泵、VKT系列氯化物专用真空泵的基础上，根据市场及用户需求，开发了WLW450三缸无油立式真空泵及WLW4800极大抽速无油立式真空泵，并取得了较好的经济效益和社会效益。

广东省佛山水泵厂有限公司坚持产品研发是企业持续发展的动力的指导思想。2013年，公司继续拓展产品应用领域，积极推进行业应用，根据市场需求完成了多个新产品的试制：在液环泵研发方面，共完成数百个项目的图样设计，设计出不同功能的成套化产品，拓展了新的应用领域；设计出用于新能源项目的0.8MPa亚硝气压缩机组，经反复论证，一次试验成功，现已交付用户；完成环氧丙烷项目机组的设计，这是继2009年公司承接采用利安德专利设计的4套真空系统后，获得的我国第一个采用亨斯迈专利技术设计的工程投标；完成VCM（聚氯乙烯）回收行业压缩机组项目，并顺利通过验收交付。

2013年，上海阀门二厂有限公司开展技术创新，完成了插板阀系列的改型设计。经过技术改造，采用精密铸造工艺，提高了产品的外观质量，解决了40mm口径及以下的挡板阀阀体泄漏问题。对150mm、200mm、250mm口径系列手动、气动、电动插板阀进行了改造，采用了D型结构，使其结构更趋合理，外观更为新颖。

〔撰稿人：中国通用机械工业协会真空设备分会苏原〕

2013年干燥设备行业概况

一、生产发展情况

据统计，2013年，中国通用机械工业协会干燥设备分会21家重点骨干企业共完成工业总产值248 079万元，实现主营业务收入209 957万元。2013年干燥设备行业21家企业工业总产值见表1。2013年干燥设备行业21家企业主营业务收入见表2。

表1　2013年干燥设备行业21家企业工业总产值

序号	企业名称	工业总产值（万元）
1	石家庄工大化工设备有限公司	60 574
2	天华化工机械及自动化研究设计院有限公司	54 500
3	山东天力干燥股份有限公司	25 375
4	常州市范群干燥设备有限公司	22 458
5	常州一步干燥设备有限公司	13 066
6	江苏省范群干燥设备厂有限公司	9 767
7	哈尔滨东宇农业工程机械有限公司	7 912
8	上海千山远东制药机械有限公司	7 487
9	东台市食品机械厂有限公司	6 375
10	江苏先锋干燥工程有限公司	5 500
11	常州市金陵干燥设备有限公司	5 471
12	浙江尔乐干燥设备有限公司	5 160
13	苏州市自力化工设备有限公司	5 000

（续）

序号	企业名称	工业总产值（万元）
14	江苏宇通干燥工程有限公司	4 100
15	江苏国粮仓储工程有限公司	3 700
16	无锡昂益达干燥设备厂有限公司	3 528
17	四川望昌干燥设备有限公司	2 765
18	杭州钱江干燥设备有限公司	1 891
19	青海三四一九干燥设备有限公司	1 700
20	成都倍力干燥设备有限公司	930
21	常州市统一干燥设备有限公司	820

表2　2013年干燥设备行业21家企业主营业务收入

序号	企业名称	主营业务收入（万元）
1	石家庄工大化工设备有限公司	51 346
2	天华化工机械及自动化研究设计院有限公司	45 700
4	常州市范群干燥设备有限公司	21 362
3	山东天力干燥股份有限公司	14 641
5	常州一步干燥设备有限公司	12 163
6	江苏省范群干燥设备厂有限公司	9 702
7	哈尔滨东宇农业工程机械有限公司	7 912
8	上海千山远东制药机械有限公司	7 487
9	东台市食品机械厂有限公司	5 845
10	江苏先锋干燥工程有限公司	5 335
11	常州市金陵干燥设备有限公司	5 318
12	浙江尔乐干燥设备有限公司	5 044
14	江苏宇通干燥工程有限公司	4 068
16	无锡昂益达干燥设备厂有限公司	2 878
15	江苏国粮仓储工程有限公司	2 775
17	四川望昌干燥设备有限公司	2 260
18	杭州钱江干燥设备有限公司	1 721
19	青海三四一九干燥设备有限公司	1 700
13	苏州市自力化工设备有限公司	1 020
20	成都倍力干燥设备有限公司	860
21	常州市统一干燥设备有限公司	820

2013年，石家庄工大化工设备有限公司产品产量391台(套)，其中，盘式连续干燥机70台、浆叶干燥机41台、振动流化床干燥机4台、蒸发工程设备28套、转鼓过滤机15台。公司完成工业总产值60 574万元，比上年增加6 960万元；销售收入49 875万元，比上年增加3 872万元；利润总额5 850万元，比上年增加403万元。

2013年，山东天力干燥股份有限公司继续加大自主科研的力度，自主研发投入1 500多万元，在低质煤低温干馏、油砂焙烧提质、粉煤灰提取氧化铝、无水氯化钙造粒工艺、十水硝蒸发工艺等方面完成了关键技术的突破，并具备示范推广的条件，为公司的可持续发展提供了技术支撑。

常州市范群干燥设备有限公司在加快企业各项改革的同时，积极调整产品结构，增强企业竞争力及科技投入力度，大力推进科技进步。在技术创新的过程中，加大节能减排，做好节能降耗，把科学发展观落实在具体工作中，研发了节能型带式干燥机，主要用于颜料、催化剂等领域。公司在成功为三元催化剂企业设计制造干燥机及焙烧炉的基础上，加入到脱硝催化剂干燥机及焙烧炉的研发队伍中，当前，公司已经为国内多家脱硝催化剂企业配套了脱硝催化剂干燥机及焙烧炉中试设备。

2013年，江苏先锋干燥工程有限公司被认定为江苏省科技型中小企业。通过十几年来的不断创新，公司形成了集研发、设计、制造于一体的科技创新体系，将进一步加快以企业为主体、以市场为导向，产学研相结合的技术创新体系建设，提高企业自主创新能力，同时为推动行业科技进步、实现行业可持续发展发挥积极作用。

江苏宇通干燥工程有限公司是在原常州市宇通干燥设备有限公司的基础上，经过重新整合、增资扩建、规范管理、规模扩产、全面升级而更名的企业。企业规模、资金储备、年度业绩等都有较大幅度的增长，企业的发展空间和潜力都很大。

常州市金陵干燥设备有限公司通过多年吸收国内外先进技术，并以多家科研院校为依托，引进、开发了一批高新技术产品，优化、改造了一批专业化设备，投入300多万元建立了干燥制粒设备试验中心，并被评为常州市专用工程技术研究中心。当前，公司已申请30多项国家专利以及7项高新技术产品。

青海三四一九干燥设备有限公司于2012年4月由私人承包改为国有控股，2013年4月完成整体搬迁工作。公司依附青海装备制造产业园孵化器平台，开发了污水处理装置新产品，扩大了产能，提高了公司的整体竞争能力，新增就业人员11人。

二、市场及销售

2013年，石家庄工大化工设备有限公司在巩固现有销售领域的基础上，深入分析相关行业市场，加大市场开拓力度。公司在现有的传统销售渠道基础上，加大了网络营销的力度，网络市场的成功开拓，成为公司销售业绩新的增长点。全年完成出口1 563万元，其中盘式干燥机、桨叶干燥机等产品销往印度尼西亚、埃及、法国、美国等国家。

2013年，山东天力干燥股份有限公司实现主营业务收入14 641万元，市场领域实现突破性进展。公司的褐煤干燥提质技术在上海电力示范项目应用的基础上，推广应用到华电伊泰新疆能源项目，完成了伊泰甘泉堡540万t/a煤制油原料煤预干燥装置的设计合同。公司研发的世界上最大的64m^{2}流化床得到用户及电力行业的认可，为下一步承担近5亿元项目总承包合同奠定了基础。公司还与上海电力股份公司合作成立了上海褐美能源科技有限公司，共同推广褐煤干燥提质技术。公司在大豆蛋白市场也取得了进展，研发直径12m大型喷雾干燥技术得到市场认可。公司先后与东营万德福公司、烟台双塔公司签订了大豆蛋白干燥项目，签订合同5 000余万元。特别是万德福项目，由于一期项目实施高效优质，得到了业主的高度认可，并委托山东天力干燥股份有限公司对该公司进行全面技术升级，为此，万德福公司还与山东省科学院建立了战略合作平台。

2013年，常州市范群干燥设备有限公司实现主营业务收入21 362万元，出口交货值4 123万元。公司的焙烧炉、网带式干燥机出口欧洲，达到欧洲标准，应用于催化剂行业。

2013年，常州一步干燥设备有限公司实现主营业务收入12 163万元。公司主要产品为沸腾制粒干燥机、喷雾干燥机、带式干燥机等，主要用户为制药厂、食品厂以及化工厂。公司出口额占销售额的30%左右，主要销往东南亚、欧美以及中国香港、台湾等地。

哈尔滨东宇农业机械工程有限公司在稳定和做大现有市场的基础上，开发新市场，在增加科研投入、提高产品质量的同时，加强企业内部管理，向管理要效益。2013年，公司共签订销售合同1.3亿元，创造企业经营历史新高。公司承建粮食干燥、种子加工及粮食仓储项目60余项，产品覆盖新疆、甘肃、贵州、四川、湖南、湖北、陕西、宁夏、安徽、河南、河北、山东、北京、江苏、浙江、内蒙古、广东、海南、吉林、辽宁及黑龙江等地，并远销欧洲、非洲。公司抓住国家实施惠农政策和农机购置补贴政策的契机，申请7项产品进入国家农机推广补贴目录，并在22省、市、区享受到了农机补贴政策，对产品的销售推广起到了一定的推动作用。2013年共销售粮食干燥机36台、锥底金属筒仓100座、平底金属筒仓28座、保温金属粮仓25座、提升机136台、清选设备50台、带式输送机194条、其他配套设备和装置400多台(套)。公司完善奖励制度，加大对销售人员的奖励比例，充分调动销售人员开拓市场、形成自成体系区域市场的积极性。2013年，又形成甘肃、内蒙古、安徽三个自成体系销售区域，提高了产品在这些区域的市场占有率。公司积极参与国有大型企业中粮集团、中储粮集团国储库招标项目，在多年投标过程中不断找出产品的差距，并持续改进，以满足国储库对产品高标准、高质量的需求，提高中标率。2013年，公司中标国储库工程项目6项，并按时、按标准完成了验收；成功中标安哥拉卡玛库巴综合农场项目烘干及仓储设备工程，项目产值近1 000万元。

江苏先锋干燥工程有限公司紧抓市场机遇，找准目标，合适定位，以提升产品质量和服务为首要举措，不断地提高客户满意度，扩大品牌影响力，为提升企业竞争力打下了基础。2013年，公司实现主营业务收入5 335万元、利润158万元。

2013年,江苏宇通干燥工程有限公司共销售振动流化床干燥机10台、旋转闪蒸干燥机12台、双锥干燥机50台、气流干燥机6台、离心喷雾干燥机22台、真空干燥机36台、沸腾干燥机28台、带式干燥机15台、耙式干燥机10台,产品畅销全国,并出口美国、土耳其、希腊、英国等国家。2013年,公司实现主营业务收入4 068万元。

2013年,四川望昌干燥设备有限公司所销售的干燥设备主要以气流干燥机、振动流化床干燥机、喷雾干燥机居多,主要用于磷化工生产企业。公司产品销往全国各地,且通过贸易公司已销往越南、约旦等国家。2013年,公司实现主营业务收入2 260万元。

2013年,青海三四一九干燥设备有限公司增加了“污水处理装置”项目,开拓了环保新市场,为以后进入该市场奠定了良好的基础。

三、科技成果及新产品

2013年,石家庄工大化工设备有限公司与河北工业大学共建的河北省蒸发结晶及干燥工程技术研究中心通过了河北省科技厅、财政厅、发改委联合组织的验收,公司被评为河北省技术创新示范企业。在研省级科研项目有3项:新型高效节能绿色污泥分离干化处理技术的研究与开发(河北省科技支撑计划重点项目),石家庄工大化工设备有限公司技术创新体系建设(河北省科技计划项目),干燥盘焊接变形控制及多点电阻焊机的研制(河北省科技支撑项目,与石家庄铁道大学合作)。公司的“新型旋流浮选机研制”项目获得2013年石家庄市科技进步奖二等奖。另外,推广应用的新产品35项。

2013年,由山东天力干燥股份有限公司牵头的山东省省级环保产业技术研发专项基金项目——市政污泥低成本减量化技术研究与开发、污泥资源化利用技术研究与开发,形成市政污泥低成本减量化、资源化成套技术和装备,实现污泥减量化、无害化和资源化的有效处理。该项目于2013年1月29日通过山东省环保厅组织的项目验收和鉴定。这一成果可提高我国的污泥低成本处理处置能力,促进我国污水处理厂良性发展,推动污泥处置及资源化的进程。另外,“市政污泥低成本减量化、资源化成套技术和装备”在潍坊400t/d和莱芜330t/d湿污泥处理处置示范工程的成功应用证明,市政污泥低成本减量化、资源化成套技术和装备的开发成功,对于我国污泥处置降低成本,摆脱对国外同类设备的依赖,提升国产装备技术的国际竞争力具有重要的社会意义。2013年,公司申请专利25项,其中发明专利11项;授权专利25项,包括授权的发明专利8项。“褐煤过热蒸汽干燥提质工艺技术研究与产业化”获得山东省科技进步奖二等奖,“市政污泥成本减量化关键技术与装备”被列入2013年山东省自主创新成果转化专项计划,并获得山东省环保厅科技进步奖一等奖。

常州一步干燥设备有限公司在原有产品的基础上再次进行技术升级。如中药材用多层带式干燥机,针对原带式干燥机在中药材使用中存在的问题,更新设计了进布料装置、在线清洗装置,进一步提高了中药材烘干的质量,方便清洗,节省了人力,提高了整体效率,达到国内先进水平。公司针对中药新剂型中药配方颗粒生产的干燥工序,对原有离心喷雾干燥机进行了技术升级,增加了起扫装置、气力输送装置等,以满足中药行业的生产需求。另外,公司还针对金红石钛白粉,改进设计了闪蒸干燥机,满足不同行业生产的需要,同时也得到客户的认可和好评。

哈尔滨东宇农业工程机械有限公司注重新产品的开发及科技成果转化,每年投入300多万元用于新产品开发。2013年,共开发新产品7项,申请专利4项。2013年,公司申请组建黑龙江省粮食干燥仓储装备工程技术研究中心,并得到了黑龙江省科技厅批准。该中心搭建黑龙江省粮食干燥仓储装备技术研发、成果转化、工程化及产业化平台,成为粮食干燥仓储行业吸收和转化先进技术、提高产品质量的技术依托,提供成套环保、节能、经济、安全的干燥仓储工艺及技术服务。

2013年,四川望昌干燥设备有限公司为成都环太生物科技有限公司设计、制造、安装和调试的KQC500、KQM500型“望江干燥”牌苦荞茶、苦荞麦生产线设备顺利完成了安装、调试工作。攀钢集团成都公司定购的冷压球团专用干燥机研制成功，这是公司首台(套)冷压球团专用干燥机，拥有多项自主技术。该机采用链板式多层自动翻转干燥结构，利用混合煤气直接烟道气为热源，干燥物料为冷压球团(炼钢、除尘灰压制而成)的椭圆球形，产量设计为1.3~1.5t/h。经过近两个月的试生产，设备运行良好，当前已正式交付用户使用。公司开发的单系列气流干燥冷却机深得用户好评，并申请了国家专利。单台产量15t/h、冷却产量30t/h的组合式生产装置，在国内多家磷酸氢钙饲料干燥中得到运用。

2013年，杭州钱江干燥设备有限公司设计研发AK糖(安赛蜜)干燥机，针对物料特性分别设计了500kg/h和1 000kg/h两种型号规格，顺利通过验收。公司与省级科研、设计单位联合研制的一种新型、高效的精馏设备——超重力精馏塔，首先在国防、军工领域得到应用，近年来逐渐在化工、医药、轻工、石化、环保行业的溶剂回收、吸收脱硫等项目中得到应用。公司独创的离心力精馏塔可较好地实现二元或三元组分产品连续精馏或间歇精馏，具有性能优、占地面积少、体积小、操作安装维护方便、生产安全可靠、管理成本低、综合能耗低、效率高(单位长度上的理论塔板数是普通塔的10倍以上)等特点。其中，“小型快装式离心力精馏塔”更是大中学校、科研单位、工厂中试室或车间新产品开发、试制不可缺少的设备。

四、企业管理及人才培养

2013年，石家庄工大化工设备有限公司制定了新的战略规划，以成为国际先进的过程技术服务与装备供应商为愿景，以持续开发优良过程技术与装备、促进资源的循环利用、为改善人类生存环境作出贡献为公司发展的使命。公司现有6个全资或控股子公司：河北工大太阳能设备有限公司、河北工大化工机械有限公司、石家庄工大科技开发有限公司、天津衡创工大现代塔器技术有限公司、深州市金属结构热力设备有限公司和河北翔宇电器设备有限公司。

2013年，山东天力干燥股份有限公司以创新为驱动，全面完成了经营管理各项任务。公司以k3财务系统为中心，调整业务管理部门职责范围，整合项目管理各业务流程，实现了对项目成本、费用的精准控制；以华电伊泰项目为基点，探索项目运营从单一设备设计、小单元设计模式向总承包模式转变的可行方式，并取得了良好的预期效果。全年招聘引进各类人才30多人，包括博士1人、硕士15人；组建了以王立秋教授为首席科研员的科研团队，同时，泰山学者科研团队和山东省院士工作站科研团队均圆满完成年度任务，得到上级主管部门的认可。

四川望昌干燥设备有限公司将厂区搬迁至天府新区仁寿视高经济开发区之后，硬件建设得到了较大提升。公司注重人才培养，与四川大学、四川化工设计院等高等院校科研单位形成更加紧密的技术合作，形成产、学、研一体化格局。

2013年，常州一步干燥设备有限公司继续深化改革，健全生产管理制度，严抓生产计划性，明确生产进度的时间性，体现多劳多得的原则，从而调动一线员工的积极性。2013年，公司完善各项绩效考核，把考核工作纳入常态化、日常化管理中，实现有效监督，达到绩效考核应有的效果；加强安装质量管理和现场施工项目的管理，做好安装过程中的质量跟踪及反馈，进一步提高产品质量，提高现场施工质量；推进公司产品、零配件标准化建设，完善进货检验、过程检验、成品检验作业指导书。针对原材料价格居高不下的实际情况，公司狠抓比价管理，对外购外协件采购以“同等质量比价格，同等价格比服务”为原则，且不断革新生产技术及工艺，减少原材料的消耗；采取新工艺、新材料，对各类产品进行优化改进，在保证产品内外观质量和使用性能的前提下，采取切实可行的措施，提高材料利用率，降低生产成本。公司始终坚持以人为本，大力实施人才强企战略，加强人才队伍建设。具体做法：

①定期参加招聘会，积极引进高技能的氩弧焊工、抛光工、钣金工、电工、车工，充实到公司各岗位，为企业发展奠定人才基础。②定期对员工进行业务培训，提高员工的业务水平和管理水平。加强对员工责任心的培养，树立责任意识、大局意识，提高员工素质，以适应公司快速发展。③加强对全体安装人员的整体安装、调试技能的培训和考核工作，提高人员业务素质。

江苏省范群干燥设备厂有限公司2013年继续将目标定在企业重组方面，对企业资产、资金、劳动力、技术产品质量、管理等事项进行重新配置，构建新的生产经营模式，改善企业经营管理状况，推进企业创新，使企业在变化中保持竞争优势。

常州市范群干燥设备有限公司坚持"自身培养为主，内培外引并举"的人才建设战略，建立人才培养机制，不断提高现有人才的科研水平。同时，加大引进高端人才的力度，优化人才结构，快速提升科研水平。近两年，技术研究中心共引进各类专业本科生18名、硕士研究生5名。公司实行全员合同聘任制，并实行开放、竞争上岗、流动机制。同时，注意加强科研力量的培养，选送优秀人员到相关院校进修，或到国外考察进修，逐步形成一支相对稳定的专业技术开发队伍。

江苏宇通干燥工程有限公司在建设人才团队方面，制定完善的激励政策、项目研发奖励政策和人才培养政策，对项目研发人员在项目研究成功并实现工程化和产业化后将予以重奖；推行导师制作业，引导新进人才的提升，并形成良性循环。此举激发了研究开发人员的积极性，为吸引人才、留住人才、发展人才提供了良好的机制。

哈尔滨东宇农业工程机械有限公司注重科技研发队伍、生产加工队伍、安装及售后服务三支队伍的建设。公司每年招聘机械、电气、自动化、管理等专业高校毕业生，作为后备人才有针对性地重点培养，并积极引进高层次人才。公司每年制定并实施科技人才培训规划，邀请企业管理、技术设计等方面的专家到企业对相关人员进行培训，并组织科技人员参加学习和培训，提高了科技人员的素质。

〔撰稿人：中国通用机械工业协会干燥设备分会高书燕〕

2013年减变速机行业概况

一、生产发展情况

2013年，中国通用机械工业协会减变速机分会有会员单位101家，其中，企业96家、科研院所2家、减速机专业信息网1家、专业减速机检测中心2家。在96家企业中，有减变速机主机生产企业80家、配套企业16家。在101家会员单位中，有国有及国有控股单位8家、外资企业1家、合资企业1家、民营和民营股份企业91家。按大中小微型工业企业划分为3家大型企业、13中型企业、85家小型企业。2013年有37家会员企业参与年鉴的数据统计。2013年减变速机分会37家会员企业基本情况见表1。

表1 2013年减变速机分会37家会员企业基本情况

指 标 名 称	单位	年度累计
年末从业人员人数	人	13 874
工资总额	万元	56 835
资产总计	万元	810 166
固定资产原价	万元	377 617
流动资产	万元	440 190
流动负债	万元	340 165
全员劳动生产率	元/人	160 800

2013年，减变速机分会37家会员企业完成工业总产值1 067 878万元，比上年增长31.2%；完成工业增加值223 132万元，比上年增长38.9%；利润总额34 508万元，比上年增长0.1%。产值超亿元的企业有10家，与上年持平，其中有2家企业产值超过14亿元，1家企业产值超过55亿元。2013年减变速机分会37家会员企业经济指标见表2。2013年减变速机分会工业总产值前10名会员企业见表3。

表2　2013年减变速机分会37家会员企业经济指标

指标名称	工业总产值	工业增加值	主营业务收入	主营业务税金及附加	利润总额	应交增值税
年度累计（万元）	1 067 878	223 132	1 012 506	4 341	34 508	35 985

表3　2013年减变速机分会工业总产值前10名会员企业

序号	企业名称	工业总产值（万元）
1	国茂减速机集团有限公司	575 761
2	江苏泰隆减速机股份有限公司	141 100
3	泰星减速机股份有限公司	97 131
4	浙江通力重型齿轮股份有限公司	39 508
5	山东华成中德传动设备有限公司	33 018
6	佛山市星光传动机械有限公司	22 234
7	荆州市巨鲸传动机械有限公司	19 242
8	宁波人和机械轴承有限公司	15 919
9	山西省平遥减速器厂 平遥减速器有限责任公司	12 783
10	山东柳杭减速机有限公司	12 706

从2013年减变速机行业37家会员企业的统计资料中看出，到2013年年末，全行业完成工业总产值在已连续10年呈两位数增长，2012年有小幅下降后，2013年又恢复增长。这说明减变速机行业企业在经历金融危机的影响后，积极调整战略，转变产品定位和经营管理思路，积极开拓新市场，在经济低迷的市场竞争中保持了良好的运营。

2013年，减变速机分会37家会员企业共生产减变速机1 684 165台，比上年增长17.85%。减变速机行业五大类产品中摆线减速机、齿轮减速机、电动滚筒产量增长，其中齿轮减速机增长幅度较大；无级变速器、蜗轮减速机产量有小幅下降。2013年减变速机产品产量见表4。

表4　2013年减变速机产品产量

产品名称	产量（台）	比上年增长（%）
合计	1 674 165	17.85
摆线减速机	548 019	21.09
无级变速器	50 063	-6.63
齿轮减速机	607 437	92.02
蜗轮减速机	423 627	-2.24
电动滚筒	16 820	1.65

二、市场及销售

2013年，减变速机分会37家会员企业完成工业销售产值1 041 245万元，比上年增长33.56%；实现主营业务收入1 012 506万元，比上年增长31.6%。减变速机行业经济效益综合指数为189.18%，总资产贡献率为10.1%，资本保值增值率为95.43%，资产负债率为47.06%，流动资产周转率为2.2次，成本费用利润率为3.5%，全员劳动生产率为160 800元/人，产品销售率为97.51%。2013年减变速机分会主营业务收入前10名会员企业见表5。

表5　2013年减变速机分会主营业务收入前10名会员企业

序号	企业名称	主营业务收入（万元）
1	国茂减速机集团有限公司	567 582
2	江苏泰隆减速机股份有限公司	118 101
3	泰星减速机股份有限公司	94 705
4	浙江通力重型齿轮股份有限公司	37 543

（续）

序号	企业名称	主营业务收入（万元）
5	山东华成中德传动设备有限公司	30 772
6	荆州市巨鲸传动机械有限公司	19 022
7	佛山市星光传动机械有限公司	13 079
8	山东柳杭减速机有限公司	12 101
9	山西省平遥减速器厂 平遥减速器有限责任公司	12 041
10	宁波人和机械轴承有限公司	12 013

2013 年，国茂减速机集团有限公司共生产减速机 46 万台、电机 13.8 万台，实现销售产值 22 亿元，同比增长 18.3%。实现利税 2.6 亿元，同比增长 18.2%。2013 年，公司对营销组织进行调整，将原来八大片整合为五个片区，实现片区目标管理和片区经理责任制；进一步强化营销组织，加强市场管理，拓展终端市场业务，促进渠道业务和终端业务的协调性发展。公司根据人才培养和梯队建设要求，对营销队伍重新进行岗位设置，实现以老带新的在岗培训模式。2013 年，公司的摆线减速机产品继续在市场中占据绝对优势，G 系列减速电机销售产值增长 15%，PV 系列通用齿轮箱销售产值增长 12%，GX 系列行星减速机销售也有了较大的增长。2013 年，公司完成单台重量 90t 的碾环机配套减速机和 50t 船用减速机的设计制造，取得了较高的客户满意度。

2013 年，山西省平遥减速器厂、平遥减速器有限责任公司在外部经济形势回升不明朗，内部新厂区建设、老厂区面临搬迁的情况下，不断完善营销机制，内部挖潜，强化营销队伍，开展营销人员培训，使企业市场份额不断扩大，当前已拥有市场用户 3 000 多家。2013 年，公司应收账款比上年减少 1 269 万元。

2013 年，天津百利天星传动有限公司在资金匮乏、原材料采购困难的情况下，采取一系列措施，使企业逐步走出了困境。公司将降低成本作为关键，开展了如下工作：一是降低采购成本。由主管经理与生产、采购部门组成采购降成本小组，与几十户供应商逐家商谈，增加供应商信心，恢复供货，同时降低产品价格，使采购成本平均下降 7%，全年可节约采购成本 300 万元。二是技术降成本。公司成立了技术降成本小组，研究如何通过技术标准的修订，在不降低技术标准的情况下减少材料消耗。经过半年的努力，共完成降成本项目 14 项，降本效益达 40 万元。三是减少费用开支。全年小轿车用油量和车辆修理费节约资金 8 万元。同时对管理费用控制，坚决取消不合理的开支。通过人员压缩及班车路线的调整，先后共减少 4 辆班车，每月节约费用 6 万元。2013 年，公司抓销售，抢订单，提高经济总量，具体做法如下：①建立新的考核机制，调整销售政策，激励销售人员跑市场，抢订单。年初制定了新的销售政策，以激励为主，同时加强考核，实行淘汰制。②调整和充实销售中层力量，发挥骨干作用。调整区域设置，将全国划分为 13 个区域，设立区域经理，形成销售网络。③指标分解，落实到人。定期召开销售会议，布置落实销售指标完成情况，激励销售人员多拿订单，多接合同。并将全年指标分解到月，落实到区域，细化到个人。④总经理亲自带队，跑市场、抓订单、访用户，直接了解市场第一资料，及时掌握市场信息。

2013 年，山东华成中德传动设备有限公司坚持“依靠技术创新谋发展”的原则，主动与国内外客户保持密切联系，加强沟通，及时对客户反映的问题出台相应的改进措施。公司进一步落实完善技术开发创新模式，瞄准市场，不断加大产品开发和结构调整的力度，取得了显著成效。全年完成工业总产值 33 018 万元，同比增长 15.3%；工业销售产值 30 770 万元，同比增长 12.6%。2013 年，公司着重研究市场环境、市场机会、市场细分和品牌策略、价格策略、渠道策略，把自身优势与市场需求、产品定位结合起来，运用国内外两个市场、两种资源，新老客户、大小商家等多种渠道，通过新品推广、订单生产、产品定制、定期回访等多种方式，在产业链经营、品牌经营和快速反应上实现新突破。针对市场随时变动的情况，技术与业务进行实时有效对接，技术人员也同样建立和完善出差工作报告和实施追踪机制，结合与客户交流情况和行业发展趋势，提出新产品开发的需求，将原有的只是市场提供信息转向共同探讨、与市场对接的轨道上来，进一步提高了新产品在市场上的认可度。同时，主动向客户推介产品的新特点、新功能，赢得了客户，争得了订单，为与客户建立长期的合作关系打下了坚实的基础。

2013 年，浙江通力重型齿轮股份有限公司改革营销制度，创新营销机制，根据各地区产品销售的特点制定完善的销售计划，调动销售人员的积极性。公司提高了售后服务的及时性，产品得到客户的好评，全面提升了公司产品的市场竞争力；参加国内外展览会，全面展示公司综合实力和最新产品，向用户介绍新产品、新服务，了解用户的需求，解决用户的困难。通过与其他公司产品的比较，获取最新的信息和市场动态，提高公司对市场发展趋势的洞察力。2013 年，公司实现主营业务收入37 543万元，同比增长 5.4%；实现利税 5 834 万元，同比增长 12.1%。

2013 年，是山东柳杭减速机有限公司推行流程再造、管理创新的第一年，各职能部门配合公司的“流程再造、安全生产、管理创新、节能提效、开拓研发、提升突破”等六大工作主题开展工作。营销公司在公司差异化发展战略的引领下，充分发挥广大业务经理的主观能动性，积极与老配套用户进行沟通，加大走访力度；配合技术部门进行技术交流，在原有产品的基础上，设计生产了当前砖机行业配备功率最大的 JZS1750 型减速机。在着重开发大型产品的同时，也设计开发了小功率三输出紧凑型减速机，以优良的产品质量和及时周到的售前、售中和售后服务，赢得了广大用户的认可和好评，树立起柳杭减速机的品牌形象，稳固了柳杭减速机在砖机市场的领导品牌地位。同时，配合流程再造，控制和规范合同签约率。不论是新客户还是老客户，一律按照标准、规范的合同要求签订合同，防止因为合同签订的随意性而增加公司的风险，有效地避免了因客户需求的不真实而造成不必要的库存积压，大大减少了过多的资金占用。

2013 年，江苏泰隆减速机股份有限公司面对国内外复杂严峻的经济发展现状，坚持以市场为导向、以客户为中心、以产品质量树品牌、以效益为目标的经营理念，外拓市场，内抓管理。全年实现主营业务收入 118 101 万元，利润总额 7 428 万元，较上年增速放缓。

2013 年，荆州市巨鲸传动机械有限公司根据市场需求，对销售人员进行全方位的培训，开发新渠道，提升销售业绩。公司通过调整策略，研究市场和产品的全方位服务，全年超额完成预计销售目标。全年实现主营业务收入 19 022 万元，同比增长 4%；利润总额 1 626 万元，同比增长 6%。

2013 年，泰星减速机股份有限公司在国家宏观经济形势整体趋于放缓的情况下，紧紧围绕“质量赢客户、品牌保质量”的宗旨，将营销人员业务培训和新产品市场推广工作紧密结合，根据市场需求及时调整产品结构，适应市场变化需求，使企业发展不停步。全年完成工业销售产值 96 227 万元，比上年减少 1 304 万元。

2013 年，佛山市星光传动机械有限公司在市场环境依然严峻的形势下，通过紧贴市场、服务客户，取得了销售增长 15.9% 的良好业绩。公司利用每年一届的广州陶瓷工业展览会进行产品宣传，在 2013 年的陶瓷展中，公司产品清新亮丽的外观色彩和精益求精的产品细节受到展会参观者一致好评。2013 年，公司凭借优质的产品配套服务和良好的市场口碑，被佛山市工商企业联合会评为 2013 年度优秀陶机装备配套企业。

2013 年，江苏省金象传动设备股份有限公司在市场疲软下的情况下，圆满完成销售任务。公司被授予“江苏省用户满意服务单位”“全国建材机械行业定点生产企业”及淮安市“十佳双支持双达标非公企业”等称号。

江阴齿轮箱制造有限公司通过进一步改革，企业发展劲头增强。2013 年，公司每月召开一次销售会议，开展销售订单金额、销售开票金额、回笼金额冠军评比工作。各部门服务销售一线，确保公司各项经营指标按期完成。公司对员工进行各类技术培训及经营理念的引导，提高各部门团队解决问题的能力，增强公司团队的凝聚力和战斗力，使公司在激烈的市场竞争中更具有竞争力。

河北志远减速机械有限责任公司自2000年改制后不断引进新设备、新工艺，逐步健全了生产、安装、售后服务、质量保证模式，按照ISO9001：2000质量管理体系运作。公司运用科学的管理方式和现代化的检测手段，建立了计划、合同评审、采购、生产、检测、包装、交付、跟踪监督等全套严格的控制程序，确保生产高品质、高规格的产品，最终达到顾客满意。2013年，公司积极参加专业展览会，扩大市场影响力。公司在全国主要地区设有20个销售分公司，技术人员深入销售一线解决客户的需求。技术研发部（石家庄）于4月22日正式成立，主要服务于华北地区客户，提供技术支持，并给予现场指导。

2013年，减变速机行业主要出口产品为蜗轮减速机，8家企业共完成出口交货值11 809万元，比上年增长1.8%。产品主要出口东南亚、中东以及欧美等国家和中国香港、台湾地区。

三、科研成果及新产品

2013年，减变速机分会37家会员企业中有17家企业开发了新产品，共完成新产品产值455 311万元，比上年增长57.8%；18家企业科技开发经费总额为18 548万元，比上年增长17.1%。佛山市星光传动机械有限公司、国茂减速机集团有限公司、浙江通力重型齿轮股份有限公司、泰星减速机股份有限公司、山东华成中德传动设备有限公司、山东柳杭减速机有限公司、台州市通宇变速机械有限公司、荆州市巨鲸传动机械有限公司、宁波市镇海减变速机制造有限公司、平遥减速器有限责任公司等企业持续创新能力增强。

2013年，江苏泰隆减速机股份有限公司完成新产品产值15 217万元，占全年工业总产值的10.7%。在公司“十二五”科技发展规划的指引下，着重开发具有泰隆特色的重、大、特、精、尖产品，实现由低中端产品向高端产品的转变。2013年，公司开发中小功率齿轮箱，实现模块化全面升级。TXP行星减速机模块化、重载模块化硬齿面齿轮减速机传动装置及蜗轮蜗杆减速机模块化传动装置等系列产品，向模块化、标准化、高精度、高效率、大批量、低成本方向发展。公司瞄准一些关键领域，针对水电、核电、风电领域，着手研发重、大、特、精非标齿轮箱新品以及石油钻井平台专用齿轮箱。产品向高精度、高可靠度、软起动、运转监控、低噪声、小体积和小重量方向发展。

陶瓷行业是佛山市星光传动机械有限公司传统配套的优势行业，2013年，公司根据陶瓷行业转型发展的特点，紧跟节能减排发展方向，为客户提前考虑，推出宽频、宽压、高效传动新产品NCJ齿轮减速机，同时把四大系列齿轮减速机产品有针对性地应用推广到陶瓷机械的主传动和精密传动，较好地解决了陶瓷原料设备、印花设备、抛光设备和包装设备等技术难题，提高了陶瓷设备的整体技术配套水平。高压电力行业是公司近几年开发的高端减变速机应用行业，对产品可靠性和承载能力要求较高。2013年，公司在高压开关行业又取得新的突破，一批行业重点客户（如西安西电高压开关有限公司和西门子高压开关有限公司等）开发成功。特别是在与西安西电高压开关有限公司合作过程中，公司工程中心技术人员深入客户产品应用第一线，和客户技术人员一起参与客户重大项目攻关，取得圆满成功。食品包装行业是公司重点开拓和突破的行业，该行业长期以来被国际品牌减速机制造企业所垄断。公司采取学习、消化、跟进、创新等手段，虚心向国际同行和行业标杆客户学习，工程技术人员深入生产现场，了解产品使用工况，不放过每一个细节，从电机、壳体、齿轮、制动装置、密封件、润滑油等每一个环节都采用最可靠的办法满足客户的需求。通过近半年的努力，已基本达成最终产品技术标准，为公司今后产品全面进入食品包装机械行业打下了基础。玻璃、木工行业是公司传统配套行业，该行业减变速机配套主要处于低端、粗放、低价位水平，随着行业进步和发展，产品不断呈现高品质、高附加值、组合发展的趋势。2013 年，公司紧紧抓住市场发展机遇，与行业高端客户形成战略合作关系，坚持高端品牌路线，走技术服务之路，以行业龙头企业为标杆，不断提升客户产品配套水平。2013 年，公司的“一种齿轮热处理无压力工装装置”获得发明专利证书，专利号为 ZL201210209295.4。

2013 年，山东华成中德传动设备有限公司继续致力于产品创新和产品开发，先后研发了 M 系列圆锥圆柱齿轮减速器、ML 系列模块化大型减速器、MC 系列精密减速器、KPL 系列重载圆锥圆柱行星齿轮减速器、H 系列立式精密减速器等一系列新产品，并全部通过省级科技鉴定。其中，M 系列圆锥圆柱齿轮减速器、H 系列立式精密减速器经鉴定已达到国际领先水平。2013 年，公司申报专利 8 项。公司的“齿轮抛丸工装”“箱体加工工装”“锥度轴承试验工装”“一种减速机装配翻转机”“一种减速机试验升降机”“立式减速机”和“一种行星齿轮箱机构及其冷却结构”通过了国家知识产权局的发明专利授权。2013 年，公司成立了企业技术中心，技术中心现拥有国际一流的检测和试验设备。公司依托技术中心继续深化与山东理工大学、太原理工大学、郑州机械研究所等国家科研院所的合作。公司引导和鼓励科技人员深入技术创新服务第一线，构建具有较强竞争力的现代创新平台体系，推进产学研深入合作和成果转化，以提高企业的自主创新能力。公司还制定了科技研发奖励制度，设立技术创新奖，对技术水平高或有突出贡献的科技创新人员进行奖励。

2013 年，国茂减速机集团有限公司科研经费投入 4 996 万元，完成新产品产值 354 124 万元。国茂集团根据客户的要求开发研制了多台大型非标特种减速机，如：成功研制开发南海船用特种减速机，该减速机长 8m、宽 2.8m、高 3m，重约 40t；SZ 锥型双螺杆挤出机齿轮箱；重达 90t 的 12m 碾环机主传动大型特种减速机，这是当前国内首创、用于碾环机行业的最大的减速机；重达 18t、长度超过 2m、高 2m、直径 1.8m 的 GX3KGBBH34 - 1250 - B522 - 96 模块行星齿轮减速机，一次装配试车成功，交付客户。国茂集团旗下的常州市国茂电机有限公司生产的 Y2 系列电机产品，2013 年成功获得意大利 ECM 国际认证检测中心颁发的 2006/95/EC 低电压指令 CE 认证证书。2013 年，国茂集团已拥有国家专利 28 项、省级高新技术产品 14 项、江苏省优秀新产品 1 项，正在申请中的专利 9 项。

2013 年，山西省平遥减速器厂、平遥减速器有限责任公司技术中心被认定为省级中小企业技术中心，是平遥县第一家被认定的山西省省级中小企业技术中心。2013 年，完成新产品产值 1 749 万元。XK1000 - 26H 减速器是公司自主研发的抽油机用减速器，获得了国家发明专利。该减速器采用高、低速级轴向固定，中间两级浮动的结构，杜绝了高速级因轴向窜动而导致的渗漏油，大速比(200)的设计适用于油田低渗漏井的需求，轴承全部采用刮油强制润滑，改变了润滑不足的问题。2013 年，硬齿面产品获得了煤安证书，为公司产品进军煤炭领域提供了有力保障。当前，公司拥有自主知识专利 12 项，形成了以大功率、硬齿面、重点工程、替代进口减速器为重点的产品结构。

2013 年，天津百利天星传动有限公司以国家“863”项目为技术工作突破口，带动新产品开发。公司完成为机器人配套的 2KV - 50Ca、2KV - 70Cb、2KV - 150C、2KV - 160E、2KV - 500E、2KV - A500E 高精度减速机共 6 种机型的样机，当前已送往用户安装使用。该系列产品属国内首创，投放市场后将替代进口，实现国产化。2013 年，还完成了为盾构机配套的 XJLS490 - 00 行星齿减速机的设计，完成了 X9000 系列摆线减速机 4 种机型设计。

2013 年，山东柳杭减速机有限公司根据市场需求不断创新产品种类，引领市场航向。公司根据现有的产品结构，对原有的《减速器装配过程工艺参数控制要求》等技术文件进行了更新，并对相关操作人员进行了有针对性地讲解培训。对轴承、齿轮装配工艺参数进行了调整，规范了加热器的操作，杜绝了由于加热时间过长造成轴承或齿轮出现过烧的现象，降低了电能消耗，稳定了产品质量，提高了生产效率。

2013 年，泰星减速机股份有限公司投入的科研开发经费总额 5 876 万元，完成新产品产值 21 955 万元。公司对硬齿面齿轮减速机产品的技术图样、工艺流程等全面升级，以适应市场的需求。

2013 年，江苏省金象传动设备股份有限公司技术研发创新能力持续增强。公司的二级中心传动磨机减速机均载结构、带偏心轴承套的蜗轮啮合装置、管磨机的传动装置、立磨减速机柔性行星架以及高速线材轧机夹送辊主传动增速齿轮箱获得实用新型专利。其中，“二级中心传动磨机减速机均载结构”的优点是：一是安装调试方便，在均载调试前后无需拆开齿轮，齿轮轴配作销孔，节省成本，提高装配效率、精度和均载能力；二是维修方便，在更换齿轮或齿轮轴时，可以将齿轮或齿轮轴在减速机制造厂加工成成品，然后直接在使用现场调整均载。“带偏心轴承套的蜗轮啮合装置”在使用时根据实际情况调整偏心轴承套位置，通过检验蜗杆副的接触斑点和传动侧隙来修磨蜗杆或蜗轮，该装置结构简单，成本低廉，方便可靠，使用性能好。“管磨机的传动装置”适用于建材行业水泥生产线，全封闭紧凑的结构形式，采用法兰直联，安装周期短，传动效率高，安全可靠。“立磨减速机柔性行星架”制造成本相对较低，普通设备即可加工，投资较少，工艺简单；安装使用维修方便，承载能力大，同时又能缓冲来自磨辊的振动和冲击，保持运行平稳。“高速线材轧机夹送辊主传动增速齿轮箱”满足当前冶金行业高速线材精轧机设备高速、连续生产、产品品种和规格种类繁多、成品尺寸精度要求高等诸多需求。公司的“双输入功率分流差动行星减速机”获得国家发明专利。该减速机采用双输入形式满足机器大功率输入的要求，仅用单级定轴齿轮和单级差动行星齿轮组合就达到普通多级行星齿轮传动的传动比输出，满足当前市场上对减速机大传动比的使用要求；其差动行星齿轮传动能够使功率在内齿圈和太阳轮上分流，机器在同等强度条件下能够获得更小的体积和重量，机器结构更加紧凑；悬挂式的扭力架可以吸收磨机运转时产生的震动和位移对机器的不利影响，同时减少占地面积，缩短基础设施建设周期，降低造价。该减速机承载能力大，传动平稳，效率高，安装方便，使用寿命长，可广泛应用于冶金、运输、矿山、食品等行业，具有广阔的市场前景。公司的“新型单边双传动减速机的研发和产业化”项目获得江苏省机械工业科技进步奖一等奖。该减速机是公司在引进国外先进技术的基础上，结合公司多年生产减速机的经验进行再研究，主要用于大中型管磨机的驱动，特别适合用于大型风扫磨的传动。该减速机体积小，易加工，重量轻，而且造价仅为中心传动装置减速机的 60% ~70%，传递功率为 1 600 ~5 000kW，对于超过 5 000kW 以上的管磨机，可以采用两套组合成双边双传动，能覆盖全部管磨机装机功率，已经完全具备代替中心传动装置的条件和能力，在国内处于领先水平。

2013 年，荆州市巨鲸传动机械有限公司继续围绕国家重点扶持的节能环保、高端制造等领域开展产品的研发工作，完成产品研发项目 20 项，完成新产品产值 7 522 万元。

2013 年，山东省德州市金宇（减速）机械有限公司研制的轧机压下 A710 平面二次包络减速机，在满足用户使用要求的条件下，其价格仅为国外同类产品的 1/3，为客户实现节能降耗的同时，也为替代进口产品节约成本发挥了积极的作用，具有很好的市场前景。

2013 年，浙江通力重型齿轮股份有限公司投入科技研发经费总额 1 493 万元，完成新产品产值 28 714万元。在温州高层次人才洽谈会上，公司签订了“工业机器人关节减速器关键技术”研发与产业化项目合作意向书。

2013 年完成新产品产值较多的企业还有：浙江

午马减速机有限公司完成新产品产值4 004 万元，占全年工业总产值的75%；山东长征机械设备制造有限公司完成新产品产值1 805 万元，占全年工业总产值的31%；宁波市镇海减变速机制造有限公司完成新产品产值486 万元，占全年工业总产值的41%；淄博山博安吉富齿轮电机有限公司完成新产品产值3 355 元，占全年工业总产值的38%；哈尔滨智达测控技术有限公司完成新产品产值1 459 万元，占全年工业总产值的74%。

四、质量与质量管理

随着市场竞争的日益加剧，客户对产品质量的要求也越来越高。2013 年，山东柳杭减速机有限公司所有质检人员，以保证产品质量、满足生产需求为己任，做好产品检验工作。2013 年 1—11 月，共检验自制零部件 57 714 件，合格率 99. 38%；检验外协零部件 4 127 件，合格率 99. 78%；检验整机2 274台，一次交检合格率 98. 88%。化验室依据检验标准共检验送检样品 1 027 个，做到了准确及时。计量室根据在用量具周检日期合理制定周检计划，共检量具 1 277 件，保证了零部件的测量精度。由于对产品质量监控到位，2013 年没有因质检工作的疏忽造成顾客大的质量投诉。2013 年，为了能对滚刀的使用情况进行有效控制，保证滚刀刃磨及使用精度，质检部负责对滚刀进行编号，将滚刀报废标准及相关参数填写在“滚刀管理卡”中，并负责监督实施，避免了因滚刀报废标准不统一导致的制齿精度下降，从而保证了齿轮精度。

2013 年，国茂减速机集团有限公司对产品质量严格把关，推行精益管理。公司将部分机加线和装配线进行了精益化改造，改变传统的批量生产方式，并制定生产作业标准，对员工进行作业标准化培训，有效改善了员工的作业习惯，提高了生产效率。2013 年，公司对所有产品模具进行全面升级换代，不仅提高了产品性能，还进一步提升了产品外观。公司根据精益管理方法，加快员工的质量培训，增强了“质量是生产出来的”全员意识。

山西省平遥减速器厂、平遥减速机有限责任公司一直坚持“产品质量第一”的生产原则。2013 年，公司一次通过山西省技术监督局的产品监督检查，产品、试验台、各类技术文件管理等均达标。2013 年，工装工段“研制可转位铣刀片磨削夹具”QC 小组、质检处“减速器盖类零件迷宫槽质量的控制与检测”QC 小组、公司总装工段“压装大功率矿用减速器 JS315、JS525、JS700 联接盘轴承”QC 小组被评为山西省优秀 QC 小组。公司的三号车间车工 1 组、一号车间镗钻 1 组被评为山西省质量信得过班组，公司被评为山西省质量管理小组优秀企业。

2013 年，杭州嘉诚机械有限公司注重产品质量，不仅出厂的整机检验，各主要零部件也进行检测，确保产品合格出厂。公司生产的 WP 系列圆柱蜗杆减速器远销国外，公司成为该产品国家行业标准的主起草单位。

2013 年，泰星减速机股份有限公司把产品质量考核纳入员工绩效考核制度中，产品检验流程贯穿于产品的每一个生产环节，做到出厂一台合格一台，把问题留在内部，严格按照企业标准执行，提高了产品的市场竞争力。

2010 年成立的江苏省减速机产品质量监督检验中心装备了先进的检验设备，其传动机械检验能力位居国内前列。该质检中心先后投入 800 多万元增添了精密减速机检验系统、噪声隔离室、高倍金相显微镜等设备，同时引进和培养了注册安全工程师，无损检测、机械和冶金等检验人才，初步建成了一支满足减速机和其他传动机械产品检验和研究的人才队伍。2013 年，中实国金国际实验室能力验证研究中心对江苏省减速机产品质量监督检验中心进行能力验证，在能力验证中试验数值与国际标准高度一致，一次顺利通过能力验证。本次验证共有 178 家实验室参加，其中国外实验室 82 家，江苏省减速机产品质量监督检验中心所报送的试验结果位居前列。

五、基本建设及技术改造

2013 年，减变速机分会 37 家会员企业中有 15 家企业进行了土地、厂房、设备等固定资产投入，固定资产投资总计35 183万元，比上年增长3.0%。其中，用于购置机器设备投资9 411万元，比上年增长30.5%。

2013年，平遥减速器有限责任公司对试验台控制系统进行了全面升级改造。升级后的试验台控制系统集电封闭加载、机械功率全封闭加载于一体，减少了以往手动操作的繁琐步骤，只需通过旋转按钮就能改变方向，为试验减速器提供了比较安全、快捷、准确的操作平台。11月份，公司跨度最大的梁式起重机安装调试完毕，投入使用。该梁式起重机采用龙门包梁形，轨距22.5m，横梁有效使用长度达30m，起升高度8m，起吊重量5t。2013年，公司通过了山西省环境保护厅委托晋中市环境保护局的新厂区竣工环保验收，取得了排放污染物许可证，标志着公司减速器生产线项目建设全面通过环保竣工验收。2013年，公司用于购置机器设备投资2 092万元。

2013年，山东华成中德传动设备有限公司在土地和固定资产上支出25 604万元。公司采购了大量先进的生产设备，拥有先进的三坐标测量仪、齿轮检测仪、加载试验台、光电直读光谱仪、磁力探伤机、X光探伤仪等设备，确保产品质量。公司按ISO9001:2008国际质量体系认证要求，建立了现代化质量管理体系，不断完善体系并确保有效运行。

2013年，泰星减速机股份有限公司对原有生产设备进行技术改造，淘汰陈旧落后的设备，购置先进生产设备，保证了产品质量，提高了劳动生产率，工人的劳动强度也大大降低。

2013年，国茂减速机集团有限公司与常州武进高新开发区共同签署了“国茂产业园区”合作项目，项目总投资达30亿元，分两期实施，总占地面积98.7万m^2（约1 480亩）。园区围绕智能装备、关键零部件以及减速机上下游产业展开招商，为进入园区的企业提供资金、技术、管理等方面的服务，拟打造成为长江三角洲地区最具特色的机械装备产业园区。该项目正在积极地进行前期规划筹备中，已完成部分商业洽谈，预计2014年动工建设。为确保行业领先，根据未来规划和现代化管理要求，2013年，国茂集团不断加大装备改造和先进设备的引进力度，提高生产能力。投入3 800万元引进数控镗铣加工中心、龙门立式加工中心、3m数控立式车床、2m滚齿机等一大批大型高端设备，大大提升了减速机的加工制造能力，特别是提高了对大型非标减速机自主加工手段，产品质量得到有效控制。同时，国茂集团与专业设备制造厂商进行技术合作，投入1 000万元进行设备数控化、自动化改造，降低劳动强度，提高生产效率。2013年12月，国茂立德公司又一条装配精益生产线建设完成，即将投入使用。

2013年，山东柳杭减速机有限公司建立了看板管理流程，使生产供应各个环节都明确了客户的技术要求和工期要求，实现了信息对称，提高了反应速度。2013年，公司派生产、技术、质检等相关部门的人员到广饶大王金泰集团减速机分公司参观学习，把该公司用塞尺进行对刀的方法引入到本公司，提高了对刀的准确性，减少了齿形误差。生产供应部从基础做起，在不增加成本的基础上提高部件的内在质量，用两个月的时间解决了铸钢齿轮毛坯的进厂喷沙的问题，在提高毛坯外观质量、改善车间环境的同时，还能把滚齿机操作人员从清砂工作中解放出来，使他们有更多的精力加强对设备的巡检，保证了产品质量和设备安全。公司为了进一步细化成本管理，采用“滚刀管理卡”对滚刀的使用情况进行跟踪记录，分析查找影响滚刀非正常磨损的真正原因，而且滚刀采用新的涂层技术，滚刀寿命提高近一倍，为公司降低了生产成本。2013年，在生产计划和资金紧张的双重压力下，公司历经三个月时间进行了两次大的优化改进，将镶圈齿轮成功运用到产品上。当前又进行更大的尝试，将齿圈的内结构由轮毂改成一次性钢板焊接成型。为了给生产、销售提供更快捷、高效、优质的服务，生产供应部先后把标准件仓库、毛坯仓库、整机仓库等各项目仓库进行整理并建立库存账，确保及时了解库存情况及各部门的查询。设备动力部按照公司的生产目标，在不耽误生产的情况下，1—11月份共修理设备532台次，修理费用为10.88万元。根据操作工的使用要求对CQ61100车床的冷却装置自行设计，由钢结构车间焊接，安装好并达到使用要求。为配合磨齿机的安装，对插床、插齿机、线切割和倒棱机等7台设备进行了安全迁移，并安装调试。

减速机信息网作为中国通用机械工业协会减变速机分会的指定官网，2013年，获得河北省商务厅专项资金扶持。减速机信息网（网上减速机销售平台）进行全面升级改造，完成了英文国际版和70种语言的多国语言版网上商城的建设，当前已正式上线运营。

2013年，杭州嘉诚机械有限公司新厂房顺利完工，新厂区占地面积2.7万m^2（40亩），购买先进设备投资1 311万元。

2013年，佛山市星光传动机械有限公司土地和固定资产支出334万元，其中购置机器设备287万元，用于提高产品的加工能力。

另外，淄博山博安吉富齿轮电机有限公司、石家庄科一重工有限公司、山东长征机械设备制造有限公司、宁波市镇海减变速机制造有限公司、浙江顺天减速机制造有限公司等2013年也进行了固定资产投入，主要是修建厂房，增添新的、先进的加工设备，改善产品检测条件，加强网络管理等，提高生产能力和生产效率，增强市场竞争能力。

六、企业管理及改革

2013年，国茂减速机集团有限公司加大了组织结构调整的力度，将原制造三部独立运营，成立常州市国茂立德传动设备有限公司，重新进行产品定位，增强市场响应速度，并规划投资8亿多元，高起点建设占地面积13.3万m^2（约200亩）的国茂立德项目，计划在5年内实现18亿元的销售规模。2013年，国茂集团开设了第三期储备干部培训班，并进行了为期4个月的培训，为企业发现人才、培养人才建立了平台，为企业发展储备人才。2013年，国茂集团对80多个岗位进行了岗位调查和工作分析，并形成岗位说明书，对相应岗位进行了整合和调整，进一步理清了组织关系，明确了岗位素质要求，强化了岗位职责和任职资格，制定了岗位绩效评价标准。在岗位工作分析的基础上，国茂集团与咨询公司合作，对所有岗位的薪酬水平进行了大量的市场调查，根据调查结果，在“企业发展人人有责，发展成果人人享受”的理念下，重新建立了薪酬福利体系，进一步明确了调薪定薪机制，扩大了福利覆盖范围。2013年，国茂集团整体薪酬水平提高了15个百分点。从2009年以来，国茂集团不断尝试精益管理实践，2013年投入500万元深化精益管理改革，进一步推动企业管理升级。国茂集团加快了信息管理系统化升级，加强各环节信息管理人员的培养，做到信息准时录入、数据准确反映，为及时采购、减少库存、快速生产和满足客户需求提供了保障。2013年，在武进国家级高新产业开发区内，国茂集团被评为“十佳有效投入企业”和“十佳工业企业”，并获得“纳税大户”重大贡献金牌奖；被武进区政府评为“工业先进企业”；被常州市政府评为“明星企业”。

2013年，山西省平遥减速器厂、平遥减速器有限责任公司围绕“三个突破”（市场开发突破、产品品质突破、供货节奏突破）和“两个加强”（加强基础管理工作、加强企业文化建设）的总体要求开展工作。公司组织中层以上人员培训，对2013年各部门、各工段的工作计划、方针目标进行交流，展示各部门工段在完成年度工作计划、目标要求的过程中所采取的措施以及采用较为先进合理的方法，达到相互学习、相互交流、共同进步的目的。另外，还对销售人员、管理人员、一线职工开展各类培训工作。2013年，公司开展了内部所有管理体系的全面审核，对体系运行、产品过程控制、TPM管理、API管理、行政管理运行等方面展开全面审核，完善管理体系。2013年，公司实施TPM活动以来，一直坚持每月重点提案的发表。重点提案活动在提高生产效率、节能降耗、提高产品质量、改善生产环境、消除安全隐患、改进生产工艺、改进工装夹具、提升员工素质、提高管理水平等方面起到了积极的推动作用。2013 年,"凯信"品牌建设有序地推进,利用多种媒体和场所,运用各种手段,开展以"凯信"商标为核心的宣传,展示"凯信"品牌形象,使企业及"凯信"品牌的认知度大大增强。当前,公司建立了 ERP 企业资源计划系统、财务管理系统,信息化网络用于企业管理,实施 TRM 精益生产管理模式。

2013 年,山东华成中德传动设备有限公司围绕质量、效率和成本,从减少用工、降低成本、挖潜增效和有效管控入手,重点抓好卓越绩效管理、内部控制和考核激励机制等四个体系的建设,结合信息化进行融合,在提高精细化管理水平上实现新突破。同时,在日常工作、实践培训、责任划分等方面,不断改进和完善。公司不断引导和激励员工的工作积极性和主动性,发挥每一个员工的长处。公司还不断推动理论和实践的有机结合,组织设计人员定期到一线生产岗位进行实习实践和市场考察交流。在产品设计方面,公司进一步调整了内部分工,将不同系列产品按照工作量大小、复杂程度、产品特点进行合理分工,分工更加明确,专业性更强,提高了工作效率。

2013 年,佛山市星光传动机械有限公司根据公司发展的需求,开展各类培训班,加强人力资源的配置。公司通过灵活多样的人才政策,建立和完善人才培养、评价、使用和激励机制,促进广大职工比技术、学业务、争贡献的积极性、主动性和创造性。通过一系列的体系建设,夯实了企业管理基础,为经济效益的挖掘提升提供了保障。

2013 年,山东柳杭减速机有限公司为了强化流程管理,推进公司信息化和各项管理工作的深度融合,3 月份召开了流程式管理信息化方案研讨会,并结合公司实际,确定对流程式管理辅助工具 ERP 进行二次设计开发。信息部将公司流程式管理 ERP 系统软件的开发和设计作为 2013 年的工作重点,在人力资源部、技术部等部门的大力协助下,分步设计、逐步测试。11 月上旬初步完成 ERP 的二次开发、测试和封装工作,该系统于 12 月 20 日正式投入使用。2013 年,公司加大员工培训力度,以提高实践操作能力为主线,立足生产,加快公司向学习型、技能型企业迈进的步伐。在生产任务重的情况下,为了不影响正常生产,公司精心组织力量,以提高员工的安全意识和工作能力为核心,把培训的针对性、实用性、实效性放在第一位,开展形式多样的培训工作,使员工具有较强的适应力、执行力和创新力。公司采取内部培训、外部培训、委托培养等培训方式,全年共组织内、外部培训 23 次,培训总计 487 人次。公司自成立考核领导小组以来,严格按照公司的规章制度和公司考核目标对行政部门进行日常工作考评。2013 年共考核 901 项次,获奖励人员 132 人次,扣罚 52 人次。为了提高合同签约率,规避企业风险,考核小组在发现有漏签合同时,及时提醒和督促合同管理员签订合同。经过近一年的调整,公司的合同签约率基本达到了规定的指标。考核小组多次督促营销公司加强对库存一年以上的整机处理,定期统计并责成营销公司逐一落实责任人,通过借用、整合,使库存整机减少了 73.44 万元。对售后服务为客户更换零件的审批手续进行不定期检查,保证审批手续按规定执行,并对换回零件的回用情况逐一跟进落实。通过考核,规范了仓库的出入库手续,使库存零件达到定置管理,账物卡相符,当前原材料、半成品、产成品、标准件、低值易耗品、工具等物资都已建账并按仓库管理规定严格出入库,根据公司要求两次调整库存区域。对现场零部件实行定置管理,规范了现场环境,杜绝了安全隐患。2013 年,根据公司的战略发展目标,结合公司生产经营发展情况,采取劳动合同制用工与劳务派遣人员、返聘人员等灵活多样的用工形式,增强了管理的灵活性。为培养合格的质量管理人才,公司邀请华信技术检验有限公司专家为相关管理人员进行内审员取证培训,经考试有 18 人取得了经华信公司授权的内审员资格。

2013 年,天津百利天星传动有限公司通过抓管理促效益:①加强考核力度,明确岗位职责,副总以上的高管层签立承包责任书,完成指标者给予奖励,未完成指标者予以惩罚,对不胜任工作的人员进行岗位调整。②发挥部门职能作用,每月有任务指标,对临时性工作下达工作任务书,实施奖惩考核。③从工作流程、规章制度入手,修订完善、建全工作流程,形成工作按流程、办事靠制度、关键抓落实、专人去检查的制度体系。④加大考核和奖惩力度,对违反规章制度的现象及时处理。通过严格的管理,提高了员工自觉遵纪守法的意识,维护了正常的工作生产秩序。

2013 年,江门电机有限公司(广东江门电机股份有限公司)被广东江粉磁材股份有限公司(股票代码 002600)收购,成为其全资子公司。企业按照上市公司标准进行科学管理,每月召开经营会议,确保了年计划按期完成。

2013 年,江苏省金象传动设备股份有限公司注重企业经营管理和人才的培养,开展岗位业务培训。公司荣获江苏省用户满意服务单位称号,还荣获淮安市十佳“双支持双达标”企业称号。

2013 年,浙江通力重型齿轮股份有限公司用 60 多万元重奖数十名在企业工作超过 10 年的员工,不断完善薪酬制度和福利待遇。公司从关爱职工的身体健康出发,组织全体员工进行健康体检,激发职工的工作热情,增强企业凝聚力,构建和谐的内部环境。公司被评为浙江省“信用管理示范企业”和 2013 年度中国石油石化装备制造业五十强企业,公司的 TR 系列斜齿轮硬齿面减速机被评为中国石油石化装备名牌产品。

〔撰稿人:中国通用机械工业协会减变速机分会李春丽　审稿人:中国通用机械工业协会减变速机分会王远征〕

2013 年气体分离设备行业概况

2013 年,气体分离设备行业市场持续低迷,竞争更加激烈,经历了远比 2012 年更为严峻的形势。行业主要经济指标增速下降明显,多项重要指标甚至出现负增长。尽管如此,全行业通过调整产品结构,拓展产业链条,加快企业转型升级,深入挖掘低温领域的市场潜力,仍然保持了较强的活力。

一、生产发展情况

2013 年,据中国通用机械工业协会气体分离设备分会统计:14 家会员企业完成工业总产值 197 亿元,同比下降 0.27%,比上年减少约 21 个百分点;完成工业销售产值 187 亿元,同比下降 1.65%,比上年减少约 24 个百分点;完成工业增加值 42 亿元,同比下降 15.41%,比上年减少约 28 个百分点;实现营业收入 194 亿元,同比下降 2.09%,比上年减少约 21 个百分点;实现利润总额 11.9 亿元,同比下降 0.68%,比上年减少约 3 个百分点。全行业累计订货额约 214 亿元,同比增长 3.16%;完成出口交货值 10.68 亿元,同比增长 106%。

2013 年,参与统计的企业共生产的空分设备折合制氧总容量约 306 万 m^3/h,同比下降 20.93%。

二、行业经济运行特点

1. 产销等主要经济指标增速明显降低

2013 年,气体分离设备行业经济运行最大特征是增速明显降低,工业总产值、工业销售产值等指标从 2012 年的 15% ~20% 的增速迅速跌落,多数指标在绝对量上继 2012 年达到历史最高水平后出现回调。本次增速下滑反映了宏观经济周期波动,也反映了最近几年生产经营环境严峻、多种压力逐渐叠加所造成的困境。2012 年累计订货额同比下降 4%,这成为 2013 年生产经营压力加大、指标下滑的一个诱因,加上宏观经济走弱,客户及同行压价,造成产销、利润大幅下降。但从长远来看,产销增速阶段性降低、利润减少是我国经济驶入增长速度换挡期、结构调整阵痛期、前期刺激政策消化期三期叠加通道的一个必然结果,是正常的市场现象,并不能就此说明气体分离设备行业偏离了健康发展的轨道。

2. 出口有所增加

2013 年,气体分离设备行业出口交货值比上年翻了一倍多。其中,杭州制氧机集团有限公司出口伊朗的 12 万 m^3/h 等级空分设备,不仅是全行业出口历史上的最大产品,而且是当前世界上最大规格的空分设备。开封空分集团有限公司出口 2 套 1.5 万 m^3/h 等级的空分设备,开封黄河空分集团有限公司出口 1 套 1.5 万 m^3/h 等级的空分设备,均是近年较大的出口产品。从近几年出口形势对比看,出口交货值的增加,可能是由个别产品或个别国家市场好转带来的影响,并不能就此轻易判断整个国际市场出现了回暖。

3. 产品扩展到新兴市场,产品结构进一步调整

碍于相关产业发展的水平和速度,长久以来,气体分离设备行业主要市场多局限于冶金行业,绝大多数产品流向了钢铁企业。近年来,产品快速扩展到新兴市场,进入煤化工、石油化工、天然气液化、水泥、玻璃、电子、纺织、医疗、航天等行业。产品应用更加广泛,用户更加多元,针对不同用户的特点和要求开发出不同的流程和产品,如冶金型空分设备、化工型空分设备等产品。随着技术的不断进步,诞生了更高纯度、全提取空分设备,产品结构得到进一步调整。

4. 空分设备规格继续大型化

近年来,随着新型煤化工、石油化工等产业的发展,空分设备不断大型化、特大型化。2008 年前后大型空分市场的竞争焦点是 6 万 m^3/h 等级空分设备,而近三年来 8 万 m^3/h、10 万 m^3/h、12 万 m^3/h 等级空分设备成为新焦点,以杭州制氧机集团有限公司、林德工程(杭州)有限公司、液化空气(杭州)有限公司等为主体的空分设备厂商围绕大型、特大型空分设备展开了激烈竞争。杭州制氧机集团有限公司和林德工程(杭州)有限公司于 2013 年年初拿到了神华宁煤 400 万 t 煤制油项目的 12 套 10 万 m^3/h 等级空分设备合同,液化空气(杭州)有限公司先后拿到多套 8 万 ~ 11 万 m^3/h 等级空分设备合同,杭州制氧机集团有限公司出口伊朗的 12 万 m^3/h 等级空分设备于年内制造、发货完毕,进入了安装阶段。

2011—2013 年,大型空分设备数量及单套制氧容量在稳步上升,其中:生产 3 万 m^3/h 及以上等级空分设备分别为 36 套、52 套、47 套,生产 3 万 m^3/h 及以上等级空分设备总制氧容量分别为 147.95 万 m^3/h、246.37 万 m^3/h、231 万 m^3/h,3 万 m^3/h 及以上等级空分设备平均每套制氧容量分别为 41 097m^3/h、47 379m^3/h、49 149m^3/h。

2011—2013 年,生产 6 万 m^3/h 及以上等级空分设备分别为 4 套、15 套、14 套,生产 6 万 m^3/h 及以上等级空分设备制氧容量分别为 26.5 万 m^3/h、99.6 万 m^3/h、102.3 万 m^3/h,生产 6 万 m^3/h 及以上等级空分设备平均每套制氧容量分别为66 250m^3/h、66 400m^3/h、73 071m^3/h。

随国民经济的发展,气体分离设备行业各厂商的设计制造能力也不断增强,空分设备规模不断增大,40 000 ~ 60 000m^3/h 等级空分设备的设计制造不再是一两家厂商的专利了。除杭州制氧机集团有限公司、开封空分集团有限公司能设计制造 60 000m^3/h及以上等级空分设备外,杭州福斯达实业集团有限公司 2013 年承接了 1 套 60 000m^3/h、2 套 40 000m^3/h 空分设备订单,2014 年年初又承接了 3 套 63 000m^3/h 空分设备。另外,四川空分设备(集团)有限责任公司、中国空分设备有限公司、开封黄河空分集团有限公司、河南开元空分集团有限公司、开封东京空分集团有限公司、开封迪尔空分实业有限公司均已设计、制造 35 000 ~ 50 000m^3/h空分设备,还有更多的厂商能设计制造 10 000m^3/h 以上的空分设备,说明行业整体制造实

力增强。

5. 空分设备技术不断提高，国产化水平显著提高

近年来，我国大型、特大型空分设备技术不断提高，表现在6万 m^3/h 等级及以上空分流程计算、成套技术与国际品牌公司相当，实际运行的电耗、氧提取率均与进口的同类型产品相当。

国产大型空分设备在取得成套技术的国产化后，关键总机和全部设备国产化也取得很大成绩。以6万 m^3/h 等级空分设备为例：沈阳鼓风机集团股份有限公司、陕西鼓风机（集团）有限公司均可制造空压机、增压机等产品；杭州制氧机集团有限公司、开封空分集团有限公司、四川空分设备（集团）有限责任公司高压板翅式换热器研制均已突破，已有实际应用；膨胀机技术从原配套时的一台进口设备为主、一台国产设备备用，变为国产设备为主、进口设备备用，杭州制氧机集团有限公司还研制出全液体膨胀机，大口径的低温阀门和低温离心式液体泵也已研制成功；浙江中控技术股份有限公司与和利时公司在空分成套控制技术上的应用完全可与国外控制技术媲美。可以说，我国大型、特大型空分设备已经从成套国产化走向全部部机的国产化。

6. 空分设备用户主体结构转移到煤炭深加工领域

新型煤化工领域对空分设备及相关配套设备需求旺盛，据分析，“十二五”期间煤化工用空分设备需求总额约为200亿元，按制氧容量需求估算，单套8万～10万 m^3/h 等级的空分设备需求量约100套。仅煤炭深加工15个国家示范工程项目需要配套的空分装置供气量就达到600亿 m^3，相当于60套10万 m^3/h 等级的空分装置。

杭州制氧机集团有限公司与神华集团于2013年年初签订了6套10万 m^3/h 等级空分设备合同，配套神华宁煤400万t煤制油项目。该项目总标的是12套10万 m^3/h 等级空分设备，被称为“世界空分第一单”，最终杭州制氧机集团有限公司与林德工程（杭州）有限公司均分了这一订单，各获得其中6套。

林德工程（杭州）有限公司在2013年上半年获得伊泰伊犁项目3套11.3万 m^3/h 等级空分装置合同，下半年又斩获了中石化中安联合煤化170万t/a煤制甲醇及转化烯烃项目配套3套7万 m^3/h 等级空分装置合同。其中伊泰伊犁3套11.3万 m^3/h 空分装置是国内当前单套规格最大的空分装置，该项目交付使用后将为用户提供339 000m^3/h 的工业用氧。中安联合3套7万 m^3/h 等级空分项目是中石化煤化工领域的一个典型项目，该项目有望建设成为中石化第一个煤化一体化项目。

2013年，国内新型煤化工项目所需大型、特大型（6万 m^3/h 等级以上）空分设备合同共计签订20余套，除前述杭州制氧机集团有限公司的6套10万 m^3/h 等级空分设备外，其余多数合同被林德工程（杭州）有限公司、液化空气（杭州）有限公司、美国气体化工产品有限公司等国际厂商获得，说明我国拥有自主知识产权的煤化工用大型、特大型空分设备设计、制造水平还有待进一步提升。

多年来，气体分离设备的主要用户集中在冶金、石油化工行业，特别是十多年来，气体分离设备行业飞速增长的制氧容量80%为冶金工业所用，而进入2010年以后，冶金行业需求趋于饱和，相应的煤化工、煤炭深加工行业的需求异军突起。2013年，气体分离设备行业2万 m^3/h 等级以上空分订单大部分用于煤化工、煤炭深加工，充分说明空分设备的主战场已转移至煤化工、煤炭深加工领域。

7. 天然气液化装备占比快速上升

气体分离设备生产企业作为天然气液化装置的制造主体，大部分空分设备厂商进入天然气领域，以四川空分设备（集团）有限责任公司等为代表的天然气液化装置制造厂商2013年在天然气设备市场方面产值约30亿元，约占该市场领域的60%，约占气体分离设备行业工业产值的15%。代表性企业主要有四川空分设备（集团）有限责任公司、杭州福斯达实业集团有限公司、成都深冷液化设备股份有限公司、杭州制氧机集团有限公司、辽宁哈深

冷气体液化设备有限公司、杭州中泰深冷技术股份有限公司、中国空分设备有限公司、开封空分集团有限公司和开封黄河空分集团有限公司等。

四川空分设备(集团)有限责任公司是气体分离设备行业最早开发天然气领域市场的企业之一,特别是在天然气液化装置流程工艺、产品制造等方面已经拥有了成熟技术和丰富经验,占有较大的市场份额。当前,四川空分设备(集团)有限责任公司天然气液化及储运设备产值已超过15亿元。近年来,四川空分设备(集团)有限责任公司在国家大力支持下,开展了大型天然气液化工艺和关键设备的研发,开发出日处理1 250万 m^3 的液化装置。这套装置工艺被中石油、中海油等液化天然气装置主要使用部门所认可,通过鉴定,达到国内领先、国际同等水平。四川空分设备(集团)有限责任公司设计制造的内蒙古新圣燃气60万 m^3/d 天然气液化成套装置于2012年一次开车成功,是当前日处理规模最大的全国产化装置。2013年10月,四川空分设备(集团)有限责任公司为某液化天然气公司设计制造的100万 m^3/d 液化成套装置一次试车成功。

气体分离设备行业利用在低温、分离方面的技术和制造优势,将产业链从传统制氧、制氮拓展至天然气液化等更为广泛的深冷低温领域,产品形式大为丰富,有利于企业的转型升级,提高经济效益。

三、科研情况

杭州制氧机集团有限公司开展了空分基础技术研究,12万 m^3/h 等级化工型大型空分设备研制,LNG冷能利用空分设备,8~10MPa大型高压板翅式换热器的研制,铝合金细丝MIG自动焊在空分设备中的应用研究,变压吸附分离技术研究,节能型空分设备研制,高效、安全、大型空分设备研究,复杂空气分离类成套装备超大型化与低能耗化的关键科学问题,空分设备控制系统的研究与开发,8万 m^3/h 等级化工型大型空分设备研制,为大型煤化工配套高纯度氮产品空分设备研制,移动式撬装液化天然气装置研发,板翅式换热器传热计算与芯体图样模块化设计,以及氩气回收装置研制等课题研究,获得重要研究成果。

四川空分设备(集团)有限责任公司的空分设备、天然气液化装置、低温储运设备研制能力一直位居行业前列,研制的开架式汽化器于2013年10月通过专家鉴定。开架式汽化器是以海水为热源的汽化器,主要用于大型LNG气化装置。为了实现替代进口,四川空分设备(集团)有限责任公司与中石油唐山LNG项目部自2011年开始从流动与传热、结构、材料、制造工艺等方面进行了国产化研究。经过近两年的研究和试验、试制,成功完成了国内首台开架式汽化器的试制,并具备产业化条件。

开封空分集团有限公司进行 $CO-H_2$ 分离冷箱的研制工作,通过对不同的工艺流程进行模拟计算,进行能耗、投资、提取率等方面的比较后,采用前端预净化和冷箱内单塔精馏流程,使CO和 H_2 的回收率提高,指标达到国际先进水平。当前,已完成设计工作。公司的气化炉(五环炉)典型主件技术开发项目研究内容主要为小管间距直筒形圆筒膜式水冷壁制造工艺及其优化,主要包括膜式壁单元焊接、单元矫正、单元扁钢坡口加工、圆筒组对焊接、焊后消氢、端面加工等工艺攻关。当前已完成3套样机,继续进行工艺优化。公司的全液体膨胀机的研制项目,已经完成样机现场安装,准备进行工业试运行。另外,开展了大型LNG铝制绕管换热器研制。大型的LNG绕管换热器采用奥氏体不锈钢换热管,设备的重量过大,制造比较困难,因此考虑换热管采用铝镁合金管,对采用铝镁合金换热管的绕管换热器开展如下研究:管板与换热管的连接技术,换热管与中心筒的连接方式,大直径芯体绕制技术,芯体的固定,铝制芯体和不锈钢壳体的过渡方法,小型LNG铝制绕管换热器样机研制。当前该项目处于数据收集阶段。

河南开元空分集团有限公司开展外压缩空分设备液氧碳氢化合物排放系统研究、节能型再生气加热器、分子筛活化再生加热系统研究、活塞式压缩机用油气隔离板及油气隔离装置研究和高效对流塔板研究,取得了重要成果。

开封黄河空分集团有限公司开展空压机冷却工艺系统的余热发电、含氧煤层气分离液化制取LNG、空分设备蒸发式全封闭循环水系统等课题的研究,研发了精馏塔流体动力学实验平台,对各种型号和规格的精馏塔进行测试,在获得流体动力学数据的基础上,对空分设备的流程设计进一步优化,有效提高了空分设备的质量。

开封东京空分集团有限公司开展了空分工艺流程中纯化系统的优化设计、一种新型双塔精馏全低压制氮工艺流程的研发、一种双塔精馏净化合成氨原料气工艺流程的研发、焦炉煤气双提取(MRC)工艺流程设计、规整填料全自动切片整形机的研发、中压氮气离心式压缩机的研发等课题研究,获得重要成果。

杭州福斯达实业集团有限公司开发出利用蒸汽汽轮机驱动的高级节能型日产50万m^3天然气装置工艺,并开展了日产50万m^3液化天然气、煤化工型6万m^3/h等级空分设备、脱水泵系统干燥吸附净化塔、液化天然气冷箱精馏塔、撬装式冷箱、氩气自增压设备以及内压缩制氧设备等项目的研发。

苏州制氧机有限责任公司开展了深冷空气分离设备中纯化系统的电加热器管板接头、一种天然气液化装置及工艺的研究工作,研制出KDON－2000/6000型空分设备、2 600m^3/h氧氮液化设备、KDN－1200Y全液氧空分设备、KDN－15000型空分设备等新产品。

上海启元空分技术发展股份有限公司高纯氪氙提取设备通过了中国通用机械工业协会专家委员会的鉴定,当年完成KrXe－1.37/0.108氪氙设备一套。

四、企业管理

2013年,杭州制氧机集团有限公司围绕生产经营总体目标及工作指导思想开展工作:一是紧抓市场。公司根据市场信息和项目跟踪情况,先后进行了100多次技术交流会议,及时跟踪用户的需求,提高售后服务的过程,做好项目执行工作。二是收缩横向。对以前外协的产品进行收缩,终止寻找新的外协单位,首先保证公司内部的生产任务量。三是继续抓细管理。公司积极开展"找问题、强管理"工作,对工作中存在的问题进行深入分析,并提出改进措施。四是抓员工培训工作,提高员工的业务水平和能力,提高生产的工艺纪律性。五是时刻关注市场和用户的变化,提高敏锐性。并根据最新的投产信息合理安排生产任务,实现科学平稳过渡。在质量体系运行和持续改进中,公司坚持技术领先、质量可靠、服务优良、诚信经营、持续改进的质量方针,大力推进卓越绩效模式,以优质产品和优质服务实现用户的持续满意。针对空分设备的生产特点,公司编制了"质量管理经济责任制实施细则",每季度对各部门的产品质量和工作质量进行考核。在质量考核的同时,公司设立质量奖励基金,按月或按季度组织一些质量评选活动。通过考核和奖励,增强了各部门提高工作质量和产品质量的自觉性,建立了人人重视质量的良好氛围。公司还通过定期质量分析会、专题质量分析会、工艺纪律检查、部门质量目标检查、质量体系内部审核和专项审核、压力容器质量体系审核等活动,确保质量体系的有效运行。2013年,公司获得浙江省政府质量奖。

四川空分设备(集团)有限责任公司进一步落实"2011—2015年经营发展战略规划",全面完成战略规划确定的2013年度各项目标任务。公司完善组织绩效考核,签订年度组织绩效目标确认表,并实施任期组织绩效管理;签订中、高层岗位目标确认书,实施效果良好。公司坚持"一切为了用户,一切为了发展"的质量方针,加强ISO9000质量管理体系、压力容器及压力管道元件质量保证体系、ASME质量管理体系的运行和持续改进,坚持内审和管理评审,加强过程的监视和测量,加强对质量管理及产品质量检验的监督管理,质量管理体系得到不断完善,公司质量管理水平及产品质量水平得到稳步提升。2013 年,公司完成压力容器制造许可换证、四川名牌的复评,以及 GB/T 19001—2008 和 GJB 9001B—2009 质量管理体系认证的年度监督审核,保持了相应的认证资格。

开封空分集团有限公司牢牢把握“改革、调整、创新、提升”的工作总要求,加快深化企业改革步伐,持续推进公司机制创新,按照“定位准确、职责清晰、管理有效、高效运作”的要求,明确母子公司两级责任主体的职责,优化管控模式,使子公司、模拟子公司成为相对独立的生产经营实体和市场竞争主体。在生产组织方面,通过完善 OA 办公平台功能,加强各部门、生产厂、仓库之间的信息沟通,及时掌控项目执行情况;合理优化生产组织结构,根据产品特点安排生产路线,合理配置班组人员,做到老带新、优带差,达到工作效率最大化的目的,充分释放了产能,确保项目按期交货。在防控企业经营风险方面,公司密切关注各项目进展动态,通过项目经理现场走访、用户调研、与安装单位保持实时沟通等多种形式和手段,及时获取客户现场工程进度及项目进展情况,对可能影响项目执行的因素早发现、早解决,避免产品投产后因客户要求暂缓执行造成公司资金占压。公司以品牌战略为目标,以提高全员质量意识为主线,以“双基”建设为抓手,全面提升质量管理的理念、方法、手段,树立企业品牌新形象。一是狠抓质量管理升级工作,年初对工作标准和考核标准进行了修订,修订后的考核标准更加侧重于产品的实物质量。二是坚持过程控制,细化过程质量控制,做到控制到位。制定每一道工序的工艺要求和加工控制要点,更易于一线员工规范操作,减少可能造成的质量损失。三是持续开展“质量信得过班组”活动。加强对班组自检、互检工作的监督,结合质量双基考核需要,把对各单位的质量工作考核细化到班组。四是加强质量教育和宣传工作,将每年的 4 月份定为“质量月”,在此期间组织开展群众性的质量意识教育活动和产品质量改进活动,形成全员重视产品质量的氛围。

开封黄河空分集团有限公司在开拓市场中加快产品转型,在技术创新中培育特色优势。公司根据市场形势的变化,确定全年经营工作的基本思路,加大对煤化工、液化天然气设备、沼气提纯设备等市场的开发力度。为了防范可能出现的经营风险,调整商业模式,增强选择市场的能力,依靠高新技术产品开拓市场。2013 年,公司签订成套空分设备和新能源设备合同共 16 套,主要用于煤化工、化工、生物化工、化工新材料、精细无机化工、有色冶炼、医用氧气、钢铁、新能源等行业。公司的 GB/T 19001—2008 质量管理体系认证证书、A2 级压力容器制造许可证通过换证。

2013 年,受国家宏观经济形势和市场需求的影响,开封东京空分集团有限公司经济效益有较大下滑。全年共承揽成套空分设备 7 套,成套空分设备出氧 17 套,且另有 5 套安装完毕即将出氧。公司在加大企业自身建设、降低成本、提高竞争力等方面也取得了一定成绩:对各分公司进行以质量求生存的内部审查,找出问题,提出整改要求并限期落实;全面修订整改三类压力容器制造质保体系;取得三类压力容器制造许可证;完善内部质量管理体系,推行全员、全过程管理。

杭州福斯达实业集团有限公司坚持“两扩一结合”,即扩大市场开拓、扩大市场占有率、产业经营与资本经营相结合,实现同步发展。公司设立 LNG 事业部,撤销成套部,设立空分售后服务部、国内空分项目部、采购部;制定“产品质量奖罚管理制度”,设立了监造部。2013 年,公司共生产 13 套空分设备及液化天然气设备。在大型设备方面,先后签订 6 万 m^3/h、4 万 m^3/h、4.2 万 m^3/h 等空分设备,并进入生产阶段。在技术研发方面,公司攻关 4 万 m^3/h 等级和 6 万 m^3/h 等级空分技术、多层式立冷技术、粗氩塔的二合一技术、液空做纯氩蒸发器的热源技术、液空做纯氩塔冷凝器的冷源技术、独立纯氩蒸发器技术、LNG 精馏脱氮技术、LNG 精馏脱氢技术、LNG 提轻烃技术等,在液体空分利用 LNG 冷能技术上有所研究,液氮洗技术研发也有所突破。新增绕管式换热器业务，引进了绕管式换热器的技术和制造团队。

中国空分设备有限公司以加强管理和管理创新为基础，梳理管理活动中的薄弱环节和潜在风险点，狠抓专项提升，扎实推进全面整改，逐步建立推进管理提升的长效机制，同时充分发挥现代信息技术的作用，借助信息化建设平台提升管理水平，为公司转型升级奠定了坚实的管理基础。①继续完善制度建设，提升基础管控水平。2013 年，公司进一步加强制度的针对性和可操作性，起草、修订并发布了《劳动人事管理制度》《公司绩效管理及考核办法》和《职工教育培训制度》等 10 余项规章制度，逐步形成用制度规范行为、按制度办事、靠制度管人的良好机制。②加强管控评审，落实风险管理。公司严格执行各项财务和合同管理制度，切实有效地落实风险防范机制；以现金流量管理为核心，全面加强预算管理和执行力度，严格资金调度和使用审批程序，增强银企合作，计划各项融资，坚持合理配置、量入为出、长谋短划，提高了公司应对风险的能力。在合同管理方面，严格按制度规定对合同逐项进行评审，从经济、技术、安全、法律等方面进行风险评估，对采购合同坚持采用招标、议标等竞争性办法，以达到事前风险控制的目的。在项目执行方面，制定和落实进度、质量、安全、费用控制计划，建立预警机制，对风险采取防范、规避、分解、转移等措施，实现对风险的全过程管理。③重视科研技术开发，打造设计骨干团队。公司经过近两年的调整和探索，现已经逐步完成科技立项和业务实际相结合，进入了技术储备、技术研发立足于为项目开拓、业务工作服务，项目运行、市场营销带动设计研发、自主创新的良性循环。2013 年，完成了“60 000m^3/h 等级空分设备径向流吸附器开发”“大型低温储罐绝热材料性能研究技术研发”“印染、造纸废水深度处理及回水技术研究”和“利用横河系统对压缩机进行控制的研究”等多项课题。尤其加大了对天然气技术、环保技术的研发力度，为此，公司成立了由多部门联合的 30 万 m^3/d 天然气液化工厂设计开发项目组，全方位完成 LNG 液化工厂的详细设计和技术储备工作。④持续推进信息化建设，规划完善设计技术手段。经过一年多的不断改进和运行，OA 协同办公平台系统已经在公司的日常管理和协调中担任重要角色，极大地提高了办公效率。公司对外公开网站重新制作升级的工作已经启动，现在处于方案优化和调整阶段。为解决项目管理系统和大型绘图、运算软件的迅速远程登陆和调用问题，公司专门购买 Citrix 桌面虚拟化系统和配套硬件。公司还购买了 PDMS 大型 3D 设计绘图软件和 PKPM 结构设计软件，提高了公司的设计水平，为公司工程化打好基础。⑤安全生产落实责任制，强化质量与安全生产管理。2013 年，公司推行落实安全生产责任制，各部门签订“年度安全生产责任书”，要求所有分包单位均须签订“安全生产协议”，明确各级安全生产责任，项目现场和研发大楼工地严格执行安全生产、文明生产等规章制度，并在现场、办公区、局域网上采取多种形式进行安全生产教育，增强公司员工和现场工作人员的安全意识。公司开展安全生产标准化达标创建工作，顺利通过杭州市安全生产标准化三级达标企业的验收。⑥坚持人才兴企，提升企业发展实力。公司坚持培养与引进相结合，既给每名员工搭建干事创业的平台，又注重多方面引进外部优秀人才。2013 年，公司引进关键技术骨干和各岗位员工共 16 名，实现人力资源与企业发展相匹配。同时不断完善培训制度，并紧紧围绕公司中心工作开展培训，与促进公司的经营目标形成合力，实行“正能量”激励。公司于 2013 年 8 月通过了质量、环境、职业健康三合一体系认证换证，体系运行有效。

〔撰稿人：中国通用机械工业协会气体分离设备分会徐建平、王世超〕

2013年度中国通用机械行业科技进步贡献奖获奖人员介绍

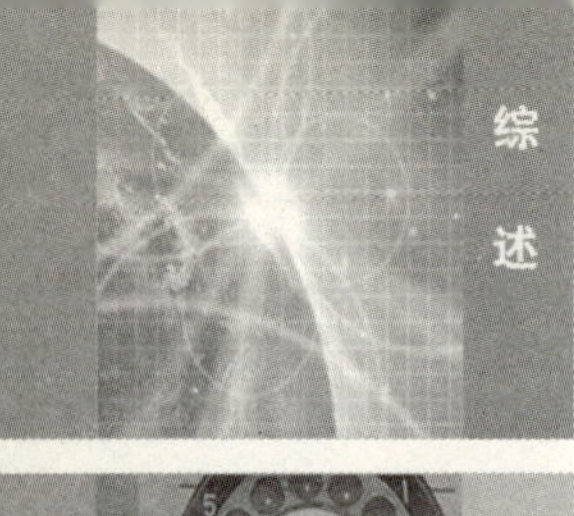

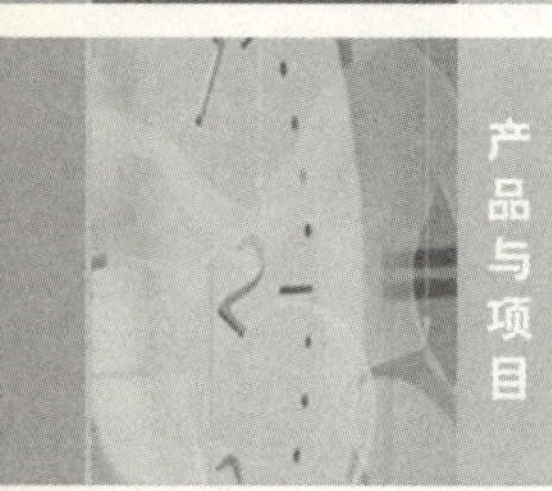

人物

2013年度“中国通用机械行业科技进步贡献奖”获奖名单

“科技创新突出贡献奖”获奖名单

序号	姓名	性别	职务/职称	所属单位
1	么立新	男	高级工程师	沈阳鼓风机集团股份有限公司
2	高少华	男	分公司总经理	西安陕鼓动力股份有限公司
3	周亚峰	男	高级工程师	西安陕鼓动力股份有限公司
4	毛绍融	男	总经理	杭州杭氧股份有限公司
5	周智勇	男	总工程师	杭州杭氧股份有限公司
6	肖海涛	男	常务副总经理	大连深蓝泵业有限公司
7	吴应德	男	总工程师	兰州水泵总厂
8	朱卫平	女	工程师	上海鼓风机厂有限公司
9	邓建刚	男	设计所所长	重庆通用工业(集团)有限责任公司
10	冯　伟	男	工艺所副所长	重庆通用工业(集团)有限责任公司
11	鞠国强	男	总工程师	山东华成中德传动设备有限公司
12	王国光	男	设计部部长	山东华成中德传动设备有限公司
13	陈　韧	男	高级工程师	液化空气(杭州)有限公司
14	谢洪清	男	董事长	江苏先锋干燥工程有限公司
15	黄国兴	男	董事长	湘潭宏大真空技术股份有限公司
16	王　旭	男	总经理	河北恒盛泵业股份有限公司
17	彭　辉	男	设计院副院长	开封黄河空分集团有限公司

“能工巧匠突出贡献奖”获奖名单

序号	姓名	性别	职务/职称	所属单位
1	赉　涛	男	高级技师	西安陕鼓动力股份有限公司
2	韩文林	男	高级技师	西安陕鼓动力股份有限公司
3	吴冬林	男	高级技师	四川空分设备(集团)有限责任公司
4	邓兆博	男	高级技师	山东华成中德传动设备有限公司
5	程学兵	男	技师	重庆通用工业(集团)有限责任公司
6	殷　刚	男	技师	莱钢集团莱芜天元气体有限公司

人物介绍

“科技创新突出贡献奖”人物介绍

么立新

么立新，男，1999 年 7 月本科毕业于大连理工大学热力涡轮机专业，2007 年 1 月研究生毕业于大连理工大学动力机械及工程专业，现任沈阳鼓风机集团股份有限公司研究院水力室主任，中共党员，高级工程师。

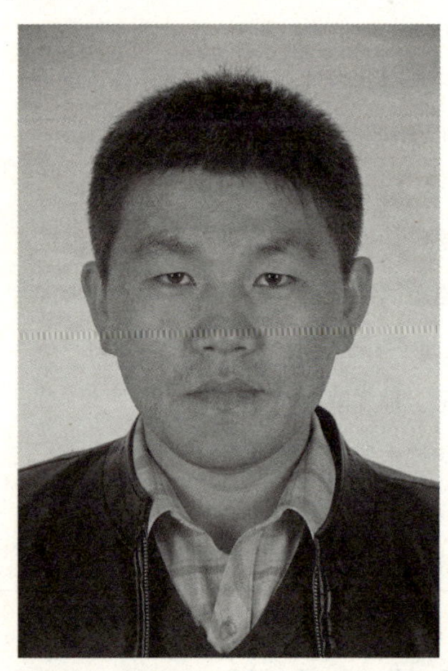

么立新先后从事离心鼓风机的设计、离心压缩机单元技术研发以及泵类产品单元技术研发的工作。1999 年 7 月至 2001 年 8 月，么立新在沈阳鼓风机厂设计处二室主导和参与了 20 多台离心鼓风机的设计制图工作，其中有 GM 系列混流型鼓风机及 D 型、S 型离心鼓风机等。

2001 年 9 月至 2011 年，么立新先后在沈阳鼓风机厂研发部、沈鼓 - 大工研究院以及沈阳鼓风机集团股份有限公司研究院主导和参与了“大加（抽）气量对压缩机性能的影响”及“大流量系数模型级开发研究”等 21 项公司级别的离心压缩机单元技术科研开发项目，部分项目开发完成的模型级的效率指标达到了国际先进水平，为公司多项具有国际先进水平的离心压缩机相关产品的成功开发打下了坚实的技术基础。么立新取得了“一种 MCL 压缩机模型级及其设计方法”一项发明专利，“一种高效闭式小流量模型级”等两项实用新型专利。

2011 年 6 月至今，么立新参与完成了国家重大科技专项科研“AP1000 屏蔽电动泵制造技术”子课题“AP1000 屏蔽泵设计技术消化吸收国产化研究”项目中水力模型数值分析技术复现部分的工作，主导完成了国家重大科技专项科研“CAP1400 屏蔽电动机主泵研制”子课题“CAP1400 屏蔽电动机主泵多约束条件下的水力设计”项目的水力模型的开发设计，实现了在多约束条件下，水力模型的效率、扬程、汽蚀余量与轴向力均满足设计要求的目标，主泵的效率指标达到了国际领先水平，解决了具有知识产权的三代核电技术泵水力模型开发方面的一个技术难题。除此之外，么立新还主导或参与完成了核电、火电、石化、军工等方面的多种泵类项目（常规岛循环水泵、船用主泵、火电循环水泵、管线泵等）水力模型的优化或开发设计，极大地提高了公司相关泵类产品的性能指标与市场竞争力。

高少华

高少华，高级工程师，西安陕鼓汽轮机有限公司总经理、总工程师，陕鼓集团技术专家。

高少华于1988年毕业于西安交通大学热力涡轮机专业，同年进入杭州汽轮机股份有限公司研究所工作，参与开发了杭汽第一台3MW非调抽汽、可调抽汽汽轮机，从事汽轮机热力计算、本体、装置、调节及仪控等各个专业的设计工作，技术全面，功底扎实，1997年担任组长一职，1999年担任室主任，2001年担任副所长。期间主持开发了杭州汽轮机股份有限公司第一台12MW汽轮机，第一台6MW背压汽轮机；国内第一台水泥纯低温余热发电汽轮机、混进汽汽轮机，并获得杭州市科技进步奖二等奖、浙江省科技进步奖三等奖；2003年筹建杭州汽轮机股份有限公司控股子公司——杭州中能汽轮动力有限公司，并担任常务副总经理，期间开发了大量余热发电汽轮机和驱动式工业汽轮机，其中余热发电汽轮机占国内市场份额达70%，在短短五年内使企业销售收入从2 000万元跃升至6亿多元；开发的冲动式驱动用汽轮机也一举打破了反动式汽轮机独占驱动市场的格局。高少华同志具有深厚的专业知识、丰富的产品研发和现场工作经验，在多年的研发与创新工作中坚持不懈地钻研，在专业技术上取得了很大的成绩，在工作中解决了大量的技术难题和重大质量问题。

高少华同志在工作中总是将技术与市场结合在一起，敢于打破常规，善于创新思考。结合国家节能减排政策，开发了水泥窑余热、玻璃窑余热、烧结余热等余热发电机组，获得市场的认同，为我国余热利用、节能减排事业作出了很大贡献。

高少华同志不管在技术工作中还是在技术管理工作中，都能发挥自己求新务实、创新求变的科学思路。在工作之余还发表了《中小抽凝式汽轮机在热电联产领域的应用与发展》等论文。

高少华同志不管在任何工作岗位都不忘培养新一代技术人员的使命，他在工作中总是诲人不倦，耐心地将自己的知识和经验传递给身边的技术人员，指导培养了一大批有能力、有魄力的技术人才。

周亚锋

周亚锋，高级工程师，现为西安陕鼓动力股份有限公司研发部强度材料室副主任，1990年7月于西安交通大学计算数学与应用软件专业毕业后，一直在陕鼓集团工作，主要从事透平机械设计、强度振动分析，负责强度振动方面的各项工作。

周亚锋理论知识丰富，解决实际问题的能力强。他在软件开发、三维建模及强度振动等方面有着深入的研究和丰富的经验，同时，不断巩固和加强轴流压缩机的流道计算与绘图、风机的临界转速计算与强度振动计算、轴系扭转临界转速计算等方面的知识。

周亚锋每年完成100多台产品横向振动分析（包括轴流压缩机、离心压缩机及TRT等产品）的校对审核，完成100多套机组扭转振动分析（包括联轴器调整、BPRT机组、四合一机组等）的校对审核。在“横向振动分析与扭转振动分析”方面进行了大量的工作，保障了产品的安全性与可靠性。

周亚锋主导完成的“转子动力学软件升级”项目，可以适应JB/T 6443—2006的相关要求；主导完成的“密封、平衡盘动态因素计算软件”项目进一步弥补了陕鼓集团在转子动力学分析方面的不足(可以考虑相关的气动因素);主导完成的"BPRT、GBPRT 机组扭转振动分析以及横向振动分析"项目,可使每套 BPRT 或 GBPRT 机组节约资金 18.5 万元(已应用50 多套);主持"透平叶片强度振动可靠性研究"项目,进行了大量的计算、分析、整理、分类、汇总等工作,制定了相关的规范,提高了透平叶片的可靠性。

周亚锋完成了多个"科技创新项目"的强度、刚度、频率及临界转速等的计算分析(含校对),包括 29 基地项目、624 项目、626 项目、PHM 项目、龙宇项目、虹港石化 PTA 项目、焊接机壳项目及 45 万 t 硝酸四合一样机开发项目等。

周亚锋努力提高工作质量和工作效率,开发了多个计算模板,开发了"安全的、服务器型"的强度、振动软件运行环境,包括离心叶轮分析、离心叶片分析、单机横向振动初步分析及机组扭转振动分析。

周亚锋荣获公司"质量改进优秀项目"一等奖 1 项、职工经济技术创新奖 3 项、公司管理创新成果奖 2 项、专利 4 项,还获得了陕鼓集团给予的很多荣誉称号。发表各种技术论文 10 多篇。

毛绍融

毛绍融,教授级高级工程师,现任杭州杭氧股份有限公司(简称杭氧)总经理兼技术中心主任。1985 年西安交通大学低温工程专业研究生毕业,获工程硕士学位;留校作为教师从事教学和科研工作两年后,于 1987 年 1 月加入杭氧集团。

毛绍融加入杭氧以来,分别担任过技术开发处处长、工程部部长、总工程师、副总经理,主要从事低温空分技术领域方面的技术研究及新产品开发方面的工作,同时在技术管理及技术改造方面也做了大量工作。主要成就如下:

(1)经过多年努力,在引进消化吸收国外技术的基础上,为大型空分流程和设备建立了一套完整的设计计算程序和方法,其技术达到国内领先水平,从而为杭氧开发具有自主知识产权的大型空分设备新产品奠定了扎实的基础技术平台。

空分技术中最关键、难度最大的技术是低温空分流程技术及精馏过程分析计算,国外同行业对这些技术加以绝对保密。毛绍融同志以扎实的专业理论知识,对低温精馏过程作了深入分析研究,开发了计算程序,从而为公司建立了一套较完整的设计计算程序。并在此基础上,结合国家攻关项目"6 000 ~ 35 000m^3/h 空分流程开发及设计计算",对低温空分流程作了较全面系统地分析研究,分别对常温分子筛流程、多种内压缩流程及液体空分流程等多种空分流程进行了分析研究,解决了流程计算中有关高压空分物性及换热器设计、相平衡方程建立、制冷系统及精馏系统组织等技术难点,掌握了系统流程设计及计算方法。

(2)把取得的研究技术成果用于新产品开发设计中,积极组织大型空分设备新产品的开发,特别是成功开发了代表我国当代空分设备先进水平的新一代采用规整填料塔及全精馏制氩技术的大中型空分设备,使我国的空分技术又上了一个新的台阶,使杭氧的大型空分设备系列产品始终处于国内领先水平,从而保证了杭氧产品市场占有率在 50% 以上,使企业的规模和效益得到成倍增长。

毛绍融先后完成了多种空分设备系列产品的开发工作,多个项目获得了部、省科技进步奖。他积极组织和带领广大科技人员,克服了从理论计算到具体产品设计过程中的许多困难,解决了许多技术难点，开发了代表我国当代空分设备先进水平的新一代空分设备，迅速占领了市场，并远销欧美市场，产生了较好的社会效益和经济效益，并获得了浙江省2001年度科学技术进步奖一等奖。

(3)逐步建立了大型成套空分技术开发体系，使杭氧实现了从依靠引进技术到消化吸收，最终以自主开发为主的过程。建立了一支强大的技术开发队伍，使杭氧能够不断开发出具有自主知识产权的新产品，并始终保持国内技术领先地位。近几年杭氧生产空分设备的能力迅速提高，已跻身世界前列。

(4)组织实施大型空分设备的国产化工作，先后实现了5万m^3/h、6万m^3/h、8万m^3/h及12万m^3/h大型空分设备的国产化，实现了我国空分行业几代人的愿望，为我国民族工业振兴作出了贡献。当前，伊朗12万m^3/h空分项目已进入现场安装阶段，神华宁煤6套10万m^3/h空分项目正在紧张有序进行中。

大型空分设备作为我国重大装备，其国产化工作一直受到国家的重视，国家多次立项专题开发。作为一个大型成套装置，其国产化难度也相当大。毛绍融同志作为公司的技术领头人，组织了多项课题的开发工作，使空分设备的规模不断提高，同时使我国大型制氧机整体技术和规模更加接近国际最高水平。

毛绍融同志从事空分行业20多年来，一直从事空分技术方面的工作，为企业技术进步、为我国空分行业发展作出了贡献。在进行研究开发的同时，不断地学习提高，并不断跟踪学习国外空分领域最先进技术，使自己的专业知识和业务水平也不断提高，成为行业内的著名专家，得到行业内人士和广大用户的好评和肯定。特别是担任企业的技术领头人以来，空分技术得到迅速发展，空分设备规模从原来的2万m^3/h发展到12万m^3/h，杭氧的大型空分设备的生产能力、销售额及利润也逐步增长，市场占有率一直在50%以上。同时，杭氧的成套空分设备也打入了欧洲和北美市场，当前已分别进入了德国、瑞士、西班牙、墨西哥等国家。杭氧的核心竞争力得到了加强，为今后企业发展及应对激烈的国际竞争奠定了基础。

周智勇

周智勇，教授级高级工程师，现任杭州杭氧股份有限公司总工程师。自1982年进入杭氧工作至今，一直从事大型空气分离设备的设计开发工作。在过去的30多年中，怀着强烈的事业心和责任感，工作兢兢业业，刻苦钻研，从一名普通的技术员成长为企业的技术中心负责人。近年来，周智勇系统全面地主持杭氧的技术创新工作，取得了丰硕成果，创造了多项国内第一，带领杭氧的空气分离创新团队始终保持国内龙头地位，为杭氧进入世界空分“五强”作出了卓有成效的贡献。

1996—2002年，周智勇主持并完成了“采用规整填料上塔和全精馏制氩技术的新型大中型空分设备”的研制工作。当时国外公司已拥有这项技术并申请了“全精馏无氢制氩技术”专利，在中小型空分设备上实现了工业性应用，如果杭氧不掌握这项技术，国内用户就需要从国外大量进口空分设备。在缺乏技术资料的情况下，通过收集国内外化工精馏资料，1998年，杭氧终于在邢钢6 000m^3/h空分设备和杭钢6 000m^3/h空分设备两个依托工程上取得了成功。周智勇作为这两个依托工程的项目工程师，重点承担总体技术方案确定和总体工艺流程组织，特别是该项目的核心技术——全精馏制氩技术的工艺参数确定、工艺流程的计算及控制方案的确定，以及项目的调试等工作，解决了全精馏制氩流程组织、工艺流程计算、工艺控制及规整填料型式等大量技术难题。经鉴定，“采用规整填料上塔和分馏塔制氩技术的新型大中型空分设备”的能耗比原空分设备下降10%，氧产品提取率从原来的92%提高到99%，氩产品提取率从原来的55%提高到90%，达到国际先进水平，因此，该技术获得了浙江省科技进步奖一等奖、中国机械工业科学技术奖一等奖。杭氧1997年以后签订的大型空分设备全部采用了该项技术，累计签订合同额达到200多亿元，创造了良好的经济效益和社会效益，并助力杭氧一跃成为国际最大的空气分离设备制造商。

周智勇在担任杭氧空分设计院院长期间，率领空分设计院100多名专业技术人员组成了一支强劲的研究开发团队，致力于3万~6万m^3/h(氧)特大型空分设备的设计开发工作，并取得突破性进展。如：国家重大装备办的攻关项目——国产3万m^3/h等级空分设备于2002年12月在宝钢投入正常运行；北台5万m^3/h空分设备于2006年2月投入运行；2006年12月，中石化4.8万m^3/h化工型内压缩空分设备、山东华鲁恒升4.8万m^3/h空分设备投入运行；2007年12月，宝钢6万m^3/h空分设备投入运行；2008年9月，大唐国际多伦5.8万m^3/h煤化工内压缩空分设备投入运行；2012年8月，广西防城港8万m^3/h空分设备投入运行，一次又一次实现了杭氧空分技术的超越发展。

2008年，由周智勇主持的采用自主技术、自主集成的国内首套6万m^3/h等级空分设备在宝钢成功出氧。在国家倡导自主开发、自主集成的大背景下，杭氧与多家国际知名空分设备制造商同台竞争，充分展现了杭氧的技术实力和强大的制造能力。这套空分设备拥有多项自主知识产权，各项性能指标完全可以与国外知名公司的同类设备相媲美，但它的价格比国外公司低得多，为宝钢直接节约投资6 000余万元。宝钢6万m^3/h空分设备的开车成功，实现了气体分离设备行业技术的跨越，对振兴民族工业，实现重大装备国产化，特别是推动空分行业的科技进步具有显著的作用。它填补了我国在6万m^3/h等级空气分离设备研发上的空白，使我国成为继美国、德国、法国之后，第四个拥有6万m^3/h等级煤化工空气分离设备、8万m^3/h等级空气分离设备研制能力的国家；打破了国外技术垄断，解除了发达国家对我国的技术制约，确保我国大型空气分离设备不受制于人，创造了重大的经济效益和社会效益。当前，周智勇又全身心投入到8万~12万m^3/h煤化工空分设备的研制工作中，争创新的辉煌。

周智勇结合专业技术研究撰写了十几篇专业技术论文，并作为主编之一，出版了《现代空分设备技术与操作原理》一书。在主持和完成这些研究开发项目的过程中，充分展示了其较高的理论水平和发现问题、解决问题的能力。

肖海涛

肖海涛，中共党员，毕业于甘肃工业大学流体机械及流体工程本科专业。自1997年毕业至今，在大连深蓝泵业有限公司工作，从事泵产品设计、生产管理、市场营销及企业管理等工作，先后担任技术员、室主任、技术开发部部长、总工程师、生产部部长及销售部部长等职务，现任大连深蓝泵业有限公司常务副总经理。

肖海涛参与设计的产品获得多项国家专利，如首级双吸节段式自平衡多级离心泵、导流器水平中

开双吸泵、小流量泵、防堵塞长轴液下泵、一种新型的低温浅液电动机及一种新型的低温试验台等。他参与研制的大型石化装置能量液力透平，获得科技部科技成果鉴定证书与国家级能源科学技术鉴定证书。肖海涛曾在国家级刊物《化工设备与管道》上发表论文——《煤气化装置高温热水泵结构与方案配置》。

吴应德

吴应德，高级工程师，曾任兰州水泵总厂技术部部长、副总工程师，现任兰州水泵总厂总工程师、党委委员，兰州理工大学兼职教授，全国泵标准化技术委员会杂质泵工作组组员，以及甘肃省机械工程学会第七届理事会理事。

1991 年 9 月至 1995 年 7 月，吴应德就读于甘肃工业大学，获水力机械专业学士学位，毕业后就职于兰州水泵总厂；1995 年 9 月至 1996 年 1 月，在兰州水泵总厂车间实习；1996 年 1 月至 1999 年 10 月，在兰州水泵总厂研究所从事新产品的设计；1999 年 10 月至 2004 年 6 月，在兰州水泵总厂任副总工程师兼技术部部长；2004 年 6 月至今，在兰州水泵总厂任总工程师。

吴应德作为兰州水泵总厂技术负责人，主持完成了以 1400S18、1000S50GS、1000S22、800S24 为代表的单级双吸清水离心泵，以 HD1000、HD800 为代表的重型石油化工流程泵，以 WTS750、WTD500 为代表的液力透平机等新产品的开发工作。并在 2000 年 12 月与他人合作在兰州工业高等专科学校学报上发表了《水泵选型方法的研究》，2005 年 8 月在《通用机械》杂志上发表了《大型循环水泵机械密封改造浅析》等论文。2013 年被甘肃省机械工程学会授予“先进个人”称号，同年 5 月获得中国通用机械工业协会评选的“科技创新突出贡献奖”。

邓建刚

邓建刚，高级工程师，重庆通用工业（集团）有限责任公司风机设计所所长，擅长叶轮机械的气动分析和结构设计。

2009 年，邓建刚同志主持开发的国内单机容量最大的 W6 - 2 × 39№36F 型高温耐磨回热风机，采用了多项新技术、新工艺、新材料，打破了重大项目建设中大型高温耐磨风机依靠进口的局面，达到国际先进水平，填补了国内空白。2010 年，邓建刚同志参与全氢罩式退火炉循环风机项目的研发。全氢罩式退火炉循环风机工作环境恶劣（高温、反复热疲劳与变转速导致的交变应力），对可靠性要求高，对风机的气动性能、结构、材料与制造工艺要求十分苛刻，因此，以前这种风机我国主要依赖进口。该项目在国内首次将特种高温合金钢用于 850℃ 全氢罩式退火炉循环风机制造上，克服了叶轮在使用过程中由于温度梯度造成的附加应力，在材料应用、工艺评定、工艺试验及相关的工艺制造方法上取得了大量突破。

邓建刚主持或参与开发的多项产品多次荣获重庆市科技进步奖、中国国际流体机械展金奖及国家新产品奖等荣誉。

冯伟

冯伟，工程师，现任重庆通用工业（集团）有限责任公司工艺研究所副所长。冯伟毕业于四川工业学院金属工程材料系焊接工艺与设备专业，擅长特殊材料研究、选型和新工艺的开发，特别是在通风机叶轮表面特殊防磨、防腐与防粘糊的制造工艺和材料选型方面拥有丰富的实践经验。

冯伟先后完成了国内首台代替鼓风机用离心通风机工艺技术、大型球团用高温耐磨风机工艺技术及超高转速压缩机叶轮焊接工艺技术的开发，技术水平国内领先；其参与开发的全氢罩式炉风机、OG风机等可完全替代国外产品，达到了国际先进水平，不仅为用户节约了大量投资，而且创造了良好的经济效益。特别是为宝钢开发的OG风机，达到国际领先水平，全面超越了原日本进口风机，检修周期从1个月延长到3个月，获得了用户的高度肯定。冯伟参与开发的多项产品多次荣获重庆市科技进步奖及国家新产品奖等。

鞠国强

鞠国强现就职于山东华成中德传动设备有限公司，任总工程师。

鞠国强于1996年7月在山东博山锻压厂参加工作，负责柴油机连杆的锻压与加工工艺工作。1998年开发的SK、SZ－4JB等多种水环真空泵和压缩机产品，成为公司增长点。2000年担任技术开发部部长，积极开发市场急需的2BEA系列新型产

品并取得成功。2005年兼任总经理助理，积极研发高效节能的新型2BEC系列真空泵和压缩机产品，已经成为公司主导产品。

2009年1月，鞠国强参与研发的2BEC100水环真空泵产品获山东省科技进步奖三等奖。同年研发的2BEC120超大高效水环真空泵，效率达到62.5%，经山东省科技厅鉴定，达到国际领先水平，已成功用于变压吸附制氧制氢、瓦斯抽放、气体输送及大型真空装置等工况。2BEC120超大高效水环真空泵获中国机械工业科学技术奖二等奖，并被列入国家火炬计划。

2011年10月26日，鞠国强主持的为满足煤矿安全急需而研发的“智能型矿用移动瓦斯抽放泵站”取得发明专利，并于2012年被列入国家重点新产品，同时，该发明获得了山东省专利奖三等奖。

2009年9月，鞠国强担任华成集团传动设备公司总工程师，主持研发各种系列精密减速机。2011年，精密减速机产品获山东省机械工业科技进步奖一等奖。鞠国强还主导建立了淄博市模块化精密齿轮箱工程技术研发中心。

2011—2013年，鞠国强主持研发了KPL系列行星减速器、ML系列大型减速器、H系列立式精密减速器及M系列圆锥圆柱减速器等，最大功率达3 550kW，5级齿轮精度，单级效率大于99%，通过山东省科技鉴定，产品达到国际先进水平。这些产品满足了煤矿、港口、水泥、冶金、氧化铝搅拌及造纸等行业对高端减速器产品的急需，完全替代了原

进口产品，获山东省机械工业科技进步奖和中国机械通用零部件协会优秀新产品奖等。

鞠国强2010年被评为淄博市高层次人才，2011年获“淄博青年五四奖章提名奖”，2014年获得山东省富民兴鲁劳动奖章。

陈韧

陈韧，高级工程师，就职于液化空气（杭州）有限公司，是液化空气集团国际专家、全国气体分离与液化设备标委会委员和气体分离设备技术委员会委员。

1982—1995年，陈韧就职于杭州制氧机厂设计研究院，担任空分总体设计（包括流程图及总平面布置），从事低温管道及冷箱钢结构设计、校对及应力计算。

1995年至今，陈韧就职于液化空气（杭州）有限公司，先后担任技术部管道主任设计师，管道组组长、管道设计技术负责人；压力管道设计审定批准人，压力容器图样标准审核人；工厂设计专家，高级装置设计专家，主持组织和负责项目（空分装置）设备管道的总体布置及其设计的审核审定。

尽管陈韧服务的企业是一家外资公司，但他多年来始终不放松在思想政治上的学习和对自己的进步要求。作为一名中共党员，在多年的工作实践中，有着政治上的坚定和思想上的清醒，保持良好的工作作风和忠于职守、爱岗敬业的勤奋精神。以一名党员的标准严格要求自己，恪守职业道德，坚持扎实认真、兢兢业业及尽职尽责的工作态度。

通过几十年的工作、学习和实践，陈韧的业务技术和专业知识得到了很大的提高，主持和组织了大量的工程项目（包括公司专项研发项目）设计，领导技术团队完成了近百套国内及国际的不同类型空分装置的项目设计工作：有的采用集装箱形式，如中国液空无锡、天津石化及Yango标准产品等项目；有大型及超大型空分装置，如6万m^3/h（氧）空分装置（天津永利、兖矿、中国液空沙钢等项目），以及亚洲最大的10万m^3/h（氧）空分装置（宁夏神华、中国液空榆天化等项目）；有的设计压力达到13MPa，管线设计温度范围大，可从冷箱内的低温管道（-196℃）到高温高压的蒸汽管线（540℃、10MPa），压力管道级别为GC1-2和GC1-3；近年来还做了一些一氧化碳装置，如漕泾、龙宇等（Hy-CO项目）制氢、一氧化碳装置项目。所有完成的项目现在均运行平稳，反映良好。

陈韧还参与制定了许多重要的具有国际水平的标准规范，如参与讨论制定了多项空分设备安全设计规定标准，为空分行业的安全和长足发展作出了贡献。

陈韧已有多篇专业论文在《深冷技术》《化工设备与管道》及《通用机械》等国家级刊物上发表。近年来，他还负责多个公司专项研发项目，并取得了良好的应用效果，作为发明人获得两项国家专利局颁发的实用新型专利。

陈韧作为液空集团工程技术委员会的代表、氧气设备认证委员会的成员以及液化空气（杭州）技术委员会的秘书长，参与公司的日常技术活动中。

陈韧作为全国气体分离与液化设备标准化技术委员会委员及中国气体分离设备行业技术委员会委员，对我国气体分离设备标准的发展也尽到自己的绵薄之力，如氧气管道及填料塔填料等行业标准，通过评审会及函审给出了意见和建议，为我国空气分离工业发展作出了应有的贡献。

谢洪清

谢洪清，现任江苏先锋干燥工程有限公司董事长。1986 年毕业于河海大学化工机械专业，1987 年至 1997 年 8 月在常州干燥设备厂工作，历任计质科科长、车间主任、生产副厂长等职务。

通过多年的磨炼和拼搏，谢洪清于 1997 年 10 月自筹资金 50 万元，创建了常州先锋干燥设备有限公司。在 10 余年的创业生涯中，谢洪清通过自身的努力和执着，在干燥设备技术领域，从简易的烘箱、真空干燥器等单一的产品做起，至今，能实现科技含量较高的食品机械、制药机械、化工装备等多个技术领域的装备设计与制造。由他主持研发的食品机械、化工装备在满足国内市场需求的基础上，已出口至越南、印度、巴西、新加坡、菲律宾、韩国等多个国家。智能食品添加剂喷雾干燥机组、调味料制粒干燥生产线通过由江苏省经贸委、常州市科技局组织的新技术、新产品验收和科技成果鉴定，分别列入国家科技部创新基金计划和国家火炬计划，获得国家资金的无偿支持。同时，被江苏省科技厅认定为省高新技术产品。另外，被认定省高新技术产品的还有糖醇智能流化床干燥机。2007 年公司被认定为高新技术企业，2010 年被认定为江苏省高新技术企业。2011 年，由谢洪清潜心研制的电池材料干燥机组被江苏省科技厅认定为高新技术产品，分别为：DGXS 型电池材料气旋式闪蒸干燥机（110412G0353N）、DGLP 型电池材料高速离心喷雾干燥机（110412G0041N）、DGBZ 型电池材料卧式搅拌真空干燥机（110412G0042N）和 DGSZ 型电池材料真空回转干燥机（110412G0352N）。2012 年，电池材料干燥机组获得国家资金的无偿支持，项目立项代码为 12C26213202248。同期，“先锋”商标被认定为江苏省著名商标，公司还获得“中国化工干燥设备十强企业”称号，成为常州市武进区郑陆镇商会干燥同业公会副会长单位。2013 年，公司获得江苏省科技型中小企业、江苏省民营科技企业等称号。

黄国兴

黄国兴，湖南湘潭人，中共党员，高级工程师，湖南大学卓越总裁研修班在读。黄国兴是湘潭市人大代表、湘潭市优秀企业家、湘潭市九华经济区功勋企业家，是湘潭宏大真空技术股份有限公司第一任董事会董事，现任该公司法人代表、董事长兼总经理。

黄国兴的工作经历如下：1986—2000 年，任湘潭市护谭机械厂厂长兼党支部书记；1996—2000 年，与深圳亨达莱真空技术有限公司共同成立湘达玻璃镀膜厂，担任厂长；2000—2003 年，出资创立湘潭市第二锅炉厂，担任厂长兼主任工程师；2003 年至今，出资创办湘潭宏大真空技术股份有限公司，任董事长兼总经理。

黄国兴凭借其过人的魄力和胆识、独特的经营管理手段和创新思维，短短几年间，带领公司发展成为国内真空镀膜成套设备制造领域的龙头企业，实现了销售收入和技术水平的共同飞跃。2013 年，公司实现销售收入 2.6 亿元，利润总额 5 000 万元，同比增长 25%，其主营产品占市场份额达到 72%。同时申请授权发明专利 20 项、实用新型专利 50 余项，打破了国外技术的专利封锁。在黄国兴董事长的领导下，公司先后被授予“国家火炬计划重点高新技术企业”和“国家技术创新示范企业”称号，获得湖南省专利奖一等奖和湘潭市科技进步奖一等奖等奖励。

彭辉

彭辉，1997 年 6 月毕业于郑州工业大学，现任开封黄河空分集团有限公司设计院副院长。

彭辉从事压力容器和设备的设计工作以来，先后对 200 多套主要设备进行了设计和修改，对空分设备的关键部件——下塔的结构进行了大胆的变革，使下塔重量减轻了 20% ~40%，设备在运行中取得良好的效果，受到用户的一致好评和认可。2010 年 8 月，由于工作需要，公司安排彭辉从事空分工艺流程的设计工作。他利用工作中积累的知识和经验，充分利用网络进行学习，广泛阅读与工艺流程相关的书籍和资料，先后完成了 120 多套空分设备的设计、校对和审核工作，14 套空分设备工程管道的设计和审核工作，20 多套空分流程的设计和 300 多套压力容器的审核工作，并完成了近 30 套其他图样的设计。期间，他主持研发的“一种氮气制取工艺”和“一种由空气分离制取氧气和氮气的工艺”等 6 项技术已申报国家发明专利，并全部被国家专利局受理。

通过不懈地追求和努力，彭辉参与研发的“新型塔板技术”项目荣获开封市科技创新奖一等奖。迄今为止，彭辉共获得了 6 项专利。由于彭辉突出的个人能力，2012 年 6 月，公司推选他参与“2012 年开封市第五届优秀科技工作者”的评选，凭借黄河空分高端技术平台和个人实力，他从近千名候选人中脱颖而出，成为开封空分行业 4 位获此殊荣者之一。另外，彭辉还作为开发区企业中党员的唯一代表，出席了开封市第十次党代会。

在同事眼中，彭辉是一位年轻有为、待人真诚、敬业负责和充满工作热情的人。他不仅个人能力突出，担任设计院副院长以来，还非常注重培养团队凝聚力和员工的工作激情。他常常就一个技术细节问题与同事展开热烈的讨论，在交流和讨论中，不仅扩大了同事的知识面、解决了问题，还进一步培养了同事之间的情谊，更激发了大家对知识的渴求，以及追求研发核心技术的激情与信心。

在以彭辉为代表的优秀青年人的共同努力下，开封黄河空分集团有限公司设计院逐渐形成了团结向上、工作积极、充满激情的工作氛围，并在黄河空分提供的研发平台上不断发展壮大。这种良好的工作氛围感染和带动着设计院的每一位员工，为夯实设计院研发设计基础共同奋斗着，在黄河空分这个高端平台上共同谱写新的篇章！

“能工巧匠突出贡献奖”人物介绍

贠涛

贠涛，高级技师，现为西安陕鼓动力股份有限公司（简称陕鼓）总装车间高速动平衡班组作业小组长。

贠涛 1990 年从陕鼓技校毕业后，进入原陕西鼓风机厂设备处精修班工作，认真负责的态度以及因刻苦钻研而精湛的技艺让他很快成为设备精修的骨干，被委任为设备精修班班长。在设备精修班工作期间，他先后被评为西安市青年岗位能手、集团公司两届十佳青年及集团公司岗位标兵等。2004 年，贠涛通过竞聘转岗至总装车间转子班，成为一名装配钳工。

从 2008 年至 2012 年，企业为了提升核心技术能力，共引进了两台德国申克高速动平衡设备，这是陕鼓集团最大的一项技改项目，它的投用将使得陕鼓透平产品在性能质量及生产效率方面都有所提升，也将是陕鼓跻身一流透平强企的里程碑。当时陕鼓并没有相关方面的操作人员，所以无论从安装到日后的使用维护都是一项极具挑战性的工作。贠涛再一次来到新的工作岗位，他凭借自己在设备维修和机组安装方面的丰富经验和知识，通过认真研究设备图样，请人帮忙翻译设备资料，熟悉了整套设备结构，帮助安装团队提前完成了设备安装任务。他和团队成员一起，刻苦钻研、严格把关，在德国专家不在场的情况下，完成了设备主要部件的安装，并使各项指标完全达到了要求。他在短时间内掌握了德国进口设备的操作、维护及保养要领。高速动平衡班组成立后，他不仅是主操作手、作业组长，还兼任设备维护员，在五年的时间里，他对设备精心维护保养，排除了多次设备故障问题。同时，他认真学习转子高速动平衡理论知识，消化吸收新工艺、新方法，在高速动平衡处理软件 CABFLEX + +、CAB920 测量仪表及可视化控制系统的实际操作方面也积累了丰富的经验。他培养青年徒弟 8 人，其中 4 人已成长为骨干操作手。

在工作中，贠涛同志取得这样的成绩，是努力学习、努力积累的结果。他对主导产品转子存在的问题提出了几十项重要改进方法。如轴流压缩机转子高速动平衡由以前的两面补偿改为多面补偿，不但降低了成本，而且实现了真正意义上的挠性转子动平衡，并使透平转子动平衡质量达到了世界先进水平。针对高速轻载离心压缩机在试验中出现的自激振动，团队共同努力进行攻关。通过对转子－轴承系统进行很多次试验及改进，终于解决了该类型转子的自激振动问题。贠涛同志科学地对待每一个技术问题，每当碰见棘手的技术问题时，他都要先看图样，第一时间和技术人员进行沟通交流。他创新工艺和方法，参与 QC 质量改进活动 3 项，其中 2 项获原机械工业部优秀成果奖一等奖，1 项获西安市优秀成果奖一等奖；他还向公司提交了多份创新建议和质量改进方案，参与的创新成果有 1 项获陕鼓首届创新博览会银奖，多项获陕鼓职工经济技术创新奖二等奖、三等奖、四等奖。

韩文林

韩文林同志系西安陕鼓动力股份有限公司加工车间数控 8m 卧式车床的主操作手，数控车工高级技师。

韩文林 1987 年毕业于陕鼓技校，先后在 3m 卧式车床、数控 1.6m 立式车床担任主操作手，2005

年以优异的成绩竞聘到车间数控 8m 卧式车床担任主操作手。数控 8m 卧式车床主要承担着公司大型产品轴流压缩机、TRT、EIZ 以及离心压缩机的核心部件——主轴和转子的加工任务。主轴和转子作为公司产品的核心部件，尺寸公差和形位公差要求非常严格，容不得半点马虎。他精益求精，凭着自己丰富的工作经验和过硬的专业技术，出色地完成了车间及公司交给的各项工作任务，在 2013 年被评为陕鼓集团"劳动模范"。

2006 年公司投产首台首套空分机组，他主动请战，向车间要求承担该机组主轴的加工任务。当他拿到生产指令单后，立即借来图样，并对图样和工艺进行分析研究，此轴的径长比大于 20，属于典型的细长轴，而且位于主轴轴向 1/3 处有一个深 117mm、宽度为 60mm 的端面环形槽，此槽的内壁尺寸为 $\phi395_{0}^{+0.05}$mm，几何公差跳动要求 0.02mm，而且端面环型内壁的公称尺寸无法直接测量，它的加工精度直接影响到整台机组的运行稳定性。由于该产品是首台首套，没有成熟的工艺文件，也没有合适的刀具，针对实际情况，他立即和其他成员组成攻关小组，运用 PDCA 循环控制进行分析。首先针对细长轴刚性差、容易变形的特点，采用中心架分段支扶的方法来增加主轴加工刚性，提高稳定性以保证其加工精度。通过对现有刀具几何形状进行改进，刃磨出适合端面环型槽加工的刀具。环型槽内壁孔尺寸（ϕ395mm）无法直接测量，他使用钢珠和外径千分尺配合测量的方法对其壁厚进行测量，保证了加工后的端面环型槽加工精度完全达到图样要求，顺利完成了该主轴的加工任务，为公司后续空分机组大型化的发展奠定了坚实的基础。同年，他主导的"EIZ100－4 主轴加工技术攻关"项目获得公司 QC 活动成果奖二等奖。

作为具有高级技师资格的重点设备操作者，韩文林最大的特点就是对工作认真负责，对自己严格要求，把公司倡导的诚信体系建设深化在自己的工作中。检验高级技师水平高低不仅仅要看工作的质量，还要看他加工新产品、新材料的能力。2008 年，公司生产的首台双列共用型能量回收装置（PTA 装置）的主轴采用进口材料 GH2132，此材料属于高温合金钢，它的金属切削性能差，难以进行金属切削加工，且材料价格昂贵，因而在加工上存在着技术不足和工艺不很成熟等问题。他迎难而上，提前熟悉图样，分析工艺，提出了切实可行的加工方案。为了避免刀片涂层与主轴材料发生亲和反应，通过对各种涂层刀片进行试切，最终选定了肯纳公司生产的钴基耐热合金 KC5525 型刀片，保证了主轴的加工精度，提高了加工效率，圆满完成了该主轴的加工任务。同年，他参与的"晋开硝酸尾透主轴榫槽加工"项目获得公司职工经济技术创新奖一等奖。

韩文林同志所在的数控 8m 卧式车床先后完成了公司首台首套空分机组、晋开硝酸尾透四合一、冰机产品和首台首套汽轮机主轴及转子的加工。2012 年，为完成公司的合同履约率，保证用户急需产品的提前完成，他在工作中大胆创新，充分挖掘数控机床的最大潜能。同时还与数显 8m 卧式车床组成生产攻关团队，发挥各自机床的最大优势，取长补短，两台车床全年共完成轴流压缩机、TRT 和硝酸尾透四合一机组等 100 余根主轴的加工任务，被车间立为"抢进度，保关键，抓节点"的生产标杆岗位。

多年来，韩文林同志在平凡的工作岗位上为陕鼓的高速发展作出了应有的贡献。他在取得骄人成绩后，没有居功不前，而是决心勇挑重担，继续发扬不怕苦、不怕累的拼搏精神，为陕鼓明天的辉煌继续贡献自己的力量。

吴冬林

吴冬林，四川空分设备（集团）有限责任公司压缩机分公司车工组组长，资深高级技师，中共党员。该同志自参加工作以来，在思想政治、业务能力、技能技术上都严格要求自己，坚持学习，不断提高，努力使自己成为一名技术过硬、思想先进的优秀机械加工技能人才，在自己平凡的工作岗位上取得了不平凡的业绩。

吴冬林同志在车工岗位上工作多年，积累了丰富的工作经验。工作中勇于承担重点、难点产品的加工，制作产品不但速度快而且质量高，被公认为“质量最信得过员工”。同时，他在完成任务方面表现非常突出，平均每月完成生产工时超过600h，为考核工时的3倍，2011年年终结算总工时超过9 000h。在加工压缩机关键零部件——活塞杆时，做到产品精度高、质量好，使公司生产的氧气、氮气、天然气压缩机在市场上获得用户好评。该同志为压缩机产量的大幅度提高做出了突出成绩，为公司发展作出了贡献，每年被评为公司优秀先进工作者。

吴冬林同志在工作中一直认真负责、勤于钻研，保证产品质量，特别注意在刀具刃磨、工装夹具、加工工艺等方面下工夫，虚心向技术人员请教，为提高工作效率而不懈努力：改善了支撑螺栓的车削加工工艺，使加工零件更加方便简捷，更好地保证了产品质量的稳定性，工作效率比原来的常规加工效率提高了3.5倍以上，仅此一项经过核算，直接为公司创效益从原来的每月3万元增至8万多元；改进了活塞杆的车削加工工艺，使产品达到了理想的效果，保证了零件的加工质量，从而提高了压缩机正常运转的稳定性；改进了缸套的车削加工工艺，通过优化工艺过程，对车削加工质量进行工步控制，彻底解决了薄壁圆筒车削加工变形的难题，使产品质量得到了保证。

这些不胜枚举的事例充分体现了他突出的工艺技能。由于他具有丰富的车削理论和扎实的操作技能，在工作中遇到的很多问题也就能轻松解决。为了更熟练、更透彻地掌握数控机床，多年来，他经常主动参加公司举办的技术培训活动，查阅相关资料，请教专业技术人员，并做好解决工作难点的记录，至今累计多达千余条。为了尽量优化控制程序，做到程序“精”、加工方法“简”、产品质量“优”，他经常对常规的加工程序进行反复修改，把数控设备效率高、质量稳定的特点充分体现出来。

吴冬林同志不仅注重自身技能水平的提高，也积极参与“传、帮、带”，为公司培养后备技能人才作出了贡献。他认识到，随着现代社会的高速发展，对复合型技术人才的需求量越来越大，针对部分技工理论与实际操作脱钩的现象，他特制定出相应的教学方案，并在各车间推广。他培养的一批又一批优秀技术人才，成为了企业发展的基石。在他的指导下，有30多名学员步入了工作岗位，在公司里，有2名学员取得了技师职称，有8名学员取得了高级工职称。

自吴冬林担任车工组组长以来，为了提高车工组整体车削加工的技术水平和组员的加工素质，每月定期组织召开一次车削技术学习研讨会，会中重点分析出现的加工疑难点，并记录在案，以此吸取教训，总结经验，为今后的工作打下坚实的基础。针对个别加工的具体困难，先提出自己的方式方法，然后相互讨论，取其精华，找出合理的解决方法。多年来，他所带领的车工组一直保持质量事故为零的纪录，并连续保有四川空分设备（集团）有限责任公司“优秀班组”的称号。

吴冬林同志依靠扎实精湛的技术在各种车工

技能大赛中为川空集团、也为他个人赢得了一系列荣誉。吴冬林在2001年和2004年公司内部举办的车工技能竞赛中，分别获得第四名和第三名；在2006年四川省“航天杯”车工技能大赛中荣获第二名，并晋升为高级技师职称；在2012年资阳市“十万职工大练兵”比赛中获车工组第一名，获四川省第二名，获全国第六名；荣获四川省“五一”劳动奖章，被评为2012年度简阳市“十佳明星职工”；2013年，他又荣获“中国通用机械行业能工巧匠突出贡献奖”。

在科技迅猛发展的今天，吴冬林没有停步，仍在继续学习和探索，不断提高自身专业素质，拓展自己的技术能力，一岗多能，争取在原有成绩的基础上再创辉煌，为国家和社会作出更多的贡献。

殷刚

殷刚，就职于莱钢集团莱芜天元气体有限公司。

众所周知，制氧系统是冶炼生产不可缺少的重要设备，氧气输送是否连续稳定将直接影响热线的正常生产。现代化制氧设备具有大型化、高速化、连续化、精密化及自动化的特点，由于机器设备直接完成气体产品的生产过程，因此，产品的产量、质量、成本及消耗等，在很大程度上受设备状况的影响。设备性能状况与设备管理人员有着莫大的关系，殷刚就是奋战在这条设备战线的一位排头兵。

在设备管理岗位奋战了20年的殷刚，每天坚守在设备现场已经成了一种习惯。技校毕业的他干起工作来是一丝不苟。自从接触制氧设备以来，他能够吃苦耐劳，认真钻研本职业务，对自己负责的设备点检管理、设备状态监测、日常缺陷处理、定修年修、制氧系统故障诊断等工作都能够保质保量地完成，及时发现和消除了一些重大设备隐患，提高了机组安全运行稳定性。

在设备的运行与监测方面，殷刚分享了以下几点心得：

首先，当好设备的“保姆”。要管理好设备就要关心爱护它，像保姆一样照顾它。殷刚负责的设备点检工作就像是设备的保姆，每天的点检信息都多达6 000余条，通过设备点检的综合信息来判定设备的良好与异常及性能的劣化程度，掌握设备运行技术状态，合理安排检修维护。为了用好现代化的设备，殷刚又自学了计算机信息管理专业，近几年来通过研究应用设备点检管理信息系统，设备点检质量有了质的飞跃。他通过优化点检程序，消除点检盲点，提高岗位点检到位率达99.93%以上，近年来共点检出较大隐患117项，及时的检修维护避免了设备缺陷的进一步扩大，为保障设备安全运行作出了贡献。

其次，成为设备的“医生”。设备的状态监测诊断工作说白了就像是给设备看病。为了做好设备的故障预诊断工作，他在高噪声设备跟前一靠就是三四个小时，采集、记录、积累了大量设备运行原始技术数据，全面掌握、系统分析高速运转设备的状态信息。他不断丰富各类专业知识，提高本职工作技术水平，通过改进、创新方式方法对在运设备进行综合的状态判断、劣化趋势分析，为事故征兆的预诊断提供重要的量化指标数据信息，把握设备的维护时机，使设备真正处于受控状态。几年来，准确诊断出氧压机高压缸轴承磨损裂纹及空压机叶轮不平衡等隐患，杜绝了突发故障停机。在线监测高速运转设备196个点，分析排除故障异常，避免七氧空压机、九氧氧压机、五氧空压机等大型设备的非计划停机，提高了设备运行可靠性。殷刚多次到莱钢各生产热线进行设备故障诊断，并对外部求援如永锋钢铁动力厂、九羊公司氧压机等进行振动分析诊断。他提出的诊断参考意见得到上级部门和各单位的认可和好评，并为天元公司赢得了较好的声誉。

最后，要做好设备的管家。在领导的关心和支持下，近几年来，他结合公司设备管理工作现状，优化制氧机定修模型，出台了重点设备冬季和夏季特护措施，先后制定方案进行制氧机的年修、定修30多次，消除影响制氧机稳定运行的各类缺陷达1 600多项。通过消缺改造确保了设备安全稳定运行。积极开展每月一次的“氧系统诊断会”活动，记录整理当前制氧系统存在的主要隐患、缺陷，需要论证、攻关整改的问题点，以及防范控制处理措施。为防止制氧系统重大问题和事故的发生，确保各项工作安全顺利进行，积极协调各有关作业区制定隐患缺陷整改方案，并根据计划方案排出整改日期进行逐步实施，及时督促整改重大缺陷和隐患，确保在运设备稳定运行和备机必备。2013 年，氧系统诊断会全面提出各类瓶颈短板问题 178 项，完成整改 125 项，提高了设备的动态预控，有效促进了制氧系统的安全稳定运行。技术攻关解决了如空压机叶轮在线清洗改造、液氮蒸发设备系统安装、三四氧空滤系统改造、四氧氧压机 PLC 改造等，有力保障了安全稳定优质的气体供应。

干一行、爱一行、专一行、精一行，殷刚以强烈的爱岗敬业精神，通过刻苦钻研和持续创新，多次获得优秀技能人才、设备管理工作先进个人等荣誉称号。他先后参与 30 多项设备技术升级改造，撰写的《制氧设备技术性能的提升与创新》获山东省冶金科技进步奖一等奖，发表论文 20 余篇，其中《氧氮气液化的研究与应用》和《制氧设备智能化巡点检信息系统的开发研究与应用》分别获莱钢技术创新奖二等奖和三等奖。

（本栏目编辑：任智惠）

介绍部分企业的经营理念和成功经验，为管理者成功决策助力

综述

专文

行业概况

人物

企业概况

统计资料

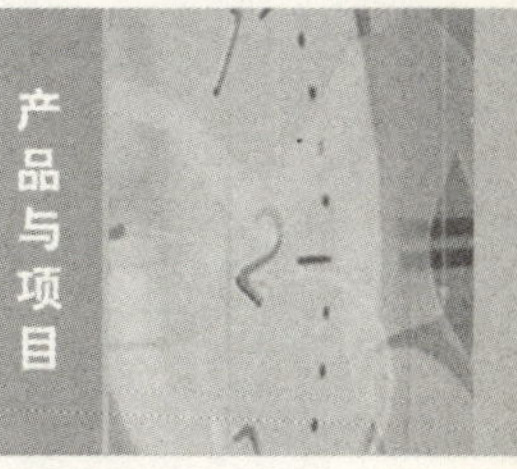

产品与项目

大事记

附录

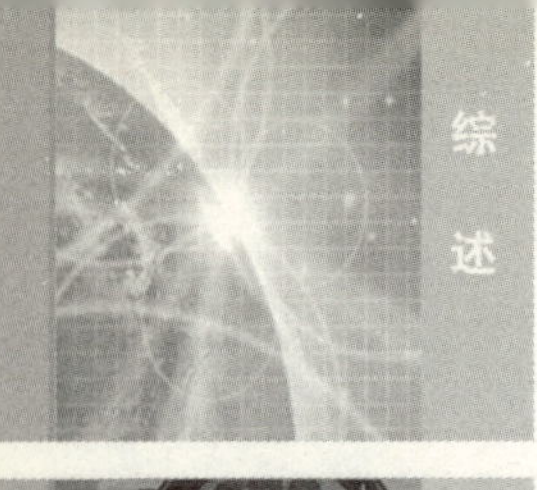

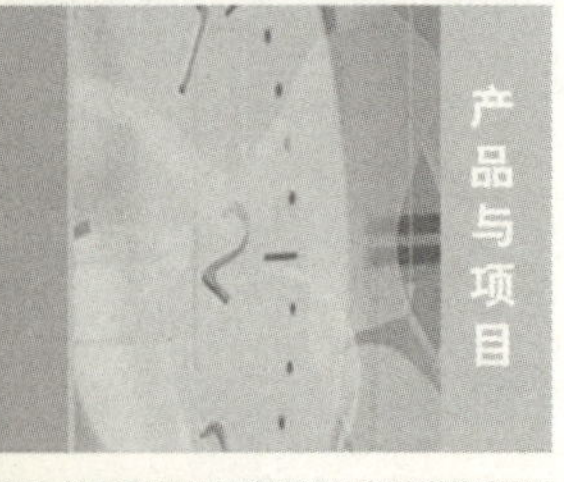

企业概况

发挥资源优势　提供专业化服务
——上海凯士比泵有限公司
以技术创新为先导　开创新价值
——日立泵制造（无锡）有限公司
诚信寓企　创新致远
——大耐泵业有限公司
坚持科技创新　着力转型发展
——上海鼓风机厂有限公司
精益求精　求实领先
——上海高中压阀门股份有限公司
追求卓越　创造辉煌
——哈电集团哈尔滨电站阀门有限公司
做压缩机细分市场领先者　引领压缩机行业发展新模式
——北京京城压缩机有限公司
创新开拓未来　卓越成就辉煌
——柳工（柳州）压缩机有限公司
坚持技术优先战略　争做一流真空镀膜设备制造商
——湘潭宏大真空技术股份有限公司
提质提效　转型升级　打造精品离心机
——重庆江北机械有限责任公司
依托技术优势　打造专业产品
——江西制氧机有限公司
精益管理　追求卓越
——莱芜天元气体有限公司
优化产品结构　提升核心竞争力
——开封黄河空分集团有限公司
开拓创新　争创一流
——江苏海鸥冷却塔股份有限公司
践行可持续发展　致力于服务社会
——南京大洋股份
立足中国市场　坚持创新发展
——斯必克公司
业界先驱　引领前行
——美国巴尔的摩空气盘管公司（B.A.C.）
发挥技术专长　在环保领域建功立业
——中国通用机械工程有限公司

人物访谈
创新图强
诚信卓越

承载装备国产化使命 谱写跨越式发展新篇章

——访沈阳鼓风机集团股份有限公司董事长苏永强

《中国通用机械工业年鉴》编辑部　魏素芳 陈美萍

沈鼓集团董事长、党委书记：苏永强

苏永强，男，1953 年 6 月出生，中共党员，博士学位，教授级高级工程师，国务院政府特殊津贴获得者。

1969 年进入沈阳鼓风机厂工作，历任党支部书记、分党委书记、党委副书记、常务副厂长，1997 年任厂长兼党委书记；2003 年，沈阳鼓风机厂整体转制为沈阳鼓风机（集团）有限公司，任集团董事长、总经理兼党委书记；2004 年，沈阳鼓风机（集团）有限公司与沈阳水泵股份有限公司、沈阳气体压缩机股份有限公司进行战略重组和重大技术改造，组建沈阳鼓风机集团股份有限公司，任集团董事长、党委书记。

兼任中国通用机械工业协会会长、中国通用机械工业协会风机分会理事长、辽宁省机械工程学会副理事长、沈阳装备制造行业协会会长、沈阳市机械工程学会会长和沈阳市科协副主席，以及大连理工大学、西安交通大学和浙江大学兼职教授。

当选第十二届、第十三届沈阳市人大代表，中共沈阳市委第十一届候补委员，辽宁省政协第十一届委员会常务委员。曾荣获全国优秀创业企业家，全国机械工业优秀企业家，重大装备国产化先进个人，装备中国功勋企业家，辽宁省功勋企业家、创业企业家、领军人才以及沈阳市功勋企业家等荣誉称号。先后被评为沈阳市、辽宁省和全国劳动模范，并荣获辽宁省“五一”劳动奖章。

沈阳鼓风机集团股份有限公司（简称沈鼓集团）始建于 1934 年，1953 年成为我国第一个风机专业制造厂，1963 年更名为沈阳鼓风机厂。2003 年，沈阳鼓风机厂整体转制为沈阳鼓风机（集团）有限公司。2004 年，沈阳鼓风机（集团）有限公司与沈阳水泵股份有限公司、沈阳气体压缩机股份有限公司进行了战略重组。当前，沈鼓集团资产总额 156.6 亿元，在职员工总计 6 817 人，拥有一流的硬件设施，具备大型机械加工制造和产品试验的能力，担负着为大型乙烯、大型炼油、大型煤化工、大型电力、大型冶金等关系国计民生的重大工程项目提供国产装备的任务。

在苏永强董事长的带领下，沈鼓集团全体

员工以赶超国际前沿技术为战略目标，始终肩负“让中国装备与世界同步”的强国使命和历史责任，发扬“敢为天下先”的企业精神，坚持引进技术与自主创新相结合，走出一条高起点、宽领域的自主创新之路。

自 2004 年实施战略重组以来，十年间，沈鼓集团实现了跨越式发展，取得了令人瞩目的成就，更奠定了其在我国通用机械制造领域的领军者地位。正是凭借比肩国际一流的核心技术和制造能力，沈鼓集团不断打破跨国公司的技术垄断，赢得了“国家砝码”的美誉。

一、战略重组成效显著，经济指标高速攀升

2004 年 5 月，依据国家振兴装备制造业工作会议指示，在辽宁省和沈阳市政府的领导下，沈阳鼓风机（集团）有限公司与沈阳水泵股份有限公司、沈阳气体压缩机股份有限公司进行战略重组和技术改造，组成新的沈鼓集团，并投资 18.6 亿元在沈阳经济技术开发区建设了 70 万 m^2 的新型工业园区。三家行业地位突出、市场领域重合、产品工艺相似的企业进行战略重组，使沈鼓集团在人才储备、技术创新、生产能力、市场开拓等方面的综合实力得到了全方位提升。

重组后的沈鼓集团采取“有所为，有所不为”的经营策略，主攻高端、大型和智能型产品。当前的主要产品包括：大型离心压缩机、轴流压缩机、离心鼓风机、大型通风机、大型往复式压缩机、大型离心水泵以及为其配套的汽轮机、辅助系统、齿式机械、控制系统等相关设备。运作模式主要是基于以上产品的研发、设计、制造和服务于一体的专业化、全生命周期经营。

生产车间

重组后的沈鼓集团驶入了加速发展的快车道，一跃成为国内最大的通用机械研发和制造基地，从 2004 年到 2013 年，各项经济指标呈现跨越式增长：工业总产值从 18.8 亿元增长到 136 亿元，工业增加值从 5.2 亿元增长到 25 亿元，销售收入从 18.6 亿元增长到 104.5 亿元，利税总额从 8 873 万元增长到 10.5 亿元，利润总额从 1 126 万元增长到 4.55 亿元。

十年来，沈鼓集团得到了国家各级政府、专业机构以及广大用户的认可和好评，获得了诸多荣誉，主要包括：2005 年以来，连年获得“中国机械工业 500 强”和“中国机械工业主营业务收入百强企业”称号；2006 年，被国家发展和改革委员会授予“在振兴装备制造业工作中做出重大贡献先进集体”称号；2008 年，被认定为国家高新技术企业，被全国文明委授予“全国文明单位”称号；2010 年，获得国家工商行政管理总局颁发的中国驰名商标；2011 年，获得中国工业大奖表彰奖；2014 年，获得中国工业领域的最高奖项“中国工业大奖”。

二、树立品牌效应，提升企业形象和社会信誉

沈鼓集团拥有健全的科研、生产和质量保证体系，以优质的产品和良好的品牌赢得用户的认可。

1. 强大的技术创新体系

沈鼓集团构建“两站、三院、四中心”的技术创新组织体系，形成了以企业为主体、市场为导向、产学研用相结合的跨地域技术创新模式。沈鼓集团每年将超过 5% 的销售收入用于研发，为技术发展提供足够的资金支持。同时，为广大工程技术人员提供优越的激励政策和广阔的发展平台，营造尊重知识、尊重人才、尊重创造的氛围。

2. 一流的硬件设施

当前，沈鼓集团拥有各类生产设备 3 825 台（套）。其中：大型数控设备 135 台，包括加工中心 36 台（含五坐标加工中心 13 台）、大型数控龙门铣床 6 台；拥有包括 20 台动平衡机在内的先进检验测试设备 230 台。

沈鼓集团建立了国内最大、世界一流的实验中心，拥有 φ200mm 高速试验台、振动试验台、φ800mm 模型级试验台、φ450mm 模型级试验台、轻介质模型级试验台、风洞试验台及闭式循环试验台等。拥有大型试车台位 38 个，最大试车功率达 3 万 kW。营口基地建成之后，将具备 3 万 kW 电驱、3 万 kW 燃驱，10 万 kW 汽轮机驱动、全速全压全负荷机械运转和气动性能试验的能力，可以满足沈鼓集团三大类产品的试验和性能检测需求。

3. 可靠的质保体系

自 1995 年起，沈鼓集团先后通过华信技术检验公司 ISO9001 质量保证体系认证、国家华夏环境认证中心 ISO14000 环境管理体系认证、ISO10012 计量检测质量保证体系认证。其中：透平公司通过美国石油学会 API Q1 质量管理体系认证、中国新时代认证中心 GJB9001B 军品质量管理体系认证、海军装备部质量管理体系海军第二方认证和国家质量监督检验检疫总局压力管道设计许可证；容器公司通过国家质量监督检验检疫总局三类

数控齿轮成型磨齿机

压力容器特种设备制造许可证；核电公司通过 ASME 和 HAF 标准认证，获得国家核安全局颁发的 300 ~ 1 000MW 压力堆核电站核一级、核二级、核三级用泵设计、制造许可证，是国家唯一设计核电主泵的企业。

4. 优秀的加工团队

当前，沈鼓集团工人总数 3 706 人，占职工总数的 54.4%。多年来，沈鼓集团培养了一批“高、精、尖”技术人才，为企业的持续发展储备了技术力量。沈鼓集团首席工人专家、全国劳动模范、国内压缩机机壳拼装第一人杨建华，获得国家科技进步奖二等奖，全国共有 3 名工人获得过国家科技进步奖。全国优秀共产党员、全国劳动模范、十一届全国人大主席团成员、全国杰出青年岗位能手、大型齿轮加工 4 级精度创造者徐强，曾荣获全国五一劳动奖章、中国青年五四奖章和中华技能大奖，他所创造的精度等级被命名为徐强精度。在 2009 年沈阳市“百千万技能人才培育工程”和职工职业技能竞赛总结表彰大会上，沈鼓集团 5 人荣获“技术大王”，总名次居全市第一。在 2012 年沈阳市“百千万技能人才培育工程”和职工职业技能竞赛中，沈鼓集团摘得市技能大赛焊工、机修钳工技术大王桂冠，22 人获技术标兵称号，35 人获技术能手称号，26 人获优秀选手称号。2013 年，沈鼓集团青年员工在团中央、国家人力资源和社会保障部组织的第九届“振兴杯”全国青年职业技能大赛中，获得车工决赛辽宁省第二名、全国第四名的好成绩，充分展示了沈鼓集团青年技术工人良好的职业素养和精神风貌。在 2013 年沈阳市“百千万技能人才培育工程”和职工职业技能竞赛中，沈鼓集团参赛选手成功卫冕电焊、机修钳与金属热处理 3 个工种的技术大王。此外，还勇夺气割下料工第一名，在沈阳市技能大赛中实现新突破。

5. 严格的过程管控

沈鼓集团制定了从研发到生产的管控措施：在研发设计环节采取分级评审、差错案例集等方式，在生产制造环节应用质量责任制度考核、关键工序优质优奖、过程质量控制卡等手段，结合现场异常响应机制、8D 分析等活动，实现了全过程的质量管理。

6. 全新的生产管理模式

以企业大型化、技术高端化、产品复杂化、协作社会化为特征的沈鼓集团，迫切需要吸收、借鉴国际先进的管理经验。自 2009 年 2 月开始，沈鼓集团正式引入精益生产管理模式，这是单件小批制造业的一次重大管理变革。2010 年，沈鼓集团将精益管理纳入企业发展战略，从战略层面对推行精益管理作出长远规划，全面打造精益企业。在此基础上，2011 年导入精益三期——供应链管理，又与爱波瑞公司共同建立了精益管理研修基地，企业的现代管理水平得到全方位提高。沈鼓集团以深入推进精益生产管理、供应链管理为抓手，不断转变管理理念，创新管理方式，初步实现了经营标准化、管理科学化和效益最大化。

三、重大技术装备突飞猛进，紧跟世界先进技术发展步伐

十年来，沈鼓集团在重大技术装备国产化方面突飞猛进，先后推出了大型百万吨乙烯压缩机组、大型长输管线压缩机，10 万 m^3/h 空分、大型 PTA、大型 LNG、1 000 万 ~ 1 200 万 t/a 炼油、新型煤化工等装置压缩机组，1 250kN/1 500kN 大推力往复式压缩机，核电站用主泵以及核二级、核三级泵等一大批具有自主知识产权的重大国产化装备。

（1）在大型乙烯装备研制方面，实现了由年产 18 万 t 乙烯到年产 100 万 t 乙烯装置能

力的多级跳，使我国大型石化设备制造能力提高到世界先进水平，挺进了世界先进压缩机制造企业的行列。当前进行 120 万～ 150 万吨级新型乙烯机组的方案研发和技术储备。

（2）在天然气输送设备研制方面，实现了天然气管道压缩机自主设计和总成套。沈鼓集团长输管线压缩机组被赞誉为天然气工业领域的“两弹一星”。

（3）在新型煤化工压缩机研制方面，具备了全部煤化工装置用压缩机研制的能力。

（4）在大型化肥装备研制方面，沈鼓集团成为国内唯一能够承担五大机组成套设计、制造能力的企业。

（5）在炼油装备研制方面，实现了年产 1 200 万 t 大型炼油装置所有流程用离心压缩机组的成套供货。

（6）在大型 PTA 装置压缩机组研制方面，研制了新型 PTA 装置用能量回收机组。

（7）在空分装置用机组研制方面，实现了 4 万 m^3/h、4.8 万 m^3/h、5.2 万 m^3/h 空分压缩机的三级跳，并正在进行 10 万 m^3/h 等级空分装置用压缩机组的科研攻关。

百万吨级乙烯压缩机组

（8）在核电装备研制方面，实现了核一级、核二级、核三级泵设计、制造及成套技术的全面突破，打破了百万千瓦核电装备长期依赖进口的局面。沈鼓集团成为国内唯一具有核一级、核二级、核三级泵设计制造资格的研发制造企业。

当前，沈鼓集团重点攻关的是 10 万 m^3/h 空分装置用压缩机组。沈鼓集团为神华宁煤集团研制的 10 万 m^3/h 空分装置空压机组，是沈鼓集团承担的又一次打破国际垄断、实现国内首台（套）的重大国产化项目。10 万 m^3/h 空分装置用压缩机组是沈鼓集团制造压缩机以来设计、制造难度最大的一个项目。为此，沈鼓集团调集了优势力量展开集中攻关，并在营口新厂区建设了国内最大的 10 万 kW 试车台位，以满足机组全负荷性能试验的需要。

四、丰富人才结构，打造一流专业化团队

做强做大装备制造业，基础在于培养一支高素质的人才队伍。沈鼓集团能够走在国内装备制造业的前列，最根本原因在于高度重视人力资源的优化与发展，始终将人才培养作为企业发展的第一战略。

近年来，沈鼓集团持续在西安交通大学、大连理工大学等“985”“211”高校招募高端人才。近三年，年均保持 150 多名本科以上毕业生入职，使得沈鼓集团人才层次大幅提升，为企业快速发展提供了坚实的人力资源保障。

沈鼓集团高度重视企业员工的培训深造：每年选送科技人员到西安交通大学、大连理工大学、东北大学攻读硕士研究生和博士研究生；沈鼓集团与西安交通大学、大连理工大学、东北大

学联合举办在职硕士研究生班；开展现代化远程教育平台、网络学院；针对技术和管理人员进行专业技术和管理知识培训；针对技术工人开展岗前培训、技术等级晋升考试培训。集团每年投入培训费用近 500 万元，员工每年的培训学习总课时都保持在 24 万学时以上。

沈鼓集团制定了向工程技术人员倾斜的激励政策，营造尊重知识、尊重人才、尊重创造的氛围。在技术人员中实行非领导职务序列及专业技术职称聘任制度；推出技术领军人才享有技术责任津贴制度，开展技术“三优”人员评选；设立专职研发津贴和产品承包奖；每年召开一次集团公司科技工作会议，对完成的技术创新项目、重大新产品项目、专利项目等进行重奖；每年奖励有突出贡献的技术人员继续学习深造或者出国学习、考察；组织业绩突出的技术人员申报“国务院政府特殊津贴”及“辽宁省百千万人才工程”等。各种激励政策的实施，不仅留住了人才，更激发了广大工程技术人员的热情和积极性，促使沈鼓集团形成了锐意进取的创新文化氛围。

当前，沈鼓集团拥有工程技术人员 1 782 人，占职工总数的 26%。其中：技术专家 57 人，教授级高工 65 人，高级工程师 346 人，工程师 662 人；具有研究生及以上学历的人员 252 人，占工程技术人员总数的 14%；具有本科生学历的人员 1 213 人，占工程技术人员总数的 68%。沈鼓集团共有 43 人享受政府特贴，8 人荣获沈阳市领军人才称号，4 人进入省“百人”行列，10 人进入“千人”行列。“十一五”以来，共有 19 名科技人员被授予市级以上先进个人称号，345 人被评为沈鼓集团技术骨干、技术带头人和优秀专家，72 人被评为优秀科技工作者。公司通过不断完善激励政策，加强人才环境建设，已经培育出符合公司战略发展的创新人才团队。

几十年来，沈鼓集团共培养出市级以上劳动模范 210 多人，其中 18 人次获得“全国劳动模范”称号和全国五一奖章。近十年，先后涌现出荣获“全国五一巾帼奖”和“全国五一劳动奖状”的研发团队“五朵金花”、全国十大杰出青年徐强、全国劳动模范杨建华、全国五一劳动奖章获得者姜妍等一批高端人才，树立了沈鼓人产业报国、敢于追梦的优秀形象，沈鼓集团也因此被誉为“人才沃土”和“劳模摇篮”。

AP1000 核电上充泵

五、坚持走技术创新道路，用尖端技术推动企业升级

沈鼓集团始终以自主创新为灵魂，坚持走技术创新道路，用尖端技术推动企业升级。为持续保持领先的技术水平，公司构建了“两站、三院、四中心”的技术研发体系。“两站”是沈鼓集团博士后科研工作站和特邀院士工作站；“三院”是沈鼓集团研究院、沈鼓—大连理工研究院和沈鼓—西安交大研究院；“四中心”是东北大学、大连理工大学、浙江大学、西安交通大学 4 个从事沈鼓集团课题研究开发的技术分中心。“十一五”以来，沈鼓集团通过产学研合作完成科研项目 168 项，攻克了诸多关键技术，满足了

企业技术发展需求。

沈鼓集团在坚持自主创新的同时，引进了大推力往复式压缩机、PCL800压缩机及燃机成套、AP1000核主泵等4项先进产品设计技术，购置了美国CFX、比利时NUMECA、美国ANSYS等13项国际先进设计软件。领先的技术水平和雄厚的科研能力构筑了公司的核心竞争力，这不仅是现有主导产品保持领先地位的关键，也是公司未来向“宽领域”扩展的优势所在。

一直以来，沈鼓集团对资金投入坚持两个不封顶，即研发投入和教育经费不封顶，这为企业创新提供了资金保证。沈鼓集团每年用于研发的投入均超过销售收入的5%，尤其是近五年，企业研发投入累计20多亿元，年均完成科研项目达90项。

未来5～7年，沈鼓集团将以制造业务为发展基石，坚持发展高端装备，突出压缩机和泵两大业务，发展气化炉等机会型业务。在主营业务方面，重点开发54种世界级新产品并形成系列；围绕风机、泵、往复机等三大类产品完成重大技术关键攻关200余项，重点开发十大类、54种世界级新产品；具备研制生产150万t/a乙烯装置用裂解气压缩机、丙烯压缩机、乙烯压缩机、急冷油泵、急冷水泵，120万t/a PTA装置用空气压缩机和向心、轴流膨胀机，12万m^3/h大型空分用空气压缩机、增压机及多轴空气压缩机，1 500kN大活塞力往复式压缩机，2 000万t/a大型炼油装置用压缩机和液化天然气（LNG）装置用压缩机，以及CAP1400主给水泵、1 700MW轴封主泵等大型装备的能力。这些重大装备的研制成功，将会极大地推进我国风机等行业的发展，在满足应用行业需求的同时，也将促进石化、煤化工行业的快速发展，对我国装备制造业乃至国民经济的发展具有重大意义。

大型PTA装置压缩机组

六、向国际转型，做大做强海外市场

以做大海外业务为企业长期发展的重要途径和手段，沈鼓集团制定了2020年国际业务收入10亿美元的发展目标。

沈鼓集团海外业务将以压缩机为核心、泵为辅助，聚焦资源，重点推进。短期内立足“借船出海”的间接出口，拓展战略合作伙伴，加强市场竞争力，并以此为契机推动自主出口。

根据国别市场与竞争特征的差异，立足于市场特点、风险、中国总包企业进入规模等维度，沈鼓集团将维持并巩固现有市场，定位俄罗斯、印度为自主拓张的核心市场，制定有针对性的进入与增长策略。在俄罗斯市场，强攻天然气领域，关注电力冶金；推进绿地模式的同时，优先考虑合资模式进入，并机会性把握并购机遇。在印度市场，把握传统的电力冶金市场，突破进入油气领域；积极寻找并购机遇，实现市场能力互补。

具体的实施步骤包括：未来1～3年，专注压缩机的国际化，跟随借船出海步伐走出国门的同时，积极布局关键市场；未来3～5年，拓展泵类国际市场，进一步培育国际业绩和国际竞争力；未来5～7年，完成国际市场布局，全面展开国际竞争。

七、转变商业模式和盈利模式，向生产性服务业转型

从市场发展趋势来看，企业仅凭单机研制很难获得持续发展。特别是近三年来，沈鼓集团年销售收入在100亿元左右徘徊。在当今的市场环境下，不发展就意味倒退，必须另辟蹊径，实现转型。为此，沈鼓集团明确了企业的重点发展方向。

（1）沈鼓集团已历经引进、消化、应用转向自主创新的过程，今后要实现拥有自主知识产权，由低端产品转向高端装备、高端市场的目标。

（2）由制造服务向服务制造转型，提高服务的市场份额；由单机制造向提供系统解决方案转型、向机组和工程成套转型，创造高附加值的产品和服务。

（3）管理转型，以国际化公司的模式和管理方式改变现状，提高管理水平；大力推进两化融合，即用信息化改造传统产业，从而实现管理转型。

沈鼓集团把向生产性服务业转型作为企业发展的重中之重。根据企业发展现状，经过深入细致的研究，沈鼓集团出台了“沈鼓集团生产性服务业发展规划”。新一轮制造业分立发展生产性服务业总体设想是，集团设置11个生产性服务业中心，包括客服中心、信息化服务中心、自控服务中心、测控服务中心、物流服务中心、检验检测服务中心、工业研发服务中心、工程成套服务中心、培训服务中心、金融服务中心和设备保运服务中心。这些服务中心全部建成后，计划经济总量达30亿元。

2008年以来，沈鼓集团新成立了3个生产性服务业公司：客服公司、工程成套公司和测控技术公司。客服公司主要是转变服务模式，由产品售后无偿服务向有偿服务转型。近两年，客服公司确立了产品全生命周期服务战略，将服务功能定位为8+2战略：备品备件、检修维修、机组安装、机组（国内外）升级改造、维保服务（长期）、远程在线监测和故障诊断分析、一站式服务交钥匙工程、海外服务（包括备品备件）以及服务与技术咨询（单元或系统解决方案），定期开展有针对性的用户服务培训。2013年，客服公司完成销售收入3.6亿元，实现利润1.02亿元，占全集团利润总额的22%。2010年，沈鼓集团设立工程成套公司，开始探索交钥匙工程。当前，累计订货20亿元，积累了成套业务的经验。2012年年初，沈鼓控股与深圳测控技术中心合资成立沈鼓集团测控技术有限公司，扩大机组服务领域。2013年，测控技术公司完成销售收入2 830万元，创造利润712万元。

大型长输管线压缩机

沈鼓集团作为通用机械行业的排头兵企业，全面履行社会责任，集中优势资源，不断赶超世界先进水平，不断填补国内空白，为我国重大技术装备国产化做出了突出的贡献。今后，沈鼓人将继续秉承“让中国装备与世界同步”的历史使命，高举国产化大旗，倾力打造世界同行业知名品牌，朝着跻身世界一流企业的目标奋进。

沈鼓集团 大事件

1934 年
建厂

1950 年
更名为“机械工业管理局沈阳第四机器厂”

1952 年
国家投资 170 万元对工厂进行扩建改造，同时引入 3 套中低压扇风机制造技术

1953 年
更名为“沈阳扇风机厂”，被确定为全国第一家风机专业制造厂

1954 年
全年共试制成功 7 种、12 个型号新式扇风机

1955 年
成功研制送风量达 47 万 m^3/h、可供年产 35 万 t 煤矿使用的大型国内轴流矿井扇风机

1957 年
首次试制成功烧结用鼓风机、煤气空气联合鼓风机，中低压扇风机变形设计试验成功

1958 年
试制成功 13 种、54 个型号的新型扇风机和鼓风机，产品由测绘仿制阶段开始步入独立设计制造阶段

1959 年
开始承担国外订货，生产援外产品，试制成功大型矿井轴流通风机

1960 年
荣获全国机械工业跃进奖和风机行业厂际竞赛红旗厂称号；成功试制出我国第一台自行设计的透平压缩机产品，生产重点开始向鼓风机和压缩机转轨

1963 年
更名为沈阳鼓风机厂

1966 年
试制成功我国自行设计的高效率中低压离心通风机

1970 年

自行设计制造出具有世界先进水平的我国第一台 20m 塔用轴流风机，制成我国第一台巨型烧结鼓风机转子

1975 年

被确定为国家重点建设项目之一，国家拨款 1.4 亿元，对沈阳鼓风机厂规模扩建履行

1976 年

与意大利新比隆公司签订引进离心压缩机专利和技术的秘密合同

1979 年

引进美国 IBM 公司计算机，建成电子计算机站

1980 年

规模扩建和技术引进工作基本完成，利用引进技术设备试制样机试车合格，具备了为 30 万 t/a 合成氨、52 万 t/a 尿素、30 万 t/a 乙烯、500 万 t/a 炼油、3 000m^3 高炉、20 000m^3/h 制氧等大型装置提供透平压缩机和鼓风机的能力

1982 年

利用引进技术，成功试制为年产 52 万 t 尿素装置配套的二氧化碳透平压缩机、催化裂化用透平压缩机

1983 年

成功设计制造第一台 DH 系列压缩机，并取得了一类、二类容器设计制造资格

1984 年

成功试制出 CO_2 大型离心压缩机组

1986 年

自行设计制造出我国第一台二氧化碳离心压缩机组

1987 年

尿素装置用二氧化碳离心压缩机获得机械部科技进步奖一等奖，“沈鼓”牌 SDH63 离心压缩机获国家质量评比银牌奖，30 万 kW 火电机组通风机荣获国家优秀项目奖，52 万 t/a 尿素装置用二氧化碳压缩机获国家重大技术装备奖

1989 年

工业总产值首次突破亿元大关，达到 10 152 万元；二氧化碳离心压缩机荣获国家优质产品金牌奖

1990 年

自行设计制造出单轴等温离心压缩机，将压缩机与冷却器合为一体，并成功采用了焊接新技术，为我国首创

沈鼓集团大事件

1991 年

成功研制 80 万 t/a 加氢装置配套用 BCL 离心压缩机，为年产 20 万 t 合成氨装置配套的关键设备天然气离心压缩机、空气离心压缩机和氨冷冻离心压缩机荣获国务院重大技术装备领导小组颁发的国家一等奖

1992 年

与杭州制氧机集团有限公司签订了压缩机出口印度的合同，这是透平压缩机首次进入国际市场

1993 年

被批准为国家大型一档企业，工业总产值首次突破 2 亿元大关，并步入“中国 500 强最大机械工业企业”行列

1994 年

计算机集成制造系统通过国家级鉴定，达到国内领先、国际先进水平

1995 年

荣获国家高技术 (863) 计划计算机集成制造系统专家组颁发的“企业 CIMS 应用领先奖”，研制的第一套国产化年产 80 万 t 加氢裂化装置用加氢离心压缩机荣获中石化总公司颁发的“重大国产技术奖”荣誉证书；取得 ISO9001 质量体系认证

1996 年

计算机集成制造系统先后荣获机械部科技进步奖特等奖、国家科学技术进步奖二等奖

1997年

80万t/a加氢裂化装置用离心压缩机全速全压氮气机械运转和气体性能试验取得一次试车成功，标志着在国内结束了压缩机全速全压试验空白的历史

1998年

成功研制出为大庆石化年产48万t乙烯改扩建装置配套的首台国产化裂解气压缩机和丙烯压缩机，实现了乙烯重大装置离心压缩机国产化零的突破

1999年

成立子公司沈阳鼓风机股份有限公司，模拟“三资”企业管理工作开始启动，进行了大规模的机构调整；建立辽宁省工业企业中首家博士后科研工作站

2001年

导入CI战略，强化企业文化体系建设，全面启动全方位塑造卓越企业形象的工程；先后通过ISO14001环境管理体系认证、ISO10012计量检测体系认证；为大庆石化总厂研制的大型乙烯裂解气压缩机、丙烯压缩机获“九五”国家重点科技攻关计划重大科技成果奖

2002年

先后成立沈阳鼓风机厂国家级技术中心大连理工大学技术分中心、西安交通大学技术分中心，产学研工作取得重要进展和突破

2003年

沈阳鼓风机厂整体转制为沈阳鼓风机（集团）有限公司，完成了工商注册；沈阳鼓风机股份有限公司更名为沈阳透平机械股份有限公司；荣获全国五一劳动奖状和“机械工业现代化管理企业”称号

2004年

以振兴东北老工业基地、振兴沈阳装备制造业为目标，沈阳市、铁西新区对沈阳装备制造业进行战略结构调整，以沈阳鼓风机（集团）有限公司为主，重组沈阳水泵股份有限公司、沈阳气体压缩机股份有限公司，进行重大技术改造，在沈阳经济技术开发区建设占地面积70万m^2的新沈鼓集团；全年完成工业总产值首次突破10亿元；荣获首批“全国机械工业现代化管理企业”（全国仅8家）、“全国用户满意企业”称号和“全国五一劳动奖状”；“沈鼓”牌离心压缩机被授予中国名牌称号

2005年

为茂名石化64万t/a乙烯装置研制的裂解气压缩机通过中石化出厂验收；企业技术中心进入全国50强，获得“中国机械500强”称号，被评为国家一级安全质量标准化企业、中国机械工业销售收入100强企业、全国精神文明建设工作先进单位和全国企业文化建设先进单位；“沈鼓”牌离心压缩机被评为辽宁省名牌产品

沈鼓集团大事件

2006年

与中石化签订百万吨级乙烯装置用压缩机组国产化技术攻关合同，开启了沈鼓研制百万吨级乙烯国产化压缩机的序幕；被国家发展和改革委员会授予“在振兴装备制造业工作中做出重大贡献先进集体”称号，被国家科技部确定为首批国家级企业研究开发中心（全国118家）；荣获全国机械工业质量效益型先进企业、国家技能人才培育突出贡献奖、中国品牌500强等荣誉；进入2006年“中国工业行业排头兵企业”和“中国机械500强”排名榜，蝉联“全国用户满意企业”称号；“沈鼓”牌离心压缩机被认定为“辽宁省自主出口名牌产品”，GM产品被评为辽宁省名牌产品，“沈鼓”品牌被评为“中国风机自主创新第一品牌”

2007年

成功进行技术改造和企业整体搬迁，与沈阳水泵股份有限公司、沈阳气体压缩机股份有限公司重组整合，向打造具有世界级规模的国内最大通用装备制造基地迈进

2008年

更名为沈阳鼓风机集团有限公司；为天津石化研制的百万吨乙烯裂解气压缩机试运转成功，成为世界上少数几个能够制造百万吨乙烯机组的企业；开发研制世界级产品和关键技术取得一系列重大成果，实现国家重大技术装备国产化取得重要突破，以优秀业绩接受胡锦涛总书记亲临企业视察；被评为国家高新技术企业、全国文明单位

2009年

引入精益生产管理模式，着力探索培育具有沈鼓特色的精益文化，打造具有沈鼓特色的精益模式，为镇海石化研制的百万吨乙烯装置用丙烯压缩机组经专家认定，达到国际先进水平，实现了我国大型离心压缩机设计制造技术的重大突破；被列为国家创新型试点企业、国家信息化应用示范企业，被评为全国文明单位

2010年

转制为股份有限公司，更名为沈阳鼓风机集团股份有限公司，正式步入百亿集团行列；获得国家工商行政管理总局颁发的中国驰名商标

2011年

完成上市前的整合，引进私募投资者，实现了企业核心骨干员工持股，转变了老国企一股独大的局面；成功研制具有世界级水平的100万t/a乙烯“三机”、西气东输长输管线压缩机组、国内首个大型PTA空压机组、国内首台核二级泵产品安全壳喷淋泵、国产化首台1 250kN大推力往复式压缩机等重大产品；荣获第二届“中国工业大奖表彰奖”和“装备中国功勋企业”奖

2012年

自主研制的中石油高陵站首套整站国产化天然气长输管线20MW电驱压缩机组，通过24小时机械运转测试；入选2012中国化工装备百强企业（位列第一名）

2013年

中共中央总书记、国家主席、中央军委主席习近平，由王沪宁、栗战书和中央有关部门负责人及辽宁省委书记王珉、省长陈政高陪同，到沈鼓集团视察；天然气长输管道压缩机组项目获得2012年度中国机械工业科学技术奖一等奖，2D125大型往复式新氢压缩机项目获得中国机械工业科学技术奖二等奖

2014年

获得中国工业最高荣誉——中国工业大奖

沈鼓集团企业文化

年鉴网“沈鼓专题”

【核心价值观】
永远让用户满意

【企业精神】
创新 图强 诚信 卓越

【服务理念】
换位思考 及时周到

【人才理念】
激发潜能 人事相宜

【管理理念】
精益规范 科学高效

【经营理念】
诚信为本 品牌制胜

【质量理念】
干就干好 还求更好

发挥资源优势　提供专业化服务

——上海凯士比泵有限公司

上海凯士比泵有限公司(简称上海凯士比)是由上海电气(集团)总公司和德国 KSB 公司于 1994 年 12 月合资建立的。公司注册资本为 2 700 万美元,总投资 3 980 万美元。公司位于上海市闵行经济技术开发区,占地面积 13.7 万 m^2,现有职工 860 余名。2013 年公司产品销售收入达 11.6 亿元,利润 4 000 多万元,向国家上缴税金 6 000 多万元。

上海凯士比的市场定位——为国家重大工程、重点项目以及高端市场提供高质量、高水准的产品和服务。上海凯士比综合了合资双方的技术优势,在 KSB 总部和上海电气集团的支持下,积极参与 KSB 的国际销售网络,已成为国内泵产品应用范围广、技术水平领先的泵制造公司,并为国内外客户提供高质量的产品和优质的服务。公司专业从事能源(包括火电和核电)、水、污水、工业、楼宇等领域用泵的设计、制造、服务,可提供 600MW、1 000MW及 1 000MW 以上火电机组使用的凝结水泵、锅炉给水泵、循环水泵、前置增压泵,其中凝结水泵国内市场占有率达 70%。公司先后为石洞口电厂、外高桥电厂、吴泾电厂等国内知名电厂提供产品。公司生产大型混流/轴流泵,如口径达 3m 的 ZL 型可调轴流泵用于南水北调工程,口径达 2m 的 SEZ 抽芯式混流泵用于黄浦江上游引水工程。公司拥有 CCS、BV 等船检证书,开发的船用泵可用于输送海水或淡水、船上消防、舱底压载及其他一般排水,也可用在海水淡化中作为碱液泵和蒸馏泵。公司引进开发符合国家节能、环保产业政策的产品,如 CPKN 化工泵、轴向切分双吸式离心泵、热水热油泵、卧式多级高压离心泵、潜水污水泵、单级双吸中开泵等,为上海合流污水治理Ⅰ期、Ⅱ期工程等项目提供产品。

近年来,上海凯士比的产品被评为国家重点新产品、上海市重点新产品、上海市专利新产品,共获得授权专利 40 项,获得 2010 年、2011 年上海市企业管理现代化创新成果奖,获得 ISO9001、ISO14000、OHSAS18001 等证书。公司于 2008 年获得高新技术企业认证,2009 年通过上海市企业技术中心认证,2011 年获得上海市创新型企业证书。

上海凯士比充分利用外部资源,积极开展产学研合作活动。近年来,公司先后与清华大学、上海交通大学、上海工程技术大学和江苏大学等多家高校和研究所进行科研合作,为企业发展成为创新型和科研型企业提供了很好的平台。通过开展产学研合作,缩短了研发周期,减少了研发费用,降低了物力、人力成本,减少了原料的消耗,为企业带来了较大的收益。

通过与众多高校的产学研合作,使得公司的技术和研发有了很大的发展,并在组织创新、机制创新、管理创新、理论创新等方面有了自身独特的转变。

在技术方面,通过合作保持优势,以确保产品的技术领先。另外,国内产业市场拥有巨大的发展潜力,为赢得更多的市场份额,公司加强市场组织建设,包括继续加强市场网络建设,完善公司营销团队建设,强化销售管理,建立一支作风过硬、业绩优良的销售队伍。

作为全球技术领先的泵设备制造商,售后服务一直是 KSB 全球核心战略的一部分。上海凯士比的新售后服务车间于 2013 年 10 月正式落成启用。新售后服务车间占地面积 2 200m^2,集维修车间、办公室、仓储及物流于一体,整体提升了产品维修的质量及效率,并涵盖更多的产品范围。新车间仓储的系统化管理及流程，更能提升物流管理及速度。

西部地区一直是KSB公司重点发展区域，新疆是KSB公司在我国西北部拓展业务的重点地区。2011年，凯士比新疆销售中心成立，销售中心配备整套集销售、技术和服务于一体的销售系统。为进一步提高售后服务的反应及时性，新的KSB新疆售后服务车间紧随上海新售后服务车间完工后落成。此外，KSB公司还在独山子成立KSB新疆授权维修中心，该维修中心坐落于独山子石化机械制造厂内，各式机加工设备齐全，能执行各种维修任务，满足新疆地区用户对售后维修的高标准要求。

未来两年内，KSB公司将在重庆、天津、西安、广州等区域成立服务中心；而在更长远的五年规划中，KSB公司的售后服务将持续拓展至成都、包头、山东及河南等地。

长期以来，上海凯士比不断对产品进行科技创新，并尽一切可能确保客户总能获得理想的产品。此外，还在客户现场提供培训课程，以保证操作人员每天更加有效地使用KSB公司的产品并从中获益。上海凯士比的发展目标是：为客户提供优质的产品和专业化的服务，与客户共同创造更多的价值。

以技术创新为先导　开创新价值

——日立泵制造(无锡)有限公司

1910年，日立集团成立于日本东京，以较高的发展速度迈向现代化，“和”“诚”“开拓者精神”成为日立的创业精神。日立集团的创业精神之本就是发挥综合实力，开创新价值，也就是创造“VALUES”(日立精神)、鼓舞下一时代，这也正是其他公司无法仿效的。日立集团由众多的事业部门、事业公司组成，并拥有多项技术、产品、解决方案技术。日立集团将集团内广泛的事业、技术、专有技术进行有机结合，以满足客户和社会日趋多样的需求。

日立泵制造(无锡)有限公司于2006年2月在无锡市新区机光电工业园建造了全新的现代化厂房。公司占地面积130 000m^2，厂房建筑面积58 000m^2，注册资金达19 500万元。公司是日立集团在中国大型泵制造的全新基地，拥有现代化的数控加工设备、检测手段和规模较大的试验设施。

公司的技术研发中心融合了日立集团和中国泵行业的科技精英，以技术创新为先导，秉承“引进、消化、吸收、再创新”的技术发展方针，引进日立集团先进的设计和工艺技术，具有较强的技术开发能力；拥有两个大型水泵试验室，能试验立式、卧式、斜式、潜水式的大流量高压水泵，启动功率最大达16 000kW。

公司主要产品有电厂大型机组三大辅泵——循环泵、锅炉给水泵、冷凝泵，城市供水、调水大型双吸离心泵和大型立式单级离心泵，大型水利工程、引水调水、农田排灌、船厂船坞、城市防洪用直径1.2m以上的轴流式、混流式、离心式大型泵。公司成立至今，已为金陵电厂超超临界百万机组一机两泵、上海青草沙工程引水泵站和五号沟泵站、南水北调东线(金湖、二级坝、泗阳、邓楼等)和中线(湖北引江济汉等)、大型船厂(大连船厂、中远船厂、北海船厂等)等国家大型重点工程提供了优质产品。

公司设有技术开发部和产品研发中心。当前，公司拥有各类工程技术人员130人，其中，工程师60人、高级工程师12人、正教授级高级工程师1人、享受国家政府特殊津贴的专家2人。

公司拥有先进的计算机辅助选型设计软件以

及国内外许多先进的水力模型。技术设计人员可以根据用户要求的水泵使用工况，利用计算机辅助选型设计软件来选择最符合水泵运行的水力模型，做到选型合理，为水泵的安全、高效运行提供可靠的技术保证。公司拥有很强的设计能力，并与日立集团总部拥有联合设计、制造的成功经验和紧密合作的机制。具有优良的设计条件，完全可以满足不同类型的水泵设计。

近几年来，经过不断地创新发展，日立泵制造（无锡）有限公司在满足市场需求的水泵产品设计的同时，也取得了丰硕的成果，并拥有了一批具有知识产权的产品和技术。公司先后承接市级以上科技计划项目5项，并荣获江苏省科技进步奖一等奖、教育部科技进步奖二等奖、上海市科技进步奖二等奖等奖项；获得专利25项，其中火电循环水泵在进行技术的消化、吸收再创新后共获得专利10项。500SW－130型抽送黄河的双吸泵被评为省级高新技术产品，填补了国内空白。正在进行的核电循环水泵研发项目处于试验验收阶段，该项目研发成功后，将为公司进军核电泵业发展打下坚实的基础。

公司把安全、质量、信誉作为经营基础，为员工创造能实现自我价值的工作环境，以先进的技术和优异的质量建立世界领先的水泵制造企业。通过加大消化吸收和自主研发力度，加快新产品的研制进程，充分发挥公司技术、设备方面的优势，将开发高技术附加值的泵类产品作为重点，使公司的各类产品达到国际先进水平，将产品定位放在可以同国内外大企业竞争的层面，提高企业综合实力，在今后的市场竞争中占得先机。

诚信寓企　创新致远

——大耐泵业有限公司

大耐泵业有限公司（简称大耐）始建于1953年，是我国石油化工流程泵和各类耐腐蚀泵领域的开创者，是国内领先的泵设计和制造商之一和颇具规模的耐腐蚀泵专业生产和出口基地。公司拥有辽宁省省级企业技术中心和大连市工程实验室，旗下"三六"牌商标荣膺中国驰名商标，并连续数年蝉联中国机械工业500强。

1996年，大耐率先于其他泵厂，获得国家核安全局颁发的核二级、核三级泵设计、制造资格证书。随着我国引进AP1000第三代技术标准，国家发改委确定大耐为"第三代核电关键设备引进技术和承担国产化任务企业"之一。

2002年，大耐在大连市双D港建设占地面积15万m^2的泵业园区。2005年，大耐携旗下的合资公司和子公司及两大车间乔迁新址，并更新了大批的生产设备，实现了生产加工全线数字化。

当前，大耐的泵业园区可以生产90多个系列、2 000多个品种的产品。产品广泛用于石油、石油化工、天然气、冶金、化学工业、电厂、核电站、食品、环保、制药、造纸、城市供水及污水处理等行业的高低温、强腐蚀、易燃易爆、剧毒、含悬浮物等特殊介质的输送。

离心泵是泵领域的一大分支，也是工业泵中数量最大的泵类产品。60多年来，大耐只专注于离心泵领域各种泵型的技术发展、创新及应用。2013年，大耐在离心泵领域取得了前所未有的技术突破，主要体现在以下几个方面：

1. API610标准的OH2泵型PC系列

OH2泵型是单级的悬臂式泵，也是最为普遍的工业流程泵，占装置用泵的75%以上。可以说，国内的 OH2 型泵技术起源于大耐,而大耐从来没有停止过对 OH2 泵型技术发展进行创新性的推动。

2013 年,大耐对 OH2 泵型的 PC 系列泵进行全面的标准升级改造,使之符合 API610 标准的最新版本。主要改造内容有两项:第一,进行了悬臂泵挠性系数的核算与改进,全面增加了泵的刚性,完全符合 API610 标准的最新版本;第二,对密封腔体进行全面升级改造,同时也符合中石化提出的密封腔体标准尺寸。OH2 泵型符合 API610 标准以及中石化密封腔体的标准尺寸,对各泵厂来讲都是有一定的难度,尤其是对本已成熟产品的升级。2013 年年底,中石化及设计院专家进行了全国泵厂的循环考察,唯有对大耐的升级方案给予了高度认可,认为具有技术创新性、经济性和延续性,并准备作为示范项目进行推广,为下一步进行机械密封组件的标准化工作起到了非常关键的作用。

2013 年,大耐推出符合 API610 标准 OH2 泵型的小流量 PC L 系列,解决了以往小流量泵无法用于石化领域高温高压工况,拓宽了 OH2 型 PC 系列泵的应用范围。PC X 系列旋流泵是 2013 年大耐推出的另一个新产品,执行 ANSI B73.1M 标准,在相同参数下的效率远高于国内同类产品平均3%左右,深受市场的欢迎。

至此,大耐的 OH2 泵型 PC 系列形成了较为完整的产品架构,完全符合国际标准,广泛应用于石化、化工等流程,技术仍处于国内领先。

2. API610 标准的 BB 泵型

API610 标准中的 BB 泵型是离心泵领域中最为复杂、最具有挑战性的泵类产品。大耐针对这一大类泵型,成立了专门的研发小组,进行各种分类泵的技术攻关,解决各种技术屏障。2013 年,大耐在各种 BB 泵型上实现了前所未有的技术突破,并取得了较好的业绩。

(1)BB1 泵型 ASD H 系列的技术创新。2013 年,大耐成功完成了国内首台符合 API610 标准的 BB1 泵型样机的试验,流量 3 600m^3/h,扬程 250m,功率 3 150kW。大耐已率先掌握了这种泵型的关键技术,该泵为国内同类产品中性能参数最高、效率值最高的产品,超过了国际先进水平。该泵的研制成功,将打破我国输油管线泵长期依赖进口的局面,为输油管线泵的自主化研制开创了一个新的局面,同时,也为大流量单级泵实现高扬程输送的技术发展起到重要的推动作用。

大耐研发的 BB1 泵型的大型供水泵采用先进的水力设计手段,并配以三维模拟的铸造工艺,取得了历史性的突破:在流量为 10 000m^3/h 时,扬程达到 102m,效率为 91%,汽蚀余量小于 9m。该泵为国内首台大型水泵,性能参数处于国际先进水平。

(2)BB2 泵型 ASD R 系列泵的技术创新。符合 API610 标准的 BB2 型泵,位于各大型石化装置中的关键泵位,是整个装置运行的心脏。大耐泵业于 2005 年开始推出首台 API610 标准 BB2 型泵,用于高温常渣油项目。随后在某公司 PX 项目上,大耐的 BB2 型泵替代了该项目所有关键的进口泵,为项目的正常运行起到了至关重要的作用。同时,大耐也实现了国内泵厂家首次在大型石化装置中成套离心泵 100% 自主化研制。经过市场应用的考验与沉淀,2013 年,大耐 OH2 泵型的 ASD R 系列泵又实现了井喷式发展,新增规格将近 20 个,先后签订了 30 多笔合同,共生产 200 多台大型泵,实现销售收入达 5 000 多万元。

大耐的 BB2 型 ASD R 系列泵,持续创造了国内最大规格的纪录:2008 年已经生产出国内最大的 BB2 型单级泵 ASD400 - 720R,至今没有其他厂家可超越;2013 年推出最大的两级 BB2 型泵 ASD400 - 720/2R,设计流量达到 3 600m^3/h,扬程 320m,为国内首台;2013 年,推出国内最大的单级 BB2 型泵 ASD500 - 720R 和 ASD500 - 640R,设计流量达到 6 000m^3/h,打破了原大耐创造的最大纪录。

大耐不仅在大型泵规格上实现了突破,2013 年,在泵的各项指标上又有新的创举。大耐为某公司的生物降解工程塑料一体化项目提供 8 台最关键的 BDO 泵。这 8 台泵的技术要求非常高,起初设计院对大耐的技术实力存有疑虑，并提出一个要求：大耐可以做，但需要在2013年12月来验收，如果试验不合格，将全部退货马上换厂家。2013年年底，大耐成功完成了该项目泵的全部试验，从研制到试验成功，仅用了不到4个月的时间。该项目中几台泵的性能指标如下：

ASD500－720R型，国外技术的汽蚀余量为2.8m，效率为90%，而大耐实测汽蚀余量为1.07m，效率为93.6%；ASD500－640R型，国外技术的汽蚀余量为4.9m，效率为83%，而大耐实测汽蚀余量为2.34m，效率为84.6%；ASD400－640R型，国外技术的汽蚀余量为4.4m，效率为82%，而大耐实测汽蚀余量为2.89m，效率为85%；ASD300－640R型，国外技术的汽蚀余量为3.3m，效率为88%，而大耐实测汽蚀余量为2.57m，效率为90%。

最严苛的性能指标被解决，且全部超越了国外技术，同时，效率均超国外技术的2%左右。至此，大耐BB2型泵的规格和技术能力处于国内领先。

（3）BB3泵型ASD M系列的技术创新。大耐BB3泵型创造了流量在65m^3/h，扬程为1 000m的纪录，首创在小流量下的14段泵，超过了国外同样规格大小的最大级数，并且运转平稳、效率高。这种泵型的两大关键技术难点，一是上下泵体多级蜗壳流道的对中制造技术，二是超过10级的细长转子的动力学。这两项关键技术在大耐BB3泵型的研制过程中均得以解决，说明大耐在BB3泵型的技术研发方面已经进入成熟阶段。

（4）BB5泵型HB系列的技术创新。大耐的BB5泵型在续2012年创造了同类泵型国内最大规格HB300－500/8后，2013年又成功推出高效率的最小的BB5型泵HB25－130/15，在多级泵的技术研发方面又有了新的突破。

3. API610标准的VS泵型

VS泵型为立式液下泵范畴，大耐的VS泵具有品种多、适用范围广的特点，尤其是在VS4泵型方面，大耐是国内独创可以做到两级叶轮的蜗壳泵，使之扬程达到300m；紧凑型结构设计大大拓宽了VS4泵型的适用温度，达到500℃。大耐的VS4型泵以其独创的结构设计，继承了所有VS4型泵的优点，摒弃了VS4型泵的缺点，是国内所有VS4型泵领域中市场适应力最强的产品，也是广受市场欢迎的产品。

“诚信寓企，创新致远”是大耐的核心价值观。大耐将在离心泵领域持续进行技术创新，以为用户提供最佳离心泵解决方案为最终目标。

坚持科技创新　着力转型发展

——上海鼓风机厂有限公司

2013年，上海鼓风机厂有限公司（简称上鼓公司）贯彻上海市关于“创新驱动、转型发展”的工作方针，根据上海电气总公司提出的“在困难中转型，在转型中发展”的要求，坚持技术领先，积极拓展市场，产销均创公司历史最高纪录。

2013年，对于上鼓公司来说，既是转型发展年，也是技术改造年。公司提出并积极实践“科技高端的上鼓、优质规范的上鼓、整洁和谐的上鼓”这一工作目标，在生产经营、技术发展、市场开拓、内部管理及企业文化建设等方面围绕构建“三个上鼓”的目标展开，并取得了一定的效果。

上鼓公司坚持以市场化概念组织生产经营活动，突出生产计划的编制应符合市场需要。为了满足市场需求，坚持“两头在内，中间在外”的方式，即凡是低端的加工制造由外协配套单位来解决，公司主要负责设计、试验、总装及其主要零部件的加工制造。公司充分利用社会资源，提前做好协作厂的扩点工作，2013 年新开发供应商25 家，提高了企业的产能。公司工艺部门面对改造风机“量大工紧”的情况，深入车间沟通，组织完善工艺指导文件；质保部门和车间进一步加强质量管理，从对本企业的质量管理，延伸到对协作厂、配套厂的质量管理，既发挥了上鼓的品牌优势，也体现了与协作单位合作共赢的理念。

上鼓公司坚持从“单一制造”向“制造 + 服务”方面转变，积极开拓服务产业和EPC 项目。公司已经出厂7 000 多台大型风机，进入印度市场的风机也已有528 台，形成了一个庞大的维修服务市场。针对这个市场，公司扩大产品服务中心的功能，单独承接订单和完成维修服务，保持24 小时服务热线，认真接待用户来电来信，坚持“服务是第二张订单”和“宁停生产不停服务”的理念，把服务作为上鼓公司经营业务的一个板块来抓。2013 年，公司大修理风机 192 台，比上年增长 56%，并努力开拓EPC 业务，共承接7 个 EPC 项目，成为公司 个新的增长点。

上鼓公司主动聚焦国家战略，坚持以科技创新为抓手，积极发展未来产业，包括高温气冷堆主氦风机及燃料球输送压缩机、大型离心压缩机及大型风洞装置等。2013 年，公司中标风洞引导压缩机，设计完成了 A497 主氦风机、4505 载气压缩机、4506 尾气压缩机等高技术产品。公司积极开展产学研活动，组成老中青可持续发展的技术团队，在关键项目如高温气冷堆和大型风洞项目中，在节能减排的许多大型风机改造项目中，大胆培养年轻技术人员，鼓励多实践，形成了一支年青的技术骨干队伍。

上鼓公司抓住上海电气增资 8 600 万元这一机遇，积极实施高温堆主氦风机和燃料球压缩机重点装备技术改造项目。公司技术改造项目总投资8 600万元，其中：设备投资及改造 5 841 万元，工艺路线调整、车间改造 1 952 万元，研发及其他807 万元。作为技改项目“重中之重”的主氦风机试验台位的土建、设备、配电、PLC 安装调试工作已经达到预期目标。主氦风机试验用配电从原老试车车间3 200kW扩容到8 200kW。新的试验台位长 27m、宽 22m、高 3.5m，试车单机重量可达70t 以上。技术改造项目中引进了两台法国五轴联动数控加工中心，解决了高端叶轮加工的难题。该项目的实施为上鼓公司高温堆核电技术从实验堆发展成商业示范堆起到极其重要的作用，同时，也为大力开拓另一个高端产品工业离心压缩机创造条件。另外，山东荣成 20 万 kW 高温堆主氦风机样机，于 2013 年年底前完成制造，进入试验阶段。

上鼓公司在前几年就进行了 300MW、600MW、1 000MW 合并风机的研发，提前做好了技术开发的准备。公司主动向电厂进行节能减排技术咨询，主动提供改造方案，争取到了较多订单。2013 年，共完成电厂节能改造风机 321 台，比上年增长 114%。公司组织了煤矿风机新技术交流会，宣传介绍煤矿安全的重要性和上鼓煤矿风机的可靠性，当年新接煤矿风机订单超过 1 亿元。公司还不断跟踪战略新兴产业和国家重大科技专项，在巩固高温堆和风洞风机市场的基础上，承接了鲤鱼江电厂 2 台单级高速氧化风机和哈伦能源公司 4 台单级高速氧化风机，实现了电厂领域选用上鼓单级高速鼓风机“零”的突破。

上鼓公司加强企业经济运行的健康管理，每月召开经济运行分析会、质量例会、安全例会、计划排产会、资金安排会等，不断纠正经济运行中的问题。同时，加强企业风险管理，完善和补充了“三重一大”10 项制度，控制应收账款和存货，加强毛利率分析和警示工作，规范咨询费、业务活动费、差旅费支付和下达月度限额报销管理办法。公司加强有效排产工作，减少存货，每月对库存产品发运情况进行监控分析，坚持降本增效工作，全年采购降本603 万元，科技降本 400 万元，处理各种存货 971t，回收现金386万元。

上鼓公司积极开展创建上海市文明单位活动和创建诚信企业活动，以构建“三个上鼓”为集体行动指南，以倡导“五讲四美化”为个体行为准则。公司围绕企业的各项经济技术指标，明确各个部门的工作目标，并通过干部聘任经济责任制的形式，层层落实。2013年，公司适时组织阶段性劳动竞赛。在5月初，组织了“奋战六十天，确保双过半”的劳动竞赛；在第三季度，组织了“战高温、抢订单、上产能、促服务”的劳动竞赛；在第四季度，开展“奋战四季度，确保全年目标实现”的劳动竞赛。每一次劳动竞赛，都由公司行政、工会领导同部门车间行政工会领导一起签订责任书，并根据完成情况考核后，兑现奖励。

2013年，上鼓公司积极实践和推进“三个上鼓”的理念，着力企业转型发展，不仅创造了经济指标最高纪录，还获得了一系列荣誉称号，包括中国机械500强、上海市文明单位、上海市名牌产品、上海市著名商标、上海市诚信企业、上海市清洁生产单位及上海市安全生产标准化二级企业等。今后，公司将持续推进“三个上鼓”的理念，使企业获得更大的发展。

精益求精　求实领先

——上海高中压阀门股份有限公司

上海高中压阀门股份有限公司(简称上高阀门)的前身是上海高中压阀门厂，是一家专业设计、生产、制造各种高中压阀门的企业。公司是中国石油、中国石化、中国海洋石油、中国中化、中国电力、中国航空油料、中国煤化工等集团公司供应商成员单位，是中国通用机械工业协会阀门分会常务理事单位、上海市流体工程学会会员。公司被评为全国守合同重信用企业、上海市守合同重信用企业、上海市合同信用等级AAA企业，并获得多项实用新型专利。

上高阀门对生产的控制实施技术与设备的双重保障。公司占地面积4万m^2，生产车间面积2万m^2。企业拥有数控加工中心、数控龙门磨床、大型立式车床等先进的加工设备，以及德国进口移动式光谱分析仪、电脑控制材料试验机、低温冲击试验机、32t吊钩桥式起重机、涂装流水线等。公司建立了先进的企业管理系统，全面实现数字化生产，有效地保证产品生产的“质”与“量”。

上高阀门严格按照GB、ANSI、API、JIS、BS、DIN等标准为石油、化工、冶金、电力、航空、燃气、供水、长输管线(输油、输气)等行业提供高中压闸阀、球阀、蝶阀、截止阀、止回阀、双关双断阀、旋塞阀以及非标特殊阀门。产品的公称通径为10~2 000mm，公称压力为1.0~42.0MPa，适用温度为-196~750℃，材质为碳素钢、不锈钢、合金钢、低温钢、钛合金及其他特殊钢种。主要产品获得国内外权威机构认可，已取得ISO9001、API-6D、CE、TÜV、TS、OHSAS18001、ISO14001等证书。产品广泛用于锦州石化、巴陵石化、安庆石化、大港油田、中国神华、南京天然气公司、宝钢集团等国内大型企业，以及舟山国家石油储备库、兰州国储库、钦州中石油国际储备库、大连国储库、西气东输管线、首都机场、广州白云机场、上海虹桥、浦东国际机场等国内重点工程项目，并出口至哈萨克斯坦、土库曼斯坦、莫桑比克、苏丹、阿尔及利亚等地。

一流的产品源于一流的品质控制体系。上高阀门建立了完善的质量管理系统，从原材料入场到每一道生产工序，都有严格的质量把关，理化检测、无损检测、壁厚测试等专业检测手段，把对质量的严苛标准贯穿于整个生产、服务流程，这为"任意一件上高阀门都是精品"打下了坚实的基础。

积极创新是企业不断发展、在市场立于不败之地的重要因素。上高阀门设立了CAD阀门设计研究开发中心，具有三维造型、有限元分析等强大的设计开发功能。多年来，公司在阀门制造方面积累了丰富的经验，并将现代管理理念、网络技术等与CAD、CAM设计制造一体化系统相衔接，实现物质、资源、信息的全方位整合和优化，企业在国内外阀门行业中的核心竞争力得到进一步提升。

上高阀门生产的双关双断阀、三偏心金属密封蝶阀、梭式止回阀获得第五届上海科学技术博览会金奖。公司生产的高温高压闸阀、截止阀、止回阀被列入电力工程300MW火电机组主要辅助设备推荐厂商名录。公司的"捆绑式三元催化尾气净化器自动化生产线关键技术与装备开发及应用"项目获得2007年上海市科学技术奖二等奖。公司吸收美国技术研发的双关双断阀，经机械工业通用机械产品检测所、机械工业阀门产品质量监督检测中心测定，在经历23 600次静压寿命试验后，双向密封仍无泄漏，达到国际同类产品的先进水平，填补了国内同类阀门产品的空白。公司生产的大口径平板闸阀口径长度达国内之最，为国家石油储备、石油输送作出了卓越的贡献。

2012年10月，上高阀门试制的口径为40in（1in=25.4mm）、压力为900Lb的全焊接管线球阀顺利通过气压密封、液压密封和强度试验。通过该产品的成功试制，展示了公司的技术研发实力，改善了产品结构，增强了上高阀门产品的市场竞争力。2013年7月，上高阀门生产的SGZF闸阀被上海市高新技术成果转化项目认定办公室认定为上海市高新技术成果转化项目。

2013年10月，上高阀门参加了在莫斯科举办的第十二届俄罗斯国际泵阀展览会，与来自俄罗斯、哈萨克斯坦、波兰、捷克的客户进行了面对面的交流，为公司拓展东欧及中亚市场打下了良好的基础。

"信誉至上，服务至上"一直是上高阀门坚持的原则。长期以来，公司形成了完善的售后服务体系，在世界各地建立了完善的售后服务网络，帮助用户选用阀门产品，指导阀门的安装、调试，并提供使用、维护等方面的培训。对主要用户进行质量跟踪和访问，若产品出现问题，自接到用户通知起，4h内给予答复并立即派员处理，48h内解决问题，确保服务质量，让用户满意。

上高人在建设企业美誉度与知名度的征程上一步一个脚印地稳步前行。上高阀门将始终坚持"诚信为本，服务至上，精益求精，求实领先"的经营宗旨，以良好的公司信誉、健全的质量体系、现代化的企业管理、自动化的加工设备，以高性能的优质产品有序参与市场竞争，为广大用户提供与世界品牌同步的产品。

追求卓越　创造辉煌

——哈电集团哈尔滨电站阀门有限公司

一、深化改革促发展

哈电集团哈尔滨电站阀门有限公司（以下简称哈电阀门公司）隶属于哈尔滨电气集团公司（以下简称哈电集团），由哈尔滨电气股份有限公司（以下简称哈电股份）独资控股，是中国通用机械工业协会阀门分会副理事长单位。

哈电阀门公司创建于1954年，其前身是哈尔滨锅炉厂有限责任公司(以下简称锅炉公司)下属的阀门车间。随着企业规模的不断扩大，1982年，阀门车间成为锅炉公司下属的生产分厂之一，又名阀门开发事业部，实行“自主经营、独立核算、自计盈亏、超利润提成”的运营机制。

1997年，哈电股份利用香港上市资金4 863万元，成立了哈尔滨哈锅阀门股份有限公司，实现了哈电阀门公司的第一次跨越。

2007年下半年，哈电集团和哈电股份从全集团战略发展的目标考虑，对哈尔滨哈锅阀门股份有限公司进行资产和业务流程重组，成立了哈电阀门限公司，哈电阀门公司成为哈电股份的全资子公司，实现了哈电阀门公司的第二次跨越。

随后，哈电股份投资2亿元在平房开发区新征用土地6万m^2，建设3万m^2的厂房，打造高端电站阀门制造基地。2010年9月，哈电阀门公司完成了从香坊老厂区到平房新厂区的整体搬迁。

经过60年的历练，哈电阀门公司现已发展成为一家专业化设计、制造中高压、超高压、亚临界、超(超)临界火电、核电、军工、石化、冶金等领域配套阀门、水位测量装置、减温减压装置的企业，产品共计30多个系列、4 000多个品种规格。产品销往全国各地400多个电厂和企业，并已出口到巴基斯坦、越南、印度、日本、巴西等国家。

哈电阀门公司现有员工420余人，其中专业技术人员100人。公司是国内率先实现三维立体研发设计的阀门企业之一；拥有各类数控机床、加工中心、三坐标测量仪等先进的加工、检测、试验设备150余台(套)，装备水平位居行业前列；综合排名在全国近万家阀门企业中位列前茅，尤其在高温高压火电阀门领域始终占据龙头地位。

在阀门行业日新月异的今天，哈电阀门公司将科技创新、市场营销创新融入到企业的生产经营之中，成为我国电站阀门行业的知名企业。

二、科技创新结硕果

科技创新是企业快速发展的原动力之一。哈电阀门公司之所以能够在激烈的市场竞争中屡战屡胜，关键是提高企业研发实力，把国家的需要和市场的需求作为企业发展的目标。

哈电阀门公司完成了三维立体研发平台的建设，并培养了一批熟练掌握三维设计的研发人员。产品通过采用三维设计、有限元应力分析、流体动力学及温度场分析，确保产品的安全性，同时提高产品的可靠性与整体性能，为产品高效生产提供了有力保障。公司的设计研发人员主动到发电厂、设计院、主机厂等考察，了解各种发电机组阀门配套情况，并收集阀门使用参数(介质、压力、温度等)，其后进行有关法律法规、标准的学习，对材料的选用、结构的设计进行优化，以最大限度地满足用户的使用要求。

20世纪80年代，哈电阀门公司从日本冈野引进了全量型安全阀的设计与制造技术，通过自主研发，全量型安全阀逐渐形成了系列化、标准化产品，并由火电逐渐向核电、石化、冶金领域扩展。当前，公司自主研发了满足锅炉配套需求的全系列产品，包括有20多个系列、1 500多个品种。公司还完成了超(超)临界火电机组配套阀门的研发，拥有了整体配套的能力，其中安全阀、泄放阀、三通阀等产品已经被南通、句容、龙源、长兴等示范工程电厂配套使用，取得了较好的业绩。

随着我国煤炭供需矛盾和环境污染问题日益严重，能源合理利用以及环境治理显得尤为重要。为此，如何应对“可持续发展”需要，大力推进清洁能源发展成为电力制造企业的重大改革要务。哈电阀门公司审时度势，积极响应国家“上大压小”政策，不断调整产品结构以顺应市场发展需求；高度关注国家重大技术装备国产化的政策动态，积极投入到超(超)临界阀门、核电关键阀门、天然气长输管线阀门等高难度阀门的国产化研发工作中，先后设立并完成“二代加机组核级阀门研制”，参与“国家先进压水堆重大专项”等重大研制课题。

在响应国家能源发展政策进行国产化阀门研制的过程中，哈电阀门公司将主要精力倾注于超

(超)临界火电机组关键产品与第三代核电机组关键产品的开发,并取得骄人的成果。

2012年1月,哈电阀门公司自主研制的600～1 000MW超(超)临界火电机组关键阀门二类阀门共七大系列、17个品种,通过国家能源局组织的专家委员会鉴定。

2013年12月5日,超(超)临界火电机组关键阀门国产化第三类样机鉴定会在哈尔滨召开,哈电阀门公司负责承担研发的“主蒸汽出(入)口安全阀、电磁泄放阀、锅炉循环管路调节阀、主给水旁路调节阀、给水泵最小流量阀、汽轮机高压供汽站压力调节阀、再热器喷水调节阀”等七大类共8个品种的阀门样机通过了技术鉴定。鉴定结果为:样机结构设计合理,符合研发技术规范的要求,填补了国内空白。公司研制的抽汽逆止阀与安全阀的技术性能指标达到同类产品国内领先、国际同等先进水平。这标志着我国火电机组配套阀门结束了此类产品依赖进口的历史,推动了重大装备国产化的进程。

在超(超)临界火电机组高端阀门国产化工作中,哈电阀门公司作为主要研制单位,承担了全部17种二类阀门以及11种三类阀门的研制任务,率先完成了所有二类阀门和绝大部分三类阀门的试验见证与技术鉴定,并取得了3 200多万元的销售业绩。

三、市场创新赢佳绩

哈电阀门公司加强对核电阀门产品的研制与开发,产品在核电领域的应用有了进一步突破,为世界首台AP1000机组(三门核电项目)成功配套1 172只阀门。公司还完成了阳江、防城港、红沿河、宁德等大批核电项目配套任务,这标志着公司的核电阀门产品已具备成熟条件。

2013年,哈电阀门公司与华能国际电力股份有限公司长兴电厂签订华能长兴电厂“上大压小”工程,为该公司提供了高加三通阀设备;与北京中能达电气工程有限公司签署总金额5 000万元的战略合作协议;为阳江核电有限公司、上海电气、哈电集团重装公司等配套相关核电阀门及配件,为哈电集团内配的三门核电项目更是填补了公司在闸阀、截止阀、止回阀的业绩空白。2013年12月,哈电阀门公司顺利通过超(超)临界火电机组关键阀门国产化第三类样机鉴定,已经有10家电厂对超(超)临界三类阀门产品进行了招标。在长兴、南通、句容、焦作能源项目中,哈电阀门公司均已中标,在参与投标的企业中,中标率达75%,对拓展超(超)临界领域市场有重要的意义。

2014年,哈电阀门公司与阳煤集团深圳化工有限公司首次合作;与东方锅炉集团有限公司合作关系更为密切,预计2014年的订单将大幅度增加。

在国际市场开拓方面,哈电阀门公司主要以为各大集团客户涉外项目配套产品为主,通过中国机械设备工程股份有限公司(CMEC)、上海电气集团、哈尔滨电气集团、济南锅炉集团、无锡锅炉厂和四川川锅锅炉有限责任公司等客户,为印度、印度尼西亚、斯里兰卡、俄罗斯等涉外项目配套了电站阀门产品。同时,公司已初步建立了在印度市场以阀门维护检修业务为主的销售平台,并与印度方面取得了初步联系。借助印度市场的开发经验,现派专员针对国际市场进行跟踪与开发,现已与Callidus Process Solutions Pty Ltd的马达加斯加项目达成合作意向,这一合作开启了哈电阀门公司国际市场的新旅程。

近两年,以配套哈尔滨汽轮机厂有限责任公司的抽汽逆止阀、快关阀为主,包括自主开发的核电汽水分离再热器(MSR)在内,共实现销售额近3 000万元。

成功的市场创新以及众多领域的开拓,使得哈电阀门公司在国产化政策感召下取得了骄人的业绩,更为我国阀门产品进军国际市场创造了一个良好的开端。

做压缩机细分市场领先者 引领压缩机行业发展新模式

——北京京城压缩机有限公司

一、公司概况

北京京城压缩机有限公司(原名北京京城环保产业发展有限责任公司),是由北京京城机电控股有限责任公司(原北京市机械工业管理局)、北京市国有资产经营有限责任公司和北人集团公司共同出资,按照现代企业制度组建而成的具有现代经营理念、完全实行市场化运作的高新技术企业。

公司具有较强的技术研发能力,现有员工247人,拥有硕士学位人员6人、学士学位人员53人。当前主营业务包括活塞式压缩机、隔膜式压缩机、核安全级隔膜式压缩机及压力容器的设计与制造。

近几年,公司加大产、学、研结合力度,与西安交通大学、中国科学院力学研究所、北京科技大学进行了多个项目的合作,其中在隔膜压缩机设计相关软件方面的技术合作,取得了尤为突出的成绩,并已应用到隔膜压缩机的设计开发中,为产品的安全稳定性提供了技术保障。公司先后申请15项实用新型专利并全部获得国家专利局审批通过,还有4项发明专利已进入审批流程。

在产品设计开发过程中,采用先进的三维设计软件,建立三维模型库,使零部件的设计、装配和整机的设计合理性更加直观,避免装配干涉、设计不合理的问题,大大提高了设计水平及一次设计成功率,进一步优化了设计,降低了设计成本。公司建立了ERP、OA企业资源协同管理系统,现已形成订单、设计、生产、销售等大部分经营活动的资源共享,实现了财务核算的信息化,提高了公司的财务管理水平。

公司的发展战略是:通过标准化、系列化和平台化战略的实施,实现压缩机产品双足鼎立,活塞式、隔膜式压缩机协同共进,活塞式压缩机定位精品中端,隔膜式压缩机实现全系列覆盖,无缝隙竞争,保持技术领先。用专业技术为压缩机制造领域的客户提供最优质的产品与服务,使企业成为压缩机制造领域的细分市场领先者。

二、产品研发情况

1. 搭建活塞机新产品平台

自2008年起,依据北京京城环保产业发展有限责任公司“十一五”战略实施计划,将产品平台战略作为战略实施的主要手段之一。通过产品平台战略的构建,达到产品全面技术升级、实现产品换代的目标。

针对公司产品结构老化的现状,公司先从活塞机产品试点入手,开展标准模块化工作。该项目以实现零件标准化、部件通用化设计作为开发的基本模式,通过企业标准零件库的建立,完善企业产品系列,未来的产品都将以企业标准零部件进行组合,形成高效、快速的适应市场需求的接受客户定制的能力,从成本、质量、快速交付等各方面增强企业的竞争优势。

自2009年年初,公司组建了标准化部门,旨在设计开发新产品,实现产品的更新换代。公司克服人员结构过于年轻化、设计经验不足的困难,通过定期培训、重点培养,充分发挥了技术人员传、帮、带的作用。设计过程中始终遵循美国石油协会《石油、化学和气体工业设施用往复压缩机》API618标准进行设计。首先开发了2D16、4M16标准模块化系列新产品,经过逐步完善、改进,形成了较为稳定的成熟产品系列并成功应用推广,累计形成订单额3 800多万元。经过多年的实践与应用,结合公司活塞机产品系列化和标准化的要求,在总结开发设计2D16、4M16系列产品的基础上,逐步开发了

2D10、4M10、4M5.5、2D32、4M32、2D40、4M40、6M32、2D80 等新系列产品，并完成了各个系列的传动部件、核心部件模块系列的设计图样，搭建起产品系列标准化的平台，实现了活塞机产品更新换代的平稳过渡，为今后实现活塞机产品零件标准化、部件通用化设计奠定了基础。

神华乌海 4M16－79/0.1－33 氮气压缩机

青海盐湖 4M32W－343/6－57 氢气压缩机

安阳钢铁 4M40－420/0.06－3 煤气压缩机

2. 开发隔膜压缩机新产品

北京京城压缩机有限公司针对设计、制造活塞式压缩机与隔膜式压缩机两大业务板块，为充分利用公司资源平台，即最大限度实现关主件、零部件的通用化，在活塞机标准化平台搭建成熟的基础上，产品研发遵循此通用原则，在活塞机传动件基础上先后开发了 GD4、GD5、GD6、GD8 等一系列新型隔膜压缩机，实现两大主营业务的融合，提高各项管理的效率。

公司作为当前国内规模最大、技术实力雄厚、市场占有率较高的隔膜压缩机专业制造商和供应商，研制成功第一台国产隔膜压缩机。自 2003 年以来，公司研制的 GD4、GD6、GD8 系列大型隔膜压缩机逐步投入市场，GD6 型隔膜压缩机经过不断改进现已形成稳定产品系列，正逐步成为公司新的利润增长点。

超大型隔膜压缩机对国家工业化的发展起着重要的推进作用，是系统装备中的关键设备，有着广阔的市场前景。2012 年，公司启动超大型隔膜压缩机的研发项目，通过公司自主知识产权的应用，并同科研院所合作，对专项技术进行合作攻关，于 2013 年年底完成超大型隔膜压缩机研发与产业化。这不但进一步补充和完善了企业产品系列化平台，同时拓展了国内隔膜压缩机产品标准系列。

由公司自行研发的 GD8 超大型隔膜压缩机是当前世界上最大的隔膜压缩机。超大型隔膜压缩机的研发，可及时满足市场需求，并为核电行业氦气辅助系统以及氢气加气站做好技术储备。同时，极大地提升了公司的研发水平和制造、管理能力。超大型隔膜压缩机技术突破与应用符合国家创新性战略目标，将会产生较大的经济效益和社会效益。

上海液空 GD4－300/10－250－Ⅲ 隔膜压缩机

宁波星箭 GD4－200/50－450 高压氦气隔膜压缩机

鹤岗华鹤 GD6－550/4－135 氮气隔膜压缩机

三、标准制定情况

1. 参与隔膜压缩机行业标准制定

由北京京城压缩机有限公司负责起草和修订的 JB/T 6905—2004《隔膜压缩机》(由国家发展与改革委员会正式批准发布)是当前最新的行业标准,对国内隔膜压缩机的设计、制造具有很好的指导意义。根据隔膜压缩机发展的需求,由国家标准化管理委员会拟定指派北京京城压缩机有限公司组织进行该标准的修订工作。

2. 参与国家核电行业压缩机标准制定

当前,我国还没有可执行的核电行业压缩机相关标准,为了填补国内核安全设备压缩机标准的空白,全国压缩机标准化技术委员会组织制定国家核电行业压缩机标准。北京京城压缩机有限公司是国内唯一一家获得核级资质认证的压缩机制造企业,作为主要起草单位,参与国家核安全设备压缩机标准的制定工作。

通过参与此标准的制定,可以将公司多年来核电领域压缩机产品的研发制造经验付诸于国家标准中,对行业发展具有重要的指导意义。

四、参与国家重大项目建设情况

北京京城压缩机有限公司是国内唯一一家核电隔膜式压缩机供应商,生产的隔膜压缩机在秦山核电、清华核电、岭澳核电、连云港核电、092 工程载人航天以及空军制氧、制氮等国家重点工程中得到广泛应用,其中核电站氦气压缩机有效地保证了有害气体不泄漏并循环使用,保持了国内领先优势。

公司承担了国家重大专项——高温气冷堆隔膜式压缩机的研制工作。该项目主要应用于山东石岛湾高温气冷堆核电站,是核岛 HTR－PM 氦净化和氦辅助系统中的关键设备。项目为 5 个分系统,即氦供应和贮存系统(KBB)、氦净化系统(KBE)、排气系统(KBG)、氦净化再生系统(KBH)和废气系统(KBQ)研发制造符合工况要求的隔膜式压缩机,同时与中国核电工程公司合作进行冷却器的设计;与西安交通大学合作,开发隔膜式压缩机的曲面设计软件和结构设计软件;与北京科技大学合作,进行膜片热处理工艺的研究及新材料膜片的研发。

公司在承担山东石岛湾高温气冷堆核电站示范工程的隔膜压缩机研制任务的同时,已向该项目的试验基地提供多台隔膜式压缩机,设备一直保持安全可靠运行。

今后,北京京城压缩机有限公司将本着持续改进的理念继续完善压缩机系列平台,实现产品系列无缝隙、全覆盖的战略思路,在困境中磨炼、发展,力求成为压缩机行业细分市场的领先者。

创新开拓未来　卓越成就辉煌

——柳工(柳州)压缩机有限公司

柳工(柳州)压缩机有限公司(简称柳州压缩机)是由广西柳工集团有限公司(简称柳工集团)和柳州市产业投资有限公司共同出资,由创建于1958年的柳州压缩机总厂改制成立的有限责任公司。产品广泛应用于冶金、矿山、机械制造、轻工、化工、建筑、建材、玻璃、医药、食品、水电、燃气(煤层气)输送、国防工程等领域,致力于为客户提供压缩机系统解决方案。

柳州压缩机是一家专业生产压缩机的企业,具备独立设计、制造各类压缩机和压力容器的能力,具有年产大中型压缩机2 000台的能力。1995年、2001年在行业中率先通过ISO9001:1994和ISO9001:2000质量管理体系认证,连续20年获得广西"重合同、守信用"企业。主要产品有空气压缩机、煤气压缩机、煤层气压缩机、天然气压缩机、氮氢气压缩机、无油润滑压缩机、压力容器及空气净化设备等共计200多种。其中,VY-9/7型空压机在全国压缩机行业首次荣获国家银质奖,L-22/8型空压机获原机械工业部优质产品奖,D-100/8型空压机获广西优质产品奖。

一、重视技术创新,提升研发实力

柳州压缩机坚持以技术创新作为公司价值创造的核心源泉,打造技术创新平台,着力突破重点领域的关键和共性技术,增强产品核心竞争力,努力推动压缩机创新性发展。

(1)优化公司研发机制,提升研发团队科技创新能力,完善研发平台建设,有效保障公司研发创新效率和能力的持续提升。

(2)建设研发团队。通过引进高层次人才,聘请专业领域技术专家,开展技术交流与培训,不断强化公司研发体系建设,建成以柳工集团为主体、产学研相结合的技术创新体系。

(3)明确研发流程管理。紧密联系产品研发与市场需求,严格把关研发设计流程与控制,推广柳工研发流程(LDP),采用矩阵式的项目组织架构,提高研发效率和产品可靠性。

(4)完善研发平台。推进三维设计平台、计算机仿真平台、实验平台等技术开发平台的建设,应用信息技术强化研发手段,加快研发创新速度。

自2013年柳州压缩机成立以来,已经开发并投入用户使用3款螺杆压缩机,达到了用户要求的效果,收到用户好评。在老产品方面,公司研究院正着手做好升级换代工作,在主导产品煤层气、机械、冶金、日用玻璃领域,完成电气控制的优化设计及技术升级。

二、创新管理路径,推动企业发展

1. 加强内部控制

柳州压缩机建立健全内部控制系统,加强规范管理,完善流程制度发布、过程审计和监控等方面的规范化,保障公司稳健发展。建立"机制+科技"的内控模式,提升公司财务核算体系能力,完成公司预算监控管理系统建设,使预算控制由事后监督转为主动及时管理,提升内控效率,提高科技防控水平,实现"制度管人、程序管事"。支持管理层、业务层进行流程制度梳理与风险评估等内控工作,为实现全面有效的内部控制提供更具实质性的内控把关。

柳州压缩机主动向信息化、精益化、品牌化的方向转型升级,通过技术创新和管理创新,驱动企业发展并实现突破,进一步强化公司的价值创造力、竞争力和影响力。

2. 完善信息化建设

柳州压缩机持续优化公司信息化建设，全力推动企业运营管理的信息化变革，提升公司管理经营能力和水平。截至2013年年底，公司信息化工程已涉及各业务系统，基本完成财务和研发模块信息化建设，网络专线直连柳工集团总部。

不断加强信息安全建设工作，开展主动防御系统（网络版）、数据备份系统、网站攻击防护系统等关键应用的信息安全建设，有效提高公司信息安全保护能力。

3. 开展品牌管理

品牌对企业持续创造效益有巨大的促进作用。根据柳工集团系统部署品牌管理，通过整合、优化各种资源，提高柳工品牌的知名度、美誉度、忠诚度，不断提升公司的整体形象和品牌竞争力。

建设品牌公关体系，协调柳工品牌、公共关系战略、柳工战略目标三者高度，挖掘品牌管理工作与公司战略推进之间的相互作用，保障品牌管理工作的顺利实施。

提炼新品牌内涵，明确包括品牌定位、品牌承诺、品牌角色、品牌个性、关键信息的相关内涵表述，统一品牌宣传工作的核心内容。

4. 加强质量管控

1995年，柳州压缩机通过了ISO9001质量管理体系认证，成为压缩机行业率先获得ISO9001质量认证证书的企业。

公司运用目标绩效管理方法论，以客户为导向，对出现的产品质量问题，涉及的相关费用由责任部门承担，纳入部门费用考核。质量责任与部门的效益挂钩，推动产品质量得到持续改善。

三、尊重知识，坚持人才兴企

在人事管理方面，柳州压缩机建立了人力资源管理体系和基于企业战略的人力资源规划，完善招聘机制流程，拓展招聘渠道和内部员工的培训开发，实施并完善薪酬和绩效考核体系。加强公司在人力资源规划、招聘与配置、培训与开发、绩效、薪酬福利、劳动关系等方面的管理职能，对公司现有人力资源管理制度进行清理与完善，制定了符合法规和市场发展需求的人力资源管理制度体系，从整体上提高了公司的人力资源管理与开发水平。

四、积极履行社会责任，促进劳动关系和谐

（1）秉承“企业、环境、社会”和谐发展的理念，为利益相关方持续创造价值。公司深耕市场为股东创造市场价值，提供优质产品和服务为客户创造实用价值，构建产业价值链为合作伙伴创造共赢价值，贯彻绿色发展理念创造环境价值，坚持以人为本，为员工创造发展价值。

（2）坚持“标本兼治、惩防并举、综合治理、注重预防”的方针，认真开展廉洁风险防控体系建设，全面推行廉洁风险防控工作，加强对权力运行的监督制约，防范腐败行为发生。

（3）坚持绿色运营，严格管控环境指标，推行绿色生产，尽最大努力降低生产运营各环节对环境的影响，努力实现企业自身与环境的和谐发展。

（4）坚持绿色技术研发，秉持“科技含量高、经济效益好、资源消耗低、环境污染少”的新型工业化道路方针要求，探索研发节能、低耗、减震、防污的环境友好型综合技术，突显产品的环保优势。

（5）构建安全防范应急体系。公司全范围、大力度开展安全保护工作，以安全文化教育内化安全意识于心，安全保护措施外化安全生产于形。为高效应对处置各类突发性污染事件，保障环境安全，公司构建完善的应急防范体系，积极储备应急处置物资，完善应急救援队伍，开展一系列应急处理演练。

（6）建设更加和谐的价值链和家园。携手价值链各方开展交流合作，协力推动行业进步，共同提升可持续发展能力；充分发挥企业自身资源和优势，真诚参与扶贫助困、公益活动和社区建设，积极帮助各群体共享社会发展成果，合力打造和谐美好家园。

柳州压缩机将继续秉承柳州压缩机总厂的历史积淀，依靠柳工集团的强大力量，努力实现“二次创业，再创辉煌”。今后，公司将坚持“客户导向品质成就未来、以人为本合作创造价值”的核心价值观，紧紧围绕行业目标客户群为中心，以客户导向为龙头，以市场营销和产品研发为两翼，以核心技术发展为基础，倡导“创新开拓未来，卓越成就辉煌”的文化理念，致力于为客户提供卓越的压缩机系统和服务，实现成为压缩机行业世界级企业的愿景。

坚持技术优先战略 争做一流真空镀膜设备制造商

——湘潭宏大真空技术股份有限公司

一、企业概况

湘潭宏大真空技术股份有限公司（简称宏大真空）是一家专业从事以大型连续镀膜生产线为主的各类真空镀膜设备及其零部件的研发、设计、生产、销售和技术服务的国家级高新技术企业，是中国通用机械工业协会真空设备分会认定的真空设备行业重点企业和国内真空镀膜设备制造领域的龙头企业。宏大真空的主要业务集中在玻璃深加工领域，产品包括：平板显示玻璃连续镀膜生产线，主要用于液晶显示屏、触摸屏的生产；建材玻璃连续镀膜生产线，主要用于高档幕墙和门窗的生产；光伏玻璃连续镀膜生产线，主要用于薄膜太阳电池的生产。2013 年，经科技部认定为国家火炬计划重点高新技术企业。公司现有员工 206 人，占地面积 3.3 万 m^2（50 亩）。

宏大真空是湘潭经济开发区最早一批入园企业，迄今为止，公司已为南玻集团（国内玻璃深加工行业龙头企业，深圳主板上市公司）、方兴科技（央企中国建材旗下的上市公司）、信利（香港上市公司）、亿都（香港上市公司）、芜湖长信（深圳创业板上市公司）、浙江大明（国内制镜行业龙头企业）等知名玻璃深加工企业提供了 70 多条大型连续镀膜生产线成套设备或核心部件。国防科技大学采用宏大真空的高真空系统从事尖端光学镀膜科研实验，科力远（上市公司、国内先进储能材料及高能动力电池产业的龙头企业）也采用宏大真空的卷绕式镀膜设备，在网状泡沫塑料上镀镍，用于生产高性能电池材料。

近几年来，宏大真空的各项经营指标保持稳定增长：2011 年实现营业收入 1.19 亿元、净利润2 824万元、纳税2 012万元；2012 年实现营业收入 1.68 亿元、净利润3 488万元、纳税1 377万元；2013 年实现营业收入 2.59 亿元、净利润3 720万元、纳税 2 299 万元。2014 年 1—5 月实现营业收入 1.01 亿元、净利润 1 502 万元、纳税 1 150 万元。预计 2014 年全年实现营业收入 2.5 亿元、净利润 3 800 万元、纳税 2 500 万元。

二、产品研发情况

宏大真空依靠丰富的成套镀膜设备设计、制造经验，运用先进的节能技术，依据客户需求对传统单体镀膜设备进行全方位改进创新，开发出高效节能大面积连续磁控溅射镀膜系列设备，应用于电子显示面板、光伏薄膜、建筑节能玻璃等行业。

宏大真空研发的 Low-E 玻璃连续镀膜设备，是为建筑节能玻璃和装饰面板等全自动生产线开发的核心生产系统，使用该设备生产的 Low-E 玻璃主要特点有：高效节能环保性——良好的保温隔热性能，是理想节能环保材料；优良的采光性——可见光透射比高，具有良好的采光效果；化学性能稳定——可单片使用，可长期存放，充分发挥深加工企业的自身优势；热加工性能稳定——可任意进行钢化、热弯、夹层等各类深加工；机械性能稳定——膜层牢固、耐磨性好、不易划伤。

宏大真空研发的平板显示镀膜生产线设备，针对现有平板显示器产品气体隔离效果不明显、产品透过率低、无法实现多种介质膜镀膜等缺陷，在技术和结构等方面进行了一系列的创新：①开发独立的介质镀膜室，可以安装至少10对孪生磁控溅射靶，并且每对孪生磁控溅射靶设有两路以上的进气管，能够实现大部分介质膜的镀膜。②开发新型的隔离室与隔离传送室，能够进行有效的真空气氛隔离，可以在不影响生产速度的情况下同时实现两种不同溅射工艺气氛的镀膜生产工艺。③开发基片架运行速度检测装置，在整个连续循环运行的生产环路上，可以根据工艺在任意位置进行速度的调整和停车，适合大批量生产，且工艺调试方便。④开发独立的导电膜镀膜室，可以生产市场上绝大部分的导电膜。适用于各类显示面板、太阳能面板和装饰面板的透明导电膜、抗反射膜、高反射膜等大面积镀膜生产。⑤采用立式转载框与真空组区保持电绝缘，有利于磁控溅射工艺的实现，并且操作容易，使用、维护方便，无环境污染。利用该设备生产的平板显示器具有以下特点：设备自动化程度高，靶材更换由机械自动翻转取代人工操作，靶材利用率明显提高，每套设备每月节约人力成本5万元以上；设备产能显著提高，该项目生产线单件镀膜时间可达80s（镀膜时间缩短50%），极限真空室抽气时间≤120s，设备年产能从原来的400万m^2增加到900万m^2，适合大批量生产；镀膜产品性能更好，产品的膜层透过率可达到98%，膜层均匀性误差小于1%，有效降低了光线的干扰，提高了图片的对比度，玻璃表面反射色彩由原来的单一颜色到现在可以反射7种不同光感的色彩，色彩显示更加鲜明。

宏大真空研发的薄膜太阳能电池镀膜设备具有以下创新点：①自主研发全线智能设计软件，实现了从数据采集到远程实时控制，信号稳定、可靠，实时监控各部件运行情况，其部件具有互锁保护功能，设备的自动化水平达到国内一流。②自主研发高效率磁控溅射镀膜用的旋转阴极，提供一种可以旋转的溅射阴极，区别于传统的平面跑道式阴极，且密封性好，避免氧化层的形成，靶材的利用率高，镀膜均匀性好。③自主研发基片架磁导向装置，该新型装置克服了现有技术的不足，提供了一种结构简单、运行平稳、导向精度高、非接触式的导向定位、无粉尘污染的真空镀膜生产线基片架导向装置，便于实现工业化生产，适合与各种型号的真空镀膜设备配套使用。④自主研发独立插板阀气体隔离设计。具有使用方便，密封效果好的特点，避免了各腔体作业时产生的互相干扰的弊端，可进行有效的真空气氛隔离，在不影响生产速度的情况下同时实现两种不同溅射工艺气氛的镀膜生产工艺。⑤自主研发一种均匀性调节装置，该新型装置结构简单，维修及操作方便，且可提高一定等离子刻蚀速率上的有效沉积速率的大面积磁控溅射镀膜膜层的均匀性。⑥自主研发拥有7种不同结构的新型抗反射导电膜层结构，且各膜层按照不同的规律排列，形成多层复合膜，有效提高了太阳光的转化率。

宏大真空始终坚持技术优先战略，通过自主研发和技术创新来打造公司核心竞争力。公司拥有省认定企业技术中心和43名研发技术人员，在真空、材料工艺、机械、自动化控制等关键技术方面拥有4项发明专利、16项实用新型专利、3项软件著作权和多项非专利技术。公司研发的CIGS薄膜太阳能电池前电极导电玻璃镀膜设备被认定为国家重点新产品；大面积连续磁控溅射真空镀膜研发项目被列入“国家火炬计划”和“科技型中小企业技术创新基金创新项目”，并荣获2013年度湘潭市科学技术进步奖一等奖；专利成果“大面积抗反射导电膜连续磁控溅射镀膜生产线”获评2013年度湖南省专利奖一等奖。

三、企业发展规划

2009年下半年，宏大真空开始筹划在国内证券市场公开发行股票上市，并着手梳理历史沿革、规范内部管理。2011年11月,公司完成改制,整体变更为股份有限公司。2012年9月在湖南省证监局进行了上市辅导备案登记,2013年6月完成辅导验收并向中国证监会递交上市申请,2014年5月预先披露了招股说明书。

通过发行A股上市,公司计划募集资金2亿元(根据上市保荐机构分析,实际募资规模预计为3亿~5亿元),主要用于在经济开发区建设真空镀膜成套设备扩产及研发基地。其中:扩产项目总投资1.84亿元,建成后将形成年产平板显示镀膜生产线设备、薄膜太阳能镀膜生产线20台(套)及Low-E玻璃镀膜生产线5台(套)的生产能力,达产后每年新增销售收入4.48亿元,新增利润总额1.1亿元。研发项目总投资3 600万元,将进一步提升宏大真空的研发实力,加快产品的升级换代,提升产品的附加值,增强企业的核心竞争力。

宏大真空的发展目标是:以上市为契机,完善内部管理,拓宽融资渠道,加大投资力度,推进技术创新,继续保持在国内大型连续镀膜生产线设备制造领域的领先地位;加快技术成果的产业化,不断优化产品性能,稳步扩大产能,持续提高核心竞争力;巩固国内市场占有率,努力开拓海外市场,力争发展成为全球一流的真空镀膜整体解决方案提供商。

提质提效　转型升级　打造精品离心机

——重庆江北机械有限责任公司

重庆江北机械有限责任公司(以下简称江北机械)始建于1941年,是重庆机电控股(集团)公司旗下重庆机电股份有限公司的全资子公司,是中国通用机械工业协会副会长单位、中国通用机械工业协会分离机械分会理事长单位。公司自1965年起专业生产制造分离机械产品,现已发展成为集研发、制造、经营、进出口和服务于一体的大型分离机械及其系统的制造商、集成商和服务商。

近几年,在外部宏观经济形势持续低迷的环境下,江北机械秉持“专、精、特、新”的产品开发理念,围绕“提质提效、转型升级”,狠下功夫铸品牌、抓质量、强服务,为打造精品离心机打下了坚实的基础。

一、加强科技创新,打造一流品牌

创新是产品的灵魂,是企业赢得市场竞争的利器。江北机械将产品技术创新和提高产品档次性能作为推动企业生存发展的动力。公司从1965年起专业生产分离机械产品,1981年注册“川江”牌离心机。在几十年的发展历程中,一直秉承“专、精、特、新”的新产品研发理念,不断用科技创新打造品牌。在20世纪90年代,公司引进法国当时具有国际先进水平的D型离心机技术。通过对D型离心机技术的消化吸收,公司掌握了新型大长径比螺旋离心机和压榨型螺旋离心机的设计及制造技术。至今,公司先后自主开发生产了LW160～LW1000等十多种系列、近30多种规格的卧式螺旋卸料离心机,并研制成功WT系列污泥离心脱水成套装置,大大缩短了我国卧式螺旋离心机与国外同类离心机的差距,填补了国内空白,成为国内卧式螺旋卸料离心机的首选品牌之一。

至今,江北机械已成功开发20多个系列、上百个规格的“川江”牌分离机械产品,拥有70多项专利技术。“川江”牌离心机中的主导产品GK(H)系列虹吸刮刀卸料离心机、LW系列卧式螺旋卸料离心机等居国内领先地位,受到用户的广泛赞誉。尤其是近年来,公司深化“产、学、研、用”合作开发模式,在产品研发各方面更是取得一系列突破。其中,“GK(H)系列刮刀卸料离心机”“HR 系列活塞推料离心机”双双被列入重庆市高新技术产品,“虹吸刮刀离心机关键技术研究及产业化”项目被列入重庆市科技攻关项目。

近几年,江北机械注重新市场开拓和用户实际需求的提升,先后开发生产 LW800 分离 PVC 类离心机、LWZ520 × 540 矿用离心机、LW520 系列改进型 NB 离心机等,餐厨垃圾除杂制浆一体机、超重力离心机等新产品也逐步投入市场,得到用户的认可。2009 年,“川江”牌离心机获得重庆市名牌产品称号,2010 年被评为重庆市著名商标。2011 年,“川江”牌代表中国离心机行业被评为“中国行业领袖品牌”。2014 年,“川江 CHUANJIANG 及图”注册商标通过国家工商总局商标评审委员会评审,被评为“中国驰名商标”。

二、深化质量管理,提高产品竞争力

质量是企业的生命,是企业发展的根本。江北机械秉承“0.01% 缺陷等于 100% 不合格”的质量理念,严格过程质量控制,在职工中提倡一次做对,做到“三不”:不接受缺陷,不制造缺陷,不传递缺陷。通过不断改进制造装备,规范质量管理程序,为铸就驰名商标奠定坚实的基础。

江北机械推行以质量成本为基础的质量管理,纳入公司成本核算进行考核。通过质量考核、过程监控、活动开展、质量把关、奖惩并施多管其下,让质量意识生根于员工心中。先进的制造装备、检验手段和工艺技术为产品质量提供坚实保证。同时,采用科学管理体系为质量保驾护航,2000 年,公司通过了 ISO9001 国际质量管理体系认证,随后又建立了质量、环境、职业健康安全一体化管理体系,在重庆市工业企业中率先通过 ISO9001、ISO18001、OHSAS14001 认证。2006 年,公司通过国家二级安全质量管理标准的达标验收,成为重庆首批达标企业之一。

此外,采用先进的标准也是江北机械产出优质产品的保证。公司作为全国分离机械标准化技术委员会委员、中国通用机械工业协会分离机械分会理事长单位,参与了刮刀卸料离心机、螺旋卸料离心机、活塞推料离心机等多个技术标准的起草、制定,从而为推动分离机械行业提升制造水平、促进企业升级换代,走节约型、环保型的道路作出积极贡献。2007 年,公司获得中国通用机械工业协会分离机械分会特殊贡献奖。

近年来,江北机械对质量的要求越来越严格,通过设立客户代表制度,由客户代表负责公司产品制造过程中的随机检查及出厂前的最终质量把关;修订质量考核办法,加大奖惩力度,鼓励全员参与;投入产品价值链管理信息系统,大幅度提高管理效率,从而使产品质量不断提高。用卓越的质量铸造企业名牌,真正成为我国分离机械行业的排头兵企业。

三、改善服务质量,加强用户满意度

企业的认可来自客户,为此,江北机械高度重视服务质量,提出“天下事,客户的事是头等大事”“顾客的需要就是市场”等市场理念,通过端正服务态度、改善服务方式、拓宽服务范围、提高服务质量来树立品牌,从而赢得更多的市场,促进企业发展。

江北机械良好的售前服务让用户买得放心。公司在全国多个城市建立了办事处,可在第一时间为用户提供离心机咨询服务、产品的推介和售后服务工作。对于用户的特殊要求,公司技术中心将会会同销售人员为其进行物性试验和离心机选型试验,并为其提供合理、科学的技术解决方案。为保证用户用好设备,公司还在交付产品前对用户操作者进行培训,确保设备使用达到最佳效果。

尤其自 2012 年开始,江北机械不断优化服务流程,对客户需求提高响应速度;完善了服务网络,使公司真正成为分离机械的“制造商、服务商、集成商”,成为解决客户分离需求的方案提供者;进一步充实了服务队伍,扩充售后服务团队,建立起服务示范点和示范区;公司领导每年和技术、销售、生产人员一起回访客户,虚心听取用户的意见,真诚地和用户沟通。江北机械对用户的尊重和真诚赢得了用户的信任,得到越来越多客户的认可。自 1989

年开始,公司连续23年被评为重庆市"守合同重信用企业",并多次被评为"全国守合同重信用企业"。此外,公司在服务转型上不断突破。2013年年底,公司设立重庆江机分离机械服务中心,整合技术咨询服务、售后服务等技术服务资源,统一对客户开展技术服务业务,切实推进公司从价值链低端的制造环节向高端的研发和服务环节延伸。

今后,江北机械将坚持以客户市场为主导,提高适应能力和快速响应能力;以创新驱动为抓手,加快公司营运机制和盈利模式的转变;以深化企业改革为契机,推动公司全面转型升级,实现企业稳步发展。

依托技术优势　打造专业产品

——江西制氧机有限公司

一、公司简介

江西制氧机有限公司(简称江氧)是由杭州杭氧股份有限公司(简称杭氧股份)控股、宁波华瑞投资有限公司参股投资的大型企业,于2006年12月经九江市政府批准进行企业整体改制,其前身是国家二级企业、国家机械工业重点企业江西制氧机厂。公司地处江西省九江市,南依庐山,北临长江,处于京九铁路中段,交通便捷,地理位置优越。公司占地面积超过20万m^2,现有员工440余人。

江氧具有A1、A2、C2、C3设计和制造许可证、美国机械工程师协会"ASME"授权证书及"U"钢印和"U2"钢印、中国船级社(CCS)颁发的工厂认可证书、法国BV以及英国劳氏LR等国际船检组织颁发的认可证书,并通过了国家民用改装产品的3C强制性认证。同时,公司还是全国压力容器标准化委员会、移动式压力容器技术委员会及中国气体分离和液化设备标准化委员会成员单位。

当前,江氧的低温产品、罐式集装箱及制氧机设备已获有2项发明专利、17项实用新型专利。公司被评为"省级企业技术中心",被国家科技部评为"高新技术企业",被中国石油和石油化工设备工业协会ASME规范产品专业委员会授予"中国承压设备优秀供应商",被中国石油天然气集团公司授予"天然气产品合格分供方"。

江氧一直坚持"信誉第一,用户至上"的经营理念,产品已被国内外众多客户所认同,并远销日本、韩国、印度、俄罗斯、新加坡、委内瑞拉、越南、印度尼西亚等国家和中国台湾地区。

为使公司做大做强,满足公司"十二五"重点发展天然气产品的规划要求,在九江市政府及杭氧股份的大力支持下,江氧于2013年10月整体搬迁至九江市高新技术开发区,整个工程投资5亿元,达到年产值10亿元的规模生产能力。新厂位于九江外贸万吨级码头边,陆路、水路都很便捷,可解决大型设备运输难的问题。

二、产品生产情况

江氧的主导产品有液化天然气(LNG)、液氧、液氮、液氩、液态二氧化碳及液态乙烯等低温贮罐、槽车;液化石油气、液氨、丙烯等化工介质贮罐、槽车;氢氟酸、各类制冷剂、液氯等化工类罐式集装箱及低温罐箱;非标容器,大型常压低温贮罐;天然气加气站;中、小型空分设备和各种规格透平膨胀机。

1. 低温液体运输车

低温液体运输车主要包括低温液体运输整车和半挂车,主要是将用来充装液化天然气、液氮、液氧、液氩、液态二氧化碳、液态乙烯等介质的罐体与行走装置固定连接在一起的运输装备。

2. 低温液体贮罐

低温液体贮罐是用来贮存液氮、液氧、液氩、液态二氧化碳、液化天然气、液态乙烯等介质的固定式容器。

江氧当前生产的该类产品罐体主要结构分为两大类:高真空多层缠绕绝热类容器以及粉末真空类容器。高真空多层缠绕绝热容器主要结构是:罐体内容器,主要用来充装低温介质,内容器一般采用奥氏体不锈钢材质;罐体外容器,主要用来与内容器构成真空夹层,外容器一般采用 Q345R 低合金钢材质;真空绝热夹层,包括支撑内外容器的玻璃钢支撑——用来减少内外容器的热传导,阻燃型铝箔绝热用纸——用来减少辐射传热,高真空度的夹层空间——用来减少对流传热;操作系统,主要用来装卸低温液体。

粉末真空容器基本结构与高真空多层绝热结构类似,不同的是真空夹层采用珠光砂填充,并抽真空以达到保温效果。

3. 常温类危化品的运输车和贮罐、非标容器

常温类危化品运输车主要是将用来充装液化石油气(LPG)、液氨、丙烯等危化品介质的罐体与行走装置固定连接在一起的运输装备。

贮罐包括以液化石油气、液氨、丙烯为主的固定式存贮设备及一些非标的压力容器。

4. 罐式集装箱

江氧的罐式集装箱产品主要有以下几类:

无水氟化氢罐箱,氢氟酸罐箱,三氯硅烷、硫酸及硝酸等各种化工液体箱;各种制冷剂(R32、R125、R22 等)罐箱、液氨罐箱、LPG 罐箱、液氯罐箱、二氧化硫罐箱等;液氧/液氮/液氩罐箱,LNG 罐箱及二氧化碳等低温类罐箱。

5. 空气分离设备

空气分离设备就是将空气液化、精馏,最终分离成为氧、氮和其他有用气体的成套设备。主要由空压机、预冷机、纯化器、分馏塔、透平膨胀机等单元部机组成,其后端还需有氧、氮气压缩机将产品气压缩至用户。

江氧当前生产的成套空分设备,包括单元设备的设计、制造及成套设备的安装、调试。

为共建绿色文明、响应国家节能减排的号召,江氧把天然气产品的开发作为“十二五”重点产品,投入大量的人力、物力,结合公司的产品结构和生产工艺的通用性,积极发展天然气产业链中的贮存、运输、加注、建站业务。

三、技术研发情况

作为国内最早从事压力容器和低温产品设计、制造的专业厂家之一,江氧公司从 1982 年生产第一台 25t 液化石油气贮罐开始进入压力容器的生产,1983 年开始生产第一台 $5m^3$ 液化石油气槽车;1992 年与高校合作,开发出第一台 $5m^3$ 低温液体槽车,成为国内最早生产低温产品的两家企业之一。1997 年研发出国内第一台拥有自主知识产权的 20 英尺(1 英尺 = 0.304 8m)罐式集装箱,1998 年为中原油田生产的戊烷罐箱开创了中国铁路史上使用罐箱运输危险品的先河,后来相继开发的氟利昂罐箱、无水氟化氢罐箱、液氨罐箱、液氯罐箱、黄磷罐箱、低温罐箱等奠定了公司在国内化工液体罐式集装箱市场上的领先地位。

江氧在加强设计人员能力培训的同时,还加强新材料、新工艺在产品中的应用。公司技术开发部经过长期的前期调研,并邀请浙江大学化工机械研究所作为技术支持,于 2011 年 1 月开始对奥氏体不锈钢制应变强化技术的应用开展研究工作。根据国家质量监督检验检疫总局(简称国家质检总局)对应变强化技术设计评审的要求,江氧先后制定了奥氏体不锈钢应变强化制移动式和固定式真空绝热深冷压力容器两个企业标准,并获全国锅炉压力容器标准化技术委员会(简称锅容标委)评审通过。

依据企业标准,江氧技术开发部编制了“母材与焊材选取、焊接方法选用及焊接工艺评定方案”,技术人员针对不同板厚的奥氏体不锈钢板以及各种焊接方式进行焊接性能试验。历时近一年半的时间,获取了大量的试验数据,掌握了母材应变强

化前后焊接接头力学性能的变化情况，并由此完成了“母材化学成分、力学性能测试及焊接工艺评定试验报告”。

为掌握成形压力容器应变强化后的实际变形水平、应力与变形分布以及不同形状受压元件在强化后的应变、应力、性能变化趋势，模拟实际产品分别设计了具有代表性的移动式和固定式两个试验样罐来实施强化试验，并邀请了锅容标委和国家质检总局的领导和专家对试验样罐的强化试验进行了现场见证。

2012 年 10 月，锅容标委组织专家对江氧采用应变强化技术设计、制造真空绝热深冷压力容器进行了技术评审，并于 2013 年 1 月获国家质检总局审批通过。

江氧专门成立了产品技术研发中心开发新产品，改进新工艺，采用奥氏体不锈钢应变强化技术，实现了产品轻量化，节约成本；采用高真空多层缠绕技术，产品真空度均优于国家标准，使公司在低温产品的设计、制造方面迈上了新台阶；还采用了不锈钢厚板等离子焊接技术、高强钢 P460 的焊接技术。运用新技术以来，公司先后开发了大吨位 LNG 槽车，带增压器及计量系统的 LNG 槽车，LNG 加注车，天然气集成气化系统（安易迅），低温带泵运输车，大型低温贮罐等。

在罐箱方面，江氧主持起草了国内首个罐箱行业标准 JB/T4781《液化气体罐式集装箱》。公司从 2002 年起就开始与 CCS 武汉规范所进行罐式集装箱业务合作，包括审图、计算、认证、试验等，充分利用 CCS 武汉规范所的技术优势，委托该所对江氧新开发的产品进行有限元强度计算，对罐式集装箱各种静态、动态载荷进行应力分析，进行结构优化设计，提高产品的安全性和可靠性，同时有效减轻设备自重，从而使产品在设计开发阶段得到优化，大大节省成本，缩短了开发周期。而江氧则根据相关要求购买了相关试验设备（脚柱拉升焊接试验机等），兴建了集装箱型试实验室（国内只有少数几家有实验室），通过理论与实践相结合，积累了丰富的罐箱产品设计开发经验。十多年来，已经开发了几十个型号的通过 CCS 审核认证的罐式集装箱产品，包括各种危险液体罐式集装箱、液化气体罐式集装箱、低温液体罐式集装箱等，还可以根据用户要求及实用性设计成各种不同型式的框架结构及罐体与框架的连接型式。

从 2010 年底起，江氧已经开始着手培养自己的有限元强度计算人员，现有 2 名硕士研究生专门从事各种有限元计算。针对新开发的罐式集装箱产品，江氧已经能进行有限元强度计算，出具强度计算书，包括低温低应力工况及《集装箱检验规范》所要求的各种工况强度计算，然后提交给 CCS 总部进行核算。通过这几年的经验，已经初步掌握了罐式集装箱产品所要求的有限元强度计算，具备自主开发产品的能力。

江氧还为“神舟十号”载人飞船配套了先进的液氧汽化车，为实现国人上天的梦想添砖加瓦！

四、设备能力

低温压力容器的生产，重点是对焊接和真空质量的控制。为了提高了产品质量，江氧先后完成了等离子直缝/环缝焊接系统、抽真空系统、组对机、数控四辊卷板机、松下低飞溅气保护焊机、剪板机等技改投入。工厂搬迁新厂后，按规模流水线生产组织，投入了一批自动化程度高的设备，包括 PLC 智能温控系统退火炉 2 台，采用 PLC 控制系统的抽真空系统 12 台，数控等离子切割机 1 台，罐式集装箱总装台流水线以及自动化程度较高的喷砂、涂装、烘干一体的涂装工艺房，设备能力达到当前国内先进的水平。

新厂厂房跨度达到 30m，梁式起重机单台最大吨位达到 160t，卷板宽幅达到 6m，为承接大型、重型设备创造了条件。

工厂的搬迁及新设备的投入使用，提升了公司形象，使公司的生产能力得到极大的提高，完全能满足市场批量生产的需求。

五、试验保障

江氧的产品从材料进厂到成品出厂，每道工序都有严格的质量控制:理化计量室有多元素快速分析仪、碳硫分析仪、万能试验机和拉伸、弯曲、冲击试验机,承担公司原材料复验、产品试板、焊接工艺评定和焊工考试试验任务。江氧现有5个压力试验专用工位,4台水压试验泵和3台应变强化专用设备,能够满足每天15台标箱的水压试验和多台产品的气压、气密性试验要求。罐式集装箱型式试验实验室是当前国内同行业中为数不多、技术先进的试验设备,可进行10英尺~40英尺罐式集装箱的堆码、吊顶、吊底试验和外部纵向栓固、内部横向栓固试验,纵向刚性试验等,试验条件和试验能力均能满足中国船级社、英国劳氏、法国BV等船级社的规范要求。公司现有氦质谱检漏仪3台,其中1台德国进口HTL550型,测量精度高。

未来的江氧,是“团结、创新、奋进”的江氧,以人为本,以效为佳,以创新为动力,以发展为目标。

未来的江氧,将进一步转型升级,提高核心竞争力,向“构建世界一流企业”的目标奋勇向前!

精益管理　追求卓越

——莱芜天元气体有限公司

莱芜天元气体有限公司(简称天元公司)位于山东省莱芜市钢城区,坐落于泰山东麓、汶水河畔,东门连接省道韩莱公路,西邻京沪高速、磁莱铁路,北靠济青高速公路,地理位置优越,交通便利。天元公司于2002年10月依法工商注册,注册总资本8 000万元,同年11月8日挂牌创立。当前注册总资本达到5.06亿元,为山东钢铁股份有限公司法人独资子公司。

天元公司是工业气体危化品生产经营企业,现有制氧机9台,设计产能18.3万m^3/h,具备莱钢集团年产钢1 000万t以上所需的工业气体保供能力。生产经营工业用氧气、氮气、氩气和各类瓶装气体,主要为莱钢集团的冶炼生产提供产品服务,同时面向社会经营销售液氧、液氮、液氩和医用液氧、气氧以及氪氙、氖氦稀有气体等产品。

天元公司不断完善现代企业制度和法人治理结构,取得了全国工业产品生产许可证、药品生产许可证、危险化学品经营许可证、特种设备检验检测机构核准证、气瓶充装许可证及移动式压力容器充装许可证等生产经营资质,独立通过了国家ISO9002质量管理体系、ISO14001环境管理体系和OHSAS18001职业健康安全管理体系审核认证。2010年5月23日,通过山东省安全生产监督管理局专家组“危化品从业单位安全生产标准化二级企业”达标审核。

2013年,天元公司以“精益保供”为重心,深化内部管理,优化生产组织,积极应对热线生产波动带来的挑战与困难,为莱钢集团的冶炼生产提供了强劲的气体动力。

一、强化保供能力,提升经济技术指标

2013年,天元公司开展了精益保供促发电、液体产品产量提升和月度生产经营分析等活动,组织了生产保供、设备检修、6万m^3/h制氧机生产准备三线作战,超前快速应对热线生产氧氮氩气体动力需求变化。公司生产氧气9.6亿m^3,外供氮气9.44亿m^3,外供氩气389.76万m^3,同比分别增长1.23%、1.61%和12.22%。全年实现销售收入7.72亿元,利润总额3 663.77万元。供氧压力、氧气纯度等指标,均保持了历史较好水平,在制氧机全开无备机情况下,保证了莱钢集团冶炼生产所需的安全稳定、均衡优质充足的气体供应。

二、开展技改技措,强化设备管理

天元公司全面关注热线设备检修动态,主动协

调有关部门，优化检修计划，抓住热线停产检修的时机，快速实施，较好地完成 3 号、4 号、9 号、10 号制氧机年修和 5 号、6 号、7 号、8 号制氧机定修等工作，全年累计定修制氧机组 16 次。公司组织了 8 号制氧机空压机大齿轮国产化修复、中心配电动力变远控操作改造、高压电机合闸回路增设启动“控制”联锁以及球罐年度检验等工作；集中处理了特钢低压氮管道漏点等各类缺陷 905 项；提升点检质量和效率，各岗位点检到位率全年平均为 99.82%，及时发现处理制氧系统大面积停电、氧气瓶爆裂等重大设备隐患 73 项，奖励点检明星 96 人次；开展冬夏季“四防”、供气管网定期巡检、电器清扫等工作。此外，发挥月度氧系统技术诊断优势，组织排查各类设备隐患，研讨制定整改措施，适时落实消缺改造，保障了设备安全稳定运行。

三、加大科技创新力度，提升管理绩效

科技创新是企业快速发展的不竭动力。天元公司以稳产保供、降本增效、节能减排等为目标，运用先进的科学管理理论、方法和工具，大胆探索，快速推进，做强技术支撑。“低温液体蒸发输送装置”等 4 项实用新型专利和“一种利用产品氮气参与分子筛吸附器再生的工艺”发明专利获国家知识产权局授权。当前，天元公司已有 15 项专利获得国家知识产权局授权，知识产权工作取得前所未有的突破。同时，“制氧生产保供能力提升的研究与应用”等两项设备管理成果获山东省经济和信息化委员会评定的二等奖，“提升 6 号制氧机氧气产量”QC 成果获山东省冶金工业总公司一等奖，“制氧设备技术性能的提升与创新”等 3 项成果分别获莱钢集团技术创新一等奖、二等奖、三等奖，“降低制氧电耗”获莱钢集团六西格玛黑带项目二等奖；“解决空分塔手动阀结冰严重隐患”获莱钢集团 TRIZ 创新方法应用成果三等奖。

四、加快标准化建设，实现本质化安全

天元公司始终坚持预防为主，强化过程控制，加强重点环节监管，制氧系统保持了安全、稳定、顺行。公司突出安全主题，扎实推进 4 次“安全生产基层基础提升年”集中行动；贯彻“四个标准”，积极构建安全标准化管理模式；明确安全生产主体责任，强化目标责任落实；自查自纠“打非治违”，不留安全隐患；发挥安全监督职能，加强作业现场动态安全管控。先后集中开展了 4 期春季安全规程、6 万 m^3/h 制氧机工作人员岗前培训以及特殊工种人员资格复审等培训，参加职工达 360 人次。做好职业卫生防治工作，提高职工安全防护意识，组织了 247 名接噪岗位职工职业健康查体。对公司所有岗位进行了噪声监测，监测率 100%，噪声合格率 100%，始终保持受控状态。按照国家法规和标准要求，开展了 6 万 m^3/h 制氧机安全设施设计审查和试运行等工作，反复论证、修订试车方案，完善了各项操作规程和试运行期间安全管理规定，强化现场安全警示，保障了试运行期间的安全。

五、液体销售快速反应，实现效益最大化

天元公司针对国内光伏行业生产经营惨淡、液氩市场不景气等状况，加强市场调研，敏锐捕捉市场信息，科学运作价格委员会定价机制，灵活调整销售策略，密切产供销各环节有效衔接，不断增强保供、销售的协同应变能力。公司加强客户管理，巩固市场份额，打造气体精品品牌，取得了较好的效益。市场作业区连续 5 年被莱钢集团授予“十佳文明窗口”称号。

六、凝聚正能量，扎实推进和谐建设

天元公司以科学发展观为指导，以党的群众路线教育实践活动为切入点，以服务生产、服务职工为落脚点，以创建“四强”党组织和争做“四优”共产党员为目标，围绕领导班子建设，积极推进党的建设和群团工作，开展了民主评议党员、公开承诺践诺等活动，发挥了党员的先锋模范作用。以稳产保供服务莱钢、提升效益为中心，开展了精益保供促发电、制氧系统技术诊断、月度生产经营分析、液体产品产量提升、点检明星、安全卫士等活动，夯实了稳产保供基础。以推进主题系列活动为动力，扎实开展了“九杯”劳动竞赛、星级班组建设和丰富多彩的文体活动，鼓舞了员工的斗志，凝聚了力量。

天元公司始终发扬“学习、超越、领先”的精神，凝聚“精益保供、同建共享”愿景力量，以质量求生存，调动一切积极因素，加强精益管理，降低生产综合能耗。同时，积极营造“创品牌动力、铸精品气体”的工作氛围，拓展市场，倾力打造一流气体精品，树立了良好的企业和品牌形象，带出了一支“善思勇创、技高一筹、竞争进取、乐于奉献”的职工队伍，核心竞争力得到进一步提升。天元公司也先后荣获山东省安全生产“双基”工作先进单位、山东省道路危险货物运输安全规范优秀企业、首批山东省诚信企业、山东省平安建设先进基层单位、莱芜市十大“诚信运输企业”等荣誉，连续多年被莱钢集团评为财务管理工作先进单位、审计管理工作先进单位及设备管理先进单位等。

优化产品结构　提升核心竞争力

——开封黄河空分集团有限公司

开封黄河空分集团有限公司（简称黄河空分）成立于2003年，是拥有核心自主知识产权的空分设备、新能源设备、气体压缩机制造商和工业气体供应商。黄河空分是国家级高新技术企业，是中国通用机械工业协会气体分离设备分会副理事长单位。

多年来，黄河空分不断加大科技投入，优化产品结构，提高自主创新能力。黄河空分将PDMS大型工程设计软件成功运用于工程设计领域，实现了与国家级设计研究院的无缝对接，对于提高工程质量、缩短设计时间、降低设计人员工作负荷起到了重要作用。公司通过了GB/T 19001—2008质量管理体系认证，拥有A2级压力容器设计许可证和制造许可证、GC类压力管道设计许可证、GC2级压力管道安装改造维修许可证。公司建立了严格的质量保证体系和质量控制网络，强化现场制造工艺研究及应用，产品覆盖国内冶金、石油石化、化工化肥、煤化工、建材等领域，并出口尼日利亚、乌兹别克斯坦、土耳其等国家。

黄河空分商标被河南省工商局认定为“河南省著名商标”。公司被开封市委、市政府评为“2011—2012年度规模效益型优秀民营企业”，被开封新区管委会列入高新技术企业、企业科技项目支持名单并获得资金奖励。公司的“沼气组合纯化工艺，确保甲烷双率97%”被开封新区管委会列入科技支持项目并获得资金奖励。

一、领跑中小型空分市场

在对制氩课题开展的技术攻关中，黄河空分总结了国内外空分设备设计制造的经验，并对采集的大量空分装置实际运行数据进行了深入细致的分析研究，从而确保了黄河空分设计、制造的空分装置以及制氩系统稳定可靠运行。当前，黄河空分全精馏制氩技术在行业中享有盛誉，已形成1 500～40 000m^3/h带氩空分产品系列，氩气产量、纯度、提取率均位居行业一流水平。公司为江阴华西气体有限公司提供的12 000m^3/h空分设备性能卓越，各项技术指标均位居国内领先水平，尤其是氩提取率高达84%，成为黄河空分系列带氩空分装置中成功研发投运的典范。

黄河空分运用新工艺流程专利技术制造出行业领先的高纯氮系列产品，并已为石化、玻璃、橡胶、建筑板材、多晶硅、有机硅、碳纤维等行业提供50多套高纯氮设备。

黄河空分还从实际出发，提出“要做区段最好”的目标，在6 000～40 000m^3/h区段内的空分设备产品技术、质量、节能等取得显著成果。其中：黄河空分设计制造的最大规格35 000m³/h空分装置、集高新技术之大成的32 000m³/h空分设备、国产化率最高的28 000m³/h内压缩流程空分设备已经稳定运行多年;15 000m³/h空分设备荣获河南省高新技术产品证书;氩提取率高达84%,创国内最高纪录的12 000m³/h空分设备至今仍傲视群雄;大型空分技术储备已达到60 000m³/h等级。

黄河空分研发的近400套空分设备遍布国内冶金、石油石化、化工化肥、煤化工、建材等领域。在国际市场上,公司的成套空分装置也享有良好的口碑和声誉,如今已出口到尼日利亚和乌兹别克斯坦等国家。

二、满足用户多种需求

黄河空分将国际空分新技术、新工艺、新材料应用于产品设计和制造中,形成了具有企业自身特色的分馏塔制造工艺以及全精馏制氩技术,十大系列带氩空分设备出氩达标率100%。

黄河空分的内压缩流程空分设备技术储备达到55 000m³/h等级;已经运行的大型内压缩流程空分设备在空分设计、设备成套、工艺集成、设备制造、安装、调试各方面开创黄河新品牌。该系列空分设备在稳定可靠的前提下,注重节能,注重配套设备、机组、泵阀及仪电控制系统的国产化。黄河空分正在运行的35 000m³/h系列内压缩流程空分设备国产化率达90%以上。

5 000~35 000m³/h节能型空分设备已形成系列,空分设备制氧单耗同比降低4%~5%。近三年,黄河空分的节能型空分设备已投入运行十余套。公司将往复式氧压机组产能扩展到11 000m³/h,成功配套30 000m³/h以上等级空分设备。当前,黄河空分有4套20 000m³/h空分设备为煤气化炉配套供氧。

黄河空分的超低压富氧空分设备以空压机组排气压力低、氧气全提取、氧气出冷箱压力高,并可生产部分纯氧及高纯氮等产品优势及显著节能优势,进入高炉富氧喷煤炼铁工艺、有色金属冶炼工艺、全氧燃烧浮法玻璃新工艺、水泥炉窑富氧喷煤高纯氮膨化保护节能减排新工艺,并成功投运。

黄河空分根据用户需求设计了具有十种工艺流程的高纯氮设备,节能优势显著。当前在运行的制氮设备氮中氧含量≤0.12×10^{-6},氩含量≤0.15×10^{-6},刷新国内纪录。黄河空分纯氮设备系列向大型化发展,纯氮设备技术储备已达70 000m³/h。

2013年,黄河空分设备总成套、工程总承包,与中国科学院理化技术研究所联合工艺集成的河北永洋钢铁公司250 000m³/d液化天然气装置开车成功。该套液化天然气装置具有技术先进、流程简单、工艺成熟、操作方便、占地面积小等特点,其LNG产品指标超过GB 17820—2012《天然气》中一类天然气的质量标准,并符合GB/T 19204—2003《液化天然气的一般特性》标准。该液化天然气装置从设计、制造、安装到调试、试车成功,仅历时半年多。黄河空分以此为标志,成功进入LNG领域,液化天然气技术水平也将得到更全面的提升。

2013年,黄河空分实现10 000~40 000m³/h空分区段技术、质量、性能、节能等行业最优目标,辛集奥森钢铁公司15 000m³/h、邯郸红日公司10 000m³/h等21套空分设备全部开车成功,各套空分装置技术先进、运行稳定,制氩技术一流,节能效果显著,氧、氮、氩气产量和纯度指标全部达到或超过设计要求。黄河空分研制的61套离心式空气压缩机已成功为3 200~25 000m³/h空分设备配套,并且长期稳定运行、性能可靠。黄河空分为液化天然气设备配套的TY11000型往复式气体压缩机、为沼气提纯设备配套的ZY1001型往复式气体压缩机技术研发成功,拓展了往复式气体压缩机在沼气净化、液化天然气领域的应用空间。

2013年,黄河空分在经济形势严峻的局面下,签订成套空分设备和新能源设备合同共16套,客户主要分布在煤化工、化工、生物化工、化工新材料、精细无机化工、有色冶炼、医用氧气、钢铁、新能源等行业。

两大技术优势为黄河空分中标山西襄矿

32 000m^3/h大型内压缩流程空分设备奠定了基础：空气增压机组末级排气压力锁定 5.5MPa，低于国内同行采用的 7.1MPa 压力等级，方案节能优势显著；高压氧节流获取两种压力等级氧产品简单可靠，黄河空分采用一组两台液氧泵流程，简化了国内同行的两组四台液氧泵流程。该套 32 000m^3/h 空分装置从工艺流程的组织到外配套机组选型，从单体设备的优化设计到总体设计的合理布局，黄河空分旨在打造精品工程。

黄河空分与中科院理化所、中石化集团中原油田设计院、中原乙烯设计院、中国天辰工程有限公司建立良好合作关系，不断提升新能源产业创新能力。2013 年，开发出低压二级空气解吸工艺，产品气甲烷纯度可达97%，甲烷回收率可达98%，单位原料沼气处理能耗降低至 0.2kW·h。该工艺与变压吸附、膜分离、MDEA 以及国外加压水洗工艺对比，具有压倒性优势。当前，黄河空分的新能源项目已成功申报 14 项国家专利。山东振龙集团 30 000m^3/d沼气提纯设备项目正在设计中，一批新能源设备项目合同正在洽谈中。

三、不断开拓新领域

近几年，黄河空分全力转变商业模式，积极培育特色优势，发展长线盈利产品，以做好空分设备为基础，在新能源产业上加大投入，通过内引外联，加快沼气提纯设备、液化天然气设备、煤化工驰放气分离回收设备、焦炉煤气回收等一系列新工艺、新技术的研发和应用，在逆境中寻求新的经济增长点。

自 2009 年开始，黄河空分组织技术骨干进行沼气净化、提纯技术的研究，并逐步完成了“利用沼气提取生物天然气”的工艺流程设计和设备制造工艺的研究，同时积极开拓市场。经过 6 年研制，黄河空分成功开发生物能源系列产品，当前多套装置在线运行，工艺技术独特，产品纯度、产品收率、能耗指标均处于国内领先水平。

黄河空分为了加快技术创新和产品开发步伐，与中国科学院等科研单位进行技术联姻，研发利用非常规资源提取天然气的技术，还与清洁能源领域国家级高新技术企业三聚环保公司进行战略合作，实现新能源产业链的强强联合和优势互补。

经过 5 年的技术攻坚，黄河空分已经全面掌握沼气提纯 BNG 的工艺流程设计和设备制造工艺，以及沼气提纯、天然气液化、工业驰放气提纯利用、煤层气加工等一系列气体加工技术。尤其是国内首创的“生物天然气纯化”技术，具有工艺流程先进、设备运行可靠、对环境无污染、低成本收益高的特点，主要技术指标达到国际领先水平，已成功申报 9 项国家专利。当前，黄河空分已经具备100 000～1 500 000m^3/d 等级全系列 LNG 装置的设计与制造能力，具备 200 000m^3/d 以下全系列沼气提取生物天然气装置的设计与制造能力。

黄河空分技术开发与市场开拓同步进行。截至 2013 年，洛阳新豫能源 20 000m^3/d 沼气提纯项目、南阳天冠集团 100 000m^3/d 沼气提纯项目，以及烟台双塔公司 40 000m^3/d 沼气提纯项目已先后建成投产；山东振龙生化 30 000m^3/d 等若干个沼气提纯项目，永年 250 000m^3/d 天然气液化等 10 多个 LNG 项目正在紧张建设中。项目运行实践证明，黄河空分自主研发的沼气净化、提纯等技术，产品回收率可达 97% 以上，产品气达到或超过国家《车用压缩天然气标准》的要求。

黄河空分加快高新技术研发，在新一代对流塔工艺、煤化工驰放气分离回收工艺、利用天然气管网压力能液化部分天然气工艺、加压低温水洗沼气提纯工艺等方面取得了一系列新突破，迄今已累计拥有 46 项国家发明专利和实用新型专利。当前，黄河空分拥有行业唯一大型精馏塔流体动力学实验平台，拥有制造空分设备高效节能塔的专有技术，拥有引领制氩技术高端市场的强大实力，拥有行业领先的高纯氮系列产品技术研发平台。公司投向市场的 400 余套空分设备开车成功率达 100%，国内首创生物天然气纯化技术指标达到国际水平。

面对未来，黄河空分人任重道远，将为实现“把空分大国变为世界空分强国”这一行业共同目标而继续努力奋斗。

开拓创新 争创一流

——江苏海鸥冷却塔股份有限公司

江苏海鸥冷却塔股份有限公司(简称江苏海鸥)成立于1993年,企业注册资金6 860万元。公司占地面积9.2万m^2,资产总值8.1亿元,现有员工342人,其中大专以上人员108人,中高级技术职称人员15人。经过近20余年的发展,公司已发展成为冷却塔行业的龙头企业,成为国内规模最大的多品种玻璃纤维增强塑料冷却塔的生产基地,是北京玻璃钢研究设计院及中国水利水电科学研究院冷却塔中试基地。

江苏海鸥以科技为依托,以市场为导向,已形成"海鸥"牌冷却塔、水处理药剂、水处理设备共同发展之格局。公司当前已经发展成为国内冷却塔科研和生产一体化大型企业,具备国内规模最大的冷却塔设计和生产能力,在市场、质量、技术、效益等方面均走在全国同行的前列,"海鸥"牌冷却塔产量、产值、利税已连续8年获全国同行业之首。近几年,"海鸥"牌冷却塔国内市场占有率达到35%以上。2013年,公司实现销售额45 128万元,实现利润3 476万元。

江苏海鸥作为国内专业的冷却塔设计和生产的民营企业,先后成为国家电力公司火电机组主要辅助设备推荐厂商、中国石油天然气集团公司炼化设备一级供应商、中国石化集团公司物资装备供应商、中国石油集团能源供应商、上海宝钢集团冷却设备供应商及中国大唐集团A级设备供应商。公司是国际冷却塔权威机构CTI(美国冷却技术协会)成员单位,是中国通用机械工业协会冷却设备分会理事长单位。在桂林召开的冷却塔研究会2010年年会上,江苏海鸥被认定为冷却塔研究会第一届轮值会长单位。

江苏海鸥连续17年被评为"重合同、守信用"企业,2009年通过江苏省高新技术企业2008版新标准的认定,2010年成立江苏省超大型高效节能冷却塔工程技术研究中心,2011年成立江苏省企业技术中心。自2008年以来,公司一直被中国人民银行授权信用评价机构——江苏恒大信用评价公司、常州市企业信用评审委员会认定为AAA级企业。公司拥有中国进出口商品质量认证中心颁发的ISO9001质量管理体系认证证书,通过了ISO14001环境管理体系认证,构筑了质量、环境、健康安全整合型管理体系。公司曾获得国家质量银质奖章,"海鸥"牌冷却塔被江苏省名牌战略推进委员会授予"江苏名牌产品"称号,NH型逆流钢混结构机力通风冷却塔和GNZF型逆流钢结构卧式机力通风冷却塔经北京新华节水产品认证有限公司鉴定为节水产品。

2010年，江苏海鸥设立江苏省超大型高效节能冷却塔工程技术研究中心，建有3 900m^2的研发大楼。研究中心下设研发部、设计部、外贸工艺部、部件实验室以及室外试验基地，配备了专业的研发、检测设备，拥有一支专业的研发团队，为企业的新产品研发和关键技术攻关提供技术支撑。公司重视自主研发，近三年先后投入研发费用4 364万元，占近三年销售收入的3.5%，为组织科研攻关提供了资金保障。

江苏海鸥于2004年投资100多万元建立了国内可测项目最多、技术水平最先进的冷却塔实验基地。为了扩大生产规模、提高产品质量水平，公司于2010年投资1 000万元对冷却塔进行改造和扩建。通过近几年来不断地更新和完善，公司当前拥有：冷却塔实验中心1座，横流塔填料热力性能、阻力性能试验室1座，逆流塔填料热力性能、阻力性能试验室1座，喷头性能试验室1间，除水器性能试验室1座，逆流塔气流流场模拟装置1套，ϕ2m标准风道的轴流风机性能试验装置1套，冷却塔产品综合试验台1台，风机运行平台1座，理化性能试验仪器10多套，冷却塔热力性能检测仪器30多套。

江苏海鸥当前开展的科研及产品开发项目有7项，分别为消雾型冷却塔的研制、节水环保型冷却塔的研制、超高淋水密度机力通风冷却塔的研制、超大型自然通风冷却塔高位集水装置及防溅水填料的研制、闭式冷却塔工艺及结构标准化设计研究、二代消雾节水冷却塔的研发、电厂循环水系统节能节水优化研究。当前，公司拥有高新技术产品12项，分别为超大型机力通风冷却塔、大型机力通风冷却塔塔群、高淋水密度机力通风冷却塔、海水冷却塔、太阳能驱动机力通风冷却塔、无线网络多参数远程监测系统、节水环保型冷却塔、消雾型冷却塔、高传热性冷却塔薄膜式填料、临界低温冷却塔、三溅式喷头、超大型（自然）通风冷却塔高位集水装置。新产品销售收入占产品总销售收入的73.8%；产品已获得授权专利28项（其中，实用新型专利22项、发明专利4项、外观设计专利2项），新申请专利23项，为我国冷却塔技术的进步起到了推进作用。

江苏海鸥利用已拥有自主知识产权的先进生产工艺，开发出环保节能型冷却塔和消雾型冷却塔，产品具有节水、消雾、降噪等特点，可针对不同的客户群提出不同的产品方案，拥有十分广阔的市场前景。

江苏海鸥在加强科研开发的同时，也注重产品销售网络的构建，并做好售后服务工作。江苏海鸥的总部和国际事业部设在常州，在全国设立7个销售分公司，形成了完整的销售网络。公司在国内设立10处办事机构，形成完善的售后服务网络。公司的售后服务人员定期对用户产品进行巡检与回访，及时掌握设备运行状况。公司还为用户长期提供备品备件，用户如有问题，华东地区24h、国内其他地区48h专业人员到达现场予以处理，并对用户提供产品终身维修服务。近几年，公司销售额连续超亿元，其中30%来自于出口。当前，公司的产品已大批量进入东南亚、南亚、西亚、中东、非洲、欧美等国际市场。

今后，江苏海鸥将继续坚持“用户至上，信誉第一，励精图治，争创一流”的经营宗旨，不断开拓国内外市场，着力打造行业内颇具竞争力的一流冷却塔生产企业。

践行可持续发展 致力于服务社会

——南京大洋股份

南京大洋股份是以南京大洋冷却塔股份有限公司(简称大洋冷却塔公司)为主体,在转型升级、创新发展的进程中,在国家"节能减排、绿色环保"的政策引领下,通过市场调研、立项论证及可行性研究,在结合主体公司主营产品生产及技术优势凸显的"高效、节能、环保"应用技术开发的优秀合作项目中应运而生。南京大洋股份实现了由单一冷却设备生产的中小型企业向集研发、生产、安装小型节能型中央空调和热能技术开发应用的集团化公司的华丽转身,经济效益和社会效益日渐显现。

南京大洋股份当前拥有的核心企业有:南京大洋冷却塔股份有限公司、南京大洋冷却系统技术有限公司、南京大洋水处理技术有限公司和南京凯大大洋空调有限公司。

一、大洋冷却塔公司

大洋冷却塔公司自2001年创建以来,一如既往地秉持"一切以客户为中心"的经营理念,产品充分满足不同用户的个性化使用需求。公司以设计、研发、制造"节能、环保、高效"的冷却设备为奋斗目标,通过科技创新发展和产学研合作,在我国冷却设备行业中奠定了"特种冷却设备制造、冷却系统集成"和"多元化"发展的领军地位,逐步形成了"3+3"的经营管理模式。

2001年大洋冷却塔公司创建之初,缺资金、缺场地、缺设备、缺人员,更缺的是技术。公司借鉴日本空研公司和美国马利公司等一流企业有关冷却设备设计、制造的经验,通过自主设计、自主开发,迈出了冷却设备开发与研究的第一步。公司运营的第一年就创下冷却塔销售收入470万元的佳绩。针对我国工业领域能源消费的现状,公司决定开发高效节能型冷却塔,以解决循环冷却水行业整体技术水平偏低、系统设计长期依靠经验、缺乏系统的理论分析和整体优化设计、相应的产品普遍存在冷却性能对环境的适应性差、电能和水资源的利用率低、噪声污染严重等诸多问题。

2009年,大洋冷却塔公司开展产学研合作,借助中国科学院电工研究所的研发平台,围绕冷却循环水系统智能控制与节能技术应用,推动节能环保型冷却塔的开发、研究及成果产业化的进程。期间,专利产品"由水轮机驱动叶片散热的节能型冷

却塔”（专利号：ZL200620074824.4）和“DYH 高效节能节水环保型冷却塔”双双获得“江苏省高新技术产品”称号，填补了国内冷却塔行业在节能领域的一项空白。公司产品获得“中国知名品牌”“中国优质产品”“江苏省节能环保产品”“江苏省著名商标”和“南京市著名商标”等荣誉。公司还先后获得“中国节能减排领军企业”“中国冷却塔十强企业”“中国质量服务信誉 AAA 级企业”“江苏省民营科技企业”“江苏省科技型中小企业”“江苏省质量信得过企业（产品）”及“南京市重合同守信用企业”等诸多殊荣。

随着一项项科研成果的不断推出，大洋冷却塔公司研发实力不断增强。公司与中国科学院电工研究所、河海大学、南京理工大学等科研院校通力协作，相继创建了江苏省认定企业技术中心、江苏省新型水动力冷却塔工程技术研究中心、中科院南京节能环保与冷却技术研究中心、南京市院士工作站和南京市工程研究中心等多个研发平台。持续的科技创新发展，铸就了大洋冷却塔公司的三大特色品牌——节能、环保型特种冷却设备，冷却系统集成，增值服务。

1. 节能、环保型特种冷却设备

工业用冷却塔以“新型水动力冷却塔”为主导产品。2012 年，大洋冷却塔公司与河海大学郑源教授的“冷却系统优化设计与冷却系统智能控制技术”研究团队进行深度的合作，在两年的时间里先后共投入 600 多万元，“新型水动力冷却塔之水轮机开发与应用”项目实现了成果转化并逐步形成产业化。该项目充分利用冷却塔水循环系统中的富余能量作用于水轮机中的关键部件转轮，使其转变为旋转机械能，从而驱动风机转动。由水轮机取代传统冷却塔中以电动机、减速机驱动风机转动的工作过程，达到节约电能和免除电动机维护的目的。例如：某工业用户冷却系统循环水量按 10 000m^3/h，电动机耗电量为每小时 400kW，每年按 8 000h 运行计算，若该用户使用的是大洋冷却塔公司的新型水动力冷却塔，节电按 30% 计，每年节电可达 96 万 kW · h。若工业用电以 0.8 元/（kW · h）计算，每年可节省电费 76.8 万元。据粗略估计，若全国 1/3 的设备用户使用该新型水动力冷却塔，年均可节电近 10 亿 kW · h。用户在节能型冷却塔使用过程中仅节电一项就十分可观，社会效益十分显著。当前，大洋冷却塔公司已具备 200 ~ 6 000t 各种规格水轮机的设计、加工和创新开发能力，年产量可达 300 台左右。新型水动力冷却塔转轮的知识产权为大洋冷却塔公司拥有，产品已为公司带来近 3 000 万元的销售业绩。

民用冷却塔以“无风机、无动力喷雾塔”为主打产品。该产品依据流体动力学原理，借用循环冷却水系统的供水压力，以高速喷出的水幕取风散热降低水温，在空气中充分地进行热交换，替代电力驱动风机的叶轮和水力驱动风机的叶轮取风散热降低水温。因该产品无机械动力传动装置，无机械转动传递的噪声，噪声明显低于传统冷却塔的指标，不超过62.7dB。由于无匹配电器设备装置，省去了以电动机、减速机驱动风机转动的工作过程，达到节约电能和免除电动机维护的目的，冷却塔运行安全可靠。加之配备高效型收水器，飘水率极低。经试验，飘水损失率仅为0.000 78%，远远低于0.015%的国家标准，节水环保。

2. 冷却系统集成

以中国科学院张国强博士为核心的公司研究团队常年负责开展冷却系统节能技术应用及冷却系统优化的研究。为把脉系统集成的研究方向，验证和实施研究成果的可行性方案，公司与中国科学院电工研究所联合开发出国内一流、可检测2 000t以内不同水流量冷却系统的综合性能测试台，并配备了大量的仪器、仪表，确保系统集成研究工作的常态化展开。可根据用户需要提供综合性的系统设计方案并为用户量身打造适宜的冷却产品。

3. 产品增值服务

大洋冷却塔公司可根据用户提供的单位资源、生产信息、使用要求、安装现场的地域环境、位置等，为用户提供详尽的设备选型、系统配置、基础确定、安装规避等方案，还可为用户量身打造适宜、匹配的冷却塔产品。产品包括：工业用、民用新型水动力冷却塔，单进风、侧出风及多边形等不同用途的特种冷却塔，彰显出大洋冷却塔公司的特色。此外，公司还推出了"南京大洋冷却系统安全运行远程监控与预警系统"，通过对冷却系统运行数据动态远程监控、分析，及时发现用户冷却设备运行故障，尤其是突发故障先兆，迅速做出判定，及时予以排除或备件置换，为冷却系统正常运转以及全面生产提供有力保障。

2013年，大洋冷却塔公司成为中国通用机械工业协会冷却设备分会副理事长单位、中国通用机械工业协会能量回收装备分会理事单位，并成为中石油一级设备供应商。公司的发展目标是：进入中海油、中石化等企业大型供应商链，以"优质的产品、一流的服务"奉献给客户和社会，为公司的健康发展再创辉煌。

二、南京大洋冷却系统技术有限公司

南京大洋冷却系统技术有限公司是由南京大洋冷却塔股份有限公司和南京河海科技有限公司合作创办的。以河海大学郑源教授为核心的公司余压利用及冷却系统智能控制技术团队，充分发挥大洋冷却塔公司在循环水系统控制与应用领域的整合优势，经过近三年的潜心探索研究，已完全消化、吸收和掌握了循环水系统中的余压利用技术，使得新型节能型冷却塔系统中与之相配套的水轮机的运行功效明显优于国内同类产品，200～5 000t各种规格的水轮机效能都基本接近和达到85%的标准值。

今后，公司还将在内部结构与外观上对产品进行再优化、改进，使机械传动部分运行更加安全、高效，延长轴承、机械密封、油封等易损易耗件的使用寿命，减少设备维修和部件更换频率；外观设计将更注重视觉效果，缩小外形尺寸，降低成本、减轻产品自重，利于安装和使用。

三、南京大洋水处理技术有限公司

南京大洋水处理技术有限公司是由南京大洋冷却塔股份有限公司和南京师范大学环境科学与

工程系张显球教授为核心的环保水处理技术研究团队合作成立的。旨在深层面地对水质稳定型循环冷却水系统排污水回用技术与设备、工业废水深度处理与回用技术及设备、微絮凝耦合过滤技术与设备进行研究、推广。

众所周知,冷却塔系统是通过水和空气接触进行热交换来实现冷却目的的,水是冷却系统中的循环冷却剂。常态下,冷却设备都是在满负荷的工作,其金属部分表面常常会发生腐蚀、结垢、粘泥等沉积物的集积。沉积物的存在可大大降低换热器的冷却效果,沉积物还可使换热器中冷却水通道的截面积和冷却水的通量变小,从而降低冷却效果。

水质稳定型循环冷却水系统排污水回用技术与设备通过深入分析排污水回用对循环冷却水水质稳定(平衡)性的影响程度,基于保护系统内的水质平衡目标而设计的一种分级优化处理技术。相比现有技术产品,此技术不仅能经济高效地去除悬浮物和成垢杂质,而且保持了原系统的水质平衡,可降低水质的结垢性、腐蚀性,减少水质稳定剂(化学品)的使用,减小设备体积,降低深度除盐设备的规模和投资,可为用户节省水处理成本 20% ~ 30%,处理后的水质优于 GB 50050—2007《工业循环冷却水处理设计规范》,综合性能优于现有产品。此技术可广泛应用于电力、化工、钢铁、石化、冶金等各类工业循环冷却水系统以及宾馆、商厦等商业中央循环冷却水系统。

工业废水深度处理与回用技术与设备可针对各种工业废水设计制造经济高效的深度处理与回用设备或工程。微絮凝耦合过滤技术与设备采用

的是控制絮凝剂微量投加与絮凝体尺度大小,使之与滤床的空隙分布特征耦合,不经过沉淀而直接完成过滤的一种新型接触絮凝过滤技术。该技术与传统的“混凝沉淀 + 砂过滤”相比,简化了水处理流程;过滤速度从 8 ~ 12m^3/h 大幅提高到 25 ~ 30 m^3/h,改变了传统过滤器设备体积庞大的缺陷;不仅能显著改善出水水质,还可延长过滤周期,降低设备投资,采用节能反洗方式,比传统砂滤降低 50% 以上的反洗水耗与能耗。该技术与设备可广泛应用于低浊的地表水的净化、各种废水的深度净化以及循环冷却水系统的旁滤除浊。

四、南京凯大大洋空调有限公司

南京凯大大洋空调有限公司是由大洋冷却塔公司和山东中科凯恩低碳新能源科技研发有限公司合作创建,以生产、销售小型吸收式中央空调为主营项目,配以吸收式热泵的研发、生产与推广应用。

小型吸收式中央空调是以天然气为能源,拥有许多核心技术和具有前沿科学技术的中央空调。该类空调的特点是无电、节能、清洁、高效、多功能,可调节城市能源季节平衡,可以利用无电清洁能源,如天然气、工业废热、工业废水、蒸汽及太阳能

等。与电力中央空调相比，噪声低，振动小，寿命长。可根据多领域的需要提供冷暖风，彻底解决因热交换容器收缩膨胀引起的真空泄露。该类空调可长期保持绝对真空状态，避免化学腐蚀现象，有较好的市场应用前景。

吸收式热泵是一种利用低品位热源，实现将热量从低温热源向高温热源泵送的循环系统，是回收利用低温位热能的有效装置，具有节约能源、保护环境的双重作用。吸收式热泵是一种以热为动力的制热方式，驱动它的热量可以来自煤、气、油等燃料的燃烧，也可以利用低温热能，如太阳能、地热等，特别是可以直接利用工业生产中的余热或废热，且制热量非常大，通常制热能力可达每小时几百万千焦，体系中除溶液泵外，无其他传动设备，耗电量很少。

立足中国市场　坚持创新发展

——斯必克公司

斯必克公司（简称斯必克）于20世纪初诞生于美国，现已发展成为一家全球性的跨行业工业生产领导企业。斯必克总部位于美国北卡罗来纳州的夏洛特，年销售收入约50亿美元，业务遍布全球超过35个国家，拥有员工14 000多人。斯必克高度专业化的产品和技术专注于流体技术和能源基础建设两大领域，旗下马利品牌冷却塔在暖通空调领域内独树一帜。斯必克是业内权威认证机构CTI（美国冷却技术协会）的创始会员之一。自1998年以来，斯必克通过战略性收购（先后收购了马利、巴克等冷却塔公司）和内生增长实现了公司的战略转型：从一家年销售额不足10亿美元的美国本土汽车配件生产商，成长为一家多元化的全球性企业。借助精湛的技术和明确的市场发展规划，斯必克在热力设备与服务、流体技术、工业产品与服务三个领域，致力于为用户提供优质的产品和系统解决方案。

斯必克于20世纪90年代进入中国，经过近20年的发展，斯必克在中国已拥有近1 400名员工，年销售额近3亿美元。斯必克在上海、苏州、无锡和张家口设有工厂，在中国各主要城市设有近20个营销和售后服务中心。

一、立足市场，实现中国本土化发展

1996年，广州马利冷却塔有限公司成立，2007年更名为斯必克（广州）冷却技术有限公司，并于2009年成立苏州分公司，为工业设施及商用楼宇提供蒸发冷却设备。与美国及西方冷却塔市场不同的是，斯必克进入中国时，中国的冷却塔市场才刚刚起步，这让斯必克在中国本土化的进程中遭遇了一些困难，经历了合资、独资及工厂搬迁，其中最突出的问题是产品规格和销售模式的差异。

由于产品应用环境有所差异，某一款在国外应用非常成熟的产品不适用于中国市场的情况时有发生，这就对斯必克的产品规格有了进一步的要求。在此情况下，斯必克不断对冷却塔产品进行中国本土化改造，以适应中国市场的发展。

在美国，斯必克旗下马利品牌冷却塔发展已经相当成熟，无论是产品研发、技术还是生产、下单、交货体系都十分严格，销售模式也较为成熟。而在中国，冷却塔市场发展还处于初级阶段，各方面的制度都不太完善。同时，中国用户更注重服务，追求不论何时何地要求售后服务人员随叫随到的效果。面对这个问题，如何培养适合中国市场的销售、服务团队，对于斯必克而言至关重要。

2004年之后，斯必克冷却技术开始全面进入独资时代，在不断引进新产品、新技术的同时，对于新团队人员的培养成为公司的重点，而经销商队伍的发展则是重中之重。为此,斯必克对经销商给予大力的支持与帮助:首先是不遗余力地帮助经销商发展业务;其次是通过制度和流程来管理协调业务流程中经销商和公司内部的沟通和配合,促进经销商之间的合作;第三是通过对经销商的培训和对市场反馈信息的收集,来促进企业内部的完善和革新,使公司的各项业务更适合用户和市场的需求。

经过多年的发展,经销商已经成为斯必克重要的合作伙伴,成为斯必克在中国稳步发展的关键。正是基于斯必克完善而精细的合作模式,大部分经销商已经与斯必克合作了5~10年,也为斯必克在中国本土化的发展注入了新鲜的活力。

二、发挥优势,推进中国本土化进程

对于斯必克而言,中国冷却塔市场尚待大规模开发,斯必克将充分利用自身的优势,实现在中国市场的平稳发展。

1. 集团优势

不论是在斯必克的创始地美国,还是在世界各地,斯必克均展现出了强大的集团优势:

斯必克在中国发展的过程中,建立了广泛的服务网络,培养了成熟的营销团队,同时,借助强大的集团实力和全球化发展的模式,与用户签订全球的战略合作协议,这样既能丰富优质的用户资源,又能提高企业营销模式的吸引力。

冷却塔的体积较大,需要通过实验模拟不同的气候条件对冷却塔进行测试,而建立实验室的成本远高于建立一个厂房的成本。建立企业自己的实验室,对各类数据都有实测依据,这对于普通企业而言是很难做到的。斯必克美国总部建有这样的实验室,能够模拟不同的气候条件对冷却塔进行测试。

2. 技术优势

进入中国之后的一个时期,斯必克主要侧重于大城市和沿海地区市场的发展。近几年,斯必克在内陆地区,特别是西部欠发达地区的业务也加快了发展步伐,而这一切,都与其精湛的技术优势分不开。

从并购马利(世界上第一台横流式冷却塔的发明者)到Clear-Sky节水型冷却塔的开发,斯必克的发展过程就是一个创新的过程,在这个过程中,斯必克将一系列新型产品和技术推向市场:节水技术——通过蒸发水实现换热,仅添加一个收水模块,就能把部分蒸发的水实现零耗能再回收利用;消雾技术——由于冷却塔的使用会产生大量的雾气,会对机场高速公路附近的环境产生影响,斯必克采用干湿空气混合的方式抵消湿度,采用换热盘管烘干湿气的方式,将对环境的影响降到最低。

此外,斯必克是国内冷却塔行业最早采用SAP管理软件系统的公司之一,销售管理也采用在线的软件QTC系统,部分用户和经销商可以在线获得基于用户设计参数的产品选型和配置等产品信息,甚至实现了在线下销售订单等功能。这就确保了斯必克在业务规模不断扩大的同时,保持了管理流程控制、成本控制、数据管理的准确性等等,也为其在中国的快速发展奠定了基础。

除了管理软件的使用,斯必克还开创了冷却塔区域经销商建立库存的业务模式,该模式可以满足部分交货紧急的用户,也可以使得偏远地区的用户及时获得产品、配件以及服务。相对传统项目中冷却塔根据具体订单生产而不能够建立成品库存的模式,斯必克的新业务模式实现了跨越性的突破。

依托斯必克自身的优势,斯必克在中国本土化的进程突破了原有的限制,变得更为平稳和顺利。

三、持续创新,定位中国发展新模式

斯必克一直坚持持续创新,致力于开发出更节能、更环保的产品和技术,并逐步应用于中国市场。

斯必克期望大多数用户能够认识到冷却塔在空调系统和冷却系统的重要性,用户在购买冷却塔时考虑的不仅仅是一次性购买成本,而是设备寿命周期内的使用成本(LCC),包括系统运行效率、能耗、设备寿命和寿命周期内的维护成本等,以专业的角度综合分析产品的性价比,从而看到斯必克冷却塔的优势。同时,斯必克也会继续对产品进行调整,研发出真正适合中国市场的本土产品,并会持续推进整个行业标准的提升,为用户提供更好的性能保障和使用体验。

2006 年,斯必克重新定位在中国发展的业务模式,摒弃以往事无巨细的生产制造模式,采用 SAP 管理系统,改变部分零部件购买的方式,精简生产链条,使得企业在掌握核心的换热技术同时,轻装上阵,发展更为迅速。

2009 年,斯必克在吴江汾湖开发区建立了新工厂。2013 年 11 月,面积超过 15 000m^2 的厂房建成并完成搬迁。从广州到上海,从上海到吴江,斯必克在逐步探索中国本土化发展之路的同时,收获了中国用户的认可,也收获了在中国区域发展的经验。

对于一个企业而言,市场占有率和营业额无疑是最为重要的,但是斯必克的目标更为长远,那就是在技术领域内不断追求卓越,给更多的用户提供更好的产品和服务,并且持续开发和引进先进的技术,使广大用户受益,同时不断提升产品的技术水平,从而推动整个行业的发展。

业界先驱　引领前行

——美国巴尔的摩空气盘管公司(B. A. C.)

一、深厚底蕴,引领行业发展

美国巴尔的摩空气盘管公司(B. A. C.)(简称 BAC 公司)由 John Engalitcheff, Jr. 于 1938 年创立,总部坐落于美国马里兰州的巴尔的摩市,是全球生产热交换设备和冰蓄冷产品的行业领导者。BAC 公司专注于为商业、工业、冷冻、发电等行业的用户提供有效的制冷系统解决方案,帮助用户提高生产效率、节约能源,同时致力于为保护环境作出杰出贡献。

BAC 公司不仅为用户提供高质量的产品,还要为用户提供售前、售中和售后的全面体验。公司每天有近 500 名现场工程师为用户提供产品服务。作为一家拥有 76 年历史的全球性跨国企业,BAC 公司一直坚持持续创新、与时俱进。公司拥有业内先进的研发中心,通过大量的工程试验研究,拥有众多享誉全球的创新专利技术。现在仍然在不断探索,持续引领行业发展。

BAC 公司积极参与业界的各项活动,与包括美国采暖、制冷与空调工程师学会(ASHRAE)、美国制冷空调与供暖协会(AHRI)、美国冷却技术协会(CTI)、欧洲空气调节设备制造商委员会(EUROVENT)在内的相关组织共同解决行业发展问题。在中国,BAC 公司也积极参与中国通用机械工业协会冷却设备分会(CCTI)的各项活动,共同推动行业进步。

二、全球设计,中国制造

20 世纪 80 年代,BAC 产品开始进入中国。30 多年来,BAC 公司不断地将行业内最前沿的产品和技术引入中国市场,并且积极推动产品本土化,凭借全球领先的技术实力和高品质的产品及服务,赢得中国用户的广泛赞誉。当前 BAC 产品在中国冷却塔市场的占有率处于领导地位,且市场份额还在不断提升中,中国已成为 BAC 公司全球最重要的市场之一。

当前,BAC 在中国有两家公司,分别是 BAC 大连有限公司和巴尔的摩冷却系统(苏州)有限公司。

BAC 大连有限公司于 1997 年由美国 BAC 公司和大连冰山集团共同投资创立，主要从事蒸发式冷凝器、闭式冷却塔(工业流体冷却器)和冰蓄冷设备的制造和销售，产品主要供应中国市场及周边的亚洲市场。

巴尔的摩冷却系统(苏州)有限公司(简称 BACCS)是 BAC 公司于 2010 年在昆山注资打造的全新独资工厂，总占地面积近 10 000m^2。BACCS 主要生产开式冷却塔设备，以满足中国及周边亚洲市场日益增长的需求。

三、产品系列齐全，满足用户多种需求

BAC 公司拥有行业内最齐全的冷却塔产品系列，按结构型式可分为横流冷却塔和逆流冷却塔；按材质类型可分为钢质冷却塔和玻璃钢冷却塔，且所有产品都拥有 CTI 认证，确保热力性能 100% 满足用户需求。具体产品系列包括：

(1)3000 系列——旗舰产品，行业标杆。3000 系列冷却塔的设计节能环保，单台处理量 163 ~ 1 350名义冷吨。3000 系列冷却塔运行可靠，结构坚固，使用寿命长，维护简便，节能环保，更有众多人性化选项，进一步降低系统初投资及运行费用，是冷却塔应用领域的最佳选择。

(2)1500 系列——改造项目的最佳解决方案。1500 系列冷却塔独特的单面进风设计，是紧凑小空间安装及对噪声敏感项目的最佳选择。另外，其运行可靠、维护简便及尺寸小等特性，使得 1500 系列成为最理想的新项目及改造项目的冷却塔选择(可替换现有横流塔及逆流塔)。

(3)V 系列——现场排布解决专家。在许多冷却塔排布条件严苛的应用场合，V 系列冷却塔提供了最佳的解决方案，尤其适用于进出风口外接风管及所有需要克服外部静压的应用场合，VTL、VT0 和 VTI 系列产品可满足室内、室外和地下室多种安装应用。如果配以 BAC 提供的钢质填料，V 系列冷却塔将是高温应用的最理想选择。

(4) Compass 指南者系列——跨时代绿色产品。Compass 指南者系列冷却塔选用多种环保材料，可再循环使用率高达 90% 以上，并且拥有国家节能和节水双认证，更加绿色环保。同时，该系列产品安装简便，全年可靠运行，是 BAC 公司跨时代的绿色创新产品。

四、众多经典应用案例，值得用户信赖

BAC 产品广泛运用于商业、工业、冷冻、发电等行业，迄今为止，BAC 在全球已拥有几十万个安装实例，以下为部分在中国商用空调领域的经典应用案例。

(1) 上海中心大厦。上海中心大厦高 632m，2015 年建成启用后将成为中国第一高楼及世界第二高楼。该大厦集国际标准的甲级办公、超五星级酒店和配套设施、精品商业、观光和文化休闲娱乐、特色会议设施五大功能于一体，获得美国 LEED 金级预认证和中国绿色三星级设计认证。

上海中心大厦的空调系统分为高区和低区，高区容量为 27 700kW，低区容量为 46 800kW，湿球温度为 28. 5℃。高区冷却塔需安装在位于 120 层、高 561m 的塔冠部分，低区冷却塔则安装于裙房顶部，且距离裙房 70m 处有高档公寓楼。

上海中心大厦项目选用 18 台 BAC3000 系列冷却塔，其中，低区的 10 台冷却塔加配了超静音风扇，高区的 8 台冷却塔加配静音风扇。设备底部加装弹簧减振器；设备面板侧朝向公寓楼排布；进出水口都设置在冷却塔底部，节省布管空间，实现冷却塔静音运行及设备排布的最优化方案。

(2)上海迪士尼乐园。上海迪士尼乐园是中国大陆地区第一个迪士尼主题公园,项目占地面积116hm²。上海迪斯尼项目采用当前最前沿的节能技术,采用"热、电、冷三联供"系统,即一套设备可以同时供热、供冷和供电。该系统具有靠近用户、梯级利用、一次能源利用效率高,以及环境友好、能源供给安全可靠等特点。

针对项目特殊要求,BAC公司推荐选用无水盘设计,使运行控制更为简便,而且方便后续的系统扩展;优化选型,以最环保的方式降低运行声音。经过多轮的技术交流及方案修改,BAC公司以完美的解决方案获得上海迪士尼乐园项目冷却塔订单,共计17台BAC3000系列冷却塔。

(3)澳门威尼斯人酒店。酒店投资约200亿元,总建筑面积近100万m²,设有3 000间豪华客房及大规模的休闲设施,被誉为亚洲最佳综合性度假酒店。

鉴于该项目对噪声条件要求极高,BAC公司推荐选用BAC超静音风扇,可使距离冷却塔20m处的运行声音降至55dB。在产品排布方面,BAC公司推荐设备四联台排布,内部水位自动平衡,节省设备占地面积;进出水口都设置在冷却塔底部,节省布管空间,而且简洁美观。该项目共选用88台BAC3000系列冷却塔设备,是迄今为止BAC公司全球最大的开式冷却塔项目。

发挥技术专长　在环保领域建功立业

——中国通用机械工程有限公司

中国通用机械工程有限公司(简称中通公司)是一家专业的工程承包公司,自1979年成立以来,一直将环境保护作为四大主营业务之一。在国家政策的引导下,中通公司活跃在环保领域,先后承揽了城市污水处理、工业废水治理、城市湖泊污染水体治理、城市垃圾处理、工业粉尘治理和工业废气处理等项目100多项,为治理和改善水源、土壤和大气污染作出了贡献,践行了中央企业的责任,创造了良好的社会效益和环境效益。

1. 城市污水处理领域

中通公司自20世纪80年代开始涉足城市污水处理行业,经过近30年的发展,已经成为能为用户提供建设方案咨询、设备成套供货、项目服务管理、安装调试指导直至EPC工程总承包等全过程服务的专业承包公司。近年来,承揽了污水处理工程项目60多个,参与全国近50家城市污水厂的建设,其中包括亚洲最大的污水预处理厂——日处理量140万t的上海合流污水一期工程预处理厂。

广西南宁江南污水处理厂是中通公司近年建设完成的大型污水处理厂之一,是世界银行贷款的国际招标项目。该厂采用A^2O(活性污泥法)处理工艺,污水日处理量达24万t。工程内容包括土建施工、设备成套供货、安装调试、人员培训和验收移交,是一个完整的交钥匙工程。该污水处理厂于2007年12月交付使用,当前设备运行情况良好,处理后的水质完全满足国家相关标准。该污水处理厂建成前,南宁市只有一座日处理量10万t的污水处理厂,江南污水处理厂的投入运行,大大提高了南宁市的污水处理能力,显著改善了城市生态环境,为南宁市获得联合国人居环境奖作出了贡献。

污水处理虽然是水源保护和污染防治的有效解决手段,但处理过程中产生的污泥如不妥善处理,将会带来新的环境污染。中通公司依靠专业优势和人才优势,积极开展污水处理厂污泥处理研究,对处理过程中产生的污泥进行深度处理。2011年,中通公司中标的重庆市鸡冠石污水处理厂污泥处理工程就是一个典型案例。这是中通公司继中标昆明主城区污水处理厂污泥处理工程项目后,在污泥处理领域又一次实现了突破。

重庆市鸡冠石污水处理厂污泥处理工程

重庆市鸡冠石污水处理厂污泥处理工程是重庆市的重点工程项目,项目日处理湿污泥量450t,采用3条日处理150t的两段式污泥处理线并联运行,处理后的污泥含水率由75%降至10%,污泥减量化明显,是当前国内最大的出泥含固率达90%的污泥干化项目。在项目实施过程中,中通公司充分结合了直接和间接干燥的优势及能量回收系统的特点,实现了系统运行温度低、工艺操作环境几乎无粉尘的工艺目标,安全性得到了充分保障。处理后的污泥将用于发电、生产绿化介质土及肥料等,避免污泥填埋对环境的二次污染,从而实现污泥减量化、无害化、资源化的目标,对探索资源循环利用新途径、保护环境、造福社会具有重大意义。

2. 工业废水治理领域

一家大型钢铁企业的废水处理系统,相当于一座中小型城市的污水处理厂的规模。其废水经过处理后回用,节约了水资源,降低了企业的生产成本,减少了大量工业废水的排放,从而降低了对地下水、流域水源以及环境的污染,社会效益和环境效益都非常明显。

中通公司于2006年承揽完成的唐山钢铁集团公司南区废水回收与处理技术改造工程项目,是一个集工程设计、设备供货和安装调试于一体的交钥匙工程。该项目应用了钢铁企业废水处理与回用、膜处理技术的集成应用技术,建成投入运行后,日处理钢铁生产工业废水4万t,废水全部处理并分质使用,替代了以前大量使用的深井水和河流水,每年可节约新水资源830万t,节约水费2 000多万元,每年可减排污染地下水源和流域水源的工业废水1 400万t。中通公司将该项工程技术应用于后续项目,在石家庄钢铁公司工业废水和江苏兴达钢帘线厂电镀废水治理工程中都取得良好的效果。

3. 城市湖泊污染水体生态环境修复领域

中通公司积极开展城市湖泊污染水体的环境修复研究,与北京化工大学等单位成立了“北化水处理工程技术合作联盟”,建立了北京市水处理与生态环境工程技术研究中心。中通公司充分发挥校企联合优势,在城市湖泊污染水体生态环境修复领域技术水平和工程能力处于领先地位。

2006年,中通公司承建完成北京市利用城市生活污水再生综合治理柳荫湖水体水质项目。北京市柳荫湖位于北京东城区北部柳荫湖公园内,周围都是建成多年的居民小区,湖水污染已达劣V类。中通公司通过采用先进的水解酸化技术、生物脱氮、臭氧－生物活性炭和生物废气净化技术,依靠经过专项培养驯化的微生物的代谢作用,经过有机物分解,实现水质净化。该工程的建设开创了利用城市污水作为湖泊景观水补充水源的新途径,在生态建设和管理方面具有代表性和推广意义。2006年，该项目工艺技术方案获得中国机械工业集团公司科学技术奖一等奖。

2009年，中通公司作为总包单位和运营单位承揽了广州东濠涌水质净化工程项目。该项目是中通公司承建并运营的治理城市环境、改善民生的重点工程项目。该项目采用先进的治污截污、调水补水、综合生物处理、除臭、园林景观、生态修复等集成技术，实现了除臭、消毒、灭菌、降噪、达标排放的环境整治目标，打造了“广州历史文化休闲第一涌”，是当前全国最大的地下立体式综合水质净化厂。广州东濠涌水质净化工程项目从根本上改善了广州东濠涌的水质和环境，把处于市中心4.5公里长的臭水沟变成绿色生态走廊，使老城区焕发了新的魅力。项目建成后，中通公司承担广州东濠涌水质净化厂的运营管理，继续为广州城市环境保护作出贡献。

改造后的广州东濠涌

4. 工业粉尘治理领域

中通公司自主开发的洒水除尘系统，主要用于消除或抑制港口转运的煤炭、矿石等散料集散场地和装卸过程中产生的大量粉尘。该系统主要由喷枪群站、管网泵站、自动控制等系统组成，高压水流通过精准控制由喷枪形成雾状喷洒区域，覆盖整个堆料场地和装卸区域，有效抑制粉尘扩散，达到净化空气的目的。中通公司先后承接了秦皇岛港、神华天津港、日照港、黄骅港和唐山曹妃甸煤码头等多项国家重点工程的洒水除尘工程，取得了良好的社会效益。

2013年建设完成的曹妃甸煤码头洒水除尘工程是中通公司近两年完成的代表项目之一。曹妃甸煤码头包括5个专业化煤炭装船外运泊位，设计年运量为5 000万t。所有煤炭通过火车运输集港，采用三翻式翻车机完成火车的卸车作业，煤炭通过5条码头带式输送机和5台大型装船机完成装船。该码头的建成，将极大地提高我国电力煤炭运输能力，为东南沿海各大型火力发电厂提供能源保证，对沿海多省区的经济发展发挥巨大的促进作用。

正在运行的洒水除尘设备

曹妃甸煤码头洒水除尘项目

中通公司承担了曹妃甸煤码头的洒水除尘消防系统、电控系统、污水处理系统、带式输送机转接机房干雾除尘系统的工程总包。该工程是集工程设计、设备制造、装配运输、安装调试、运行验收、人员培训等服务在内的交钥匙工程。工程的建成将大大降低港区的空气粉尘含量，改善港区的生产作业环境，为从源头上防治和治理京津地区粉尘污染和雾霾天气发挥作用。

经过30多年的发展，中通公司已成为管理科学、资产优良、行业特色鲜明、国内外知名的专业工程公司，正向着国内一流、国际著名的专业工程公司迈进。2013年，中通公司完成企业改制，现代企业制度的建立和完善，必将为公司发展带来新的机遇，中通公司在环保领域的发展也必将迎来新的局面。

中国通用机械工业年鉴2014

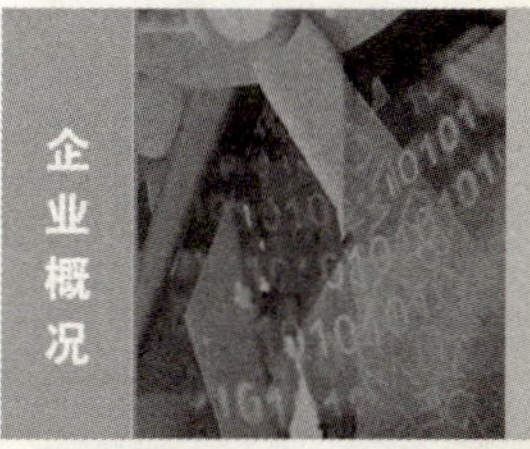

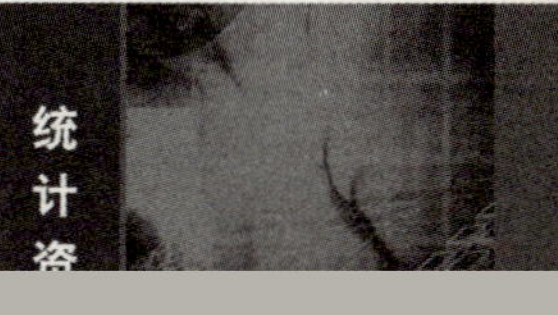

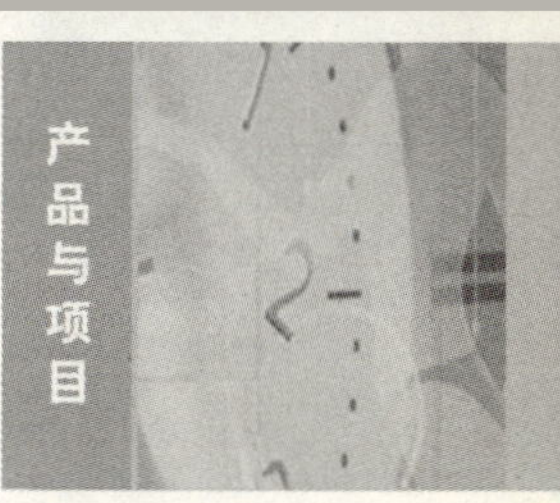

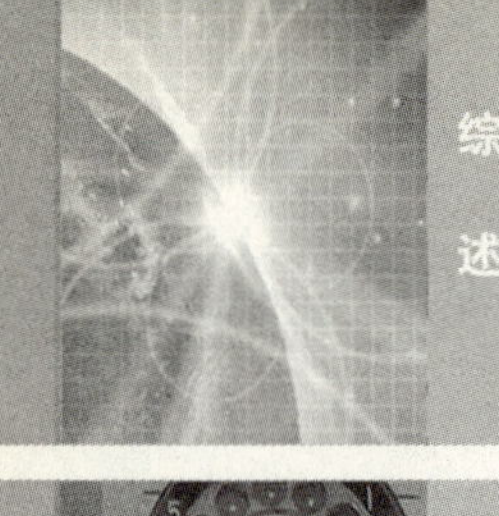

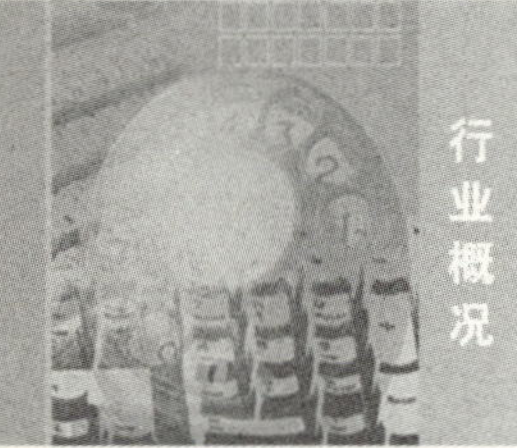

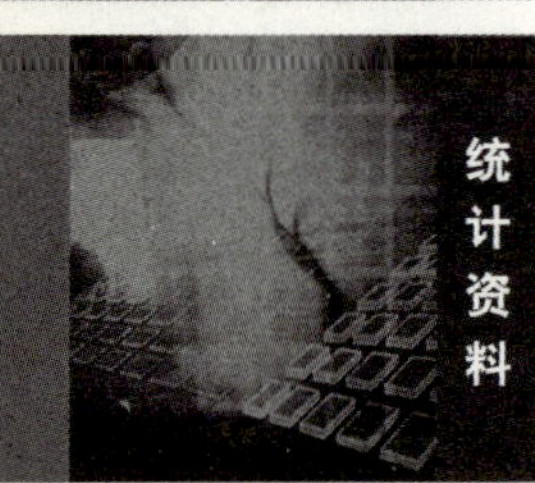

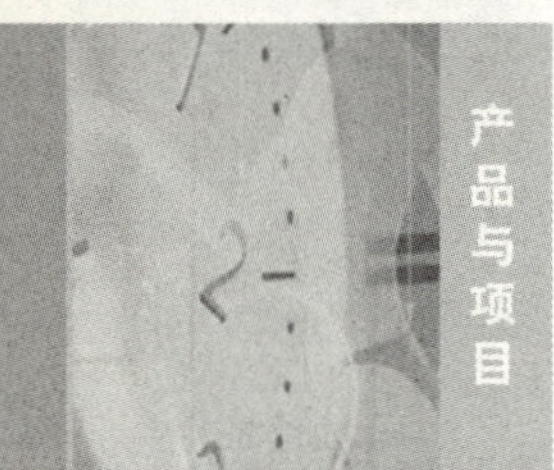

统计资料

2013 年通用机械行业主要经济指标完成情况

行业名称	企业数（家）	亏损企业		亏损额	
		企业数（家）	同比增长（%）	本年累计（亿元）	同比增长（%）
合计	5 173	460	20.73	21	2.50
泵及真空设备	1 279	108	20.00	4	-18.69
风机	430	47	17.50	2	-10.79
压缩机	442	41	-12.77	3	-44.23
阀门	1 703	132	38.95	4	24.39
气体分离及液化设备	436	39	11.43	2	-6.12
其他通用机械	883	93	25.68	6	168.90

行业名称	流动资产合计		应收账款		存货	
	本年累计（亿元）	同比增长（%）	本年累计（亿元）	同比增长（%）	本年累计（亿元）	同比增长（%）
合计	4 479	11.82	1 544	16.67	1 065	8.30
泵及真空设备	932	11.26	312	12.05	238	7.52
风机	575	6.97	205	18.15	114	8.20
压缩机	816	16.10	273	19.95	215	17.14
阀门	1 091	15.34	383	12.13	264	12.51
气体分离及液化设备	437	7.41	136	13.48	89	-6.82
其他通用机械	627	9.29	236	28.76	144	1.42

行业名称	产成品		资产总计		负债总计	
	本年累计（亿元）	同比增长（%）	本年累计（亿元）	同比增长（%）	本年累计（亿元）	同比增长（%）
合计	403	9.36	7 156	12.74	3 740	8.38
泵及真空设备	79	-6.10	1 539	12.11	757	8.15
风机	39	9.68	832	7.89	466	5.70
压缩机	104	28.34	1 305	14.05	727	12.39
阀门	105	11.56	1 754	17.02	816	9.12
气体分离及液化设备	33	20.39	734	9.28	427	4.32
其他通用机械	44	-7.17	991	11.64	547	8.09

（续）

行业名称	主营业务收入		主营业务成本		主营业务税金及附加	
	本年累计（亿元）	同比增长（%）	本年累计（亿元）	同比增长（%）	本年累计（亿元）	同比增长（%）
合计	9 074	12.84	7 502	13.55	53	17.61
泵及真空设备	2 035	13.09	1 640	13.86	14	18.47
风机	809	10.37	652	11.26	5	15.99
压缩机	1 748	12.84	1 479	12.29	7	16.72
阀门	2 412	12.71	1 998	12.65	14	17.71
气体分离及液化设备	815	15.96	669	18.40	6	25.89
其他通用机械	1 255	12.34	1 063	15.06	6	11.01

行业名称	销售费用		管理费用		财务费用	
	本年累计（亿元）	同比增长（%）	本年累计（亿元）	同比增长（%）	本年累计（亿元）	同比增长(%)
合计	303	13.35	480	11.17	80	8.13
泵及真空设备	81	10.88	116	10.28	19	11.74
风机	27	7.78	54	3.59	5	-9.16
压缩机	57	17.04	99	16.27	10	-6.90
阀门	82	13.92	114	11.36	26	9.65
气体分离及液化设备	26	19.26	41	15.52	9	36.50
其他通用机械	31	12.34	56	8.81	11	5.84

行业名称	利息支出		利润总额		应交增值税	
	本年累计（亿元）	同比增长（%）	本年累计（亿元）	同比增长（%）	本年累计（亿元）	同比增长（%）
合计	70	4.19	635	10.65	259	15.65
泵及真空设备	16	8.46	155	15.10	62	11.58
风机	5	1.50	58	3.45	28	14.68
压缩机	9	-6.84	109	22.68	42	30.65
阀门	21	1.87	170	12.91	68	13.88
气体分离及液化设备	8	23.93	63	2.00	27	14.44
其他通用机械	11	2.51	81	-2.30	32	12.02

注:资料来源于国家统计局月报数据。表中数据经四舍五入,分项之和与总项略有出入。

2013年通用机械行业(按控股类型)主要经济指标完成情况

企业类型	企业数(家)	亏损企业		亏损额	
		企业数(家)	同比增长(%)	本年累计(亿元)	同比增长(%)
合计	5 173	460	20.73	21	2.50
国有控股	149	25	19.05	5	43.82
集体控股	130	12	9.09		
私人控股	4 020	264	22.79	8	21.37
港澳台商控股	190	35	20.69	1	-19.13
外商控股	518	96	14.29	6	-29.08
其他	166	28	33.33	1	2.61

企业类型	流动资产合计		应收账款		存货	
	本年累计(亿元)	同比增长(%)	本年累计(亿元)	同比增长(%)	本年累计(亿元)	同比增长(%)
合计	4 479	11.82	1 544	16.67	1 065	8.30
国有控股	929	11.55	329	20.87	215	5.07
集体控股	98	11.82	33	15.32	27	6.25
私人控股	2 317	13.06	797	18.59	522	13.65
港澳台商控股	220	24.62	75	13.98	52	13.32
外商控股	748	4.86	255	9.71	189	-7.05
其他	167	14.55	56	5.35	60	33.85

企业类型	产成品		资产总计		负债总计	
	本年累计(亿元)	同比增长(%)	本年累计(亿元)	同比增长(%)	本年累计(亿元)	同比增长(%)
合计	403	9.36	7 156	12.74	3 740	8.38
国有控股	92	6.94	1 330	12.23	850	8.89
集体控股	11	5.19	158	12.37	72	2.36
私人控股	204	7.83	3 991	14.39	1 987	9.41
港澳台商控股	15	4.15	286	18.92	154	20.40
外商控股	52	1.39	1 141	6.65	526	1.83
其他	30	66.42	250	12.43	150	8.38

（续）

企业类型	主营业务收入		主营业务成本		主营业务税金及附加	
	本年累计（亿元）	同比增长（%）	本年累计（亿元）	同比增长（%）	本年累计（亿元）	同比增长（%）
合计	9 074	12.84	7 502	13.55	53	17.61
国有控股	844	4.27	689	4.13	4	10.56
集体控股	252	5.47	211	5.57	2	-0.50
私人控股	6 125	16.05	5 112	17.23	39	19.13
港澳台商控股	310	13.27	251	12.87	1	15.70
外商控股	1 185	4.11	932	3.52	6	22.13
其他	358	17.95	307	17.25	1	10.92

企业类型	销售费用		管理费用		财务费用	
	本年累计（亿元）	同比增长（%）	本年累计（亿元）	同比增长（%）	本年累计（亿元）	同比增长（%）
合计	303	13.35	480	11.17	80	8.13
国有控股	29	11.12	78	8.70	8	-10.01
集体控股	9	5.01	12	12.48	2	0.66
私人控股	184	15.04	267	13.41	60	13.79
港澳台商控股	14	14.00	20	7.29	2	7.07
外商控股	57	8.73	88	7.84	5	-7.28
其他	10	24.40	14	9.58	3	-2.05

企业类型	利息支出		利润总额		应交增值税	
	本年累计（亿元）	同比增长（%）	本年累计（亿元）	同比增长（%）	本年累计（亿元）	同比增长（%）
合计	70	4.19	635	10.65	259	15.65
国有控股	10	6.11	46	-5.97	24	-3.59
集体控股	1	-4.13	18	13.91	9	-15.46
私人控股	49	5.76	418	12.00	174	18.57
港澳台商控股	2		24	24.21	8	4.95
外商控股	5	-2.44	105	6.26	32	13.15
其他	3	-8.86	24	34.51	12	113.67

注:资料来源于国家统计局月报数据。表中数据经四舍五入,分项之和与总项略有出入。

2013年通用机械行业（按企业规模）主要经济指标完成情况

企业类型	企业数（家）	亏损企业		亏损额	
		企业数（家）	同比增长（%）	本年累计（亿元）	同比增长（%）
合计	5 173	460	20.73	21	2.50
大型	87	4	-33.33	4	-7.63
中型	610	46	17.95	5	-15.29
小型	4 476	410	22.02	13	14.68

企业类型	流动资产合计		应收账款		存货	
	本年累计（亿元）	同比增长（%）	本年累计（亿元）	同比增长（%）	本年累计（亿元）	同比增长（%）
合计	4 479	11.82	1 544	16.67	1 065	8.30
大型	1 312	14.14	467	27.31	290	10.08
中型	1 389	7.62	468	12.05	363	5.06
小型	1 778	13.59	609	13.00	412	10.03

企业类型	产成品		资产总计		负债总计	
	本年累计（亿元）	同比增长（%）	本年累计（亿元）	同比增长（%）	本年累计（亿元）	同比增长（%）
合计	403	9.36	7 156	12.74	3 740	8.38
大型	123	10.09	2 047	14.25	1 176	9.29
中型	141	11.93	2 184	6.98	1 150	3.13
小型	140	6.27	2 925	16.35	1 413	12.24

企业类型	主营业务收入		主营业务成本		主营业务税金及附加	
	本年累计（亿元）	同比增长（%）	本年累计（亿元）	同比增长（%）	本年累计（亿元）	同比增长（%）
合计	9 074	12.84	7 502	13.55	53	17.61
大型	1 986	12.66	1 663	12.63	7	10.98
中型	2 476	10.87	1 998	12.30	14	13.63
小型	4 611	14.00	3 841	14.61	31	21.28

企业类型	销售费用		管理费用		财务费用	
	本年累计（亿元）	同比增长（%）	本年累计（亿元）	同比增长（%）	本年累计（亿元）	同比增长（%）
合计	303	13.35	480	11.17	80	8.13
大型	69	15.86	122	12.47	15	-2.58
中型	104	11.77	141	6.85	24	10.26
小型	130	13.31	216	13.44	41	11.53

企业类型	利息支出		利润总额		应交增值税	
	本年累计（亿元）	同比增长（%）	本年累计（亿元）	同比增长（%）	本年累计（亿元）	同比增长（%）
合计	70	4.19	635	10.65	259	15.65
大型	17	-2.35	118	13.14	46	16.24
中型	21	6.47	201	3.26	81	9.10
小型	32	6.60	316	14.95	132	19.87

注：资料来源于国家统计局月报数据。表中数据经四舍五入，分项之和与总项略有出入。

2013年通用机械行业(按地区)主要经济指标完成情况

地区名称	企业数(家)	资产总计		主营业务收入		利润总额		出口交货值	
		本年累计(亿元)	同比增长(%)	本年累计(亿元)	同比增长(%)	本年累计(亿元)	同比增长(%)	本年累计(亿元)	同比增长(%)
合计	5 173	7 156	12.74	9 074	12.84	635	10.65	948	3.28
北京	64	168	0.24	139	1.07	13	-10.67	14	30.00
天津	109	267	11.36	231	9.70	18	4.07	34	-20.23
河北	174	157	12.20	265	9.17	24	12.04	9	12.11
山西	26	36	19.46	44	37.13	2	42.96		
内蒙古	11	51	9.74	36	5.59	3	45.15		
辽宁	531	625	20.99	1 044	13.97	68	10.82	32	-15.79
吉林	58	35	21.33	87	15.57	4	15.88		
黑龙江	32	26	10.28	28	6.33	2	22.52		
上海	340	602	6.91	558	0.74	43	0.12	61	-1.42
江苏	779	819	7.34	1 121	14.11	82	24.62	149	6.66
浙江	1 126	1 273	9.49	1 171	6.15	82	5.99	337	4.08
安徽	165	207	20.42	338	14.45	22	6.35	11	12.09
福建	143	280	26.16	321	13.52	26	5.81	40	9.16
江西	34	106	25.86	162	19.82	10	27.19	23	17.64
山东	495	551	9.68	1 186	19.94	83	12.02	56	4.45
河南	205	436	42.34	631	20.84	43	11.85	2	0.58
湖北	120	160	8.57	183	19.13	11	14.03	5	-6.82
湖南	167	144	23.45	278	23.43	14	33.01	3	79.03
广东	270	468	8.54	578	10.17	33	20.84	153	4.78
广西	23	32	19.58	32	7.66	2	-48.70	1	10.00
重庆	61	148	5.70	103	12.02	3	-35.81	5	-22.91
四川	169	264	12.55	353	14.92	27	15.60	8	38.99
贵州	4	2	178.26	1	9.52				
云南	6	5	32.81	4	-5.50				
陕西	45	267	4.15	166	7.29	16	3.41	4	-15.86
甘肃	13	24	29.49	15	24.71	1	26.67	1	90.00
宁夏	2	2	8.88	1	-3.45				
新疆	1								

注:资料来源于国家统计局月报数据。表中数据经四舍五入,分项之和与总项略有出入。

2013 年通用机械主要产品进口情况

商品税号	商品名称	进口量单位	进口量	进口额(万美元)
84131100	分装燃料或润滑油的计量泵,加油站或车库用	台	3 972	331.30
84131900	其他装有或可装计量装置的液体泵	台	412 684	17 886.53
84134000	混凝土泵	台	4 249	1 372.65
84135010	气动往复式排液泵	台	73 358	5 788.66
84135020	电动往复式排液泵	台	13 504 563	25 476.35
84135031	液压往复式柱塞泵	台	802 799	17 560.71
84135039	其他液压往复式排液泵	台	306 865	17 815.58
84135090	未列名往复式排液泵	台	1 339 159	11 494.76
84136021	电动回转式齿轮泵	台	2 082 069	22 432.97
84136022	液压回转式齿轮泵	台	236 703	5 824.94
84136029	其他回转式齿轮泵	台	1 071 538	11 378.57
84136031	电动回转式叶片泵	台	829 306	3 998.03
84136032	液压回转式叶片泵	台	59 338	1 275.76
84136039	其他回转式叶片泵	台	538 598	4 587.71
84136040	回转式螺杆泵	台	28 090	5 378.32
84136050	回转式径向柱塞泵	台	5 284	668.69
84136060	回转式轴向柱塞泵	台	74 711	13 068.07
84136090	其他回转式排液泵	台	1 495 880	11 704.34
84137010	转速在 10 000r/min 及以上的离心泵	台	666 679	3 632.47
84137091	转速在 10 000r/min 以下的离心式电动潜油泵及潜水电泵	台	70 298	7 126.32
84137099	转速在 10 000r/min 以下的其他离心泵	台	3 358 598	90 158.52
84138100	未列名液体泵	台	4 963 910	25 836.89
84138200	液体提升机	台	3 024	805.11
84139100	液体泵零件	kg	27 017 043	70 868.15
84139200	液体提升机零件	kg	14 548	38.17
84141000	真空泵	台	1 948 754	50 930.08
84142000	手动或脚踏式空气泵	台	1 707 395	652.12
84143014	电动机功率 >5kW 的空气调节器用压缩机	台	340 344	15 845.22
84144000	装在拖车底盘上的空气压缩机	台	624	1 272.64

（续）

商品税号	商品名称	进口量单位	进口量	进口额（万美元）
84145930	离心通风机	台	3 306 819	22 948.34
84145990	未列名风机、风扇	台	194 497 719	82 648.38
84148020	二氧化碳压缩机	台	65 289	3 618.16
84148090	其他空气泵，气体压缩机，通风罩、循环气罩	台	20 326 082	178 085.17
84149011	84143011 ~84143014、84143090 压缩机进、排气阀片	kg	703 247	1 086.08
84149019	84143011 ~84143014、84143090 机器其他零件	kg	33 758 934	33 823.85
84193100	农产品干燥器	台	199	871.89
84193200	木材、纸浆、纸或纸板干燥器	台	271	6 621.27
84193910	微空气流动陶瓷坯件干燥器	台	16	251.54
84193990	未列名干燥器	台	99 109	28 775.41
84196011	制氧量≥15 000m^3/h 及以上的制氧机	台	1	0.04
84196019	其他制氧机	台	3 138	179.07
84196090	未列名液化空气或其他气体的机器	台	289	9 283.17
84211100	奶油分离器	台	9	202.64
84211910	脱水机	台	327	3 320.86
84211920	固液分离机	台	5 283	14 691.81
84211990	其他未列名离心机，包括离心干燥机	台	104 401	26 507.86
84212200	过滤或净化饮料的机器及装置	台	9 005	593.73
84212300	内燃发动机的燃油过滤器	个	48 558 781	25 357.76
84212910	压滤机	个	379	6 925.99
84212990	未列名液体过滤、净化机器及装置	个	58 469 944	79 463.67
84213100	内燃发动机的进气过滤器	个	2 971 300	5 612.95
84213930	内燃发动机的排气过滤及净化装置	个	1 690 334	16 715.46
84213990	其他非家用型气体的过滤、净化机器及装置	个	12 258 115	53 000.02
84811000	减压阀	套	35 762 289	38 615.79
84812010	油压传动阀	套	54 304 043	84 626.06
84812020	气压传动阀	套	11 369 159	46 184.19
84813000	止回阀	套	219 990 361	38 870.25
84814000	安全阀或溢流阀	套	66 465 564	40 434.46
84818090	龙头、旋塞及类似装置	套	10 402 680	24 899.69
84819010	阀门零件	kg	28 162 362	101 620.10
84819090	龙头、旋塞及类似装置的零件	kg	5 756 240	15 468.78
84834020	行星齿轮减速器	个	418 621	31 565.58

2013 年通用机械主要产品出口情况

商品税号	商品名称	出口量单位	出口量	出口额(万美元)
84131100	分装燃料或润滑油的计量泵,加油站或车库用	台	194 796	9 309.83
84131900	其他装有或可装计量装置的液体泵	台	984 324	6 092.18
84134000	混凝土泵	台	2 049	6 989.80
84135010	气动往复式排液泵	台	984 677	5 270.81
84135020	电动往复式排液泵	台	17 340 217	17 658.33
84135031	液压往复式柱塞泵	台	1 026 131	6 214.86
84135039	其他液压往复式排液泵	台	482 699	3 199.73
84135090	未列名往复式排液泵	台	1 755 594	11 916.51
84136021	电动回转式齿轮泵	台	2 515 914	1 900.54
84136022	液压回转式齿轮泵	台	300 064	3 579.47
84136029	其他回转式齿轮泵	台	286 220	2 436.85
84136031	电动回转式叶片泵	台	16 045 858	14 547.29
84136032	液压回转式叶片泵	台	389 468	1 524.12
84136039	其他回转式叶片泵	台	1 705 252	3 377.78
84136040	回转式螺杆泵	台	90 736	2 574.07
84136050	回转式径向柱塞泵	台	18 372	175.00
84136060	回转式轴向柱塞泵	台	220 030	1 617.06
84136090	其他回转式排液泵	台	23 575 239	54 653.59
84137010	转速在 10 000r/min 及以上的离心泵	台	10 634 982	4 626.03
84137091	转速在 10 000r/min 以下的离心式电动潜油泵及潜水电泵	台	29 663 401	65 742.75
84137099	转速在 10 000r/min 以下的其他离心泵	台	30 328 603	120 021.98
84138100	未列名液体泵	台	22 822 708	40 042.95
84138200	液体提升机	台	35 643	358.03
84139100	液体泵零件	kg	244 743 476	149 272.75
84139200	液体提升机零件	kg	1 884 895	1 852.62
84141000	真空泵	台	3 687 182	17 395.50
84142000	手动或脚踏式空气泵	台	145 977 378	22 855.85
84143014	电动机功率 >5kW 的空气调节器用压缩机	台	248 489	13 132.23
84144000	装在拖车底盘上的空气压缩机	台	93 154	11 378.69

（续）

商品税号	商品名称	出口量单位	出口量	出口额（万美元）
84145930	离心通风机	台	17 160 271	28 350.78
84145990	未列名风机、风扇	台	352 957 389	122 270.30
84148020	二氧化碳压缩机	台	294 515	4 440.21
84148090	其他空气泵，气体压缩机，通风罩、循环气罩	台	90 154 650	173 665.22
84149011	84143011～84143014、84143090 压缩机进、排气阀片	kg	571 300	654.90
84149019	84143011～84143014、84143090 机器其他零件	kg	36 211 026	16 574.13
84193100	农产品干燥器	台	2 031	2 371.91
84193200	木材、纸浆、纸或纸板干燥器	台	3 279	3 569.24
84193910	微空气流动陶瓷坯件干燥器	台	920	54.63
84193990	未列名干燥器	台	752 992	24 947.85
84196011	制氧量≥15 000m^3/h 及以上的制氧机	台	355	4 134.15
84196019	其他制氧机	台	5 490	11 118.67
84196090	未列名液化空气或其他气体的机器	台	1 022	8 201.97
84211100	奶油分离器	台	2 607	39.89
84211910	脱水机	台	197 423	2 731.98
84211920	固液分离机	台	12 082	8 271.46
84211990	其他未列名离心机，包括离心干燥机	台	290 758	8 390.13
84212200	过滤或净化饮料的机器及装置	台	78 738	133.09
84212300	内燃发动机的燃油过滤器	个	368 417 400	67 916.40
84212910	压滤机	个	4 751	5 347.32
84212990	未列名液体过滤、净化机器及装置	个	82 196 789	45 429.80
84213100	内燃发动机的进气过滤器	个	77 349 112	21 454.75
84213930	内燃发动机排气过滤及净化装置	个	891 811	7 047.41
84213990	其他非家用型气体的过滤、净化机器及装置	个	7 792 994	35 386.92
84811000	减压阀	套	40 465 397	19 393.92
84812010	油压传动阀	套	5 709 143	7 461.04
84812020	气压传动阀	套	6 262 772	8 513.18
84813000	止回阀	套	1 727 800 304	39 444.50
84814000	安全阀或溢流阀	套	18 848 372	11 164.69
84818090	龙头、旋塞及类似装置	套	619 512 754	403 617.78
84819010	阀门零件	kg	339 582 871	223 549.19
84819090	龙头、旋塞及类似装置的零件	kg	101 518 228	121 759.96
84834020	行星齿轮减速器	个	4 095 314	15 018.99

产品与项目

公布行业获奖项目及名牌产品，推荐行业企业新产品、节能产品

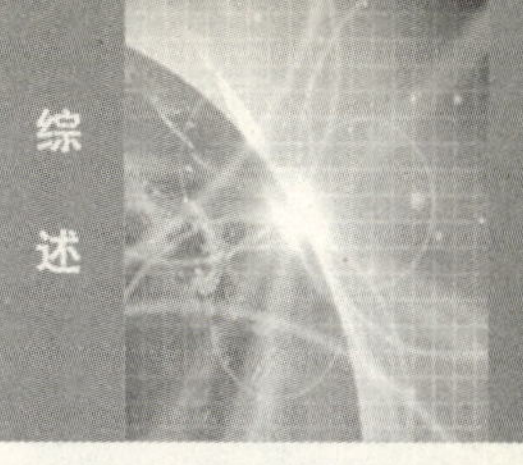

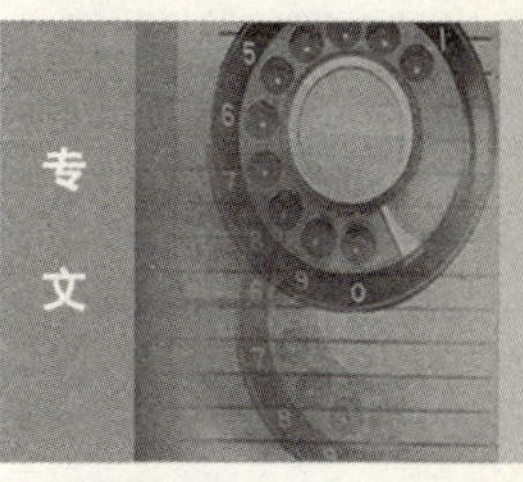

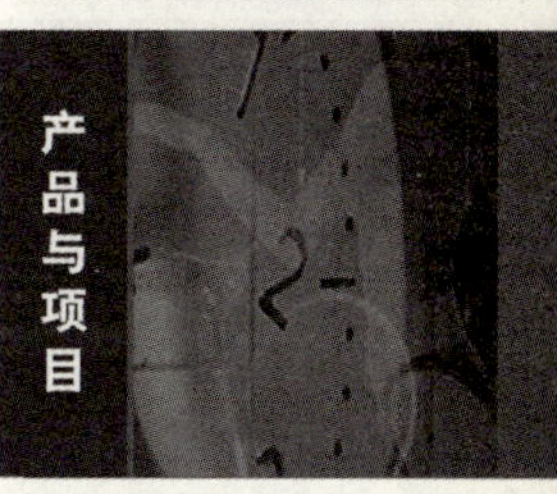

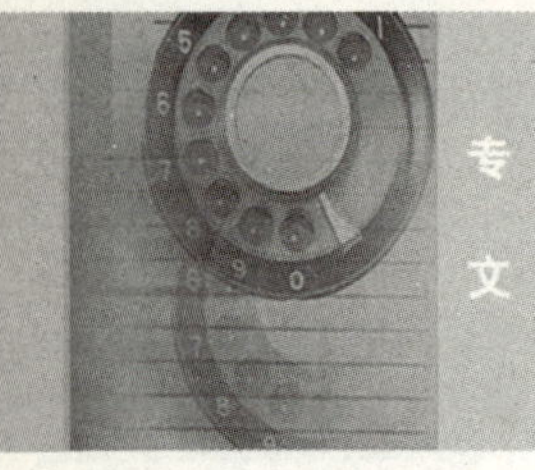

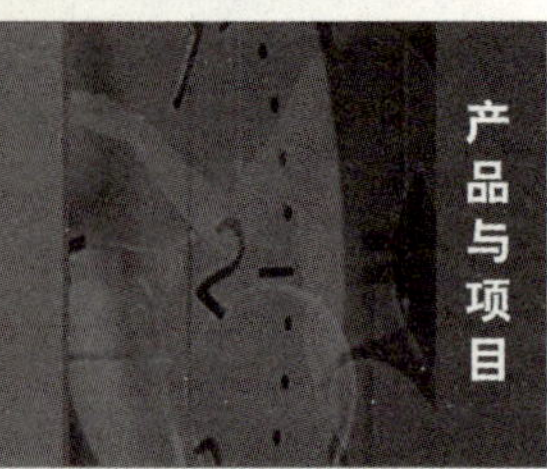

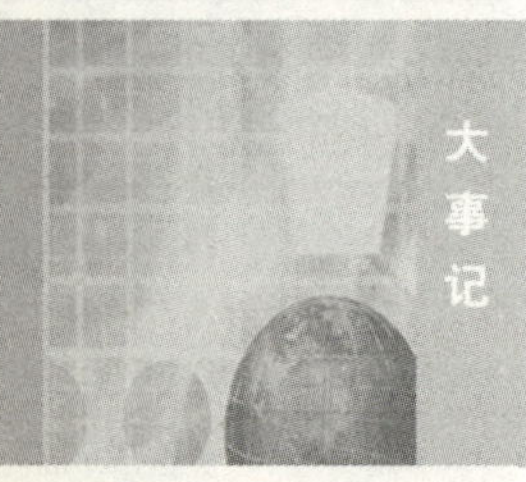

产品与项目

2013年通用机械行业名牌产品

企业名称	商标	产品名称	获奖等级
石家庄强大泵业集团有限责任公司	KINGDA	疏浚用泵	河北省名牌产品
沈阳鼓风机集团股份有限公司	沈鼓	离心式工业风机	中国名牌产品
西安陕鼓动力股份有限公司	陕鼓	轴流压缩机	陕西省名牌产品(通过复评)
西安陕鼓动力股份有限公司	陕鼓	E型系列离心压缩机	陕西省名牌产品(通过复评)
西安陕鼓动力股份有限公司	陕鼓	硝酸四合一机组	陕西省名牌产品(通过复评)
西安陕鼓动力股份有限公司	陕鼓	烧结离心鼓风机	陕西省名牌产品
西安陕鼓动力股份有限公司	陕鼓	离心鼓风机(C系列、D系列、MC系列)	西安市名牌产品(通过复评)
西安陕鼓动力股份有限公司	陕鼓	烧结离心鼓风机	西安市名牌产品(通过复评)
重庆通用工业(集团)有限责任公司	重通	LC、LCS、LB、LBS、LDC、CTXK离心式制冷机组	重庆市名牌产品
重庆通用工业(集团)有限责任公司	重通	W6-2×29-F、W6-2×39-F、Y4-2×73-F、Y5-2×48-F工业风机	重庆市名牌产品
四平鼓风机股份有限公司	四风	水泥用高温离心通风机	吉林省名牌产品
甘肃省白银风机厂有限责任公司	金扇	离心通风机	甘肃省名牌产品
宁夏银川银风风机有限责任公司	财通	4-72系列离心通风机、KRY系列离心通风机、篦冷机风机	宁夏回族自治区名牌产品
上海通用风机股份有限公司	上树	通风机(工业、空调、特种)	上海市名牌产品
上海德惠特种风机有限公司	超惠	离心通风机、轴流通风机、混流风机	上海市名牌产品
江苏金通灵流体机械科技股份有限公司	金通灵	离心鼓风机、离心通风机	江苏省名牌产品
南通市恒荣机泵厂有限公司	恒荣	3L13XD(C)~3L73XD(C)三叶型罗茨鼓风机	江苏省名牌产品
浙江明新风机有限公司	MINXIN/明新	轴流通风机	浙江省名牌产品
青岛风机厂有限公司	崂山	CLQ型船用通风机	青岛市名牌产品
山东海福德机械有限公司	海福德	三叶罗茨鼓风机	济南市名牌产品
山东新风股份有限公司	新风	DW、KT系列外转子风机	山东省名牌产品
山东临风科技股份有限公司	临风	离心通风机	山东省名牌产品
安徽安风风机有限公司	安風	离心式及轴流式通风机	安徽省名牌产品
长沙鼓风机厂有限责任公司	长风	罗茨鼓风机	湖南省名牌产品
湖北省风机厂有限公司	三峰	离心鼓风机	湖北省名牌产品
佛山市南海九洲普惠风机有限公司	九洲普惠	离心通风机、轴流通风机	广东省名牌产品
哈尔滨东宇农业工程机械有限公司	东宇	粮食干燥机	黑龙江省名牌产品
常州市范群干燥设备有限公司	范干	高效颜料烘干机	常州市名牌产品

2013 年通用机械行业获奖项目

序号	项目名称	获奖名称	主要完成单位
1	极端条件下重大承压设备的设计、制造与维护	中国机械工业科学技术奖特等奖	合肥通用机械研究院、华东理工大学、浙江大学、中国特种设备检测研究院、中国第一重型机械集团大连加反应器制造有限公司、中国石化集团南京化学工业有限公司化工机械厂
2	大型 PTA 装置用离心压缩机组研制	中国机械工业科学技术奖一等奖	沈阳鼓风机集团股份有限公司、沈阳透平机械股份有限公司、大连理工大学
3	轴流泵非线性环量设计理论研究与工程应用	中国机械工业科学技术奖二等奖	江苏大学、南京蓝深制泵（集团）股份有限公司、江苏亚太泵阀有限公司、湖南湘电长沙水泵有限公司、上海凯士比泵有限公司、上海凯泉泵业（集团）有限公司、上海东方泵业（集团）有限公司
4	污泥深度脱水干化一体机	中国机械工业科学技术奖二等奖	杭州兴源过滤科技股份有限公司
5	万吨级海水淡化高压泵关键技术研究与工程应用	中国机械工业科学技术奖二等奖	江苏大学
6	大流量、高真空、特殊介质真空系统	中国机械工业科学技术奖二等奖	广东省佛山水泵厂有限公司、中国石油化工股份有限公司镇海分公司
7	1 000kW 级特大型潜水电泵关键技术研究与产业化	中国机械工业科学技术奖二等奖	江苏亚太泵阀有限公司、江苏大学
8	重大石化装置高温塔底泵的自主化研制	中国机械工业科学技术奖二等奖、辽宁省中小企业专精特新产品	大耐泵业有限公司
9	ASD M 水平中开多级泵的自主化研制	辽宁省中小企业专精特新产品	大耐泵业有限公司
10	AP1000 常规岛主给水泵组前置泵	中国机械工业科学技术奖二等奖	上海电力修造总厂有限公司
11	螺杆泵高效采油关键技术及应用	中国机械工业科学技术奖二等奖	中国石油大学（华东）、中国石油化工股份有限公司胜利油田分公司胜利采油厂、胜利油田高原石油装备有限责任公司
12	高炉煤气能量回收透平的危急遮断器及其实验装置改进	中国机械工业科学技术奖二等奖	陕西鼓风机（集团）有限公司

（续）

序号	项目名称	获奖名称	主要完成单位
13	基于在线分析的真实气体离心压缩机闭式循环试验技术研究	中国机械工业科学技术奖三等奖	西安陕鼓动力股份有限公司、天津大学
14	高效液下无堵塞污水泵关键技术研究及产业化	中国机械工业科学技术奖三等奖	江苏大学、江苏国泉泵业制造有限公司、无锡利欧锡泵制造有限公司、上海东方泵业（集团）有限公司、上海康大泵业制造有限公司
15	高效烟气脱硫循环泵	中国机械工业科学技术奖三等奖	襄阳五二五泵业有限公司
16	大口径无外泄漏波纹管闸阀	中国机械工业科学技术奖三等奖	超达阀门集团股份有限公司
17	600MW超临界、亚临界火电机组给水泵国产化研制	中国机械工业科学技术奖三等奖	上海电力修造总厂有限公司
18	W－7.5/（1～2）－250－C型天然气压缩机	中国机械工业科学技术奖三等奖	安瑞科（蚌埠）压缩机有限公司
19	300MW（350MW）火力发电机组凝结水泵项目改造	中国机械工业科学技术奖三等奖	沈阳华能电站泵制造有限公司
20	1050型大口径连续高速过滤分离设备	中国机械工业科学技术奖三等奖	江苏牡丹离心机制造有限公司
21	600MW超临界机组锅炉给水泵水力模型优化设计研究	中国机械工业科学技术奖三等奖	兰州理工大学
22	60万t/a甲醇制烯烃装置（MTO）产品气压缩机	沈阳市科技进步奖一等奖	沈阳透平机械股份有限公司
23	大型天然气液化装置用离心压缩机组	沈阳市科技进步奖一等奖	沈阳透平机械股份有限公司
24	混合碳四石油气制MTBE新工艺装置用离心压缩机组	沈阳市科技进步奖三等奖	沈阳透平机械股份有限公司
25	多高速轴齿轮增速型离心压缩机组	沈阳市科技进步奖三等奖	沈阳透平机械股份有限公司
26	新型PTA装置用能量回收机组	沈阳市科技振兴奖	沈阳透平机械股份有限公司
27	天然气长输管线压缩机	辽宁省科技进步奖一等奖	沈阳透平机械股份有限公司
28	百万吨乙烯装置用系列压缩机	辽宁省重大研发成果奖	沈阳透平机械股份有限公司
29	焦炉煤气制甲醇工艺用压缩机关键技术研究及产品开发	陕西省科学技术奖二等奖	西安陕鼓动力股份有限公司
30	高压小流量多级离心压缩机研发	重庆市科学技术成果	重庆通用工业（集团）有限责任公司

（续）

序号	项目名称	获奖名称	主要完成单位
31	2.0MW 风电叶片	重庆市南岸区科学技术进步奖一等奖	重庆通用工业（集团）有限责任公司
32	化工（KLDA 系列）离心式压缩机及大型制冷机	重庆市南岸区科学技术进步奖二等奖	重庆通用工业（集团）有限责任公司
33	2MCL455 离心式硫化氢压缩机	葫芦岛市科学技术研究成果奖、葫芦岛市科学技术奖三等奖	中航黎明锦西化工机械（集团）有限责任公司
34	JE9000－8.0 高效组装式离心空气压缩机	江苏省高新技术产品	江苏金通灵流体机械科技股份有限公司
35	JE6000－5－8.0 高效组装式离心空气压缩机	江苏省高新技术产品	江苏金通灵流体机械科技股份有限公司
36	兆瓦级新能源发电用新型蒸汽轮机	江苏省高新技术产品	江苏金通灵流体机械科技股份有限公司
37	MB 型叶轮与轴一体式罗茨鼓风机	济南市科技进步奖三等奖	山东省章丘鼓风机股份有限公司
38	污水处理用脂润滑罗茨鼓风机	章丘市科学技术进步奖二等奖	山东省章丘鼓风机股份有限公司
39	一种高速离心鼓风机	章丘市专利三等奖	山东省章丘鼓风机股份有限公司
40	和谐号大功率内燃机车 TJL450－7 主发电机通风机产业化	威海市科技奖三等奖	威海克莱特菲尔风机股份有限公司
41	LFW 高温离心通风机	山东省机械工业科技进步奖一等奖	山东临风科技股份有限公司
42	S 系列高效节能型罗茨鼓风机研制及开发	湖南省机械工业科学技术奖三等奖	长沙鼓风机厂有限责任公司
43	核废液用水蒸气罗茨压缩机研发	湖南省首台（套）重大技术装备认定及奖励	长沙鼓风机厂有限责任公司
44	烧结烟气余热回收循环风机研究及应用	随州市科技进步奖二等奖	湖北省风机厂有限公司
45	DVC 核级空气处理机组	国家重点新产品计划项目	南方风机股份有限公司
46	百万千瓦级压水堆核岛核级通风空调系统成套设备项目	中国核能行业协会科学技术奖三等奖	南方风机股份有限公司
47	TK1200 型挖泥泵	2013 第十五届中国国际工业博览会铜奖	石家庄强大泵业集团有限责任公司
48	己内酰胺大型薄膜蒸发器国产化研制	河北省科学技术奖三等奖	石家庄工大化工设备有限公司
49	褐煤过热蒸汽干燥提质工艺技术研究与产业化	山东省科技进步奖二等奖	山东天力干燥股份有限公司
50	先锋干燥电池材料干燥机组	常州市科技进步奖二等奖	江苏先锋干燥工程有限公司

2013 年通用机械行业节能新产品

企业名称	产品名称	产品主要特点	主要应用领域
沈阳透平机械股份有限公司	180 万 t/a 装置用 2BCL808 甲醇合成气压缩机组研制	本套装置用于以焦炉废气为主的废气回收综合利用制烯烃项目，根据焦炉废气氢多碳少的特点，通过干粉煤加压气化补碳生产粗甲醇中间产品，采取“甲醇 - 烯烃”工艺路线。甲醇制取低碳烯烃(DMTO)工业化技术解决了煤制烯烃的技术瓶颈，为煤化工行业和煤制烯烃产业提供了有力的技术支撑。DMTO 工业化技术可缓解我国石油资源的不足，使低碳烯烃生产原料多元化	煤化工
	30 万 t/a 异丁烯装置用产品气压缩机	异丁烯是重要的有机化工单体，主要利用 C4 烯烃类产物裂解生成，当前我国 C4 烯烃利用率只有 14% 左右，其中化工利用率不到 3%，其中绝大部分 C4 烯烃作为低附加值液化气烧掉，造成了很大的浪费。异丁烯装置的成功研制可以大大提高石油产品的利用率，节省能源，具有非常广阔的市场前景和空间	石化
	丙烷与混合碳四利用项目用异辛烷压缩机	随着世界汽油品质要求的不断提高以及环保法规的日益严格，用 MTBE(甲基叔丁基醚)、乙醇调和汽油的缺点已逐渐显现。MTBE 如果渗透到地表下，会导致周围土壤和地下水资源污染，且降解速度十分缓慢，对人的肾脏和肝脏有伤害作用。工业异辛烷是以异辛烷为主的多支链烷烃构成，具有辛烷值高、蒸汽压低、无硫、无芳烃等优点，是理想的替代 MTBE 和乙醇的环境友好的高辛烷值添加组分。它的投用可有效提高调和汽油的辛烷值、降低汽油中硫、烯烃、芳烃含量，对汽车发动机保护、减少机动车尾气中有害气体的排放、对环境保护均具有很好的促进作用	石化
沈阳鼓风机集团通风设备有限公司	BUF - 5000/2500 - 1F 脱硫动叶可调轴流风机	本风机是在引进技术的基础上，采用已有的动调轴流风机技术，完成的具有国际先进水平的产品，可应用到燃煤电厂脱硫、烧结烟气脱硫、矿井通风系统等。叶轮钢制整体锻(铸)造，直径高达 5014mm，效率高达 87%；采用 ANSYS 等分析软件辅助设计，保证转子动力特性优良及安全运转；轴承箱设计为强制润滑(工作时)和油浴润滑(惰转时)两种润滑方式，三层复合密封结构彻底解决了漏油问题；风机体积大，介质温度高，基础螺栓中设	钢铁

（续）

企业名称	产品名称	产品主要特点	主要应用领域
		计了止动螺栓和导向螺栓，风机的热胀问题完全可控。大型脱硫动调轴流风机实现国产化，可为国家节约大量外汇、减少投资	
重庆通用工业（集团）有限责任公司	BCD100 ~ BCD500 系列单级高速离心式鼓风机	技术先进，效率高；可靠性高，寿命长；先进的结构设计；先进的微电脑系统；占地面积小，运输安装方便；满负荷出厂测试；完善的系统保护	电厂脱硫及氧化工艺、污水处理曝气、冶炼高炉鼓风、化工制药等用空气作为介质的工艺流程
沈阳风机厂有限公司	SFQG/SFQY 系列（35 ~ 440t/h）循环流化床锅炉风机	效率高，引风机最高效率可达 87%，一次风机、二次风机最高效率可达 89.8%，高出国内同类引风机 5% ~10%，节能效果显著	热电、能源、电力、建材、石化、冶金
四平鼓风机股份有限公司	ASV33/V13 + 4 脱硫增压风机	静叶可调轴流风机，结构紧凑，易于使用和维护。风机效率高，可达 87%，属高效节能产品	冶金、电力
中航黎明锦西化工机械（集团）有限责任公司	氧化氮压缩机	利用尾气做功，达到节能	硝酸系统
黑龙江省肇东市风机制造总厂	ZY№10 砖窑专用风机	节能、易安装、易维护、效率高	制砖
宁夏银川银风风机有限责任公司	KRY 系列离心通风机	具有高强度耐磨、高效工况范围宽、机号排列密集、容易选到高效工况点	建材、冶金、环保
江苏金通灵流体机械科技股份有限公司	4 -73 系列离心通风机	产品流量大，效率高，压力系数较小	冶金、化工、建材、电站等行业通风及除尘
	6 -25 系列离心通风机	产品流量小，效率高，压力系数较高	冶金、化工、建材、电站等行业高压送风及其他高压力的场合
	5 -48 系列离心通风机	产品流量中等，效率高，压力系数中等	冶金、化工、建材、电站等行业除尘、系统循环及其他场合
南通市恒荣机泵厂有限公司	3L83WD 罗茨鼓风机	高效、节能、低噪声、微振动	造纸、化工
上虞专用风机有限公司	DTF 系列高效节能型地铁隧道轴流通风机	节能，能效等级 2 级及以上	地铁、隧道等工程
浙江明新风机有限公司	YHF 型烟叶烘烤风机	叶片可以自由调节，安装和调节方便；风筒采用单边喇叭口和直角法兰设计，避免了缩口现象，减少了风机进出口的阻力，达到了节约能源的效果，而且还从改变轮毂结构及叶型角度出发对风机重新进行设计	烟草烘烤加工、中药材烘干加工、木材烘干加工及香菇等其他农作物烘干加工等

（续）

企业名称	产品名称	产品主要特点	主要应用领域
	DLZF 型冷却用轴流风机	导风筒采用一次旋压或液压成型，外形美观，并与其他部件均先可以进行喷塑、热浸锌涂装等表面处理，具有很好的防腐作用；从改变轮毂结构及叶型角度出发对风机重新进行设计，叶轮采用铝合金高压铸造成型，具有良好的导流作用。该叶片还具有耐高温、耐腐蚀性等多种特点	冷库工程、空调工程及化工设备、冶金设备、医药设备、电力设备、通风制冷设备、空冷器、冷却塔、热泵机组冷却装置设备等
	DBF－8Q8 型变压器用风机	导风筒采用一次旋压或液压成型，外形美观，并与其他部件均先进行镀锌处理，具有很好的防腐作用；从改变轮毂结构及叶型角度出发对风机重新进行设计，具有良好的导流作用	电器设备、电力局、核电站、变压器厂、大中型变压器的冷却系统等
山东省章丘鼓风机股份有限公司	ZN－100 型三叶扭叶型罗茨鼓风机	该新型风机是在 ZG 型风机基础上采用扭叶型转子及改进型机壳，与传统直线型三叶罗茨鼓风机相比，扭叶叶轮气流连续性好，从而可以有效减轻振动、降低噪声；三叶扭叶转子在工作时具有内压缩，因此效率高、轴功率小。另外，该风机脉动小，震动小，从而降低了齿轮冲击载荷，提高了运行可靠性，延长了风机的使用寿命	气力输送、食品、污水处理等
	ZL81WDT 罗茨鼓风机	替代 L81WDT 风机，进行罗茨鼓风机的压板、加长的风机联轴器、支撑板等设计，解决用户风机替换的要求，使重量减轻。同 L8WDT 风机相比，ZL8WDT 风机具有价格便宜、生产效率高、供货周期短、产品结构设计合理、标准化和系列化程度高等特点	化肥厂、矿山浮选、氧化铝等
	高效辊压机	①粉磨效率高，增产节能。在球磨机中物料受到的是压力和剪力，是这两种力的综合效应。在辊压机中，物料基本上只受压力。如只施加纯粹的压力所产生的应变相当于剪力所产生的应变的 5 倍。②降低钢铁消耗。粉磨水泥时，球磨机单产磨耗为 300～1 000g/t，采用辊压机的粉磨系统，单产磨耗为 0.5g/t，可以满足粉磨白水泥的要求。③噪声低。球磨机噪声在 110dB 以上，而辊压机约 80dB	水泥
山东海福德机械有限公司	污水处理专用鼓风机	流量分档密，覆盖范围广；叶轮结构先进，三叶叶形，面积利用系数高；采用精密硬齿面直齿轮，定位可靠，运行平稳；可根据用户需求配置隔声罩，噪声降至 85dB 以下	污水处理、大气治理等
威海克莱特菲尔风机股份有限公司	JZL－GD－6.3 轴流风机	能效等级达到二级，属于节能惠民工程	通风制冷
	JZL－ZF－12.5 轴流风机	能效等级达到二级，属于节能惠民工程	通风散热用
	JZL/DZ 4.5 轴流风机	能效等级达到二级，属于节能惠民工程	通风、制冷、变压器

（续）

企业名称	产品名称	产品主要特点	主要应用领域
安徽安风风机有限公司	6－35系列离心通风机	中小流量、中高压高效率	循环流化床、锅炉、除尘、烧结主轴
	5－55系列离心通风机	中小流量、中高压高效率	循环流化床、锅炉、除尘、烧结主轴
	6－24系列离心通风机	小流量、中高压高效率	循环流化床、锅炉、除尘、烧结主轴
	7－28系列离心通风机	中小流量、中高压高效率	循环流化床、锅炉、除尘、烧结主轴
	4－73(板型叶片)系列离心通风机	中小流量、中高压高效率	锅炉、钢铁厂除尘、水泥窑引风
长沙鼓风机厂有限责任公司	V系列水蒸气风机	选用(不锈钢)材质,(四机械密封)防泄漏,循环冷却降温,三叶降噪,耐高温,PLC自动系统监控	电力、石油、化工、冶金、钢铁、化肥、建材、核废液等
	高温用途罗茨鼓风机	技术设计方案严谨、轴承、密封、主机及配套件耐温、零部件制造精度高等	高温、带酸、带粉末的恶劣工况环境
	JSVTE系列真空机组	三叶降噪,循环冷却降温,(四机械密封)防泄漏,关键零部件优质、优材,高精度设计与制造。采用PLC自动系统监控,安装、操作、维护简便,控制、保护功能齐备	石油、化工、冶金、电力、化肥、建材、矿山、港口、轻纺、造纸、食品、医药、环保、空分、气力输送、城市燃气等
湖北省风机厂有限公司	D635－4TS分段吸入式抽真空离心鼓风机	采用四级叶轮、三个进风口双支撑结构;布置型式:电动机＋增速箱＋风机;单台风机可替代多台泵,节能效果明显	造纸行业真空系统
	BI110－1.95磁悬浮高速三元流离心鼓风机	采用高速磁悬浮电动机与半开式三元流叶轮直联的悬壁式结构,风机结构紧凑,占地面积小,噪声低,运行效率和调节效率高,具有节能效果明显的优点	污水处理、气体增压等工艺环节
佛山市南海九洲普惠风机有限公司	HTF系列离心通风机	高效节能、静压高、流量大	酒店、酒楼厨房排烟
山东天力干燥股份有限公司	过热蒸汽加热流化床干燥装置	节能环保	干燥领域
常州市范群干燥设备有限公司	制备三元催化剂载体的全自动成套装备	装置集涂覆、干燥、焙烧为一体,自动化程度高;涂覆精度控制在±2%;焙烧均匀,产品质量好;系统热源循环利用,节能效果好	汽车催化剂、石油化工
江苏省范群干燥设备厂有限公司	高黏性物料杀菌装置(KPC)	本装置将杀菌原料限定在颗粒状态,利用连续旋转的密封容器进行杀菌	食品、药品、化工
常州市金陵干燥设备有限公司	污泥专用滚筒干燥机	结构简单,易于制造,专门为污泥干燥优化设计,能有效处理干燥过程中产生的尾气,减少有害、有毒气体的排放,实现污泥的快速干燥,避免结块,污泥颗粒较小,以满足下道工序的使用要求,实现了污泥的连续干燥,生产效率高	污泥处理

（续）

企业名称	产品名称	产品主要特点	主要应用领域
苏州市自力化工设备有限公司	污泥干燥机	热效率高，处理量大，结构新颖，技术含量高，运用性广	污泥处理
大耐泵业有限公司	ASDR 重工位石油化工流程泵	该系列泵为单级（或两级、三级）、径向剖分、转子两端支撑、中心支撑式重工位石油化工流程泵，泵设计符合 API 610 标准规定，属于标准 BB2 型；密封及密封辅助系统符合 API 682 标准的规定	炼油厂、石油化工厂、天然气加工、煤加工工业、发电厂、供暖系统、海上采油平台等输送清洁的或含有微量固体颗粒的水、石油、液化石油气、烃类等介质
	HB 卧式多级筒形泵	该系列泵为卧式、多级、径向剖分、筒形结构、中心支撑式石油化工流程泵，泵设计符合 API 610 标准规定，为标准 BB5 型泵；密封及密封辅助系统符合 API 682 标准的规定	炼油厂、石油化工厂、煤化工工程、气体制炼、发电厂、制冷工程、海洋工程等高温、高压的工作场合，特别是易遭受热冲击的工作条件，输送压力较高的易燃和有毒的介质
	DS 卧式多级泵	该系列泵为卧式、多级、单壳体、节段式结构，高效率，低 NPSH 值，泵设计符合 API 610 标准规定，为标准 BB4 型泵；密封及密封辅助系统符合 API 682 标准的规定	锅炉给水、油田注水、石油化工、油品输送、管线加压、制冷工程等输送清洁的或稍有污染的、腐蚀性的或非腐蚀性的液体
	LH 液下泵	该系列泵为立式、单级单吸液下泵，介质侧向排出，泵设计符合 API 610 标准规定，为标准 VS4 型泵；密封及密封辅助系统符合 API 682 标准的规定	炼油厂、石油化工厂、污水处理厂、炼钢厂、轧钢厂、电厂、热电厂等各种苛刻条件下的各种介质的输送

益美高工业冷却产品研发情况概述

一、公司概况

1976 年，益美高公司在美国马里兰州的巴尔的摩市成立，逐步发展成为向商业及工业市场提供优质换热设备的制造厂商。

20 世纪 80 年代，益美高公司在意大利、南非、英国、澳大利亚、美国伊利诺伊州和马里兰州的塔尼镇等地陆续开设新的工厂，以更好地满足市场需求。同时，扩大了其产品系列，包括不同类型的蒸发式冷凝器、闭式冷却塔、开式冷却塔以及蓄冰设备。

1986 年，益美高公司将采用工厂组装的蒸发式冷却行业彻底改革，率先将新型的引风逆流式冷却塔推向市场。这种新型的 AT 产品拥有极高的效率，节省占地空间，维护方便。该 AT 型产品设计随后被应用于蒸发式冷凝器和闭式塔，开发出 ATC 系列和 ATW 系列产品。

1990 年，益美高公司世界总部从巴尔的摩迁至塔尼镇。20 世纪 90 年代，益美高公司加强国际运作，不断增加产品系列，设计生产出以获得专利的翅片盘管为特点的工业用冷风机，获得了制冷、阀门及系统认证，增加了循环泵组和压力容器产品。至此，益美高公司已经能够提供工业制冷系统中所有主要的换热部件。

2000 年之后，益美高公司在全球不断开设新工厂，扩展产品系列。当前，益美高公司已在 9 个国家开设了 19 家工厂，170 多个销售部分布于 51 个国家。

益美高公司在中国的发展始于 1995 年，先后在上海和北京建立了全外资生产厂，致力于生产开式冷却塔、闭式冷却塔、蓄冰盘管和蒸发式冷凝器。2006 年 1 月，益美高公司在上海宝山工业园区内投资新建的现代化工厂正式运营，同时益美高亚太地区总部也搬迁至此。

益美高（上海）制冷设备有限公司承诺为整个中国及亚太地区客户提供高质量的产品和一流的服务。现代化生产车间拥有益美高全球工厂中最先进的生产设备，其中包括最新技术的连续制管机可以生产出连续钢管，用于益美高专利的高效换热盘管。益美高上海工厂通过 ISO9001 质量管理体系认证、ISO14001 环境体系认证以及 ASME 认证，产品拥有 CTI 认证、FM 认证和 IBC 认证。

从 2006 年上海新工厂建厂至今已经历多次扩建，当前上海工厂正进行 4 期扩建，将以更大的生产能力、更丰富的产品系列服务于市场。2014 年 6 月，益美高北京工厂迎来乔迁之喜，新工厂占地面积 8 227m^2，厂房建筑面积 4 670m^2，为公司生产制造创造了一个更为良好的环境。

二、科研情况

位于美国马里兰州塔尼镇的益美高研发中心拥有超过 6 000m^2 的热力分析和产品研发实验室，是制冷空调行业中先进的超大型研究中心之一。研发中心的可控环境实验室可以模拟实际应用中可能遭遇到的各种环境条件，由计算机数据采集系统记录数据并以图表的形式显示连续结果，从而提供给研发工程师有价值的测试信息。

2008 年，益美高公司加大研发投资力度，新建了两个大型测试室，并且新增水分析服务部门。

益美高研发中心拥有当前行业中最大的低温环境实验室，该实验室可由氨系统转变成 CO_2 系统，从而对钢结构的冷风机进行详细的热力分析。研发中心的益美高水分析服务团队运用先进的化学药剂和水分析方法来为公司的水处理业务提供支持。研发中心还拥有用于认定冷风机所用通风机性能的 AMCA（国际空气与运动控制协会）通风机测试实验室，用于蓄冰设备制冰及融冰释冷时的性能评估的包括乙二醇主机在内的蓄冰系统试验台，以及用于测量产品噪声的专用噪声测试工具。

益美高设计并建造了独有的用于研究空气冷却式冷凝热交换器（ACC）的风洞，可对大型的热交换器进行测试。在真空环境下用蒸汽替代热水来测试热交换器，使得益美高在空冷器的优化设计方面达到了前所未有的高度。

当前，益美高公司拥有 45 项美国专利及 92 项国外相应专利。益美高凭借杰出的工程专业技术成功地对各种系列产品进行了创新，随着测试、研究和开发项目的持续进行，公司在热交换领域（蒸发式冷却和显热冷却）新产品开发及产品创新方面成为行业的佼佼者。

三、产品介绍

益美高公司的产品包括蒸发式冷凝器、冷却塔、工业冷风机、循环泵组、制冷剂输送系统、热交换器、压力容器等，广泛应用于商用空调、工业制冷、工艺加工、区域供冷及电力行业的冷却及制冷系统中。益美高亚太公司向亚洲及中国市场提供蒸发式冷凝器、闭式冷却塔、冷却塔、蓄冰设备以及 Smart Shield 专业水处理系统。

益美高公司的蒸发式冷却设备主要分为五大系列：①AT 系列（轴流风机、引风逆流式）：为益美离公司主打系列，结构紧凑，低能耗，适合各种室外应用。机组箱体尺寸众多，可满足各种布置需要，同时也可替换离心式机组。②LS系列（离心风机、强风逆流式）：低噪声的强风式机组，适合室内及室外应用。特别设计用于室内安装和接风道安装。③LR系列（离心风机、强风逆流式、低矮型）：低矮型、低噪声、离心式通风机的强风式机组，适合室内及室外应用。提供紧凑和多用途的可选件，机组布置更加节省空间。将机组高度降至最低的设计使之成为对高度有要求场合的理想替换型设备。④PM系列（轴流风机、强风逆流式）：低能耗、低噪声的强风式机组，适合室外应用。该设备是替换采用离心式通风机冷却塔的完美选择，还适用于要求低能耗或对噪声方向有要求的场合。⑤ES系列（轴流风机，引风逆流式）：低能耗的引风轴流式机组，适合各种室外应用。革命性地将填料和闭式盘管结合在一起，采用显热和潜热结合的换热的方式提高能效。在热效率和能耗成为最重要考虑因素情况下，该机组是湿式冷却应用的理想设备。以上产品均可配备不同的低噪声可选件，以满足噪声敏感地区的需求，并可提供316不锈钢或304不锈钢箱体，用于有盐雾或者其他腐蚀性化学品的环境。

益美高产品的设计思路是利用水的气化潜热带走热量，这与传统的利用显热来带走热量的冷却设备完全不同：①节电明显：采用科学的引风逆流式换热方式，杜绝热湿排风的回流，确保机组系统（尤其是大型系统）的100%能力发挥，并装有高效传热盘管Thermal－Pak® 盘管（美国专利号5 799 725），全盘管设计，并辅以设计优良的通风机系统及喷淋水系统。②节水：运行完全靠水的蒸发潜热带走热量，而非显热，故对水的使用需求量大大减少；益美高采用专利技术制造的高效挡水板（脱水器）和进风格栅可使水的飘逸率降低至十万分之一（0.001%）；益美高独特的水盘设计可减少污物的进入和微生物的滋生，从而降低水处理的工作量和费用。③使用、维护、保养方便易行：产品设计力求使用维护最为简便。例如，采用开式水盘、大检修门、外置式皮带调节及轴承加油系统等。④机组常年运行可靠：轴承的L－10寿命达75 000～135 000h；全盘管设计，杜绝采用填料的隐患及不可靠。⑤先进可靠的冬季干工况运行技术：防止结冰，提供足够的排热能力，节水，减少结垢的可能。⑥引风逆流式换热：最佳的热交换模式；同时杜绝热湿排风的回流，确保机组系统（尤其是大型系统）的能力100%发挥。

除了以上优势产品之外，益美高公司不断进行技术创新，研发节能环保产品，提供绿色解决方案，在全球市场推出eco系列蒸发式冷凝器/闭式冷却塔、Hybrid系列闭式冷却塔，以及创新的固体化学水处理技术。①eco系列蒸发式冷凝器/闭式冷却塔：突破性的引风逆流式机组，采用翅片管盘，占地面积小，能耗低，能够提供多种运行模式（湿运行、干运行、干湿混合运行），是要求布置紧凑以及对能效有要求的场合的理想选择。②Hybrid系列闭式冷却塔：具有强风离心式风机设计，在一台设备内结合使用干式翅片盘管以及湿式换热盘管，可大幅增加蒸发式冷却和干式冷却的效果，在实现节水的同时，能够减少或者消除白雾，噪声低。③Smart Shield固体化学水处理技术：是全球第一个也是当前唯一一个专门为闭式冷却塔和蒸发式冷凝器设计的固体化学水处理系统。Smart Shield水处理组件包括微生物控制加药器（BCF）、电导率控制器（ECC）以及缓释阻垢剂加药器（FMF），所有这些组件均在工厂安装。可控的固体化学药剂替换方便、安全，药剂可持续释放超过30天。

作为最具实力的蓄冰设备制造商之一，益美高公司的冰蓄冷盘管在全球拥有大量用户。实践已经证明，蓄能技术（TES）是一项可靠的能源管理技术，冰蓄冷最显著的效益在于减少高峰时段的电力要求，将能源消耗转至非高峰时段，即达到移峰填谷的目的。这对于减少污染物排放、减少建设更多的发电厂的需求以及减轻输配电网络的压力起着非常积极的作用。益美高公司拥有技术成熟的连续盘管生产线，采用高频诱导热熔焊技术，将钢带连续卷焊成无对接焊缝的连续管，同时利用电磁探伤仪全程监测制管流程。单根盘管长度可达120m，制成的蓄冰盘管换热流程长，管内流体呈紊流状态，换热效率高。此外，设备的不完全冻结方式以及管排的楔形设计，可有效防止管排间产生内应力，有利于防止过度结冰损坏盘管，设备使用寿命长。益美高公司的冰蓄冷盘管已广泛应用于大型绿色能源项目，如区域供冷系统、三联供加冰蓄冷系统和热泵加冰蓄冷系统等。

益美高公司的低噪声解决方案、水处理系统、eco系列产品以及冰蓄冷盘管均为LEED认证的重要得分点。益美高公司将不断致力于科研开发工作，完善产品系列，继续为空调和工业制冷行业提供优质的产品。

北京天澄玻璃钢冷却塔新型模压风筒介绍

北京天澄景洁环保科技有限公司（简称天澄公司）是国内较早专业从事冷却塔研发、设计、生产、销售、施工、维修服务于一体的生产企业。公司坐落于北京南六环外西庄工业开发区，紧邻京开高速与南中轴线，交通便利。厂区占地面积3.3万m^2（50亩），建筑面积2万m^2，拥有整套的冷却塔生产线，产品有圆形逆流冷却塔、方形横流冷却塔、方形逆流冷却塔、钢结构冷却塔、钢筋混凝土冷却塔及玻璃钢双曲线冷却塔等十余个系列、上百种型号。

风筒是冷却塔不可缺少的部件之一，一个理想的塔型，辅之一个结构合理、设计先进的风筒，可以提高冷却塔风气流的均匀性，减少冷却塔风气流阻力，保证风机在高效工作区运行。但是，传统的玻璃钢风筒使用的是手糊工艺，存在生产效率低、劳动强度大、卫生条件差、不利于工人身体健康等缺点。此外，手糊玻璃钢风筒还存在产品性能稳定性差、力学性能较低、边角料多、原材料浪费现象严重等问题。

为了改进风筒质量，改善风筒性能，天澄公司历经三年的时间，结合工程实践经验和实测数据，潜心研究，开发出国内外首创、具有自主知识产权的冷却塔新型模压风筒。该风筒结构合理，设计先进，具有强度高、稳定性好、力学性能高、环保等优点。由于使用模压成型工艺取代传统的手糊工艺，规范了生产流程，提高了生产效率，使得产品质量更加稳定，原材料浪费现象减少，还有利于保护环境和工人身体健康。该新型玻璃钢模压风筒不仅可用于冷却塔领域，还可用于空冷岛领域。

一、产品概况

天澄公司研发的新型玻璃钢冷却塔模压风筒采用模压成型工艺，为回转型动能回收玻璃钢材质，尺寸精确，直径为4 760～10 460mm，共有11个型号。风筒由若干片组成，每片风筒都具有互换性，组合方式为螺栓连接。

二、产品特点

（1）外表美观。手糊风筒采用传统工艺，由于人工不易精确控制，容易因为树脂用量过多、胶液黏度大、玻璃丝布铺层未压紧密、胶衣层太厚、脱模受力不均匀等原因，造成风筒制品中出现气泡、分层、裂纹等问题，这严重影响了风筒的质量和表面的美观。而新型模压风筒作为传统手糊风筒的升级产品，具有外表面不龟裂、不褪色、表面质量更为理想等优点。

（2）密实度高。传统手糊风筒巴氏硬度为40HBa。而新型模压风筒在高压力下成型，密实度比较高，巴氏硬度能够达到65HBa，较传统手糊风筒密度高很多。

（3）安装方便。由于新型模压风筒都采用标准化生产，每片风筒都具有互换性，使得安装变得简单易行，同时也节约了安装时间。

（4）环保卫生。手糊玻璃钢风筒一般要求厚度边不超过5mm，要求严格控制在3mm以内。以此计算，手糊工艺制作时产生的边角料约占材料消耗的3%～10%，个别小件产品超过10%，因此，每生产100t玻璃钢制品就会产生2～3t边角料。玻璃钢边角料大小不等、形态不一，堆放需占用很大的场地。传统的处理方法：一是燃烧处理，会产生大量有害气体和黑烟。二是深埋处理，不仅要占用大量场地，而且不会腐烂，浪费大量的能源，对环境也造成了极大的污染。而模压风筒生产过程环保卫生，无边角料的浪费和污染，据统计，模压风筒每吨产生的边角料不超过1kg，而且是可回收的，无原材料浪费、无环境污染，使得新型模压风筒的成本比手糊风筒降低了20%以上，可见环保带来的经济效益十分可观。

三、产品技术

新型玻璃钢模压风筒采用天澄公司专利产品“一种玻璃钢模压风筒”（专利号：ZL201320410491.8），其结构特点：由若干个风筒片体制成风筒本体，风筒片体的两侧设有条状凸起，风筒本体由若干个风筒片体经过模压成型工艺制成。其改进之处：风筒本体的上端直径小于风筒本体的下端直径，风筒本体呈弧形；风筒片体是由SMC（Sheet molding compound的缩写，即片状模塑料）模压工艺制成；风筒片体的中部设有固定带，固定带通过螺栓与风筒片体固定连接。

由于采用了上述技术方案，与现有技术相比，新型玻璃钢模压风筒本体表面质量更为理想，两面光滑，减小了风阻，并且SMC模压技术操作环境清洁卫生，改善了劳动条件。同时，SMC模压工艺对温度和压力要求不高，可变范围大，可大幅度降低设备和模具的费用。另外，新型玻璃钢模压风筒生产效率高，成型周期短，易于实现全自动、机械化操作，可大大降低生产成本。

四、产品工艺流程

（1）压制前准备：对SMC进行质量检查。SMC片材的质量对成型工艺过程及制品质量有很大的影响，因此，压制前必须了解配料的质量，如树脂糊配方、树脂糊的增稠曲线、玻璃纤维含量、玻璃纤维浸润剂类型和单重、薄膜剥离性，硬度及质量均匀性等。按制品的模具腔体形状进行剪裁，剪裁的形状多为方形或条形，尺寸为制品表面投影面积的40%～80%。

（2）设备的准备：熟悉压机的各项操作参数，尤其要调整好工作压力和压机运行速度及台面平行度等。模具安装一定要水平，并确保安装位置在压机台面的中心，压制前要先彻底清理模具，并涂脱模剂。加料前要用干净纱布将脱模剂擦均，以免影响制品外观质量。

（3）加料过程：加料量的确定，制品的加料量在压制时可按下式计算：加料量＝制品体积×1.8。加料面积与SMC的流动与固化特性、制品性能要求、模具结构等有关。加料面积的大小，直接影响到料的流程、制品的密实程度以及制品表面质量，加料面积过小会因流程过长而导致玻璃纤维取向，降低强度，增加波纹度，甚至不能充满模腔；加料面积过大，不利于排气，易产生制品内裂纹。加料位置与方式：加料位置与方式直接影响到制品的外观，强度与方向性。通常情况下，料的加料位置应在模腔的中部。对于非对称复杂制品，加料位置必须确保成型时料流同时达到模具成型内腔各端部。

（4）成型：当料块进入模腔后，压机快速下行。当上、下模吻合时，缓慢施加所需成型压力，经过一定时间的固化后，制品成型结束。成型过程中，要合理地选定各种成型工艺参数及压机操作条件。

成型温度：成型温度的高低，取决于树脂糊的固化体系，制品厚度，以及生产效率和制品结构的复杂程度。成型温度必须保证固化体系引发、交联反应的顺利进行，并实现完全的固化。一般来说，厚度大的制品所选择的成型温度应比薄壁制品低，这样可防止过高温度在厚制品内部产生过度的热积聚。如制品厚度为 25 ~ 32mm，其成型温度为 135 ~ 145℃，而更薄的制品则可在 171℃下成型。

成型压力：SMC 成型压力随制品结构、形状、尺寸及 SMC 增稠程度而异。形状简单的制品仅需 25 ~ 30MPa的成型压力；形状复杂的制品，成型压力可达 140 ~ 210MPa。SMC 增稠程度越高，所需成型压力也越大。成型压力的大小与模具结构也有关系，垂直分型结构模具所需的成型压力低于水平分型结构模具，配合间隙较小的模具比间隙较大的模具需较大压力。

固化时间：SMC 在成型温度下的固化时间（也叫保温时间）与它的性质及固化体系、成型温度、制品厚度和颜色等因素有关。固化时间一般按 40s/mm计算。

由于 SMC 是一种快速固化系统，因此压机的快速闭合十分重要。如果加料后，压机闭合过缓，那么易在制品表面出现预固化补斑，或产生缺料，或尺寸过大。在实现快速闭合的同时，在压机行程终点应仔细调节模具闭合速度，减缓闭合过程，利于排气。

随着冷却塔行业的不断进步与发展，以及新材料、新工艺的不断涌现，不少企业在积极寻求转型升级之路。天澄公司在生产经营实践中，紧紧抓住“环保即效益”这一理念，潜心研发，逐步由冷却塔综合制造商转型为冷却塔专业供应商。今后，天澄公司将一如既往地坚持环保理念，进一步完善新型模压风筒生产工艺，力求更加环保、方便、美观、效益，真正实现无边角料、无粉尘污染，为全人类共享澄净的天空贡献力量！

上海环球分子筛产品介绍

UOP 公司是霍尼韦尔公司的全资子公司，成立于 1914 年，总部位于美国伊利诺伊州。UOP 公司专门面向炼油、石化和天然气加工行业提供技术、催化剂、吸附剂、加工设备和咨询服务。自 20 世纪 50 年代初 UOP 公司首次人工合成分子筛，UOP 不断开发新的技术和产品，始终保持在吸附行业中的领先地位。与传统的可用做干燥剂、吸附剂以及离子交换剂的分子筛相比，UOP公司开发的高吸附容量分子筛，可降低分子筛的装填量，延长吸附周期，可显著降低用户投资和操作费用，降低能耗。

上海环球分子筛有限公司是UOP公司与上海华谊集团共同出资创建的中美合资企业，UOP为控股方，占有公司70%的股份。公司专业生产各种先进的分子筛吸附剂产品，是当前亚洲最大的分子筛吸附剂工厂之一。

上海环球分子筛有限公司位于上海闵行经济技术开发区，占地面积超过2万m^2。公司拥有多条先进的生产线，能够满足各种类型分子筛的生产制造需求。公司成套引进了UOP公司分子筛生产技术和质量控制体系，建立了世界标准的生产线和质量检测实验室。公司生产技术成熟，年产能约12 000t。公司在张家港投资了新的产品生产线，预计2015年可投入运营，届时将大大提高在国内供货的能力。

上海环球分子筛有限公司自成立以来获得了众多荣誉称号，包括化工十佳合资企业、全国外商投资双优企业、上海市外商投资先进技术企业及上海市高新技术企业等。公司作为UOP在中国的分支，拥有UOP全球供应链的支持，确保产品的供应。UOP吸附剂的应用情况如下：

(1)空气分离。在对氮气、氧气及其他大气气体进行液化和低温分离前，清除空气中的水和二氧化碳；利用变压吸附系统或真空变压吸附系统分离氧气和氮气；对高纯度食品级CO_2进行脱硫处理。

(2)石油炼化。对烷基化进料、低温分离前的精炼厂气流、石脑油和柴油进行脱水处理；清除重整装置物料中的水、HCl和H_2S；清除醚化残液物料和烷基化进料中的氧化物；清除HF和有机氟；清除H_2S，以便通过管道运输铜条测试；清除醚化进料中的腈；对乙醇进行脱水处理；对LPG流体进行脱水和脱硫处理；分离支链和环状化合物中的正链烷烃；通过变压吸附进行纯化处理，从而提高碳氢化合物流体的等级；清除Hg。

(3)石化产品。对NGL、乙烷、丙烷进料进行脱水和纯化处理；对裂解气、C2和C3分离塔进料以及氢气进行脱水处理；适用于聚合物流体的低活性吸附剂；对存储在盐穹内的乙烯、丙烯及其他各种原料进行脱水和纯化处理；清除乙烯、丙烯、丁烯、戊烯及各种溶剂和共聚单体内的水、二氧化碳、甲醇及其他氧化物、氢化硫和硫化物、氨气以及水银；清除Hg、O_2、CO_2、H_2S或COS。

(4)天然气。利用深冷法回收液态天然气和氦之前进行脱水处理；对酸性气体(CO_2和H_2S)含量高的天然气和天然气冷凝液进行脱水处理；清除乙烷、丙烷和丁烷中的硫化物；在甲烷液化前清除水和CO_2；清除水和硫化物，以保护输气管道；对液态天然气进行脱水处理；对氨气进气流及其他化工设备进行脱硫处理；清除水银，以防损坏铝制热交换器。

(5)用于呼吸障碍患者的小型制氧机。采用变压吸附系统或真空变压吸附系统吸收空气中的氮成分，以获取纯度高达95%的氧气。

(6)制冷和空调(A/C)系统。对汽车空调、冷藏车、家用冰箱、冷冻设备、住宅空调、热泵等的制冷系统和商用制冷剂进行脱水处理，以防冻结和腐蚀；为防止系统材料发生不良化学反应而进行脱水处理。

(7)空气制动器。对重型和中型载货汽车、公交车和火车的制动系统中的压缩空气进行脱水处理；采用变压吸附干燥机将制动器储液罐中空气的露点降至环境温度以下，以防冻结和腐蚀。

(8)空气干燥器。在塑料粒成型前对其进行脱水处理;对仪表气体进行脱水处理;用装满吸附剂的除湿转轮对室内空气进行脱水处理。

(9)聚合物配方。对潮湿敏感型配方进行脱水处理,添加到聚合物涂料、环氧树脂和氨基甲酸酯中可以控制固化过程,添加到涂层、黏合剂、密封剂、弹性体、富金属涂料和乙烯基泡沫材料中可以消除不必要的水反应。

(10)放射性物质清理。利用离子交换的方法清除放射性核苷酸,铯和锶优先置换到沸石分子筛结构中,大大降低放射性废料的产生量。

(11)挥发性有机化合物脱除。清除空气流中的微量挥发性有机化合物;脱除含水工艺流体中的挥发性有机化合物。

福建立信余热回收装置与系统介绍

福建立信换热设备制造股份公司(简称福建立信)从事冶金、电力、石化等工业领域高效节能换热设备及余热回收系统的研发、制造与销售,可为用户综合利用能源、提高能源利用效率、降低生产成本、改善环境提供产品服务与整体解决方案。

福建立信主营产品有板式空煤气预热器、蒸发式空冷器、压缩机级间冷却器、可拆卸板式换热器、管壳式换热器、空冷式换热器、换热机组以及Ⅰ类、Ⅱ类压力容器等。公司已通过ISO9001:2008质量管理体系认证、ISO14001:2004环境管理体系认证、GB/T 28001—2001职业健康安全管理体系认证,取得了Ⅰ类、Ⅱ类压力容器设计和制造资格证书以及辐射安全许可证。公司与清华大学、浙江大学、同济大学等联合开展新型传热元件与余热回收工艺的科研合作。

当前,福建立信拥有的核心余热回收装置与系统如下:

1.以自主开发的高效板式预热器为核心设备的高炉热风炉空煤气双预热系统(余热回收)

与一般的热管预热器相比,福建立信研发的板式预热器具有以下特点:

(1)板式预热器换热效果好,不失效,使用寿命长。国内应用于热风炉的热管预热器预热后的空气、煤气温度平均只有150~160℃,而板式预热器预热后的空气、煤气温度均保持在200℃以上。热管换热器的寿命为3~5年,而板式预热器的寿命高于10年。

(2)板式预热器投资回报率高。采用板式预热器预热空气、煤气的温度比热管预热器预热的空、煤气温度平均提高50~60℃,平均风温提高30~40℃,投资回报率高。

(3)板式预热器节能减排效果明显。由于板式预热器回收了更多的能源,使烟气以较低的温度排入大气中,减少了煤气的耗量,同时减少了CO_2的排放。

2.以自主开发的蒸发空冷器为核心设备的密闭循环水冷却系统(高效节水)

福建立信研发的蒸发式空冷器是软水密闭循环冷却系统的重要组成设备。软水密闭循环冷却系统较之老式的冷却塔开路循环冷却系统有明显的优越性:运行安全可靠,节水效果显著,运行费用较低,且解决了冷却水对冷却壁的腐蚀问题。蒸发式空冷器作为系统中的主要设备,具有节水、节能、冷却效果好等特点,蒸发式空冷器将水冷与空冷、传热与传质过程融为一体,利用水膜蒸发强化传热,综合了水冷和空冷的优点,耗水量比水冷少,效率比空冷高，是冷却技术的重要发展方向。

在当前全国水资源及能源紧张，大力提倡节能、节水的情况下，在冶金、电力、炼油、化工、制冷、轻工等能耗、水耗较大的行业，大力推广蒸发式空冷器具有十分重要的经济意义和巨大的社会效益。

3. 以自主开发的专用冲渣水换热器为核心设备的高炉冲渣水余热回收系统（用于采暖或加热生活用水、其他用水）

福建立信在对冲渣水水质以及高炉水淬工艺充分调研的基础上，借鉴国外用于相同工艺特点的换热器技术，开发出应用高悬浮物水质的专用冲渣水波纹板式换热器，不但具有板式换热器传热高效、可拆卸清洗的特点，同时克服了板式换热器容易堵塞、阻力大的缺点，不但提高了传热效果，阻缓换热器结垢与堵塞，而且对板片具有自清洗的功能，不易结垢。同时，由于冲渣水流程很短，间距较大，利用悬浮物的重力作用，其不容易在板片上沉积。针对冲渣水取热、输送、过滤、换热等过程，公司以机组的形式成套开发出冲渣水换热站，当前已得到广泛推广，为钢铁企业带来巨大的节能与环保效益。

4. 汽轮机乏汽湿式空冷凝汽器系统（新型工艺，节水节电）

湿式空冷系统工艺流程用湿式空冷凝汽器替代了常规水冷系统中的凝汽器、冷却塔、循环水池、循环水泵以及管道与相关部件的组合。汽轮机乏汽通过主蒸汽管道输送至布置在室外或汽机房屋顶的湿式空冷凝汽器，湿式空冷凝汽器通过板束外侧喷淋水蒸发强化传热，把板束内侧蒸汽冷凝变成凝结水，在重力作用下凝结水回流至排气装置，然后再通过凝结水泵输送至锅炉。

湿式空冷系统将分开的凝汽器冷凝过程与冷却塔水冷过程合二为一，其中冷却水在换热管表面分布成薄膜，水膜与强制流动的空气直接接触，被冷却的乏汽将热量传给水膜，水膜发生非饱和蒸发并与空气进行热质交换与传递，最后由空气带走热量。湿式空冷系统对传统冷却方式进行了以下两方面的改进：一是减去冷却水从冷凝器到冷却塔的传递过程，直接实现水的重复利用，由于缩短了冷却水的输送距离，故可节省水泵功耗；二是改变单相冷却流体用显热温升来冷却物料的方式，主要用水的潜热带走热量。其节能、节水效果不仅在理论上是明显的，而且在实际应用中也得到了很好的证明。

采用湿式空冷系统，相对于传统湿式冷却系统而言，由于缩短了冷却水的输送距离及利用水的蒸发潜热进行冷却，故可节水达50%以上，节约水泵能耗60%以上；而对于有严格节水要求的地区，则可作为空冷电站夏季尖峰时刻并联冷却装置，来补充空冷凝汽器夏季高温时刻散热的不足，以微量的水量来降低凝汽器背压及背压变化差，大大提高汽轮机运行的可靠和稳定，实现提高峰荷出力，减少能耗的目的。火力发电厂或蒸汽驱动乏汽冷凝如采用该湿式空冷系统技术，既能获得较好的经济效益，又能实现良好的社会和环保效益。

福建立信将本着“立足竞争，科技创新，信守承诺，热情服务”的发展方针，不断开发和研制新型高效的换热装置，竭诚为国内外客户提供选型设计、结构设计、设备制造、设备成套及工程总包等全方位的服务，以满足各类客户的不同需求。

中国通用机械工业年鉴2014

大事记

记载2013年通用机械行业重大事件

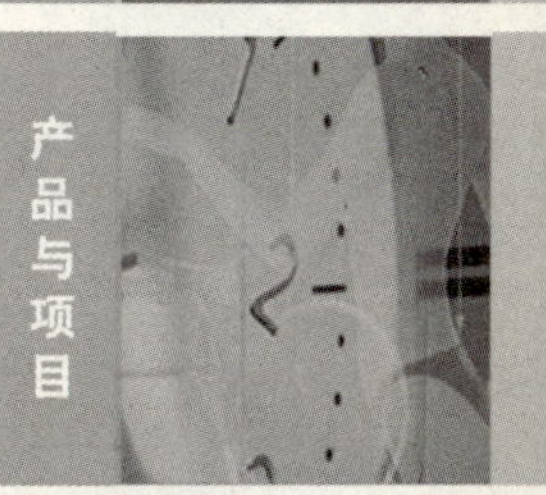

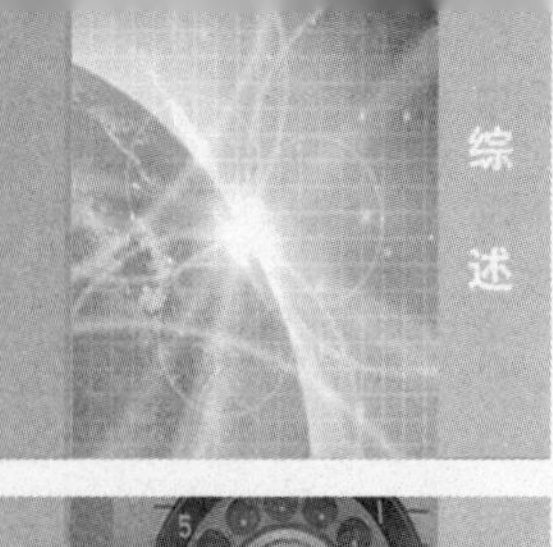

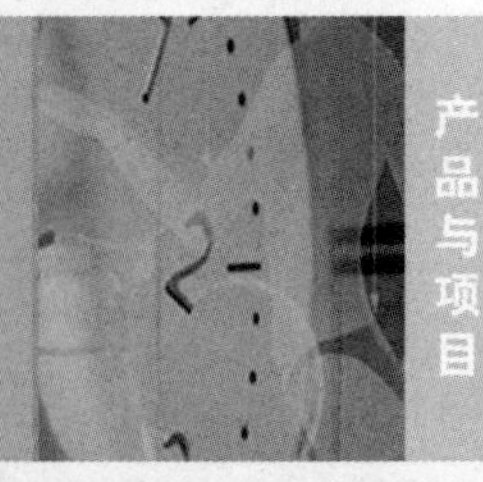

大事记

2013 年中国通用机械工业大事记

1 月

9 日 陕西鼓风机(集团)有限公司的国内第一套大型连续式跨声速气动试验项目在用户现场举办了通气庆典仪式,陕鼓动力为该气动试验项目提供了主压缩机组和辅压缩机组。当日的通气试验中,各项指标均优于设计值,机组性能达标。压缩机组运行平稳、机械性能良好,陕鼓动力的研发能力及产品质量得到了用户的高度评价。由陕鼓动力研制提供的压缩机组是该项目的核心部件,运行范围宽、技术复杂、难度大,在通气试验中起关键作用。该技术填补了国内空白,并达到世界先进水平。

11—12 日 沈阳远大压缩机制造股份有限公司举行了国内首台 BOG 压缩机出厂前正式模拟工况低温氮气负荷运转试验。本次试验邀请了业主、设计院及国家能源局、中国机械工业联合会、中国通用机械工业协会的相关人员见证了整个试验过程。经过 48h 的试验运行,在压缩机入口温度 -190℃ 的条件下,各项性能指标均达到设计的要求。

12—13 日 中国合格评定国家认可委员会(CNAS)审核组来沈阳鼓风机集团股份有限公司进行国家合格实验室认可(CNAS)体系运行年度监督评审和扩项评审,对集团计量理化部实验室所有审核内容均予首肯,并同意向中国合格评定国家认可委员会(CNAS)推荐/维持认可。

17 日 辽宁省发展和改革委员会在沈阳鼓风机集团股份有限公司主持召开国家高技术产业化专项“百万千瓦核二级泵研发试验基地建设”项目验收会,并作出一致同意该项目通过验收的结论。

19 日 由《中国机电工业》杂志主办的 2013 装备中国企业领袖峰会暨 2012 年中国机电工业年度人物颁奖典礼在北京举行。陕西鼓风机(集团)有限公司董事长印建安作为中国工业设备领域优秀企业家受邀参加了此次峰会。本次会议由《中国机电工业》杂志主办,共有来自多个领域的 20 家领军企业的高层出席了会议。印建安董事长在会上作了“文化和文化落地”的主题演讲,并现场回答了参会企业家提出的文化融合等问题。

28 日 杭州杭氧股份有限公司与沈阳鼓风机集团股份有限公司在沈阳举行“神华宁煤 10 万 m^3/h 等级空气分离设备配套压缩机组国产化”技术交流会暨大型空分机组合作协议签字仪式。

月内 沈阳鼓风机集团股份有限公司的天然气长输管道压缩机组研制项目获 2012 年度“中国机械工业科学技术奖一等奖”,2D125 大型往复式新氢压缩机项目获“中国机械工业科学技术奖二等奖”。

★ 湖南湘电长沙水泵有限公司的百万千瓦级核电站海水循环泵双相不锈钢叶轮,获得湖南省 2012 年科技进步奖,同时获湖南省首台(套)重大技术装备认定和嘉奖。该叶轮外径近 3m,铸件单件重量达 36t,材质为双相不锈钢。

2 月

4 日 由陕西省企业家协会主办的“2012 年陕西省百强企业

暨优秀企业文化表彰会”在西安举行。陕鼓集团以“五大特色文化”为核心的向上向善文化获得企业文化优秀成果奖；陕鼓集团董事长印建安荣获“省企业文化建设突出贡献人物”，公司质量文化获得优秀文化案例奖。

4—5日 国家能源局在京举办了超(超)临界火电机组第三类关键阀门设计方案评审会。上海电力修造总厂有限公司自主研发的超(超)临界火电机组最小流量阀、再热器减温水调节阀、锅炉循环管路调节阀、汽机高压供气站压力调节阀等4种三类阀门通过国家能源局和中国通用机械工业协会的样机鉴定，填补国内空白。

22日 西安陕鼓动力股份有限公司荣获首批“国家级信息化和工业化深度融合示范企业”称号。

25日 首套国产化6万m^3/h等级空分多轴增压机在西安陕鼓动力股份有限公司试车成功，这是继陕鼓动力2012年10月16日成功进行首套国产化6万m^3/h等级空分压缩机组试车后，在国产化大型空分装置领域主机产品上的又一次重大突破。该机组的试车成功标志着陕鼓动力已占领国内6万m^3/h等级空分压缩机领域制高点，并达到了国际同等级空分装置领域的先进水平。

28日 在章丘市工业经济及信息化工作会议上，山东省章丘鼓风机股份有限公司被章丘市委、市政府授予“工业经济十大龙头企业”和“科技创新优秀企业”称号，公司董事长总经理方润刚被授予“2012年度优秀企业家”称号，沈能耀副总经理被授予“工业技术创新十佳人才”称号。

月内 沈阳鼓风机集团股份有限公司荣获辽宁省国防教育委员会颁发的“省国防教育百优企业”称号，成为辽沈地区装备制造行业唯一获此殊荣的企业。

3月

4日 沈阳鼓风机集团股份有限公司为齐鲁分公司提供的25万t/a HDPE装置提供的“心脏”设备——首台国产化聚烯烃循环气压缩机组在用户现场平稳运行40天，产出预期定量的合格产品。机组的性能参数完全符合设计值，效率达到进口同类机组水平。在此之前，世界上只有美国、德国、日本等厂商垄断控制着聚烯烃循环气压缩机组这一领域。该机组的研制成功，标志着沈鼓集团改写了同类型设备依赖国外进口的历史，填补了国内空白，满足了国内聚烯烃装置压缩机大型化发展的需要。

5日 山东省委常委、济南市委书记王敏到山东省章丘鼓风机股份有限公司调研。济南市及章丘市的有关人员陪同调研。王敏书记一行实地参观了公司的生产车间，鼓励章鼓公司作为济南县域经济第一股，要千方百计扩大产能，形成规模优势，积极抢占市场，努力拓宽发展空间、拓展生产领域、拉长产业链条，把企业做大做强。

15日 沈阳市机械装备制造行业第一轮工资集体协商会议在沈阳鼓风机集团股份有限公司举行。沈阳市机械轻化工会于3月初成立了机械装备制造行业工会联合会，沈鼓集团工会主席邓长辉当选行业工会联合会主席，并作为职工方首席代表组织参与本次行业的工资集体协商工作。同时，沈鼓集团董事长苏永强作为沈阳装备制造行业协会会长，以企业方首席代表身份参与行业集体协商谈判。

20日 由中国机械工业联合会组织的“60万t/a天然气液化项目4K－300MG－55/0.1－17型低温BOG迷宫压缩机”新产品鉴定会在沈阳举行。该产品由沈阳远大压缩机股份有限公司、国家能源液化天然气(LNG)研发(实验)中心、山东泰安昆仑能源有限公司共同研制开发，以山东泰安昆仑能源有限公司60万t/a LNG液化项目为依托，适用于低温工况气体介质的使用要求。鉴定委员会专家组一致认为:该产品性能指标及参数完全满足此项目的使用要求,技术达到国际先进水平,填补了国内在低温 BOG 迷宫压缩机研制以及低温高镍球铁研制及应用方面的空白,打破国外企业的垄断;对实现国内重大装备技术的革新、促进国内装备制造业的发展进步具有重大意义。

21 日 受国家能源局委托,中国机械工业联合会主持的大连大高阀门股份有限公司"LNG 超低温系列阀门"国家级新产品鉴定会在大连召开。国家能源局、中国机械工业联合会、中国通用机械工业协会阀门分会的相关领导,中石化工程建设公司、中石化洛阳工程公司、中石化上海工程公司、中石化物资装备部、中海油气电集团研发中心、中国寰球工程公司等研究设计单位相关专家,山东泰安昆仑能源有限公司、中石油大连接收站、中石油唐山项目部、中石化天津接收站、中国天辰工程公司、四川空分集团等用户单位专家,以及上海交通大学、大连理工大学等教授等出席了本次鉴定会。鉴定组专家一致认为:产品填补了国内空白,产品水平达到了国际同类产品先进水平。

22 日 "首届西部数控加工创意大奖赛"决赛在曲江国际展览馆进行,由陕西省内机械加工行业权威专家和艺术专家组成的专家组,对参赛作品从三维造型艺术创意、加工工艺创新、设计能力、数控加工能力等多重角度进行评审,并结合观众现场评选意见最终确定结果。西安陕鼓动力股份有限公司荣获 1 个银奖、1 个铜奖、2 项优秀奖,成为此次获奖最多的单位。

★ 原机械工业部副部长、中国机械工业联合会顾问陆燕荪一行到陕西鼓风机(集团)有限公司参观并指导工作。西安陕鼓动力股份有限公司总经理陈党民向陆燕荪部长一行介绍了近年来公司的经营发展情况,并重点汇报了公司在技术研发方面所做的工作。印建安董事长就陕鼓集团 2013 年的发展情况和未来的发展思路向陆部长作了汇报。陆燕荪非常认同陕鼓的经营发展模式,并特别提出,企业一定要重视研发,尤其要重视测试环节,重视用户需求,并表示对陕鼓集团的未来发展很有信心。

28 日 受国家能源局委托,中国机械工业联合会主持召开60 万 t/a LNG 装置压缩机组产品鉴定会。与会领导和专家听取了沈阳鼓风机集团股份有限公司汇报项目研制情况,见证了全压全功率试验过程,高度评价该机组研制成功让中国制造业跃上一个新高度,总体技术达到国际同类产品先进水平。

30 日 以"引领中国工业推进转型升级"为主题的第九届中国工业论坛在北京举行。全国政协经济委员会副主任、工业和信息化部原部长、中国工业经济联合会会长李毅中,全国政协经济委员会副主任、中国国际经济交流中心常务副理事长、中国工业经济学会会长郑新立,全国政协经济委员会副主任、国家发改委原副主任、原国家能源局局长张国宝等分别围绕论坛主题做了主旨演讲。在本届论坛上,发布了 2012 年度中国工业重大技术装备首台套示范项目,并表彰了 2012 年度中国工业重大技术装备首台(套)功勋用户。西安陕鼓动力股份有限公司研制生产的 6 万 m^3/h 等级空分装置被评为 2012 年度中国工业重大技术装备首台(套)示范项目。

月内 山东省临风鼓风机有限公司 LFW 耐高温离心通风机和 LFR 罗茨鼓风机通过了山东省科技厅组织的科技成果鉴定。

4 月

2 日 国家发改委、中国机械工业联合会在杭州召开"神华宁煤 400 万 t/a 煤炭间接液化项目 10 万 m^3/h 空分装置国产化技术协调会",决定组建 10 万 m^3/h 空分装置国产化研制联合攻关团队,由沈阳鼓风机集团股份有限公司牵头、杭州制氧机集团有限公司和杭州汽轮机股份有限公司参加,三家企业通力合作,确保首套10万 m^3/h 空分装置达到国际先进水平。同时决定聘请中国机械工业联合会原总工程师隋永滨为该项目总协调人。

9日 沈阳鼓风机集团股份有限公司与中国石油天然气集团、哈电机公司、上海电气集团、荣信电力电子公司、上海广电电气(集团)携手合作,举行了西气东输三线国产电驱压缩机组签字仪式。

16日 全国重矿工程机械行业工会第32次年会、全国装备制造产业调整和振兴规划立功竞赛互检互查工作会议在河南洛阳召开。陕西鼓风机(集团)有限公司作为全国装备制造产业调整和振兴规划立功竞赛互检互查工作小组成员参加了此次会议。在企业交流环节,陕鼓集团党委副书记、工会主席王建轩就陕鼓集团概况和工会工作开展情况向与会人员作了介绍,全国机械冶金建材工会主席张波对陕鼓集团工会创新的做法和工作成效给予肯定。

17日 中国机械工业联合会在北京京西宾馆召开全国机械工业品牌战略推进会议,上海电力修造总厂有限公司的电力牌焊材荣获"2012年度中国机械工业优质品牌",该奖项是中机联开展质量兴企、品牌培育、信誉承诺等活动以来的首次表彰,全国仅有100家工业企业获此荣誉称号。

22—24日 中国通用机械工业协会风机分会在沈阳召开了第18批新会员会议。中航黎明锦西化工机械(集团)、四平东大风机工程有限公司、大连弘大特种风机有限公司、大连创思福液力偶合器成套设备有限公司、北京钛盾凯佳科技有限公司、天津市天鼓机械制造有限公司、冀东日彰节能风机制造有限公司、双城风机(上海)有限公司、苏州顶裕节能设备有限公司、无锡厚德自动化仪表有限公司、江苏锡安达防爆股份有限公司、山东三牛机械有限公司、德州宏烨复合材料有限公司、贵州思恒风机科技有限公司、肇庆国通风机有限公司等15家新会员单位的领导及风机分会秘书处的工作人员共27名代表参加此次会议。风机分会秘书长陈凤义在会上讲话,强调了协会的宗旨,要充分发挥桥梁纽带作用,为企业提供密切联系的平台,认真做好为会员单位服务工作。他从协会的组织建设、技术发展、产品研发、节能产品许可证、产品检测、行业标准、企业管理、统计信息、杂志、网站等方面的工作做了全面介绍,并向新会员单位颁发了会员证书。

会议期间,全体代表对行业有关工作进行了座谈。同时就能效标识的贯彻实施、参与制定有关行业标准、产品认证、产品检测方法、按产品分类召开专题交流会议等方面的问题提出了建议,并进行了问答和交流。会后组织全体代表参观了沈阳鼓风机集团股份有限公司。

24日 由国家能源局能源节约和科技装备司副司长黄鹂主持的中委合资广东石化2 000万t/a重质原油加工工程设备国产试制阶段性工作会议在沈阳鼓风机集团股份有限公司举行。

25日 工信部科技司在北京举行2013工业品牌培育试点启动会暨2012工业品牌培育示范企业表彰大会,工信部科技司主要领导、中国质量协会、中航工业综合所等相关单位领导和来自全国试点企业的近500人参加了会议。经过多年的品牌培育,陕西鼓风机(集团)有限公司荣获国家首批"工业品牌培育示范企业"称号,成为风机行业和陕西省内唯一入选的企业。工信部对2012年首批入选"国家工业品牌培育示范企业"的36家企业进行了授牌表彰。当天,有7家企业还分享交流了品牌培育和管理经验。陕鼓集团作为装备制造企业的代表,与青岛啤酒、海尔集团、海信集团、重庆盐业、珠江钢琴、罗西尼表业等知名企业进行了交流。

月内 大耐泵业有限公司研制的国内最大规格的高速单级输油管线泵研制成功,效率达到89.5%，远超过国外相同产品87%的效率。

5月

5日 辽宁省科技厅、财政厅组织专家对沈阳鼓风机集团股份有限公司申报的辽宁省科技创新重大专项“10万m^3/h等级空分装置用压缩机组研制”进行了全面、客观、精确的论证评审，一致认为项目实施方案总体可行。

★ 章丘市委书记江林、市长刘天东等市级领导到山东省章丘鼓风机股份有限公司调研大型磨机项目。江林一行实地察看了在建的大磨车间，听取了项目建设情况汇报，对此项目的前景给予了肯定。

6日 由山东省章丘鼓风机股份有限公司自主研发的特殊用途多级离心鼓风机、H型单筒回转式煤泥烘干机列入2013年山东省第二批技术创新项目。

9日 四平市铁东区委书记黄成一行到四平鼓风机股份有限公司调研，公司总经理贺双君向区领导介绍了企业发展和当前的生产经营情况，并就利用所属分公司金丰机械现有资源寻求项目合作、金丰机械土地使用税减免等问题作了汇报。黄成对四平鼓风机股份有限公司多年来的发展和为四平市及铁东区经济所作出的突出贡献给予充分肯定，并希望公司在制度创新和产品创新上多做工作，区委区政府要在项目开发和招商引资等方面帮助和支持企业发展。

13日 陕西鼓风机(集团)有限公司举行“第100套硝酸机组签约庆典”，西安陕鼓动力股份有限公司与中国平煤神马集团签订了27万t/a硝酸装置工程总包框架协议，这是陕鼓动力在硝酸行业市场上的第100套业绩。此次，陕鼓动力为平煤神马集团生产制造的27万t/a硝酸“四合一”机组是该公司第18套工程总承包的硝酸装置。该机组是国内同等规模机组中配置等级最新的“四合一”机组，其可靠性和效率均达到国际先进水平。

17日 中国机械工业联合会在广州主持召开“2013年机械行业两化融合推进大会”，沈阳鼓风机集团股份有限公司被国家工业和信息化部、中国机械工业联合会评为“通用机械行业两化融合示范标杆企业”。全行业仅有4家企业获此殊荣。

22日 沈阳鼓风机集团股份有限公司“百万千瓦级核电站轴封型反应堆冷却剂泵总体技术方案”通过了中国机械工业联合会组织的国内行业评审。

28日 陕西鼓风机(集团)有限公司发酵行业系统解决方案交流会在西安召开。来自全国68家发酵行业的用户与行业专家们围绕行业发展趋势和工艺技术就发酵装置压缩机、工程成套、系统服务等进行了交流和探讨。

30—31日 在烟台召开了中国风机行业首届学术会议。会议由中国通用机械工业协会风机分会、沈阳鼓风机研究所和《风机技术》杂志社共同主办。来自国内重点风机制造企业、著名高校、风机用户和设计院共102个单位的近190位代表参加了会议。

沈阳鼓风机集团股份有限公司总工程师王学军和西安交通大学校长助理席光教授分别代表风机企业和高校为大会致开幕词。国内首届中国风机学术会议，为科技创新引领风机产业开创了一个学术交流的平台，借此平台促进高等院校、科研院所与风机行业更加紧密的交流与合作。

本届学术会议邀请了西安交通大学校长助理席光、清华大学热能工程系动力机械与工程研究所所长顾春伟、浙江理工大学机械与自动控制学院教授窦华书、华中科技大学二级教授吴克启、清华大学航空航天学院流体力学研究所副教授李嵩、沈阳鼓风机集团股份有限公司研究院博士谭佳健、西安陕鼓动力股份有限公司常务副总工程师张利民等7位专家作特邀报告。

本届学术会议共收到了来自国内外风机学术论文114篇，其中有35篇学术论文进行了大会交流。本次学术会评选出优秀论文一等奖8篇、二等奖13篇、三等奖21篇。

6月

4—7日 沈阳鼓风机集团股份有限公司董事长苏永强、集团副总经理戴继双率沈鼓集团代表团走访了中海油惠州炼化、中石化海南炼化和湛江中科炼化三大炼化基地，与用户就即将开工的炼化项目达成了初步合作意向，为争取产品成套订单奠定基础。

13日 湖南湘电长沙水泵有限公司的32SAP－12、350S44、SGA800×600IIJ、24SA－10单级双吸中开离心泵产品列入工业和信息化部《节能机电设备(产品)推荐目录》，获得由机械工业节能与资源利用中心颁发的机械工业节能机电设备(产品)证书。

19日 西安市政协主席陈广善、市工业资产经营公司董事长胡凯等一行到陕西鼓风机(集团)有限公司调研。陕鼓集团总经理、秦风气体公司总经理李宏安就陕鼓集团和秦风气体的经营情况进行了介绍，并重点介绍了石家庄气体项目的建设情况。陈广善主席说，陕鼓是西安市骨干企业，是一个创新发展的企业，市政协要继续为企业服好务，以促进企业的持续发展。

19日—7月3日 为了协助会员单位与国外同行搭建了解和沟通的平台，学习国外企业的先进经营管理模式及进行技术交流，中国通用机械工业协会风机分会组织17家企业37人赴欧洲考察，参观了意大利Industrie CBI公司、德国CFE科技股份有限公司、SKF瑞典总部和球面滚动轴承工厂、SKF公司法国S2M工厂、丹麦Nodi公司、Saar煤矿及一家德国电厂。

28日 山东省章丘鼓风机股份有限公司自行设计开发的ZL81WDT罗茨鼓风机一次性试车成功。此次新产品试制样机共两台，各项性能参数均达到了甚至超过了设计要求。ZL81WDT风机的试制成功，完善了ZL8WDT风机系列，为全面替代L8WDT系列风机奠定了坚实的基础。同L8WDT风机相比，ZL8WDT风机具有价格便宜、生产效率高、供货周期短、产品结构设计合理、标准化和系列化程度高等特点。

★ 由济南市委组织部主办的全市中小企业骨干企业董事长、总经理观摩学习班到山东省章丘鼓风机股份有限公司观摩学习，参观了公司生产车间，并听取了董事长方润刚以“做好企业核心工作，保证企业健康发展”为主题的报告。方润刚董事长的报告从技术进步、产品销售和内部管理三个层面，引用实际案例，向与会者介绍了公司创新、销售、管理理念。全市中小骨干企业董事长、总经理观摩学习班是为了深入贯彻济南市委、市政府提出的做大做强实体经济，提高企业家队伍建设的要求，按照企业家的需求由济南市委组织部举办的，旨在通过到优秀企业现场观摩学习，进一步提高中小企业家的素质能力，增加企业发展、做大做强的信心和动力，推动济南市实体经济发展。

月内 沈阳鼓风机集团股份有限公司研制的大型管道输油泵样机通过国家能源局、中国机械工业联合会、中国石油集团公司组成的专家鉴定委员会评审鉴定。专家鉴定委员会一致认为，机组的总体技术指标达到了国际同类产品先进水平。这一成果不仅打破了国外垄断、填补了国内空白，更为满足我国日益增长的原油管道输送能力需求提供了强力支持，并将形成具有自主知识产权的管道输油泵系列化优势。尤为关键的是，与进口产品相比，每台泵可节省金额约90万元。

7月

4日 由全国总工会主办、福建省总工会承办的第八届“职工创新成果展”在福州市海峡两岸国际会展中心举行，西安陕鼓动力股份有限公司参展的两个创新成果“一种高炉鼓风能量的回收装置”和“一种提高高炉冶炼强度的顶压能量回收装置”荣获金奖。本届展会以“创新改变生活”为主题，旨在分享最新的生活产品和文化理念，让人们深刻体会到节能减排、促进循环经济发展与生活的紧密联系。

8日　辽宁省发改委在沈阳鼓风机集团股份有限公司主持召开核泵国产化研发生产基地建设项目验收会，由省、市发改委和开发区管委会、发改局领导及聘请的相关行业专家联合组成项目验收组，一致同意核泵国产化研发生产基地建设项目通过评审验收。

★　原机械工业部副部长、中国机械工业联合会顾问陆燕荪、无锡透平叶片有限公司总经理严奇一行到访陕西鼓风机(集团)有限公司。陆燕荪就新形势下机械制造企业的发展谈了意见和建议。他认为，机械制造企业要想取得长远发展，专业化外包是必须的，陕鼓率先看到时代趋势，企业在“两个转变”发展战略的带领下走专业化外包的道路值得肯定。希望陕鼓能在提升企业系统服务水平的同时，推动装备制造业的绿色发展。

9日　中共中央政治局委员、国务院副总理马凯到沈阳鼓风机集团股份有限公司考察调研。

10日　国家能源局能源节约和科技装备司副司长黄鹂、中广核工程有限公司总经理束国刚等，到沈阳鼓风机集团股份有限公司检查指导核泵国产化基地建设和核级泵产品研制工作。

11日　中石油与沈阳鼓风机集团进出口公司正式签订离心压缩机采购合同。这是中石油与沈鼓集团首次在中东油气市场上开展合作，合同的签订具有开拓性的战略意义。

17日　在中国机械工业质量管理协会组织举办的全国机械工业第32次质量信得过班组和质量管理代表会上。西安陕鼓动力股份有限公司基于在推动群众性质量管理活动中的突出贡献被评为2013年度全国机械行业群众性质量管理活动优秀企业。陕鼓动力加工车间叶片工段的“降低尾透叶片刀具消耗”QC成果荣获一等奖，机加工段的“多轴压缩机进口导流器加工方式的探索”QC成果荣获二等奖。

24日　国产化首台世界级4M150大推力往复机空负荷机械运转试验一次成功，巩固了沈阳鼓风机集团股份有限公司在这一领域的优势地位。

26日　西安陕鼓动力股份有限公司为江苏虹港石化PTA装置研发、制造的EG150－4整体齿轮式多轴压缩机顺利完成试车。在最高连续工作转速下，压缩机运转稳定，各项机械运转指标合格。EG150－4是陕鼓动力当前研制的最大型号多轴压缩机，该机组的试车成功，标志着陕鼓动力在大型整体齿轮式多轴压缩机方面具备研发、制造和厂内机械运转的能力。

30日　西安陕鼓动力股份有限公司设计制造的筒式压缩机EBZ45－4＋3试车成功，整个试车过程中的轴振动、轴位移、轴瓦温度等指标完全满足API617标准。该机组是陕鼓动力首套用于LNG(液化天然气)的混合冷剂压缩机组，机组的成功试车标志着陕鼓动力在LNG混合冷剂压缩机的市场开拓中迈出了坚实的一步。

8月

8日　中共中央政治局委员、中央组织部部长赵乐际，由沈阳市市委书记曾维等陪同到沈阳鼓风机集团股份有限公司视察。

★　河南省济源市市委书记何雄、市委副书记王宇燕带领济源市市委市政府、市人大、市政协以及重点企业负责人一行50余人，在西安市高新管委会副主任杨明瑞的陪同下到陕西鼓风机(集团)有限公司调研。陕鼓集团党委书记、董事长印建安详细介绍了企业概况、发展战略以及经营成效。

9日 石家庄工业泵厂有限公司的900DT－110大型脱硫循环泵课题顺利通过专家鉴定，认为关键技术达到同类产品先进水平。

13日 武汉80万t/a乙烯三机投入商业运行产出合格产品。武汉80万t/a乙烯项目第一次选用整套国产化“乙烯三机”，沈阳鼓风机集团股份有限公司第一次成为国产化“乙烯三机”总成套商，独自承担全部设计制造任务，其现实意义和长远影响不亚于百万吨乙烯机组研制成功，为民族装备制造业再次树立起一座里程碑。

14日 由上海电力修造总厂有限公司自主研发的国内首台1 000MW(50%容量)超(超)临界火电机组锅炉给水泵在江苏华电句容发电有限公司一期工程(2×1 000MW)1号机组成功通过168h满负荷试运行，公司获得优秀参建单位称号。

23日 在北京天坛饭店举行油气管道关键阀门国产化研制工作签约仪式，中国石油与国内15家阀门制造企业签订了阀门研制协议。该协议是紧密结合中石油油气管道工程建设，选择关键油气管道阀门作为国产化研究对象，拟通过联合攻关、现场试验等方式实现关键阀门国产化，提升中石油油气管道阀门的保障能力。研制产品包括天然气调压装置、旋塞阀、强制密封阀、止回阀、调节阀和泄压阀等。

27日 陕西鼓风机(集团)有限公司与宝钢集团举行了战略合作伙伴签字仪式，标志着双方开启了未来深层次合作、实现共赢发展的序幕。今后，两家公司将在市场资源共享、联合技术研发、企业管理交流等方面开展深层次合作。

30日 中共中央总书记、国家主席、中央军委主席习近平，由王沪宁、栗战书和中央有关部门负责人及辽宁省省委书记王珉、省长陈政高陪同，到沈阳鼓风机集团股份有限公司视察。习近平听取了集团董事长、党委书记苏永强关于企业创新发展的情况汇报，深入车间观看了产品加工过程，与一线工人和劳模代表亲切交谈，并与劳模代表合影留念。

月内 由沈阳鼓风机集团股份有限公司设计的用于2 000万t/a重质原油加工工程项目的首台600系列B级压缩机(H1877－BCL608/B循环氢压缩机)，按用户要求完成交档，可进入生产制造流程。该项目是当前国内一次性建设加工能力最大的炼油装置，填补了国内空白。

★ 大耐泵业有限公司的HB25－130/15的小流量15段多级泵研制成功，效率远超预期指标5个百分点，现场运行振动值小于1mm/s。

★ 大耐泵业有限公司的重大石化装置高温塔底泵自主化研制项目荣获中国机械工业科学技术奖二等奖。

★ 国家标准化技术管理委员会原副主任、党组成员石保全带领国家标准委巡视督查组莅临沈阳鼓风机集团股份有限公司，对全国风机标准化技术委员会、全国泵标准化技术委员会进行巡视督查指导。经过严格评审，督查组对全国风机标准化技术委员会、全国泵标准化技术委员会及其工作给予高度评价，评审结果均为优秀。

★ 山东省章丘鼓风机股份有限公司首台三叶扭叶型罗茨鼓风机——ZN型罗茨鼓风机试车成功。经过严格的测试，该风机的各项技术指标均满足设计要求。该新型风机是在ZG型风机基础上采用扭叶型转子及改进型机壳，与传统直线型三叶罗茨鼓风机相比，扭叶叶轮气流连续性好，可以有效减轻振动、降低噪声。三叶扭叶转子在工作时具有内压缩，因此效率高、轴功率小。另外，该风机脉动小、震动小，从而降低了齿轮冲击载荷，提高了运行的可靠性，延长了风机的使用寿命。

9月

11日 沈阳鼓风机集团股份有限公司董事长苏永强、副总经理兼总工程师王学军接待了GE公司副总裁Hasan Dandashly先生一行7人。双方分别介绍了企业的发展近况，全面回顾了合作历史及一期技转项目的现状，共同探讨了一期技转项目解决方案、双方未来合作的战略定位与预期目标。

12日 中共中央政治局委员、国务院副总理刘延东由辽宁省、沈阳市领导陪同莅临沈阳鼓风机集团股份有限公司视察。

14—16日 中国通用机械工业协会风机分会第七届理事会第三次会议召开，29个理事单位的48名代表参加了会议。风机分会理事长、沈鼓集团董事长苏永强作了题为“不断增强企业创新能力，促进风机行业稳步发展”的工作报告，陈凤义秘书长汇报了2014第七届中国国际流体机械展览会风机分会参展工作计划。

会议邀请了西安交通大学校长助理席光作“石油化工行业高端流体机械装备的发展趋势与挑战”的报告，有6家单位进行了技术交流和管理经验交流。其中：曼柴油机与透平（中国）首席执行官张广会作“合规经营创造核心竞争力”的主题发言，江苏金通灵流体机械科技股份有限公司总经理徐焕俊作了“谋变未来，在转型升级中实现新跨越”的演讲，浙江亿利达风机股份有限公司副总经理章冬友作了“强化企业文化建设，推动企业创新发展”的演讲，西安交通大学流体机械工程系系主任秦国良作了高效节能离心通风机系列化基本模型的开发进展报告，清华大学航天航空学院流体机械研究所李嵩教授介绍了轴流风机新产品研发进展，上海交通大学机械与动力工程学院王彤教授介绍了流体机械CFD技术与分析。

会议最后由苏永强理事长作总结，根据这次会议确定的工作计划，苏永强理事长提出五点意见：

第一，协会要以“服务”为宗旨，要加强与企业之间的信息沟通和交流，建立和完善协会服务功能。要继续加强行业研发工作，搭建行业与企业技术研发平台，走产学研的道路，不断提高行业与企业的自主研发能力；要做好市场分析、政策咨询、风机信息工作，研究行业市场协调机制；要经常开展企业家联谊活动和高层论坛活动，增进企业之间、企业家之间的感情；要开展国内外同行业的交流，建立行业信息发布机制。组织好节能改造和技术升级，提出计划组织实施，挖掘潜力，增加内涵，争取国家政策支持。

第二，理事会要为企业办实事，互帮互助，解决企业在生产管理、技术管理及市场运营过程中遇到的实际困难。要充分发挥协会组织的作用，协调市场争端，缓和企业之间的矛盾，促进工艺性协作。

第三，要增强协会凝聚力，积极促进行业及企业经济的持续健康发展，每年选择好一个或几个大家感兴趣的主题及风机行业共性的问题，进行深层次、全方位的探讨与交流，在巩固风机行业现有优势的同时，努力培育新的经济增长点，增强发展后劲。

第四，要加强对内和对外合作，要开拓视野，走出去、请进来，通过组织国外考察，请国外专家讲学，总结打入国际市场好的典型，开辟新的发展路径，与国内大学、研究院所紧密合作，加强研发，提高创新能力，加强品牌建设，实现新的经济增长点。

第五，要认真落实风机分会2013—2014年工作计划，完成好各项任务。

16—17日 沈阳鼓风机集团股份有限公司为宁夏宝丰能源集团提供的当前国内单缸最大的甲醇合成气离心压缩机（H1620）性能试验成功，实现了国内首创的历史性突破。

25日 无锡压缩机股份有

限公司与宝钢湛江钢铁有限公司签订了25台三星离心式空压机合同。该合同创下了单个项目离心机台份数和合同金额的新高。SME系列离心式空压机是三星新开发成功的升级版离心式空压缩机，具备高效、节能、便于安装维护、高性价比等诸多特点。

月内 山东省章丘鼓风机股份有限公司自行设计开发的ZG系列罗茨鼓风机顺利通过国际知名认证机构SGS公司的现场验证并获得CE证书，标志着公司的ZG系列罗茨鼓风机的产品质量已经通过了欧洲市场的考验，为ZG风机进一步扩大欧洲市场铺平了道路。

10月

18日 盾安集团董事局主席姚新义率领盾安集团总裁吴子富、盾安人工环境股份有限公司总裁葛亚飞等90余人到沈阳鼓风机集团股份有限公司参观交流，并签署了战略合作协议。沈鼓集团总经理孔跃龙主持签约仪式，沈鼓集团董事长苏永强、盾安集团董事局主席姚新义分别致辞。此次战略合作协议的签订，对实现双方优势互补、共同提升企业竞争力、促进市场拓展具有重要意义。

26日 中国通用机械工业协会压缩机分会理事(扩大)会议在蚌埠召开，理事及会员单位的71位代表参加了会议。全体代表听取了压缩机分会钱家祥秘书长所作的“2013年压缩机行业经济运行及行业工作情况”及“我国通用机械制造业由大到强发展规划”的报告；沈鼓集团副总经理李晓峰就“沈鼓集团自主研发能力建设及技术创新经验”、安瑞科(蚌埠)压缩机有限公司总经理胡小兵就“管理创新和自主创新经验”同与会代表进行了交流；副理事长邢晓东先生就“2014第七届中国国际流体机械展览会”进行了工作动员。理事单位代表审议并通过了压缩机分会副秘书长刘海芬提交的“关于理事长、理事单位增补及变动的报告”，并就压缩机行业如何“转型升级 由大到强”进行了深入的探讨和交流。

28日 由中国石油和化学工业联合会中小企业委员会、国家石油和化工网主办的2013中国化工装备百强及化工单元设备十强企业发布会在山东东营举行。西安陕鼓动力股份有限公司荣获“中国化工装备百强”及“中国化工装备科技创新企业”称号。

★ 湖北省风机厂有限公司自主研发的“双铰接零弯矩结构大型轴流叶轮”通过山东省科技成果鉴定，达到国际先进水平。

月内 在北京召开的“两化深度融合专项行动计划重点工作推进大会”上，沈阳鼓风机集团股份有限公司荣获2013年“全国两化融合标杆企业”称号。

★ 沈阳鼓风机集团股份有限公司有16个申报项目获得2013年度沈阳市职工技术创新成果奖励，其中有5个项目获得“市职工技术创新成果二等奖”，有11个项目获得“市职工技术创新成果三等奖”。

★ 重庆通用工业(集团)有限责任公司被国家五部委(国家发改委、科技部、财政部、海关总署、税务总局)评为“国家认定企业技术中心”。

11月

5日 沈阳鼓风机集团股份有限公司为中国石油山东昆仑能源有限公司提供的国产化全国最大的60万t/a LNG压缩机，一次通过机械性能试车，各项技术、性能数据显示，堪与进口设备媲美。

7日 由衢州市经信委组织的“KSG602129大型工艺气体螺杆压缩机产品鉴定会”在浙江开山压缩机股份有限公司衢州工厂举行。各方专家认为，KSG602129大型工艺气体螺杆压缩机采用了当今世界最先进的Y－2转子型线，应用了流量调节阀等螺杆压缩机的关键核心技术，打破了进口同类产品在我国化工装备领域的垄断，产品性能达到国内领先水平，KSG602129大型工艺气体螺杆压缩机成功通过了产品鉴定。

11日 陕西鼓风机（集团）有限公司与徐州宝丰签订了节能减排煤气综合发电项目总承包合同，该项目是利用宝丰特钢一、二期富余的高炉煤气、转炉煤气进行余热综合利用，采用高效的高温高压余热锅炉把煤气进行充分燃烧，产生蒸汽并通过汽轮机带动发电机进行发电。该项目的签订，为陕鼓持续进入节能减排、煤气综合利用领域打下了坚实基础。

16—18日 由中国企业文化研究会主办的“中外企业文化2013峰会”在上海举行，沈阳鼓风机集团股份有限公司被授予“改革开放35周年企业文化竞争力三十强单位”（沈阳市工业企业仅沈鼓集团获此殊荣）；集团党委常务副书记邓长辉荣获“改革开放35周年企业文化竞争力先进工作者”称号。

22日 陕西省企业文化建设协会在西安召开“企业文化落地”专题报告会，陕西鼓风机（集团）有限公司等4家单位获“陕西省企业文化示范基地”称号。这也是陕鼓集团继2011年被授予“全国企业文化示范基地”之后，在省内获得的又一项殊荣。

12月

2—4日 在沈阳召开了中国通用机械工业协会风机分会第19批新会员会议。参加会议的有河北骞海鼓风机有限公司、登福机械（上海）有限公司、山东博风风机有限公司、章丘丰源机械有限公司、文登市豪顿风机有限公司、淄博金豪风机有限公司、长沙埃尔压缩机有限责任公司、斯凯孚（中国）销售有限公司、人本集团上海轴承有限公司、上海希普拓机械有限公司、无锡市滚动轴承有限公司、宏达博能自动化设备（江苏）有限公司、浙江易普润滑设备制造有限公司、章丘市腾瑞机械厂、重庆赛力盟电机有限责任公司等15家新会员单位的领导及风机分会秘书处工作人员共27名代表。

3日 由第一财经、招商证券联合发起主办的2013中国创新力峰会暨中国上市公司持续创新力大调查颁奖典礼在上海举行。西安陕鼓动力股份有限公司以其优秀的经营业绩、前瞻的发展战略和在商业模式、组织、技术、产品、营销和文化等方面所体现的持续创新力，在经过由清华大学中国企业研究中心、上海财经大学500强企业研究中心、德勤、根元咨询、欧信国际和第一财经、招商证券多位专家学者共同组成的评审团进行综合评价以及调查面访后，从全国2 500多家上市公司中脱颖而出，获得“最具持续创新力公司奖”，公司董事长印建安获得“持续创新力领袖奖”。

5日 国家能源局组织专家在哈尔滨召开了超（超）临界火电机组关键阀门国产化第三类样机鉴定会。通过严格评审，哈电集团哈尔滨电站阀门有限公司负责承担研发的主蒸汽出（入）口安全阀、电磁泄放阀、锅炉循环管路调节阀、主给水旁路调节阀、给水泵最小流量阀、汽轮机高压供汽站压力调节阀、再热器喷水调节阀等七大类共8个品种的阀门样机通过了技术鉴定。此次超（超）临界火电机组关键阀门国产化第三类样机通过鉴定，标志着我国火电机组配套阀门实现了国内顶级水平，完全结束了此类产品依赖进口的历史，推动了重大装备国产化的进程。

6日 为倡导和激励企业积极履行社会责任，探索社会责任体系科学的评价方法，“2013（第五届）责任中国优企业峰会”在北京钓鱼台国宾馆召开。本次评选由峰会组委会组织业界专家形成评审委员会，从员工权益保护、服务客户需求、供应商关系、安全生产、节能环保、创新能力、公益慈善等领域对候选的1 000多家企业进行跟踪了解评价。最终,陕西鼓风机(集团)有限公司凭借在不断满足各类利益相关方需求方面的优异表现,成功入围“2013(第五届)中国企业社会责任榜”100强榜单,并荣获“2013中国社会责任典范企业”称号。

★　山东新风股份有限公司自主研发的HEC2.5-1无刷直流外转子离心风机通过淄博市科技局主持的专家鉴定,产品达到国内领先水平。

9日　“陕西省第三届十大杰出工人表彰会”在西安索菲特人民大厦会展中心召开。西安陕鼓动力股份有限公司员工张戟及其他来自不同企业的9名生产一线员工获得省“十大杰出工人”光荣称号。

17日　陕西百强企业暨第五届陕西省优秀企业家发布会在西安举行。陕西鼓风机(集团)有限公司凭借2012年全年良好稳定的经营业绩表现,再次入选陕西省百强企业。

18—21日　由海军某办、核动力院型号办、上海某所一行15人组成的专家组,对沈阳鼓风机集团透平公司承担的“ZB—SJ2”科研项目进行了为期3天的评审验收。专家组认真听取了承研单位的工作总结和技术总结报告,并进行了现场查看和专题讨论,一致同意该项目通过评审验收。

25日　沈阳鼓风机集团股份有限公司“CAP1400屏蔽电机主泵试验台建设”项目,通过了国家核电技术公司重大专项办公室组织的8位国家核电专家的科研课题项目审查会评审。

年内　重庆通用工业(集团)有限责任公司“单级离心式鼓风机”获得中国(重庆)“长江杯”国际工业设计大奖赛创造类优秀奖。公司的“风力发电机叶片”获得中国(重庆)“长江杯”国际工业设计大奖赛创造奖。

附录

介绍重大技术装备进口税收政策规定，公布国家支持发展的重大技术装备和产品目录、进口不予免税的重大技术装备和产品目录等

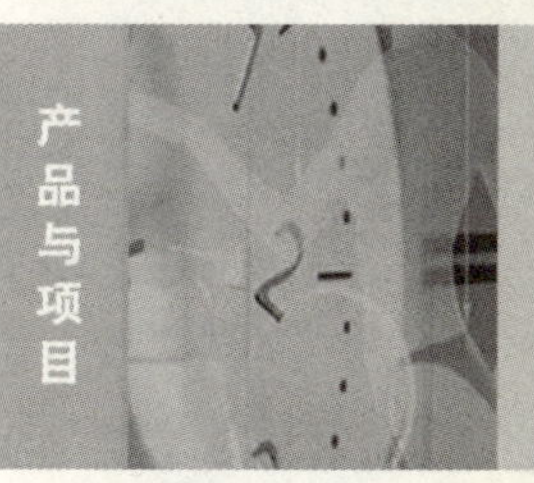

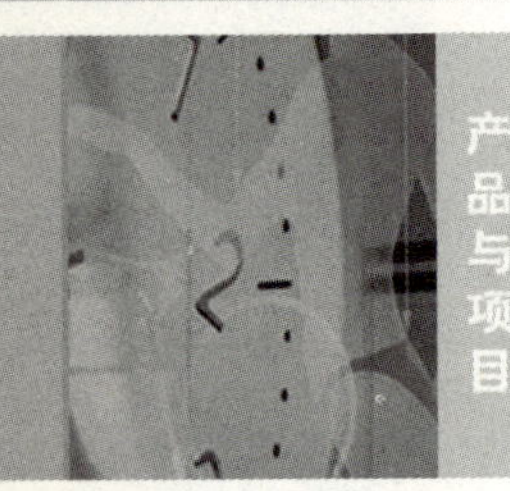

附录

重大技术装备进口税收政策规定

第一条　为提高我国企业的核心竞争力及自主创新能力，促进装备制造业的发展，贯彻落实国务院关于装备制造业振兴规划和加快振兴装备制造业有关调整进口税收政策的决定，特制定本规定。

第二条　根据国务院关于装备制造业振兴规划有关决定，财政部会同国家发展改革委、工业和信息化部、海关总署、国家税务总局、国家能源局制定了《国家支持发展的重大技术装备和产品目录》和《重大技术装备和产品进口关键零部件及原材料商品目录》。对符合规定条件的国内企业为生产国家支持发展的重大技术装备或产品而确有必要进口部分关键零部件及原材料，免征关税和进口环节增值税。

第三条　对国内已能生产的重大技术装备和产品，由财政部会同有关部门制定《进口不予免税的重大技术装备和产品目录》。对按照或比照《国务院关于调整进口设备税收政策的通知》（国发〔1997〕37号）规定享受进口税收优惠政策的下列项目和企业，进口《进口不予免税的重大技术装备和产品目录》中自用设备以及按照合同随上述设备进口的技术及配套件、备件，照章征收进口税收：

（一）国家鼓励发展的国内投资项目和外商投资项目；

（二）外国政府贷款和国际金融组织贷款项目；

（三）由外商提供不作价进口设备的加工贸易企业；

（四）中西部地区外商投资优势产业项目；

（五）《海关总署关于进一步鼓励外商投资有关进口税收政策的通知》（署税〔1999〕791号）规定的外商投资企业和外商投资设立的研究中心利用自有资金进行技术改造项目。

对相应国产装备尚不能完全满足需求，确需进口的部分整机和设备，根据产业的供应情况，经财政部会同有关部门严格审核，采取降低优惠幅度、逐步缩小免税范围等过渡措施，在一定期限内继续给予进口优惠政策，过渡期结束后停止执行整机的进口免税政策。

第四条　根据国内相关产业发展情况以及政策实施情况，工业主管部门、投资主管部门或海关总署提出调整《国家支持发展的重大技术装备和产品目录》《重大技术装备和产品进口关键零部件及原材料商品目录》《进口不予免税的重大技术装备和产品目录》的建议，财政部会同有关部门研究修订后公布执行。

第五条　申请享受政策的企业一般应为从事开发、生产国家支持发展的重大技术装备或产品的制造企业，并应当具备以下条件：

（一）独立法人资格；

（二）具有较强的设计研发和生产制造能力；

（三）具备专业比较齐全的技术人员队伍；

（四）具有核心技术和自主知识产权；

（五）申请享受政策的重大技术装备应符合《国家支持发展的重大技术装备和产品目录》中有关要求。

对于城市轨道交通、核电等领域承担重大技术装备自主化依托项目业主以及开发自用生产设备的企业，可申请享受本规定的进口税收优惠政策。

第六条　对新申请享受政策的企业的免税资格认定工作每年组织一次。新申请享受政策的制造企业应在每年11月1日至11月30日提交申请文件,其中,地方制造企业通过企业所在地省级工业和信息化主管部门向工业和信息化部提交申请文件,中央企业直接向工业和信息化部提交申请文件,报送下一年度申请享受进口税收优惠政策的进口需求。逾期不予受理。

承担城市轨道交通重大技术装备自主化依托项目的业主应在每年11月1日至11月30日向国家发展改革委提交申请文件,报送当年度申请享受进口税收优惠政策的进口需求。承担核电重大技术装备自主化依托项目的业主应在11月1日至11月30日向国家能源局提交申请文件,报送下一年度申请享受进口税收优惠政策的进口需求。逾期不予受理。

第七条 工业和信息化部或省级工业和信息化主管部门、国家发展改革委、国家能源局收到企业的申请文件后,应当审查申请文件是否规范、完整,材料是否有效。企业提交的申请文件符合规定的,有关部门应当予以受理,其中,省级工业和信息化主管部门应会同企业所在地直属海关、财政部驻当地财政监察专员办事处对申请材料进行初审,并在每年12月31日前将申请文件及初审意见汇总上报工业和信息化部,逾期不予受理。企业提交的申请文件不符合规定的,有关部门应当告知企业需要补正的有关材料,企业应在5个工作日内提交补正材料。企业不能按照规定提交申请文件或补正材料的,有关部门不予受理。

第八条 工业和信息化部受理制造企业申请文件后,应会同财政部、海关总署、国家税务总局(对能源装备制造企业资格的认定还应会同国家能源局)组织相关行业专家,根据本规定有关要求,对企业资格进行认定,并核定企业确有必要进口的关键零部件、原材料的进口需求。国家发展改革委、国家能源局应会同财政部、海关总署、国家税务总局组织相关行业专家,分别负责对城市轨道交通、核电领域承担重大技术装备自主化依托项目的业主免税资格进行认定,并核定项目业主确有必要进口的关键零部件及原材料的进口需求。工业和信息化部、国家发展改革委、国家能源局应在每年3月1日前将企业免税资格认定及相关因素核定结果报送财政部,逾期不予受理。

第九条 财政部会同海关总署、国家税务总局根据有关部门对企业免税资格认定和相关因素核定的结果,在年度预算以及税式支出规模(即年度减免税额度)安排的框架内,确定年度享受优惠政策的企业及相应免税进口额度的清单。企业免税进口额度的核定主要考虑企业设计研发制造能力、重大技术装备技术先进性、申报进口需求准确度、免税额度执行率和政策执行情况等方面因素。

第十条 财政部会同有关部门根据企业上一年度进口税收优惠政策执行情况,在印发当年度免税额度清单时,同时预拨下一年度部分免税进口额度,获得预拨免税进口额度的企业可直接向海关申请办理减免税手续。上年度已享受免税政策的企业在本年度免税额度清单印发之前可直接向海关申请凭税款担保先予办理有关零部件及原材料放行手续。本年度新申请企业或项目业主凭申请文件受理部门出具的证明文件向海关申请凭税款担保先予办理有关零部件及原材料放行手续。

第十一条 已享受免税政策的企业发生企业名称、公司类型、经营范围等事项变更的,应在完成变更登记手续后一个月内,将有关变更情况及证明文件报送免税资格认定部门,免税资格认定部门确认后报送财政部和海关总署备案。对企业变更事项涉及本规定第五条有关免税资格条件的,免税资格认定部门应商财政部等部门确认原企业免税资格是否予以有效,免税资格有效的企业可继续享受本进口税收优惠政策。

第十二条 取得免税资格的企业,应按照《中华人民共和国海关进出口货物减免税管理办法》(海关总署第179号令)及海关有关规定,在免税进口额度内办理有关重大技术装备或产品进口关键零部件及原材料的免税手续。

享受本规定进口税收优惠政策的企业如违反规定,将免税进口的零部件及原材料擅自转让、移作他用或者进行其他处置，被依法追究刑事责任的，从违法行为发现之日起停止享受本规定进口税收优惠政策；尚不够追究刑事责任的，从违法行为发现之日起停止享受本规定进口税收优惠政策2年。

第十三条　为及时对优惠政策进行绩效评价，享受本规定进口税收优惠政策的企业（包括上一年度未发生进口的企业和本年度无进口需求的企业）均应在每年的3月1日至3月31日将上一年度的优惠政策落实情况报财政部和海关总署，逾期不予受理。企业未按要求提交优惠政策落实报告的，停止享受本规定进口税收优惠政策。对免税政策执行情况较差的企业，根据轻重程度相应给予取消预拨部分免税进口额度、核减免税进口额度、暂停免税资格或取消免税资格等处理。

第十四条　本规定及有关目录由财政部会同国家发展改革委、工业和信息化部、海关总署、国家税务总局、国家能源局负责解释。

第十五条　本规定自2014年3月1日起实施。

国家支持发展的重大技术装备和产品目录（2014年修订）（摘选）

产品名称	技术规格要求	销售业绩要求	备注
大型清洁高效发电装备			
核级泵：核主泵（反应堆冷却剂主泵）、上充泵、安注泵、安全壳余热排出泵、喷淋泵	三代核电机组核级泵	持有合同订单	
核级阀：安全壳隔离阀、波纹管截止阀、稳压器安全阀、稳压器比例喷雾调节阀、主蒸汽隔离阀、核岛阀	三代核电机组核级阀	持有合同订单	
核级泵：核主泵、上充泵	二代改进型核电机组核级泵	持有合同订单	
核级阀：波纹管截止阀	二代改进型核电机组核级阀	持有合同订单	
大型石油及石化装备			
乙烯裂解气压缩机组及其配套用工业汽轮机、乙烯制冷压缩机组及其配套用工业汽轮机、丙烯制冷压缩机组及其配套用工业汽轮机、乙烯冷箱、加氢反应器、加氢装置空冷器	年产量≥80万t	持有合同订单	
聚乙烯循环气压缩机和聚乙烯配套用往复式压缩机（迷宫密封式）	年产量≥40万t	持有合同订单	
PTA氧化反应器、加氢精制装置加氢反应器、蒸汽回转干燥机、PTA工艺空气压缩机组	年产量≥80万t	持有合同订单	
循环氢离心压缩机	轴功率≥2 000kW	持有合同订单	
催化裂化空气压缩机机组		持有合同订单	
催化裂化能量回收装置空气压缩机机组	配套1 000万t/a原油	持有合同订单	
长输管道燃驱压缩机组	30MW级及以上	持有合同订单	

（续）

产品名称	技术规格要求	销售业绩要求	备注
长输管道电驱压缩机组	20MW 级及以上	持有合同订单	
高压大口径全锻焊管道球阀	公称通径≥40in，压力≥600Lb	持有合同订单	
天然气发动机驱动压缩机组	压缩机气量≥30m³/min	持有合同订单	新增
大型煤化工设备			
往复式水煤浆隔膜泵	流量 25～550m³/h，压力 1.5～25MPa	持有合同订单	
煤液化加氢反应器	设备自重≥500t	持有合同订单	
大型空分设备	氧产量≥40 000m³/h	持有合同订单	
双缸氧气压缩机	流量≥30 000m³/h，压力 0.8～3.0MPa，功率 3 000～12 000kW	持有合同订单	
大型空分装置用空压机或增压机	氧产量≥40 000m³/h 的空分装置配套用	持有合同订单	
合成气压缩机	年产量 30 万 t 以上合成氨项目配套用	持有合同订单	
二氧化碳压缩机	年产量30 万t 以上尿素项目配套用	持有合同订单	
大型环保及资源综合利用设备			
燃煤机组湿法烟气脱硫成套设备：循环浆液泵（流量≥4 000m³/h）、烟气挡板门、喷淋层、脱硫风机（亦称脱硫增压风机，额定功率≥2 000kW）、桨叶搅拌器、烟气换热器	300MW 及以上	持有合同订单	
循环流化床干法烟气脱硫关键设备	火电厂 600MW 机组配套用	持有合同订单	
城市污水处理成套设备：转盘式膜反应分离器、转盘式微滤机	转盘式膜反应分离器：过滤精度≤0.038μm，出水浊度＜2NTU；转盘式微滤机：过滤精度≤10μm，出水固体悬浮物＜10mg/L	持有合同订单	
大型高炉煤气余压透平能量回收利用装置	额定功率≥4 000kW	持有合同订单	
尾气透平能量回收机组	回收功率≥1 500kW	持有合同订单	

进口不予免税的重大技术装备和产品目录（2014 年修订）（摘选）

税则号	设备名称	技术规格	备注
大型清洁高效发电装备			
84137099	反应堆主冷却剂泵（包括电动机、变频器、开关）	二代加核电用反应堆主冷却剂泵：所有规格；三代核电用反应堆主冷却剂泵：功率≤5 000kW	

（续）

税则号	设备名称	技术规格	备注
84195000	非能动余热排出热交换器	所有规格（核一级的除外）	
84014090	核反应堆压力容器安全壳	所有规格	
84137099	主给水泵组（含电动机）	单级叶轮扬程低于500m	
8413	核级泵（上充泵/辅助给水泵/余热排出泵/水压试验泵/堆芯补水泵，含电动机）	核安全三级及以下	
90251910 90328100 85365000	核级温度传感器/温度开关/核级压力开关、差压开关	所有规格（核安全等级为1E级或RCCE标准K3及以上的除外）	
84212990	核岛安全壳过滤排放系统	气溶胶滞留能力≤80kg，气溶胶滞留率≤99.9%，元素碘滞留率≤99%，有机碘滞留率≤80%，碘挥发>0.1%	
84212990	核岛辅助水过滤器	过滤颗粒度大于200μm	
84138100	锅炉给水泵（组）	配套≤1 000MW火电机组	
84138100	凝结水泵	所有规格	
84138100	循环水泵	所有规格	
84138100	锅炉强制循环泵	所有规格	
84818010 84813000 84818040	火电机组用高温高压阀门（闸阀、截止阀、止回阀）	闸阀：公称通径≤600mm（24in），压力≤4 500Lb； 截止阀：公称通径≤80mm（3in），压力≤4 500Lb； 止回阀：公称通径≤600mm（24in），压力≤4 500Lb	
大型石油及石化装备			
84148090 840681 84068200	乙烯裂解气压缩机及配套工业汽轮机	年产量≤120万t	
84148090 84068100 84068200	乙烯制冷压缩机及配套工业汽轮机	年产量≤120万t	
84148090 84068100 84068200	丙烯制冷压缩机及配套工业汽轮机	年产量≤120万t	
84148090 84186990	聚乙烯循环气压缩机（离心式）	年产量≤40万t	
84148090	聚乙烯配套用往复式压缩机（迷宫密封式）	年产量≤45万t	
84137010 84137099	离心式急冷油泵	所有规格	
84137010 84137099	离心式急冷水泵	所有规格	

（续）

税则号	设备名称	技术规格	备注
84196090 84195000	板翅式换热器冷箱	所有规格	
84068200 84148090	精对苯二甲酸（PTA）工艺空气压缩机机组（包括蒸汽轮机、压缩机）	单机年产量≤100万t	
84198990 84798999	高压冷凝器	所有规格	调整
84195000	块孔石墨换热器	所有规格	
84148090	循环氢离心压缩机组	所有规格	
84148090 84183	二、四、六列往复式新氢压缩机组	轴功率≤8 000kW	
84148090	长输管道压缩机组	轴功率≤30MW	
85015300	管道压缩机用高速变频防爆电动机	输出功率≤25MW	
84148090	炼油用大型无油原料气往复压缩机	所有规格	
84137010 84137090	加氢进料泵	所有规格	
8481	地面安装高压大口径全锻焊管道球阀	公称通径≤48in、压力≤900Lb	
8481	埋地安装高压大口径大锻焊管道球阀	公称通径≤48in、压力≤900Lb	
84137091	长输管线输油泵	轴功率5 000kW及以下	新增
大型煤化工设备			
841350	往复式水煤浆隔膜泵	所有规格	
84194020 84143014 84068200 84148090	大型成套空分设备（包括精馏塔、含冷箱；氧气压缩机、空气压缩机组、增压机组，含蒸汽轮机或电动机等）	制氧量≤100 000m^3/h	
84143014 84068200	合成氨和尿素装置（包括合成气压缩机、原料压缩机、氨冷冻压缩机、空气压缩机、尿素（CO_2）压缩机组，含蒸汽轮机；液氮洗冷箱）	合成氨年产量≤50万t；尿素年产量≤80万t	调整
大型冶金成套设备			
841459	高炉用鼓风机	流量≤12 000m^3/min，功率≤70 000kW	
大型环保及资源综合利用设备			
842139	电站烟气脱硫专用设备（包括循环浆液泵、水力旋流分离器、除雾器、烟气挡板门、脱硫增压风机、搅拌器等）	单机容量≤1 000MW火电机组	

（续）

税则号	设备名称	技术规格	备注
842139	燃煤电站烟气脱硝成套设备（吸收剂系统、催化反应设备、监测控制系统、空气稀释系统和吹灰系统）	所有规格	
84212990	转盘式膜反应分离器	所有规格	
84212990	转盘式微滤机	所有规格	

重大技术装备和产品进口关键零部件、原材料目录（2014 年修订）（摘选）

设备名称	一级部件	二级部件	单机用量	税则号（供参考）
百万千瓦级核电机组（三代核电机组）				
核主泵（反应堆冷却剂主泵）	电机定子、转子组件		EPR：50t	85030090
	转速测震传感器及 K1 级电缆		EPR：16t	85030090 90318090
	壳体铸锻件		EPR：30t	72251900 84139100
	轴封（一、二、三级密封，静止密封，密封室）		EPR：2t	84842000
	水力部件毛坯（叶轮、导叶法兰、导叶、导叶螺母）		EPR：5t	84139100
	电机支撑		EPR：5t	85030090 84139100
	主法兰与飞轮毛坯		EPR：13t	84139100 7307
	防转装置毛坯（棘爪、棘齿盘）		EPR：1t	85030090 84139100
	热屏蔽盖、座、盘管		EPR：4t	84139100
	主螺栓、主螺母		EPR：3t	84139100 7318
	轴承（石墨轴瓦、轴套、电机轴承、推力轴承）		EPR：10t	84833000
	冷却器		EPR：4t	84195000
	泵轴、电机轴、中间轴、联轴器锻件		EPR：6t	84833000
	焊材（焊带、焊丝、焊条、焊剂）		EPR：50t	72299090 72285000
上充泵	机械密封		EPR：10 套； AP1000：4 套	84842000

（续）

设备名称	一级部件	二级部件	单机用量	税则号(供参考)
安注泵	机械密封		EPR:7 套	84842000
	轴承		EPR:7 套	84833000
安全壳余热排出泵	电动机		EPR:4 台; AP1000:2 台	85015300 84139100
	机械密封		EPR:8 套; AP1000:4 套	84842000
喷淋泵	机械密封		EPR:6 套	84842000
	滚动轴承		EPR:4 套	84833000
核主泵(反应堆冷却剂主泵)	陶瓷端子部件		AP1000:12 件	85389000
	水润滑轴承(止推轴承)、导向轴承、轴套		AP1000:24 套	84833000
	热交换器		AP1000:4 套	84195000
	壳法兰、飞轮锻件		AP1000:12 套	73072100 85030090
	定子铁心部件		AP1000:4 套	85030090 73261910 73269010
	轴、支承环、密封环、定子齿压板、定子端盖、上封头锻件		AP1000:66 件	85030090 73261910 73269010
	定子转子屏蔽套用不锈钢薄板		AP1000:2 500kg	85030090 72193400 73169010 73261910
	焊丝		AP1000:1t	7299090 7285000 83112000
	定子陶瓷槽楔		AP1000:3 200 件	85030090
	绕组绝缘浸渍漆		AP1000:1.6t	32089090
	夹套用不锈钢板		AP1000:8 张	72193100 73269010 73261910 85030090
	定子线圈		AP1000:384 件	85030090 74199991
	转子铜条		AP1000:232 件	85030090 74199991
	速度传感器		AP1000:16 件	903289
	端盖螺栓锻件		AP1000:80 件	73269010 73261910

（续）

设备名称	一级部件	二级部件	单机用量	税则号(供参考)
	核级焊材		AP1000:4.8t	38109000 72209000 72299090 75051200 75052200 83113000
	推力盘		AP1000:8 件	84139100 85030090
	绝缘材料		AP1000:1.6t	85479090
安全壳隔离阀	防爆电动装置		EPR:180 个	85015200 84014010 84014090
	电磁阀		EPR:180 个	84818040 84818021
	气动马达		EPR:40 个	84123900
波纹管截止阀	波纹管		EPR:40 个	83079000
稳压器安全阀	主阀、先导阀		EPR:4 个	84812010 84818040 84814000 84812020
稳压器比例喷雾调节阀	主阀		EPR:1 套	84812010 84818040
主蒸汽隔离阀	主阀		EPR:4 套	84812010 84818040 84812020
	驱动机构		EPR:4 套	84819010 84123900 85015200
核岛阀	气动执行机构(核级)		AP1000:100 件	84123900 90328100
	IE 级减压过滤器		AP1000:100 件	84049090
	IE 级电动执行机构		AP1000:100 件	85015200 90328990
	IE 级电磁阀		AP1000:100 件	84818021
	IE 级快速接头		AP1000:800 件	85381090
	IE 级位置指示开关		AP1000:600 件	85365000
百万千瓦级核电机组(二代改进型核电机组)				
核主泵	轴承(石墨轴瓦、轴套)		2t	84833000
	水力部件毛坯(叶轮、导叶法兰、导叶、导叶螺母)		5t	84139100 7318

（续）

设备名称	一级部件	二级部件	单机用量	税则号(供参考)
	电机支撑		5t	85030090 84139100
	热屏蔽盖、座、盘管		4t	84139100
	推力轴承		2t	84833000
	转速测震传感器及K1级电缆		16t	85030090 90318090
	防转装置毛坯(棘爪,棘齿盘)		1t	85030090
	轴封(一、二、三级密封,密封室)		2t	84842000
上充泵	机械密封		1套	84842000
	轴承		3套	84833000
波纹管截止阀	波纹管		1~2个	83079000
超(超)临界参数火电机组				
燃煤锅炉	闸阀		120个	84818040
	调节阀		11~20个	84818040
	安全阀		17~40个	84814000 90329000
	气动执行器		224~250套	90328100 84123900
	电动执行器		48~272套	85015100 90328990
	减速机		2~3个	84834090
	轴承		6~10个	84821040
	焊材(焊丝、焊条、焊剂)		65t	72299090 72285000 83810900
	油压传动阀(油压阀)		54~65个	84812010
汽轮机	低压转子锻件(不带叶片)		3~4根	84069000
	抽汽逆止阀		8~12套	84813000
	调节阀、高排通风阀		12~40套	84818040 84812020
	疏水阀		20~65套	84818040 84812020
	钛复合板		60t	72109000 72085120
	喷嘴室		6套	84069000
	高中压主汽阀及主汽调节阀		3套	84069000
	调芯零件		3套	84819010
	高、中、低压隔板		24级	84069000
	主油泵		1套	84137099
	辅助油泵		1套	84137099

（续）

设备名称	一级部件	二级部件	单机用量	税则号（供参考）
大型循环流化床锅炉				
循环流化床锅炉	安全阀		13～16个	84814000
	调节阀		15～20个	84818040
	紧急给水泵		1台	84137090 84848010
	气动执行器		8个	90328100 84123900
	电动执行器		8个	85015100 90328990
	压力控制器		150t	90262010 90328100 90328990 853710
大型空冷电站成套设备				
空冷汽轮机	抽汽逆止阀		8～16套	84813000
	调节阀、高排通风阀		10～40套	84818040 84812020
	疏水阀		20～50套	84818040 84812020
	钛复合板		60～80t	72109000 72085120
	高、中压主汽阀及主汽调节阀		3套	84069000 84818040
	阀芯零件		3套	84819010
	主油泵		5套	84137091
	辅助油泵		2套	84137091
大型石油及石化装备				
乙烯裂解气压缩机组、乙烯制冷压缩机组、丙烯制冷压缩机组及上述配套用工业汽轮机	膜盘联轴器		6套	84836000
	干气密封		12套	84842000
	止推轴承		7套	84833000
	支撑轴承		26套	84833000
	蒸汽透平（循环泵用小汽轮机）		3套	84068200
	测振轴位移装置		3套	90318090
	主轴锻件		2根	73259910 84831090
	机壳铸件		2个	84149090
	叶轮锻件		13个	84149090
	调节阀		15个	84813000
	调节气阀	阀杆（喷涂）	4根	84819010
	电液转换器		2套	84069000
	可倾瓦轴承		2套	84833000

（续）

设备名称	一级部件	二级部件	单机用量	税则号(供参考)
乙烯冷箱	钢铝接头		30个	76090000
	钎焊片		6t	76071190
加氢反应器	钢板		100～1 000t	72251900
	焊材(焊条、焊带、焊丝、合金钢丝、不锈钢带、焊剂)		100～150t	38109000 72209000 83111000 83112000
加氢装置空冷器	管束	镍合金板	2 500kg	75062000
往复式压缩机	干气密封		2套	84842000
	气阀		28～32个	84812020 84149011
混炼挤压造粒机组	摩擦离合器	摩擦片	3组	84839000
		电机	1套	85016430
	减速器	圆柱滚子轴承	25套	84825000
		串列推力轴承	2套	84825000
		四点接触轴承	3套	84821030
		深沟球轴承	8套	84821020
		滚子轴承	20套	84823000
		带差压报警的双筒滤油器	2套	84212990
	在线熔指测量仪		1套	90268000
	离心干燥装置	离心干燥机、大块扑集器、三通取样	1套	84211990
	振动分筛机		1套	84741000
	粒子冷却水系统,热油系统	气动、手动蜗轮对夹式蝶阀	16套	84818040
		电动气控两通阀、三通阀	6套	84818040
		止回阀	2套	84813000
		电动气控比例阀	6套	84818040
蒸汽回转干燥机	机身	不锈钢板材	50～160t	72192100 72199000
	换热管	不锈钢	40～90t	73069000 73064000 73044190 73044990

（续）

设备名称	一级部件	二级部件	单机用量	税则号(供参考)
	焊条		2～5t	83111000 83112000
	滚动轴承		12件	84823000
	进/出料端密封填料		18件	84841000 84849000
	手动离合器		1台	84836000
PTA工艺空气压缩机组	齿轮箱		3套	84834090
	止推轴承		2套	84833000
	支撑轴承		2套	84833000
	膜盘联轴器		2套	84836000
	膜片联轴器		2套	84836000
	控制系统		1套	853710 90328990
	机组监控系统		1套	90318090 90328990
	测振轴位移装置		1套	90318090
循环氢离心压缩机	干气密封		1套	84842000
	干气密封控制系统		1套	90328990
	测振轴位移装置		1套	90318090
	调节阀		6套	84818090
催化裂化空气压缩机组	变速箱		1套/台	84834090
	测振轴位移装置		1套/台	90318090
	盘车装置		1套/台	84839000
	联轴器		2套/台	84836000
	防喘振阀		2套/台	84811000
	调节阀		2套/台	84818090
催化裂化能量回收装置空气压缩机机组	变速箱		1套/台	84834090
	测振轴位移装置		1套/台	90318090
	盘车装置		1套/台	84839000
	联轴器		2套/台	84836000
	防喘振阀		2套/台	84811000
	调节阀		2套/台	84818090
长输管道燃驱压缩机组	高压、低压涡轮转子		1套/台	84119990
	低压涡轮支承环		1套/台	84119990
	低压涡轮支承环		1套/台	84119990
	高压过渡段机匣		1套/台	84119990
	下部传动箱		1套/台	84119990 84834090
	涡轮第2级导叶组		15套/台	84119990

（续）

设备名称	一级部件	二级部件	单机用量	税则号(供参考)
	涡轮第1级导叶		40套/台	84119990
	涡轮第1级动叶		86套/台	84119990
	涡轮第2级动叶		86套/台	84119990
	低压0级动叶		19套/台	84119990
	火焰筒		1套/台	84119990
	高压后轴颈		1套/台	84119990
	联轴器		1套/台	84842000 84836000
	干气密封件		2套/台	84842000
	压缩机用滑动轴承		3套/台	84821090
	球轴承、圆柱滚子轴承、滚柱轴承		18套/台	84821090
长输管道电驱压缩机组	膜盘联轴器		1套/台	84836000
	干气密封件		1套/台	84842000
	止推轴承		1套/台	84821040
	支撑轴承		1套/台	84833000
	测振轴位移装置		1套/台	90318090
	联轴器		1套/台	84842000 84836000
	干气密封件		2套/台	84842000
	压缩机用滑动轴承		3套/台	84821090
	球轴承、圆柱滚子轴承、滚柱轴承		18套/台	84821090
	转子护环锻件		2件/台	73269010
高压大口径全锻焊管道球阀	电动执行机构		1套/台	85015300 90328990
	气液联动执行机构		1套/台	84122100 84123900
	阀座		2套/台	84819010
	卸压安全阀		1套/台	84814000
	焊剂		5kg/台	38109000
天然气发动机驱动压缩机组	天然气发动机		1套	84079090
	天然气压缩机组		1套	84148090
	膜片联轴器		1套	84836000
	气动球阀		1套	84818040
	预润滑油泵		1套	84138100
大型煤化工设备				
往复式水煤浆隔膜泵	减速机		1台	84879000 84834090
	变频调速电机		1台	85015300

（续）

设备名称	一级部件	二级部件	单机用量	税则号（供参考）
大型空分设备	液压阀		36 件	84812010
	磁环		4 件	85051110
	氢化丁腈		300kg	40024990
	低温调节阀		30 个/台	84818090
	高压板式换热器		4～12 台	84195000
	透平膨胀机	浮环密封	2 套	84842000
		可倾瓦组合轴承	2 套	84833000
	切换阀		8～12 个	84818090
	高压氧气阀		4～12 个	84818090
	高压液空节流阀		2～4 个	84818090
	离心式低温液体泵		2～12 台	84137090
	分馏塔系统	钢铝接头	30 个	76090000
		合金铝管	5 000m	76082000
		钎焊片	6t	76071190
双缸氧气压缩机	多相交流异步电动机（防爆型）		1 个	85015300
	止推轴承		2 套	84833000
	膜盘联轴器		2 套	84836000
	轴承	温度计	12 个	84833000
	机组监控系统		1 套	90318090 90328990
	气动长行程执行机构		1 套	84813000
大型空分装置用空压机或增压机	止推轴承		3 套	84833000
	支撑轴承		6 套	84833000
	膜盘联轴器		4 套	84836000
	膜片联轴器		4 套	84836000
	碳环密封		5 套	84842000
	蜂窝密封		2 套	84842000
	变速箱		1 套	84834090
	控制系统		1 套	85371011 90328990
	机组监控系统		1 套	90318090 90328990
合成气压缩机、二氧化碳压缩机	膜盘联轴器		5 套	84836000
	干气密封		6 套	84842000
	止推轴承		4 套	84833000
大型环保及资源综合利用设备				
循环浆液泵	轴承		3 个	84822000 84825000
	机械密封		1 个	84842000

（续）

设备名称	一级部件	二级部件	单机用量	税则号（供参考）
脱硫风机（亦称脱硫增压风机）	电厂脱硫轴流风机	液压缸	1套	903289 84122000
		轴承	84套	84821090
		测振仪（含专用探头）	1套	90311000 90318090
	电厂脱硫离心风机	轴承	2套	84821090
		测振仪（含专用探头）	1套	90311000 90318090
循环流化床干法烟气脱硫关键设备	回流式高压水喷枪		4套	84248999 84242000
	物料循环流量调节阀		8套	84818040
	气动插板阀		4套	84818040
	高温帆布补偿器		4个	59119000
转盘式膜反应分离器	过滤部件	板式盘片	48～720片	84219990
转盘式微滤机	过滤部件	扇形盘片	48～720片	84219990
大型高炉煤气余压透平能量回收利用装置	变速离合器		1个	84836000
	液动快速切断阀		1个	84818040
	液动调节蝶阀		2个	84818040
	水封阀		2个	84818040
	膨胀透平	推力轴承	1个	84828000
		支撑轴承	2个	84828000
低热值富余高炉煤气联合循环发电机组	高温部件	透平叶片、透平叶环、燃烧室外筒、尾筒、主轴锻件、叶轮锻件、燃料喷嘴	397件	84119990
	主齿轮箱、扭矩变换器		2件	84834090
	煤气冷却器		1套	84195000
	气体的过滤、净化机器及其装置		4套	84213990

（本栏目编辑：任智惠）

《制冷空调及配附件产品供应目录》

由中国制冷空调工业协会和机械工业信息研究院共同编纂，机械工业出版社出版。该书自 2004 年开始滚动出版，反映了制冷空调行业的基本状况和国内外产品的最新技术动向。至今，已经出版了 5 次。

内容简介：收录国内外主要制冷空调设备及配附件生产企业的产品信息、生产企业名录，突出展示企业的新型、特色、优质、节能及环保产品。

发行方式：全国新华书店发行，网站数据库查询，定向精确发售或赠送。

《制冷空调及配附件产品供应目录》（2015 版）

现已开始征稿，望广大企业踊跃参与！

联系电话：010-88379816 68997966

制冷目录文件

北京京城压缩机有限公司（原北京京城环保产业发展有限责任公司）（以下简称京城压缩机）是北京京城机电控股有限责任公司旗下全资控股的高新技术国有企业，于2002年8月6日注册成立，注册资金1.4亿元，总资产3.2亿元。

京城压缩机前身为创建于1926年的北京第一通用机械厂，2002年收购重组了北京第一通用机械厂优良的经营资源，2003年又收购了北京复盛机械有限公司30%的股份。

作为一家致力于压缩机运营的专业制造商，京城压缩机可提供各种活塞式压缩机、隔膜式压缩机、核级隔膜式压缩机等压缩机产品及配件，同时代理国外相关产品。公司总部位于北京市二环路中心地带，在延庆县康庄工业园建有16万m^2的生产基地，拥有各种加工设备160余台。公司专注于新产品研发，不断打造标准化、流程化、模式化、平台化的现代经营管理体系，是国内压缩机制造领域的重点企业，是中国通用机械工业协会和压缩机分会常务副理事长单位。

京城压缩机于2009年正式取得国家核安全机械设备设计许可证和制造许可证，成为国内率先获得核级资质认证的压缩机制造企业，公司所生产的隔膜式压缩机保证了核电站含氢废气系统、氮气贮存及分配系统的安全、有效运行，在国内核电领域稳居领先地位。

京城压缩机将一如既往地秉承“崇尚品牌、追求卓越”的经营理念，发扬“产品即是作品，作品即是人品” 的荣辱观和“一次把事情做好”的质量观，用专业技术为客户提供最优质的产品与服务。

地址：北京市东城区光明东路1号　　邮编：100061
电话：010-67111215　　传真：010-67184909
E-mail：bjcc@bjcc-bj.com.cn　　http：//www.bjcc-bj.com.cn